추진위원회 운영규정 및
하위규정(서울·부산)해설

추진위원회 운영규정 및
하위규정(서울·부산)해설

발 행 일 | 2025년 3월 21일
지 은 이 | 전연규
펴 낸 이 | 전연규
펴 낸 곳 | 도시개발신문(주)
출판등록 | 2006년 5월 17일 2006-000105호
디 자 인 | 공디자인퍼블리싱
인　　쇄 | 명지북프린팅
주　　소 | 서울특별시 강남구 테헤란로 322, 동관 901호(역삼동, 한신인터밸리24)
전　　화 | (02)2183-0517
팩　　스 | (02)2183-0519

가　　격 | 40,000원

* 잘못된 책은 바꾸어 드립니다.
* 책값은 뒤표지에 있습니다.

추진위원회 운영규정 및 하위규정(서울·부산)해설

선거관리규정, 예산·회계규정, 행정업무규정 / 공공지원 추진위 구성 선거관리
기준, 조합설립지원기준 / 정비사업 의사진행 표준운영기준

전연규(著)
법무사법인 기린(麒麟) 대표 법무사

도시개발신문
출판부

서문

재건축·재개발사업의 전문 법무사 역할을 한지도 벌써 26년이 훌쩍 넘었다.

사업 초기에 정비사업이 진행되면서 추진위원회 운영규정은 사실상 별표 정비사업 추진위원회 운영규정을 그대로 사용하기 일쑤였다.

이후 추진위원회나 주민총회에서 여러 가지 분쟁이 발생하면, 그때 가서야 기존의 추진위원회 운영규정을 고치게 된다. 이런 현상은 조합정관에서도 마찬가지다.

서울특별시나 부산광역시의 경우, 추진위원회 초기 단계에서의 진입과정이 복잡해 전문가도 설명하기가 쉽지 않다.

지난해부터 서울특별시 중랑구, 광주광역시 등에서 주최한 정비사업 아카데미 교육과정인 "추진위원회, 창립총회 및 조합설립인가"의 강의과목을 준비하면서 자세히 살펴보게 되었다.

서울특별시장, 경기도지사가 국내 최초로 정비사업조합협회에 대해 사단법인으로 허가해 주었고, 때마침 서울·부산·광주 재건축·재개발조합 표준정관도 고시됨에 따라 단행본인 "재건축·재개발조합 정관 이렇게 작성하라."와 함께 본서인 "추진위원회 운영규정 및 하위규정(서울·부산)해설"을 출간하게 되었다.

"공공관리(지원) 추진위원회 구성 선거관리기준"을 통해 예비추진위원장, 예비감사로 선정되어야 하는 절차를 거쳐야 한다. 이 규정을 통해야 추진위원회 구성을 위한 운영규정을 작성하게 되는 것이다.

추진위원회의 가장 중요한 임무는 창립총회를 개최하는 것이며, 이 과정을 통해 조합설립인가로 진행된다. 이를 위해 추진위원회가 구성·승인되면 정비사업 표준선거관리규정, 정비조합등 표준예산·회계규정, 정비조합등 표준행정업무규정, 정비사업 의사진행 표준운영규정, 조합설립 지원을 위한 업무기준 등을 만들어 그 준비를 해야 하는 과제가 남아 있다.

부디 분쟁 없는 재건축·재개발사업이 이뤄졌으면 좋겠다.

2025년 3월
저자 전 연 규

목차

서문 4

하나. 추진위원회 운영규정으로 정할 수 있는 사항 8
- 1. 추진위원회 구성·승인 8
- 2. 추진위원회의 조직 11
- 3. 추진위원회 기능 16
- 4. 추진위원회의 운영 등 18
- 5. 추진위원회의 권리·의무 포괄승계 21
- 6. 조합설립 준비 및 창립총회 23

둘. 추진위원회 운영규정 고시문 28
- 고시문 운영규정 제1조(목적) 29
- 고시문 운영규정 제2조(추진위원회의 설립) 31
- 고시문 운영규정 제3조(운영규정의 작성) 42
- 고시문 운영규정 제4조(추진위원회의 운영) 51
- 고시문 운영규정 제5조(해산) 54
- 고시문 운영규정 제6조(승계 제한) 59
- 고시문 운영규정 제7조(재검토기한) 63
- 고시문 운영규정 운영규정 부칙 65

셋. 별표 추진위원회 운영규정 68

제1장 총칙 71
- 별표 운영규정 제1조(명칭) 72
- 별표 운영규정 제2조(목적) 75
- 별표 운영규정 제3조(사업시행구역) 76
- 별표 운영규정 제4조(사무소) 79
- 별표 운영규정 제5조(추진업무 등) 80
- 별표 운영규정 제6조(운영원칙) 83
- 별표 운영규정 제7조(추진위원회 운영기간) 85
- 별표 운영규정 제8조(토지등소유자의 동의) 88
- 별표 운영규정 제9조(권리·의무에 관한 사항의 공개·통지방법) ... 91
- 별표 운영규정 제10조(운영규정의 변경) 99

제2장 토지등소유자 101
- 별표 운영규정 제11조(권리·의무의 승계) 102
- 별표 운영규정 제12조(토지등소유자의 명부 등) 106
- 별표 운영규정 제13조(토지등소유자의 권리·의무) 113

- 별표 운영규정 제14조(토지등소유자 자격의 상실) ··· 121
- 별표 운영규정 제15조(위원의 선임 및 변경) ··· 133
- 별표 운영규정 제16조(위원의 결격사유 및 자격상실 등) ··· 143
- 별표 운영규정 제17조(위원의 직무 등) ··· 154
- 별표 운영규정 제18조(위원의 해임 등) ··· 161
- 별표 운영규정 제19조(보수 등) ··· 169

제4장 기관 ··· 173
- 별표 운영규정 제20조(주민총회) ··· 174
- 별표 운영규정 제21조(주민총회의 의결사항) ··· 182
- 별표 운영규정 제22조(주민총회의 의결방법) ··· 186
- 별표 운영규정 제23조(주민총회운영 등) ··· 191
- 별표 운영규정 제24조(추진위원회의 개최) ··· 192
- 별표 운영규정 제25조(추진위원회의 의결사항) ··· 196
- 별표 운영규정 제26조(추진위원회의 의결방법) ··· 203
- 별표 운영규정 제27조(의사록의 작성 및 관리) ··· 210

제5장 사업시행 등 ··· 213
- 별표 운영규정 제28조 삭제<2010.9.16> ··· 214
- 별표 운영규정 제29조(용역업체의 선정 및 계약) ··· 214
- 별표 운영규정 제30조(개략적인 사업시행계획서의 작성) ··· 217

제6장 회계 ··· 221
- 별표 운영규정 제31조(추진위원회의 회계) ··· 222
- 별표 운영규정 제32조(재원) ··· 229
- 별표 운영규정 제33조(운영경비의 부과 및 징수) ··· 237

제7장 보칙 ··· 241
- 별표 운영규정 제34조(조합설립 동의서) ··· 242
- 별표 운영규정 제35조(관련자료의 공개와 보존) ··· 249
- 별표 운영규정 제36조(승계) ··· 256
- 별표 운영규정 제37조(민법의 준용 등) ··· 259
- 별표 운영규정 부칙 ··· 263

넷. 추진위원회 하위규정 ··· 266
- 서울시 정비사업 표준선거관리규정 ··· 266
- 서울시 정비조합등 표준예산·회계규정 ··· 331
- 서울시 정비조합등 표준행정업무규정 ··· 365
- 서울시 정비사업 의사진행 표준운영규정) ··· 387
- 서울시 조합설립 지원을 위한 업무기준 ··· 405
- 서울시 공공관리(지원) 추진위원회 구성 선거관리기준 ··· 425

하나. 추진위원회 운영규정으로 정할 수 있는 사항

　도시정비법령 및 도시정비조례상 재건축·재개발사업에 대한 추진위원회 운영규정의 내용을 정하고 있다.

　임의규정 형태로 남겨 놓은 부분을 추진위원회 운영규정에서 정할 수 있는데, 이 경우 법령의 범위를 해하지 않는 상태에서 정할 수 있다.

1. 추진위원회 구성·승인

1) 정비구역 고시 전(前) 추진위원회 구성 승인

　종전에는 추진위원회 구성이 자유로웠으나, 2009.8.7부터 정비구역 지정·고시 후에야 구성·승인을 받을 수 있었다.
　또다시 개정으로 2025.6.4부터 정비구역 지정·고시 전에도 추진위원회 구성이 가능하도록 환원되었다(법 제31조제1항).

도시정비법
　제31조(추진위원회의 구성·승인) ① 조합을 설립하려는 경우에는 ~~제16조에 따른 정비구역 지정·고시 후~~ 다음 각 호의 사항에 대하여 토지등소유자 과반수의 동의를 받아 조합설립을 위한 추진위원회를 구성하여 국토부령으로 정하는 방법과 절차에 따라 시장·군수등의 승인을 받아야 한다. 이 경우 시장·군수등은 승인 이후 구역경계, 토지등소유자의 수 등 국토부령으로 정하는 사항을 해당 지방자치단체 공보에 고시하여야 한다. <개정 2024.12.3>
　　1. 추진위원회 위원장을 포함한 5명 이상의 추진위원회 위원(이하 "추진위원")
　　2. 제34조제1항에 따른 운영규정

　종전 도시정비법 제31조제1항 전단의 "제16조에 따른 정비구역 지정·고시 후"가

삭제되어, 정비구역 지정·고시 전에 추진위원회 구성 승인을 받을 수 있다는 것을 알 수 있다.

또한, 추진위원회 구성 승인을 받으려면 사전에 추진위원회 운영규정을 작성해 토지등소유자 과반수이상 동의를 받아야 한다.

도시정비법 시행령

제25조(추진위원회 구성을 위한 토지등소유자의 동의 등) ① 법 제31조제1항에 따라 토지등소유자의 동의를 받으려는 자는 국토부령으로 정하는 동의서에 추진위원회의 위원장, 추진위원회 위원, 법 제32조제1항에 따른 추진위원회의 업무 및 법 제34조제1항에 따른 <u>운영규정을 미리 쓴 후 토지등소유자의 동의를 받아야</u> 한다.

② 토지등소유자의 동의를 받으려는 자는 법 제31조제3항에 따라 다음 각 호의 사항을 설명·고지하여야 한다.

  1. 동의를 받으려는 사항 및 목적

  2. 동의로 인하여 의제되는 사항

  3. 제33조제2항에 따른 동의의 철회 또는 반대의사 표시의 절차 및 방법

2) 정비구역 지정·고시와 추진위원회 승인

도시정비법 제31조제2항

정비구역 지정·고시 후 1개월 이내 동의철회 여부

주택법이나 도시재개발법과 달리 도시정비법의 시행으로 정비사업의 경우 조합설립을 위해 사전에 추진위원회를 구성하도록 하였다.

그 구성시기는 정비구역 지정·고시와 관계없이 자유로웠으나, 이후 주도권싸움으로 정비사업장이 혼탁해져, 2009.8.7부터는 정비구역 지정·고시 이후로 규제되었다.

이후 부동산 활성화대책으로 도시정비법이 개정되면서, 2025.6.4.부터는 정비구역 지정·고시 이전에도 추진위원회 구성이 가능하도록 종전의 제도로 회귀되었다.

도시정비법

제31조(추진위원회의 구성·승인) ④ 제2항제2호에 따라 추진위원회를 구성하여 승

인받은 경우로서 승인 당시의 구역과 제16조에 따라 지정·고시된 정비구역의 **면적 차이가 대통령령으로 정하는 기준 이상인 경우** 추진위원회는 제1항 각 호의 사항에 대하여 토지등소유자 과반수의 동의를 받아 시장·군수등에게 다시 승인을 받아야 한다. 이 경우 제1항의 추진위원회 구성에 동의한 자는 정비구역 지정·고시 이후 1개월 이내에 동의를 철회하지 아니하는 경우 동의한 것으로 본다. <신설 2024.12.3>

⑥ 제1항 및 제4항에 따른 토지등소유자의 동의를 받으려는 자는 대통령령으로 정하는 방법 및 절차에 따라야 한다. 이 경우 동의를 받기 전에 제3항의 내용을 설명·고지하여야 한다. <개정 2024.12.3>

2024.12.3 개정되어 공포된 도시정비법에 의한 추진위원회 승인시 노후계획도시정비법을 적용받을 수 있는지(국토부 도시정비기획과 2025.2.12)

Q 24.12.3에 개정되어 공포된 도시정비법에 의한 추진위원회 승인 시 노후계획도시정비법을 적용받을 수 있는지에 대한 질의임.

개정된 도시정비법이 공포되어 25.6.4부터 정비예정구역으로 지정된 지역은 추진위원회를 승인받을 수 있도록 법이 개정되었음.

1) 노후계획도시정비법에 의한 특별정비예정구역도 위 법에 적용받아 추진위원회를 승인받을 수 있는지?

2) 만약 특별정비예정구역에서 추진위원회를 승인받을 수 있다면, 도시정비법에 의한 추진위원회 승인 후에 노후계획도시정비법에 의한 조합설립이 가능한지?

정비구역 지정 전에도 추진위원회 승인이 가능하도록 도시정비법이 개정되었지만, 이전에 만들어진 노후계획도시정비법과의 관계가 모호하여 재건축 진행과정에서 혼란이 가중되고 있음.

A 노후계획도시정비법 제3조는 노후계획도시정비사업에 관하여 노후계획도시정비법이 다른 법률보다 우선하며, 법에서 규정하지 않은 사항은 해당 사업에 관한 법률(개별법)을 따른다고 규정하고 있음.

다만 노후계획도시정비법 제14조에 따라 특별정비구역 지정은 도시정비법 제8조에 따른 정비구역 지정이 의제되나, **특별정비예정구역은 별도의 의제처리 조항이 없음.** 따라서 현행 법령상으로는 도시정비법 개정안('25.6.4 시행)처럼 특별정비예정구역 단계에서 추진위원회 승인은 불가함.

※ **노후계획도시정비법**

제14조(특별정비구역 지정·고시의 효력) 제13조에 따라 특별정비계획의 결정 및 특별정비구역

이 지정·고시되면, 그 고시일에 다음 각 호에 해당하는 지정·결정·수립 또는 변경 등을 받은 것으로 본다. 다만, 제3호부터 제8호까지에 해당하는 계획의 경우 특별정비계획에 해당 법률에서 정한 계획의 내용이 포함되어야 한다.
1. 도시정비법 제8조에 따른 **정비구역의 지정·변경 및 정비계획의 수립·변경**
2~8: 생략

2. 추진위원회의 조직

1) 추진위원장 1명과 감사
도시정비법 제33조제1항, 고시문 운영규정 제2조제1항

　도시정비법에서는 추진위원회를 대표하는 추진위원장 1명과 감사를 두도록 하였으며, 국토부 고시문인 추진위원회 운영규정(이하 "고시문 운영규정"이라 함)에서는 위원장 및 감사를 포함한 5인 이상의 위원으로 그 수를 규정하고 있다.

도시정비법
　제33조(추진위원회의 조직) ① 추진위원회는 추진위원회를 대표하는 추진위원장 1명과 감사를 두어야 한다.

고시문 운영규정
　제2조(추진위원회의 설립) ① 정비사업조합을 설립하고자 하는 경우 <u>위원장 및 감사를 포함한 5인 이상의 위원</u> 및 도시정비법 제34조제1항에 따른 운영규정에 대한 토지등소유자 과반수의 동의를 얻어 조합설립을 위한 추진위원회를 구성하여 도시정비법 시행규칙이 정하는 방법 및 절차에 따라 시장·군수 또는 자치구 구청장(이하 "시장·군수등")의 승인을 얻어야 한다.
　② 제1항에 따른 추진위원회 구성은 다음 각 호의 기준에 따른다.
　1. 위원장 1인과 감사를 둘 것
　2. 부위원장을 둘 수 있다.
　3. 추진위원의 수는 토지등소유자의 1/10 이상으로 하되, 토지등소유자가 50인

이하인 경우에는 추진위원을 5인으로 하며 추진위원이 100인을 초과하는 경우에는 토지등소유자의 1/10 범위 안에서 100인 이상으로 할 수 있다.

2) 추진위원 선출 관련

도시정비법 제33조제2항, 별첨 추진위원회 운영규정 제15조제2항 내지 제6항, 제16조.

도시정비법

제33조(추진위원회의 조직) ② 추진위원의 선출에 관한 선거관리는 제41조제3항[1]을 준용한다. 이 경우 "조합"은 "추진위원회"로, "조합임원"은 "추진위원"으로 본다.

별첨 추진위원회 운영규정(이하 "별첨 운영규정")

제15조(위원의 선임 및 변경) ① 추진위원회의 위원은 다음 각 호의 범위 이내로 둘 수 있으며, 상근하는 위원을 두는 경우 추진위원회의 의결을 거쳐야 한다.

1. 위원장
2. 부위원장
3. 감사 _인
4. 추진위원 _인

② 위원은 추진위원회 설립에 동의한 자 중에서 선출하되, 위원장·부위원장 및 감사는 다음 각 호의 어느 하나에 해당하는 자이어야 한다.

1. 피선출일 현재 사업시행구역 안에서 3년 이내에 1년 이상 거주하고 있는 자(다만, 거주의 목적이 아닌 상가 등의 건축물에서 영업 등을 하고 있는 경우 영업 등은 거주로 본다)

2. 피선출일 현재 사업시행구역 안에서 5년 이상 토지 또는 건축물(재건축사업의 경우 토지 및 건축물을 말한다)을 소유한 자

③ 위원의 임기는 선임된 날부터 2년까지로 하되, 추진위원회에서 재적위원(추진위원회의 위원이 임기 중 궐위되어 위원 수가 이 운영규정 본문 제2조제2항에서 정한 최

---

[1] 도시정비법
제41조(조합의 임원) ③ 조합은 총회 의결을 거쳐 조합임원의 선출에 관한 선거관리를 선거관리위원회법 제3조에 따라 선거관리위원회에 위탁할 수 있다.

소 위원의 수에 미달되게 된 경우 재적위원의 수는 이 운영규정 본문 제2조제2항에서 정한 최소 위원의 수로 본다. 이하 같다) 과반수의 출석과 출석위원 2/3 이상의 찬성으로 연임할 수 있으나, 위원장·감사의 연임은 주민총회의 의결에 의한다.

④ 임기가 만료된 위원은 그 후임자가 선임될 때까지 그 직무를 수행하고, 추진위원회에서는 임기가 만료된 위원의 후임자를 임기만료 전 2개월 이내에 선임하여야 하며 위 기한 내 추진위원회에서 후임자를 선임하지 않을 경우 토지등소유자 1/5 이상이 시장·군수등의 승인을 얻어 주민총회를 소집하여 위원을 선임할 수 있으며, 이 경우 제20조제5항 및 제6항, 제24조제2항을 준용한다.

⑤ 위원이 임기 중 궐위된 경우에는 추진위원회에서 재적위원 과반수 출석과 출석위원 2/3 이상의 찬성으로 이를 보궐선임할 수 있으나, 위원장·감사의 보궐선임은 주민총회의 의결에 의한다. 이 경우 보궐선임된 위원의 임기는 전임자의 잔임기간으로 한다.

⑥ 추진위원의 선임방법은 추진위원회에서 정하되, 동별·가구별 세대수 및 시설의 종류를 고려하여야 한다.

3) 추진위원의 교체, 해임
도시정비법 제33조제3항, 별첨 운영규정 제18조

별첨 운영규정 제18조에서 "위원의 해임 등"을 규정하고 있으며, 고시문 운영규정에서는 이를 고치지 못하도록 하고 있다.

도시정비법
제33조(추진위원회의 조직) ③ 토지등소유자는 제34조에 따른 추진위원회의 운영규정에 따라 추진위원회에 추진위원의 교체 및 해임을 요구할 수 있으며, 추진위원장이 사임, 해임, 임기만료, 그 밖에 불가피한 사유 등으로 직무를 수행할 수 없는 때부터 6개월 이상 선임되지 아니한 경우 그 업무의 대행에 관하여는 제41조제5항 단서를 준용한다. 이 경우 "조합임원"은 "추진위원장"으로 본다.

④ 제3항에 따른 추진위원의 교체·해임 절차 등에 필요한 사항은 제34조제1항에 따른 운영규정에 따른다.

별첨 운영규정

제18조(위원의 해임 등) ① 위원이 직무유기 및 태만 또는 관계법령 및 이 운영규정에 위반하여 토지등소유자에게 부당한 손실을 초래한 경우에는 해임할 수 있다.

② 제16조제2항에 따라 당연퇴임한 위원은 해임 절차 없이 선고받은 날부터 그 자격을 상실한다.

③ 위원이 자의로 사임하거나 제1항에 따라 해임되는 경우에는 지체 없이 새로운 위원을 선출하여야 한다. 이 경우 새로 선임된 위원의 자격은 위원장 및 감사의 경우 시장·군수등의 승인이 있은 후에, 그 밖의 위원의 경우 시장·군수등에게 변경신고를 한 후에 대외적으로 효력이 발생한다.

④ 위원의 해임·교체는 토지등소유자의 해임요구가 있는 경우에 재적위원 1/3 이상의 동의로 소집된 추진위원회에서 위원정수(운영규정 제15조에 따라 확정된 위원의 수를 말한다. 이하 같다)의 과반수 출석과 출석위원 2/3 이상의 찬성으로 해임하거나, 토지등소유자 1/10 이상의 발의로 소집된 주민총회에서 토지등소유자의 과반수 출석과 출석 토지등소유자의 과반수 찬성으로 해임할 수 있다. 다만, 위원 전원을 해임할 경우 토지등소유자의 과반수의 찬성으로 해임할 수 있다.

⑤ 제4항에 따라 해임대상이 된 위원은 해당 추진위원회 또는 주민총회에 참석하여 소명할 수 있으나 위원정수에서 제외하며, 발의자 대표의 임시사회로 선출된 자는 해임총회의 소집 및 진행에 있어 추진위원장의 권한을 대행한다.

⑥ 사임 또는 해임절차가 진행 중인 위원이 새로운 위원이 선출되어 취임할 때까지 직무를 수행하는 것이 적합하지 아니하다고 인정될 때에는 추진위원회 의결에 따라 그의 직무수행을 정지하고 위원장이 위원의 직무를 수행할 자를 임시로 선임할 수 있다. 다만, 위원장이 사임하거나 해임되는 경우에는 제17조제6항에 따른다.

4) 추진위원회 결격사유와 법 제43조제1항 내지 제3항 준용
도시정비법 제33조, 제43조, 제41조

모 추진위원장의 과소지분으로 출발한 자격문제가 도시정비법 제41조의 개정을 가져왔다. 조합임원의 자격으로 규정하고 있으면서, 이를 추진위원의 자격과 연계시켜 준용할 수 있도록 하여 그 범위에 대해서 설이 갈리고 있다.

이는 추후 해당 조문에서 상세한 설명을 하기로 한다.

도시정비법

제33조(추진위원회의 조직) ⑤ 추진위원의 결격사유는 제43조제1항부터 제3항까지를 준용한다. 이 경우 "조합"은 "추진위원회"로, "조합임원"은 "추진위원"으로, "제35조에 따른 조합설립 인가권자"는 "제31조에 따른 추진위원회 승인권자"로 본다. <개정 2023.7.18>

제43조(조합임원 등의 결격사유 및 해임) ① 다음 각 호의 어느 하나에 해당하는 자는 조합임원 또는 전문조합관리인이 될 수 없다. <개정 2019.4.23, 2020.6.9.,2023.7.18>

1. 미성년자·피성년후견인 또는 피한정후견인
2. 파산선고를 받고 복권되지 아니한 자
3. 금고 이상의 실형을 선고받고 그 집행이 종료(종료된 것으로 보는 경우를 포함한다)되거나 집행이 면제된 날부터 2년이 지나지 아니한 자
4. 금고 이상의 형의 집행유예를 받고 그 유예기간 중에 있는 자
5. 이 법을 위반하여 벌금 100만 원 이상의 형을 선고받고 10년이 지나지 아니한 자
6. 제35조에 따른 조합설립 인가권자에 해당하는 지방자치단체의 장, 지방의회의원 또는 그 배우자·직계존속·직계비속

② 조합임원이 다음 각 호의 어느 하나에 해당하는 경우에는 당연 퇴임한다. <개정 2019.4.23, 2020.6.9>

1. 제1항 각 호의 어느 하나에 해당하게 되거나 선임 당시 그에 해당하는 자이었음이 밝혀진 경우
2. 조합임원이 제41조제1항에 따른 자격요건을 갖추지 못한 경우

③ 제2항에 따라 퇴임된 임원이 퇴임 전에 관여한 행위는 그 효력을 잃지 아니한다.

제41조(조합의 임원) ① 조합은 조합원으로서 정비구역에 위치한 건축물 또는 토지(재건축사업의 경우에는 건축물과 그 부속토지를 말한다. 이하 이 항에서 같다)를 소유한 자[하나의 건축물 또는 토지의 소유권을 다른 사람과 <u>공유한 경우에는 가장 많은 지분을 소유(2인 이상의 공유자가 가장 많은 지분을 소유한 경우를 포함한다)한 경우로 한정한다</u>] 중 다음 각 호의 어느 하나의 요건을 갖춘 조합장 1명과 이사, 감사를 임원으로 둔다. 이 경우 조합장은 선임일부터 제74조제1항에 따른 관리처분계획인가를 받을 때까지는 해당 정비구역에서 거주(영업을 하는 자의 경우 영업을 말한다. 이하 이 조 및 제43조에서 같다)하여야 한다. <개정 2019.4.23, 2023.7.18>

  1. 정비구역에 위치한 건축물 또는 토지를 5년 이상 소유할 것
  2. 정비구역에서 거주하고 있는 자로서 선임일 직전 3년 동안 정비구역에서 1년 이상 거주할 것
  3. 삭제 <2019.4.23>

3. 추진위원회 기능

도시정비법 제32조제1항, 동법 시행령 제26조
별표 운영규정 제5조

추진위원회에서는 '개략적인 정비사업 시행계획서의 작성' 및 추정분담금을 통한 조합설립 동의서 징구 등 조합설립인가를 받기 위한 준비업무를 하는 것이 주요 기능이다(관련 업체: 정비사업 전문관리업자, 감정평가사 선정, 변경).

징구한 조합설립 동의서 및 조합정관 초안과 함께 추진위원장은 조합설립동의율을 확보한 다음에 창립총회를 개최하게 된다.

도시정비법
제32조(추진위원회의 기능) ① 추진위원회는 다음 각 호의 업무를 수행할 수 있다.
  1. 법 제102조에 따른 정비사업전문관리업자의 선정 및 변경
  2. 설계자의 선정 및 변경
  3. 개략적인 정비사업 시행계획서의 작성

4. 조합설립인가를 받기 위한 준비업무
   5. 그 밖에 조합설립을 추진하기 위하여 대통령령으로 정하는 업무
  ② 추진위원회가 정비사업전문관리업자를 선정하려는 경우에는 제31조에 따라 추진위원회 승인을 받은 후 제29조제1항에 따른 경쟁입찰 또는 수의계약(2회 이상 경쟁입찰이 유찰된 경우로 한정한다)의 방법으로 선정하여야 한다.

도시정비법 시행령
  제26조(추진위원회의 업무 등) 법 제32조제1항제5호에서 "대통령령으로 정하는 업무"란 다음 각 호의 업무를 말한다.
   1. 법 제31조제1항제2호에 따른 추진위원회 운영규정의 작성
   2. 토지등소유자의 동의서의 접수
   3. 조합의 설립을 위한 창립총회의 개최
   4. 조합 정관의 초안 작성
   5. 그 밖에 추진위원회 운영규정으로 정하는 업무

별표 추진위원회 운영규정
  제5조(추진업무 등) ④ 시공자·감정평가업자의 선정 등 조합의 업무에 속하는 부분은 추진위원회의 업무범위에 포함되지 아니한다. 다만, 추진위원회가 조합설립동의를 위하여 법 제35조제8항에 따른 <u>추정분담금을 산정하기 위해 필요한 경우 감정평가업자를 선정할 수 있다.</u>

재건축사업의 추진위원회 업무 수행 범위(서울시 주거정비과 2025.2.17)
❓ 재건축 추진위원회에서 정비계획 변경 가능 여부(정비계획 변경 업무와) 추정분담금 산출 및 검증, 조합설립동의서 징구, 창립총회 개최, 조합설립인가 신청 업무와 병행하여 수행할 수 있는지?
❗ 도시정비법(이하 "법") 제14조제1항제6호에 따르면 토지등소유자는 토지등소유자가 2/3 이상의 동의로 정비계획의 변경을 요청하는 경우에는 정비계획의 입안권자에게 정비계획의 입안을 제안할 수 있으며, 서울시 도시정비조례(이하 "조례") 제10조제4항에 법 제14조제1항제6호에 따라 정비계획의 변경을 요청하는 경우 직접 동의서를 받는 방법 외에 총회(주민총회를 포함)에서 토지등소유자의 2/3 이상 찬성으로 의결될 경우에도 토지등소유자의 2/3

이상 동의를 받은 것으로 본다고 규정하고 있으므로, 해당 요건을 충족할 경우 추진위원회에서 정비계획 변경 입안을 제안할 수 있을 것으로 사료됨.

한편, 법 제32조제1항제4호 및 제5호에 추진위원회는 조합설립인가를 받기 위한 준비업무, 그 밖에 조합설립을 추진하기 위하여 시행령 제26조제1호~제5호[추진위원회 운영규정의 작성(제1호), 토지등소유자의 동의서의 접수(제2호), 조합의 설립을 위한 창립총회의 개최(제3호), 조합정관의 초안 작성(제4호), 그 밖에 추진위원회 운영규정으로 정하는 업무(제5호)]로 정하는 업무를 수행할 수 있다고 규정하고 있어 조합설립인가를 위한 동의서 징구, 창립총회 개최, 조합설립인가 신청 업무를 수행할 수 있을 것으로 사료되나,

법 제35조제10항 및 조례 제80조제1항에 따라 추진위원회는 조합설립에 필요한 동의를 받기 전에 추정분담금 등 대통령령으로 정하는 정보를 토지등소유자에게 제공하여야 하며, 추진위원장은 조합설립 동의 시부터 최초로 관리처분계획을 수립하는 때까지 사업비에 관한 주민 동의를 받고자 하는 경우에는 분담금 추정 프로그램에 정비계획 등 필요한 사항을 입력하고, 토지등소유자가 개략적인 분담금 등을 확인할 수 있도록 하여야 하며, 토지등소유자에게 개별 통보하여야 한다고 규정하고 있음.

또한, 우리 시에서는 공공지원제도의 일환으로 추정분담금 검증을 위해 '자치구 추정분담금 검증위원회'를 운영하고 있는바, 추진위원회에서 추정분담금을 검증받고자 하는 경우 정비사업 정보몽땅의 분담금 추정프로그램에서 요구하는 정비사업과 관련된 자료를 입력하고, 그 결과에 부합하는 검증자료를 작성한 후 관할 자치구청장에게 검증을 요청하여야 할 사항임.

4. 추진위원회의 운영 등

1) 추진위원회의 운영
도시정비법 제34조, 동법 시행령 제28조, 제29조, 고시문 운영규정 제4조

도시정비법
제34조(추진위원회의 운영) ① 국토부장관은 추진위원회의 공정한 운영을 위하여 다음 각 호의 사항을 포함한 추진위원회의 운영규정을 정하여 고시하여야 한다.
  1. 추진위원의 선임방법 및 변경

2. 추진위원의 권리·의무

3. 추진위원회의 업무범위

4. 추진위원회의 운영방법

5. 토지등소유자의 운영경비 납부

6. 추진위원회 운영자금의 차입

7. 그 밖에 추진위원회의 운영에 필요한 사항으로서 대통령령으로 정하는 사항

② 추진위원회는 운영규정에 따라 운영하여야 하며, 토지등소유자는 운영에 필요한 경비를 운영규정에 따라 납부하여야 한다.

③ 추진위원회는 수행한 업무를 제44조에 따른 총회에 보고하여야 하며, 그 업무와 관련된 권리·의무는 조합이 포괄승계한다.

④ 추진위원회는 사용경비를 기재한 회계장부 및 관계 서류를 조합설립인가일부터 30일 이내에 조합에 인계하여야 한다.

⑤ 추진위원회의 운영에 필요한 사항은 대통령령으로 정한다.

도시정비법 시행령

제28조(추진위원회 운영규정) 법 제34조제1항제7호에서 "대통령령으로 정하는 사항"이란 다음 각 호의 사항을 말한다.

1. 추진위원회 운영경비의 회계에 관한 사항

2. 법 제102조에 따른 정비사업전문관리업자의 선정에 관한 사항

3. 그밖에 국토부장관이 정비사업의 원활한 추진을 위하여 필요하다고 인정하는 사항

고시문 운영규정 제4조

제4조(추진위원회의 운영) ① 추진위원회는 법·관계 법령, 제3조의 운영규정 및 관련 행정기관의 처분을 준수하여 운영되어야 하며, 그 업무를 추진함에 있어 사업시행구역안의 토지등소유자의 의견을 충분히 수렴하여야 한다.

② 추진위원회는 법 제31조제1항에 따른 추진위원회 설립승인 후에 위원장 및 감사를 변경하고자 하는 경우 시장·군수등의 승인을 받아야 하며, 그 밖의 경우 시장·군수등에게 신고하여야 한다.

2) 토지등소유자에 등기우편 통지, 지출내역서 매분기별 공고
도시정비법 시행령 제29조, 별표 운영규정 제9조

도시정비법 시행령
제29조(추진위원회의 운영) ① 추진위원회는 다음 각 호의 사항을 토지등소유자가 쉽게 접할 수 있는 일정한 장소에 게시하거나 인터넷 등을 통하여 공개하고, 필요한 경우에는 토지등소유자에게 서면통지를 하는 등 토지등소유자가 그 내용을 충분히 알 수 있도록 하여야 한다. 다만, 제8호 및 제9호는 법 제35조에 따른 조합설립인가 신청일 60일 전까지 추진위원회 구성에 동의한 토지등소유자에게 등기우편으로 통지하여야 한다.
  1. 안전진단의 결과
  2. 정비사업전문관리업자의 선정에 관한 사항
  3. 토지등소유자의 부담액 범위를 포함한 개략적인 사업시행계획서
  4. 추진위원회 위원의 선정에 관한 사항
  5. 토지등소유자의 비용부담을 수반하거나 권리·의무에 변동을 일으킬 수 있는 사항
  6. 법 제32조제1항에 따른 추진위원회의 업무에 관한 사항
  7. 창립총회 개최의 방법 및 절차
  8. 조합설립에 대한 동의철회(반대의 의사표시를 포함한다) 및 방법
  9. 조합설립 동의서에 포함되는 사항
② 추진위원회는 추진위원회의 지출내역서를 매분기별로 토지등소유자가 쉽게 접할 수 있는 일정한 장소에 게시하거나 인터넷 등을 통하여 공개하고, 토지등소유자가 열람할 수 있도록 하여야 한다.

별표 운영규정
제9조(권리·의무에 관한 사항의 공개·통지방법) ① 추진위원회는 토지등소유자의 권리·의무에 관한 다음 각 호의 사항(변동사항을 포함한다. 이하 같다)을 토지등소유자가 쉽게 접할 수 있는 장소에 게시하거나 인터넷 등을 통하여 공개하고, 필요한 경우에는 토지등소유자에게 서면통지를 하는 등 토지등소유자가 그 내용을 충분히 알 수 있도록 하여야 한다.

1. 안전진단 결과(재건축사업에 한함)
2. 정비사업전문관리업자의 선정에 관한 사항
3. 토지등소유자의 부담액 범위를 포함한 개략적인 사업시행계획서
4. 추진위원회 임원의 선정에 관한 사항
5. 토지등소유자의 비용부담을 수반하거나 권리·의무에 변동을 일으킬 수 있는 사항
6. 영 제26조에 따른 추진위원회의 업무에 관한 사항
7. 창립총회 개최의 방법 및 절차
8. 조합설립에 대한 동의 철회(법 제31조제2항 단서에 따른 반대의 의사표시를 포함한다) 및 방법
9. 조합설립동의서에 포함되는 사항
10. 삭제<2018.2.9>

② 제1항의 공개·통지방법은 이 운영규정에서 따로 정하는 경우를 제외하고는 다음 각 호의 방법에 따른다.

1. 토지등소유자에게 등기우편으로 개별 통지하여야 하며, 등기우편이 주소불명, 수취거절 등의 사유로 반송되는 경우에는 1회에 한하여 일반우편으로 추가 발송한다.
2. 토지등소유자가 쉽게 접할 수 있는 일정한 장소의 게시판에 14일 이상 공고하고 게시판에 게시한 날부터 3월 이상 추진위원회 사무소에 관련서류와 도면 등을 비치하여 토지등소유자가 열람할 수 있도록 한다.
3. 인터넷 홈페이지가 있는 경우 홈페이지에도 공개하여야 한다. 다만, 특정인의 권리에 관계되거나 외부에 공개하는 것이 곤란한 경우에는 그 요지만을 공개할 수 있다.
4. 제1호의 등기우편이 발송되고 제2호의 게시판에 공고가 있는 날부터 공개·통지된 것으로 본다.

5. 추진위원회의 권리·의무 포괄승계
도시정비법 제32조제1항, 고시문 운영규정 제5조제2항, 별표 운영규정 제36조제2항

1) 추진위원회가 수행한 업무와 포괄승계
법 제32조(추진위원회의 기능) ④ 추진위원회가 수행하는 업무의 내용이 토지등

소유자의 비용부담을 수반하거나 권리·의무에 변동을 발생시키는 경우로서 대통령령으로 정하는 사항에 대하여는 그 업무를 수행하기 전에 대통령령으로 정하는 비율 이상의 토지등소유자의 동의를 받아야 한다.

고시문 운영규정

제5조(해산) ② 추진위원회는 자신이 행한 업무를 법 제44조에 따른 총회에 보고하여야 하며, 추진위원회가 행한 업무와 관련된 권리와 의무는 조합이 포괄승계한다.

별표 운영규정

제36조(승계) ② 추진위원회는 자신이 행한 업무를 조합의 총회에 보고하여야 하며, 추진위원회가 그 업무범위 내에서 행한 업무와 관련된 권리와 의무는 조합이 포괄승계한다.

2) 정비구역 지정·고시 전 추진위원회 승인+시행령상 면적 차이의 추가 승인 추진위원회는 기존 추진위원회 권리·의무 승계

도시정비법 제31조제5항

법 제31조(추진위원회의 구성·승인) ④ 제2항제2호에 따라 추진위원회를 구성하여 승인받은 경우로서 승인 당시의 구역과 제16조에 따라 지정·고시된 정비구역의 면적 차이가 대통령령으로 정하는 기준 이상인 경우 추진위원회는 제1항 각 호의 사항에 대하여 토지등소유자 과반수의 동의를 받아 시장·군수등에게 다시 승인을 받아야 한다. 이 경우 제1항의 추진위원회 구성에 동의한 자는 정비구역 지정·고시 이후 1개월 이내에 동의를 철회하지 아니하는 경우 동의한 것으로 본다. <신설 2024. 12. 3>

⑤ 제4항에 따른 승인이 있는 경우 기존의 추진위원회의 업무와 관련된 권리·의무는 승인받은 추진위원회가 포괄승계한 것으로 본다. <신설 2024.12.3>

6. 조합설립 준비와 창립총회 개최

1) 추진위원회 동의자의 조합설립동의 의제
도시정비법 제31조제3항, 고시문 운영규정 제2조제5항
조합설립인가 신청 전 반대 의사표시는 제외

 법 제31조(추진위원회의 구성·승인) ③ 제1항에 따라 추진위원회의 구성에 동의한 토지등소유자(이하 이 조에서 "추진위원회 동의자")는 제35조제1항부터 제5항까지의 규정에 따른 조합의 설립에 동의한 것으로 본다. 다만, **조합설립인가를 신청하기 전**에 시장·군수등 및 추진위원회에 조합설립에 대한 반대의 의사표시를 한 추진위원회 동의자의 경우에는 그러하지 아니하다. <개정 2024.12.3>

 고시문 운영규정
 제2조(추진위원회의 설립) ⑤ 추진위원회의 구성에 동의한 토지등소유자(이하 "추진위원회 동의자")는 법 제35조제1항부터 제5항까지에 따른 조합의 설립에 동의한 것으로 본다. 다만, 법 제35조에 따른 조합설립인가 신청 전에 시장·군수등 및 추진위원회에 조합설립에 대한 반대의 의사표시를 한 추진위원회 동의자의 경우에는 그러하지 아니하다.

2) 창립총회
도시정비법 제32조, 동법 시행령 제27조

 창립총회 개최권자는 추진위원장이다.
 추진위원장은 도시정비법 제35조제2항(재개발조합), 동조 제3항(재건축조합) 조합설립동의율을 충족한 뒤에 창립총회를 개최하게 된다.

 도시정비법
 제32조(추진위원회의 기능) ③ 추진위원회는 제35조제2항, 제3항 및 제5항에 따른 조합설립인가를 신청하기 전에 대통령령으로 정하는 방법 및 절차에 따라 조합

설립을 위한 창립총회를 개최하여야 한다.

도시정비법 시행령

제27조(창립총회의 방법 및 절차 등) ① 추진위원회(추진위원회를 구성하지 아니하는 경우에는 토지등소유자)는 법 제35조제2항부터 제4항까지의 규정에 따른 <u>동의를 받은 후 조합설립인가를 신청하기 전에 창립총회를 개최</u>하여야 한다.

② 추진위원회(추진위원회를 구성하지 아니하는 경우에는 조합설립을 추진하는 토지등소유자의 대표자)는 창립총회 14일 전까지 회의목적·안건·일시·장소·참석자격 및 구비사항 등을 인터넷 홈페이지를 통하여 공개하고, 토지등소유자에게 등기우편으로 발송·통지하여야 한다.

③ 창립총회는 추진위원장(추진위원회를 구성하지 않는 경우에는 토지등소유자의 대표자. 이하 이 조에서 같다)의 직권 또는 토지등소유자 1/5 이상의 요구로 추진위원장이 소집한다. 다만, 토지등소유자 1/5 이상의 소집요구에도 불구하고 추진위원장이 2주 이상 소집요구에 응하지 아니하는 경우 소집요구한 자의 대표가 소집할 수 있다.

④ 창립총회에서는 다음 각 호의 업무를 처리한다.
1. 조합 정관의 확정
2. 조합의 임원의 선임
3. 대의원의 선임
4. 그 밖에 필요한 사항으로서 제2항에 따라 사전에 통지한 사항

⑤ 창립총회의 의사결정은 토지등소유자(재건축사업의 경우 조합설립에 동의한 토지등소유자로 한정)의 <u>과반수 출석과 출석한 토지등소유자 과반수 찬성으로 결의</u>한다. 다만, 조합임원 및 대의원의 선임은 확정된 정관에서 정하는 바에 따라 선출한다.

■ **관련 판례 등**

■ **추진위원회**

추진위원회가 토지등소유자에게 현금이나 현물보상을 약정한 경우, 그 약정의 효력은 조합에 미치지 않는다. 구 도시정비법 제14조제1항, 영 제22조는 추진위원회가 수행할 수 있는 업무의 범위를 조합설립인가를 받기 위한 준비업무, 토지등

소유자의 동의서 징구 등과 같이 조합설립 추진을 위하여 필요한 업무로 한정하고 있으며, 정비사업과 관련하여 토지등소유자에 대한 구체적인 보상방법을 정하는 업무는 이에 해당하지 않는다.

따라서, 추진위원회가 토지등소유자에게 현금이나 현물보상을 약정하는 것은 법령에 정한 추진위원회의 권한 범위에 속하지 않는 것이어서 조합에는 효력이 없다(대법원 2024.12.12.선고 2024다260405판결).

구 도시정비법 제14조제3항에서 일정 비율 이상의 토지등소유자의 동의를 얻도록 한 취지 및 법 제15조제2항의 위임에 따른 '추진위원회 운영규정' 제3조제2항의 붙임 운영규정안을 기본으로 하여 작성된 '추진위원회 운영규정'이 작성 전의 업무수행에 대하여 적용되지 않는다

즉, 붙임 운영규정안을 기본으로 하여 작성된 '추진위원회 운영규정'은 도시정비법령에 따라 추진위원회 설립 승인이 있고 운영규정이 작성된 때부터 비로소 적용되는 것이어서 운영규정이 작성되기 전의 업무수행에는 '추진위원회 운영규정'이 적용되지 않는다(대법원 2021.6.30.선고 2019다208281판결).

구 도시정비법상 추진위원회가 조합설립인가처분을 받아 설립등기를 마치기 전에 창립총회에서 한 결의의 법적 성격(=주민총회 또는 토지등소유자 총회의 결의)은 조합설립인가처분을 받아 설립등기를 마치기 전에 개최된 창립총회에서 이루어진 결의는 재개발조합의 결의가 아니라 주민총회 또는 토지등소유자 총회의 결의에 불과하다고 봄이 타당하다(대법원 2012.4.12.선고 2010다10986판결).

재개발 추진위원회의 운영규정의 해석상 위 추진위원회가 주민총회에 임기가 만료된 위원장이나 감사를 연임하는 안건을 상정하면서 입후보자 등록공고 등의 절차를 거치지 않았다고 하더라도 그것이 토지소유자들의 위원장이나 감사에 대한 선출권 내지 피선출권을 침해하였다고 볼 수 없다(대법원 2010.11.11선고 2009다89337판결)

■ 창립총회

조합장의 임기는 창립총회 선출일이 아니라 조합설립인가일부터이며, 조합장의

퇴직금 계산 시 추진위원장으로 근무한 기간은 제외(대법원 2024.12.24선고 2024다288779판결 임금).

재개발 추진위원회는 조합설립인가를 신청하기 전에 '토지등소유자의 3/4 이상 및 토지면적의 1/2 이상의 토지소유자의 동의'를 받은 후 조합설립을 위한 창립총회를 개최하여야 하므로, 창립총회 당시에도 도시정비법령에서 정한 동의율 요건을 갖추어야 한다고 판단되므로 조합설립동의율 요건은 조합설립인가 신청 당시가 아닌 창립총회 당시임(부산고등법원 2024.8.30선고 2023누21839판결 조합설립인가무효확인).

(가칭)추진위와 체결한 용역계약을 추진위 승인 후 주민총회 및 창립총회에서 변경계약 및 추인 의결한 것이 유효함(부산지방법원 2024.4.3선고 2022가합47519판결 용역비등).

창립총회에서 조합장 등 임원 선임의 결의가 부결되었더라도 창립총회가 무효가 되는 것은 아님, 적어도 창립총회에서 조합정관은 확정되어야 창립총회 효력을 가진다고 할 것임(대법원 2014.10.30선고 2012두25125 판결).

재건축조합설립인가 신청 시 제출된 동의서에 포함된 '조합정관' 초안의 내용이 창립총회에서 변경된 경우라도 동의서 효력 유지됨(대법원 2014.1.16.선고 2011두12801판결).

▶ 유권해석

◎ 도시정비법 제35조제2항부터 제4항까지에서는 추진위원회(각주: 도시정비법 제20조제1항제2호에 따른 추진위원회를 말하되, 같은 법 제31조제4항 전단에 따라 추진위원회를 구성하지 아니하는 경우에는 토지등소유자 또는 토지등소유자의 대표자를 말하며, 이하 같음.)가 조합을 설립하려는 때 갖추어야 하는 토지등소유자(각주: 도시정비법 제2조제9호에 따른 토지등소유자를 말하며, 이하 같음.) 등의 동의요건 등을 규정하고 있고,

같은 법 시행령 제27조제1항 및 제2항에서는 추진위원회는 같은 법 제35조제2항부터 제4항까지에 따른 동의를 받은 후 조합설립인가를 신청하기 전에 같은 법 제32조제3항에 따라 창립총회를 개최해야 한다고 규정하면서, 추진위원회는 창립총회 14일 전까지 회의목적·안건·일시·장소·참석자격 및 구비사항 등을 인터넷 홈페이지를 통해 공개하고, 토지등소유자에게 등기우편으로 발송·통지해야 한다고 규정하고 있는바,

재건축사업(각주: 도시정비법 제2조제2호 다목에 따른 재건축사업을 말함)의 추진위원회가 창립총회를 개최하려는 경우 회의안건등을 등기우편으로 발송·통지해야 하는 대상에 조합설립에 동의하지 않은 토지등소유자가 포함되는지?

Ⓐ 재건축사업의 추진위원회가 창립총회를 개최하려는 경우 회의안건등을 등기우편으로 발송·통지해야 하는 대상에 조합설립에 동의하지 않은 토지등소유자는 포함되지 않음(법제처 2023.5.22. 민원인).

Ⓠ 조합설립을 위한 창립총회 시 조합의 임원·대의원 선임과 관련, 선거업무는 도시정비법 제35조제3항의 동의율을 충족한 후 진행하여야 하는지?

Ⓐ 도시정비법 제35조제3항 따르면 재건축사업의 추진위원회가 조합을 설립하려는 때에는 주택단지의 공동주택의 각 동별 구분소유자의 과반수 동의와 주택단지의 전체 구분소유자의 3/4이상 및 토지면적의 3/4 이상의 토지소유자의 동의를 받아 제2항 각 호의 사항을 첨부하여 시장·군수등의 인가를 받아야 한다고 규정하고 있음

또한, 같은 법 시행령 제27조(창립총회의 방법 및 절차 등)제1항에 따르면 추진위원회는 법 제35조제2항부터 제4항까지의 규정에 따른 <u>동의를 받은 후 조합설립인가를 신청하기 전에 법 제32조제3항에 따라 창립총회를 개최하여야 한다</u>고 하면서, 제4항에는 창립총회에서 조합의 임원·대의원 선임에 대한 업무를 처리한다고 규정하고 있음(서울시 주거정비과 2022.12.16)

둘. 추진위원회 운영규정 고시문
국토부고시 제2018-102호, 2018.2.9 시행

국토부 고시문인 추진위원회 운영규정("고시문 운영규정")은 비법인사단의 정관으로서 자치법규적 성격이 있어, 이를 위반하는 경우 법적 효력 문제가 발생할 수 있다. 특히, 제1조부터 제7조와 부칙이 별표 추진위원회 운영규정(이하 "별첨 운영규정")과 달리 법적 효력을 갖는다는 것이 종전의 견해였다[2].

이후 국토부가 고시한 운영규정은 운영규정에 관한 일종의 표준안에 해당할 뿐 대외적 구속력이 있는 법규명령에 해당한다고 보기 어렵다는 견해가 유력하다(서울중앙지방법원 2011.5.18결정 2011카합2188).

이에 따르면 운영규정을 법규명령이라 볼 수 없어, 추진위원회 운영규정도 개정할 수 있다는 것이다. 예를 들면, 업체 선정이나 임원선출에 대해서 그 의결방법을 다득표로 완화하는 내용의 개정이 가능하다는 것이다.

반면, 주민총회 안건사항인 의결정족수를 완화하는 것은 그 근거 규정인 도시정비법과 충돌로 법률적 문제가 발생할 수 있다. 특히, 별표 운영규정에서의 경쟁입찰 방법에 의한 정비업체 선정을 위반한 경우에는 도시정비법 위반으로 형사처벌이 가능함에 유의하여야 한다.

---

[2] 추진위원회 운영규정은 국토부의 공정한 운영을 위하여 추진위의 구성, 업무범위, 운영방법, 위원의 권리·의무 등 사항을 구체적으로 규정한 것으로서 <u>법규명령으로 볼 수 있다</u>(서울서부지법 2009.8.14선고 2009가합3227판결).

고시문 운영규정 제1조

> 제1조(목적) 이 운영규정은 도시정비법(이하 "법") 제31조제1항 및 제34조제1항에 따라 조합설립추진위원회(이하 "추진위원회")의 구성·기능·조직 및 운영에 관한 사항을 정하여 공정하고 투명한 추진위원회의 운영을 도모하고 원활한 정비사업 추진에 이바지함을 목적으로 한다.

추진위원회 구성·기능·조직 및 운영에 관한 사항을 정하는 등 그 목적을 명시하고 있다.

2025.6.4 개정 시행된 도시정비법에서는 정비구역 지정·고시 전 추진위원회를 구성할 수 있게 되었다. 구역지정 없이 추진위원회 구성 승인을 한 구청장은 구역 경계, 토지등소유자의 수 등을 해당 지방자치단체 공보에 고시하도록 하였다.

도시정비법

제31조(조합설립추진위원회의 구성·승인) ① 조합을 설립하려는 경우에는 다음 각 호의 사항에 대하여 <u>토지등소유자 과반수의 동의</u>를 받아 조합설립을 위한 추진위원회를 구성하여 국토부령으로 정하는 방법과 절차에 따라 시장·군수등의 승인을 받아야 한다. 이 경우 시장·군수등은 승인 이후 구역경계, 토지등소유자의 수 등 국토부령으로 정하는 사항을 해당 지방자치단체 공보에 고시하여야 한다. <개정 2024.12.3>
  1. 추진위원회 위원장을 포함한 5명 이상의 추진위원회 위원(이하 "추진위원")
  2. 제34조제1항에 따른 운영규정

제34조(추진위원회의 운영) ① 국토부장관은 추진위원회의 공정한 운영을 위하여 다음 각 호의 사항을 포함한 <u>추진위원회의 운영규정을 정하여 고시</u>하여야 한다.
  1. 추진위원의 선임방법 및 변경
  2. 추진위원의 권리·의무
  3. 추진위원회의 업무범위

4. 추진위원회의 운영방법

5. 토지등소유자의 운영경비 납부

6. 추진위원회 운영자금의 차입

7. 그 밖에 추진위원회의 운영에 필요한 사항으로서 대통령령으로 정하는 사항[3]

---

[3] 도시정비법 시행령
제29조(추진위원회의 운영) ① 추진위원회는 법 제34조제5항에 따라 다음 각 호의 사항을 토지등소유자가 쉽게 접할 수 있는 일정한 장소에 게시하거나 인터넷 등을 통하여 공개하고, 필요한 경우에는 토지등소유자에게 서면통지를 하는 등 토지등소유자가 그 내용을 충분히 알 수 있도록 하여야 한다. 다만, 제8호 및 제9호의 사항은 법 제35조에 따른 조합설립인가 신청일 60일 전까지 추진위원회 구성에 동의한 토지등소유자에게 등기우편으로 통지하여야 한다.
1. 법 제12조에 따른 안전진단의 결과
2. 정비사업전문관리업자의 선정에 관한 사항
3. 토지등소유자의 부담액 범위를 포함한 개략적인 사업시행계획서
4. 추진위원회 위원의 선정에 관한 사항
5. 토지등소유자의 비용부담을 수반하거나 권리·의무에 변동을 일으킬 수 있는 사항
6. 법 제32조제1항에 따른 추진위원회의 업무에 관한 사항
7. 창립총회 개최의 방법 및 절차
8. 조합설립에 대한 동의철회(법 제31조제2항 단서에 따른 반대의 의사표시를 포함한다) 및 방법
9. 제30조제2항에 따른 조합설립 동의서에 포함되는 사항

고시문 운영규정 제2조

> **제2조(추진위원회의 설립)** ① 정비사업조합을 설립하고자 하는 경우 위원장 및 감사를 포함한 5인 이상의 위원 및 도시정비법 제34조제1항에 따른 운영규정에 대한 토지등소유자 과반수의 동의를 얻어 조합설립을 위한 추진위원회를 구성하여 도시정비법 시행규칙이 정하는 방법 및 절차에 따라 시장·군수 또는 자치구의 구청장(이하 "시장·군수등")의 승인을 얻어야 한다.

민간사업시행자인 정비조합(재건축·재개발사업)이 사업시행예정자가 되려면, 먼저 추진위원회를 구성하여야 한다.

도시정비법이나 「도시재정비촉진을 위한 특별법」(이하 "도시재정비법")에 의해 진행되는 정비사업을 위한 추진위원회는 정비구역 지정·고시(재정비촉진계획 결정·고시) 이후 구성해 왔다.

추진위원회 구성 승인을 받기 위해서는 "위원장 및 감사를 포함한 5인 이상의 위원+작성한 추진위원회 운영규정"에 대한 토지등소유자 과반수의 동의를 받아야 한다.

토지면적은 포함되지 않은 토지등소유자 수의 과반수로 족하며, 토지등소유자의 신분증 사본을 제외하고는 서명, 지장날인은 원본이어야 한다(대법원 2010누9572).

■ 추진위원회 구성이 필요 없는 정비사업

주거환경개선사업의 경우 자치구청장 또는 LH등이 공공사업시행자로서 추진위원회 구성없이 시행되며, 소규모주택정비법에 의한 가로주택정비사업의 경우에도 추진위원회를 구성하지 않아 추진위원회 운영규정이 필요 없다.

■ 주민협의체 업무 승계

도시정비법 제31조제7항, 동법 시행령 제27조제6항
서울시 도시정비조례 제82조. 조합설립 지원을 위한 업무기준(서울시고시 2016.11.10)

과 조합직접설립과 조합설립주민협의체

정비사업을 공공지원하려는 경우, 추진위원회를 구성하지 아니할 수 있다. 이 경우 조합설립 방법 및 절차 등에 필요한 사항은 대통령령으로 정한다(법 제31조제7항).

공공지원 방식의 정비사업 중 추진위원회를 구성하지 아니하는 경우에는 영 제27조제1항부터 제5항까지에서 규정한 사항 외에 영 제26조제2호부터 제4호까지의 업무에 대한 절차 등에 필요한 사항을 시·도조례로 정할 수 있다(영 제27조제6항).

서울시 도시정비조례

제82조(공공지원에 의한 조합설립 방법 및 절차) ① 시장은 법 제31조제4항 및 영 제27조제6항에 따라 추진위원회를 구성하지 아니하는 경우에 조합설립 방법 및 절차 등에 필요한 사항을 다음 각 호의 내용을 포함하여 고시하여야 한다.

➡ 법 개정으로 제31조제4항은 제31조제7항으로 이동함.

1. 토지등소유자의 대표자 등 주민협의체 구성을 위한 선출방법
2. 참여주체별 역할
3. 조합설립 단계별 업무처리 기준
4. 그 밖에 조합설립 업무지원을 위하여 필요한 사항

② 구청장은 제7조제12호에 따라 토지등소유자의 과반수가 추진위원회 구성 단계 생략을 원하는 경우 제1항에 따른 방법과 절차 등에 따라 조합을 설립하여야 한다.

■ 조합설립주민협의체

정비구역 지정·고시 후 조합설립을 위하여 추진위원회 구성을 생략하고 직접 조합설립인가를 위해 토지등소유자, 공공지원자, 변호사 등으로 구성되어 주민의견 수렴 등 창립총회 개최 준비업무를 지원하는 조직을 말한다.

> 제2조(추진위원회의 설립) ② 제1항에 따른 추진위원회 구성은 다음 각 호의 기준에 따른다.
> 1. 위원장 1인과 감사를 둘 것
> 2. 부위원장을 둘 수 있다.
> 3. 위원의 수는 토지등소유자의 1/10 이상으로 하되, 50인 이하인 경우에는 5인으로 하며 100인을 초과하는 경우에는 토지등소유자의 1/10 범위 안에서 100인 이상으로 할 수 있다.

■ 제1항
도시정비법 제31조제1항제1호

■ 제1호, 제2호
추진위원장은 1인으로 복수 선출이 불가능하며 감사는 숫자가 정해져 있지 않아 복수도 가능하다(결합개발제도의 경우 조합장 1인, 부조합장 1인을 두기도 함). 감사를 2명 두기도 한다.

부위원장은 없는 경우가 대부분이며, 두는 경우 대체로 1인으로 하고 있다.

■ 제3호
추진위원회 위원장을 포함한 5명 이상의 추진위원회 위원(이하 "추진위원")을 구성원으로 하고 있다.

■ 추진위원의 법정 정족수 관련, 대법원 판례
도시정비법이 추진위원장을 포함한 5인 이상의 위원으로 추진위원회를 구성하여 관할관청의 승인을 얻도록 하고 있어, 국토부 고시문 「추진위원회 운영규정」에 토지등소유자 1/10 이상에 해당하는 추진위원을 선정하도록 규정하고 있더라도, 추진위원장을 포함한 5인 이상의 위원으로 추진위원회를 구성하면 족하다(대법원 2008두131312판결).

• 추진위원의 법정정족수 규정이 강행규정인지

추진위원의 유사한 규정인 정비조합 대의원회의 경우 대의원 법정정족수는 강행규정으로 정족수 미달 시 해당 대의원회 결의는 무효이다. 그 선정은 총회에 의하여야 한다(대법원 2018다275307판결).

반면, 추진위원회의 추진위원 회의의 경우 추진위원 정족수는 임의규정
정족수 미달되더라도 추진위원회의 적법하다(서울고등법원 2012나54906판결, 자격부존재확인 등)

Q 추진위원 수는 토지등소유자의 1/10 이상 선출할 수 있는데, 1/10에 위원장·부위원장 및 감사가 포함되는지?

A 위원장·부위원장 및 감사를 포함하여 1/10 이상의 위원을 선출할 수 있음(국토부 주거정비과 2006.12.28).

※ 구 도시정비법

제13조(조합의 설립 및 추진위원회의 구성) ② 제1항에 따라 조합을 설립하고자 하는 경우에는 제4조에 따른 정비구역 지정·고시(정비구역이 아닌 구역에서의 주택재건축사업의 경우에는 제12조제5항에 따른 주택재건축사업의 시행결정을 말한다) 후 <u>위원장을 포함한 5인 이상의 위원</u> 및 제15조제2항에 따른 운영규정에 대한 토지등소유자 과반수의 동의를 받아 조합설립을 위한 추진위원회를 구성하여 국토교통부령으로 정하는 방법과 절차에 따라 시장·군수의 승인을 받아야 한다. 다만, 가로주택정비사업의 경우에는 추진위원회를 구성하지 아니한다.

구 도시정비법 제13조제2항에서 "위원장을 포함한 5인 이상의 위원"으로, 추진위원회 운영규정 제2조에서는 "위원장 및 감사를 포함한 5인 이상의 위원"으로 규정하고 있어, 위원에 포함된다.

따라서, 위원장직을 그만두면 추진위원이 아니다.

■ 제3호

위원장 및 감사를 포함한 5인 이상의 추진위원으로(고시문 제2조제1항), 추진위원의 수는 최소 토지등소유자의 1/10이며 그 이상을 둘 수 있다.

위원장이나 부위원장, 감사는 동시에 추진위원의 수에 포함되므로, 그 직에서 그

만두거나 지위를 박탈당하면 동시에 추진위원도 아니다.

울산지방법원은 "추진위원의 수 토지등소유자의 1/10 이상"은 법 제15조에 의하여 추진위원회의 운영에 관한 수권을 받아 규정한 것일 뿐 추진위원회 설립 승인요건 관련한 규정은 아니므로 위 운영규정 제2조제2항제3호는 단지 추진위원회의 구성을 정하는 기준에 불과하다 할 것이어서,
추진위원회 설립승인 당시 그 수에 미달하더라도 그것만으로 추진위원회 설립승인이 바로 위법하게 되는 것은 아니다."라고 판시한 바 있다.[4]

> 제2조(추진위원회의 설립) ③ 다음 각 호의 어느 하나에 해당하는 자는 추진위원회 위원이 될 수 없다.
> 1. 미성년자·피성년후견인 또는 피한정후견인
> 2. 파산선고를 받고 복권되지 아니한 자
> 3. 금고 이상의 실형을 선고받고 그 집행이 종료(종료된 것으로 보는 경우를 포함한다)되거나 집행이 면제된 날부터 2년이 경과되지 아니한 자
> 4. 금고 이상의 형의 집행유예를 받고 그 유예기간 중에 있는 자
> 5. 법을 위반하여 벌금 100만 원 이상의 형을 선고받고 5년이 지나지 아니한 자

■ 제3항

---

[4] 추진위원회 설립요건과 관련하여 건교부고시 제2006-330호 추진위원회 운영규정에 의거 추진위원은 토지등소유자 100인으로 구성되어야 하나, 97인으로 100인이 되지 않음에도 추진위원회설립 승인처분이 적법한지(적극)
【판결요지】
○○○가 이 사건 지역 내 토지등소유자 1,586인 중 795인 동의(동의율 50.13%)를 얻어 토지등소유자의 동의요건은 충족하였고, 추진위원회 운영규정(제2조제2항제3호)에 의하면 추진위원의 수는 토지등소유자의 1/10 이상으로 하되 100인을 초과하는 경우에는 100인으로 할 수 있다고 규정하고 있으나 위 추진위원회 운영규정은 법 제15조에 의하여 추진위원회의 운영에 관한 수권을 받아 규정한 것일 뿐 추진위원회 설립 승인요건 관련한 규정은 아니므로 위 운영규정 제2조제2항제3호는 단지 추진위원회의 구성을 정하는 기준에 불과하다 할 것이어서 추진위원회 설립승인 당시 그 수에 미달하더라도 그것만으로 추진위원회 설립승인이 바로 위법하게 되는 것은 아니며 추후 보완할 수 있는 사안으로 보아야 할 것이다(울산지방법원 2006구합2897판결).

■ 제1호

민법상 미성년자: 2011.3.7 민법 개정으로 20세에서 19세 이하

금치산자와 한정치산자[5] (법 개정으로 피성년후견인, 피한정후견인)

금치산자는 가정법원에서 심신 상실의 상태에 있어 자기 재산의 관리·처분을 금지하는 선고를 받은 자이며, 한정치산자는 심신이 박약하거나 낭비가 심하여 가정법원으로부터 재산의 관리나 처분을 제한하는 선고를 받은 자이다.

금치산자의 행위는 언제나 취소가 가능하고 한정치산자는 취소가 가능한 것이 원칙이다. 이 금치산자나 한정치산자는 가정법원의 결정을 거쳐 인정된다.

■ 제3호, 제4호

금고(禁錮)는 형벌의 종류로 ①사형, ②징역, ③금고, ④자격상실, ⑤자격정지, ⑥벌금, ⑦구류, ⑧과료, ⑨몰수의 9가지를 두고 있으며, 형의 무겁고 가벼움도 이 순서에 의한다(형법 제50조).

징역과 금고는 순서만 다를 뿐 같은 형이라 할 수 있으며, '금고 이상'이란 금고를 포함한 징역형과 사형을 말한다. 금고와 징역은 자유형(자유를 박탈하는 형벌)이란 점에서 같지만, 징역은 부역(노역)에 동원되나 금고는 그렇지 않다는 차이가 있다.

---

[5] 2011.3.7 민법의 개정으로 금치산, 한정치산자 제도가 폐지, 성년후견인제도(법정후견인과 임의후견인이 있음)가 신설되어 2013.7.1부터 시행됨
- 기존의 금치산·한정치산 제도를 현재 정신적 제약이 있는 사람은 물론 미래에 정신적 능력이 약해질 상황에 대비하여 후견제도를 이용하려는 사람이 재산 행위뿐만 아니라 치료, 요양 등 복리에 관한 폭넓은 도움을 받을 수 있는 성년후견제로 확대·개편하고, 금치산·한정치산 선고의 청구권자에 후견감독인과 지방자치단체의 장을 추가하여 후견을 내실화하며, 성년후견 등을 요구하는 노인, 장애인 등에 대한 보호를 강화하고, 피성년후견인 등과 거래하는 상대방을 보호하기 위하여 성년후견 등에 관하여 등기로 공시하도록 함.

민법 부칙 <법률 제10429호, 2011.3.7>
제1조(시행일) 이 법은 2013.7.1부터 시행한다.
제2조(금치산자 등에 관한 경과조치) ① 이 법 시행 당시 이미 금치산 또는 한정치산의 선고를 받은 사람에 대하여는 종전의 규정을 적용한다.
② 제1항의 금치산자 또는 한정치산자에 대하여 이 법에 따라 성년후견, 한정후견, 특정후견이 개시되거나 임의후견감독인이 선임된 경우 또는 이 법 시행일부터 5년이 경과한 때에는 그 금치산 또는 한정치산의 선고는 장래를 향하여 그 효력을 잃는다.
제3조(다른 법령과의 관계) 이 법 시행 당시 다른 법령에서 "금치산" 또는 "한정치산"을 인용한 경우에는 성년후견 또는 한정후견을 받는 사람에 대하여 부칙 제2조제2항에 따른 5년의 기간에 한정하여 "성년후견" 또는 "한정후견"을 인용한 것으로 본다.

금고는 명예형이라고 해서 과실범(교통사범 등)이나 정치범, 사상범에게 주로 부과하지만 최근 양자를 구별하지 않고 있다.

특히, 제3호, 제4호에서의 금고는 형법이나 다른 법률 위반 외에도 도시정비법 위반으로 금고, 징역형 또는 집행유예를 받아도 해당된다.

■ 제5호인 법(法)

제5호의 "법"은 도시정비법을 의미한다.

도시정비법이 아닌 다른 법률 위반으로 벌금 100만 원의 처벌받아도 추진위원회 또는 조합의 임원 자격상실로 잘못 이해하여 고소가 남발하기도 한다.

도시정비법 법 제135조 내지 제138조 및 제139조가 이에 해당되며, 제140조 과태료는 형사처벌이 아니어서 해당되지 않는다.

▶ 고시문 운영규정 제2조제3항과 법 제33조제5항, 제43조제1항 내지 제3항

조합 임원의 결격사유 등의 근거 규정은 도시정비법 제43조이다.

최초 구성될 추진위원회의 위원장, 부위원장, 감사, 추진위원의 결격사유 여부를 가리기 위해 해당 구청에서 전과 조회를 하게 된다. 추진위원등에 대한 결격사유를 가리기 위해 법 제43조제1항 내지 제3항만 준용하는 조문을 두었다(법 제33조제5항).

이와는 별도로 결격사유에 대한 관련 조문인 별표 추진위원회 운영규정 제16조제4항, 제18조제4항을 두고 있지만, 이는 추진위원회 승인을 받아야 효력이 있다.

▶ 도시정비법 제43조의2 벌금형의 분리선고

공직선거법은 특수한 성격으로 형사법상 형량과 선거범죄의 형량을 구별하는 분리선고 제도를 취하고 있다.

구 도시정비법의 경우, 형법 위반으로 양자 모두 유죄로 벌금 처벌을 받았더라도 범죄별 형량 구분이 안 되었다. 이 경우, 임원 자격 기준인 100만 원 이상이 어느 범죄에 해당하는 것인지 구별할 수 없어 불리할 수 있다.

이렇게 구 도시정비법에 분리선고 규정이 없어, 도시정비법 위반과 다른 일반 범죄(일반적으로 업무상횡령이나 배임 등)를 저지르는 경우, 형법 제38조 경합범의 원칙에 따라 합산해 선고하는 것이 대법원의 입장이었다.[6]

위 판례 영향으로 2021.8.10 도시정비법이 개정되어 같은 해 12.11부터 시행되었다. 즉, 도시정비법 위반과 다른 죄의 경합범에 대하여 벌금형을 선고하는 경우 이를 분리하여 선고하도록 하였다.

법 제43조의2(벌금형의 분리 선고) 「형법」 제38조에도 불구하고 이 법 제135조부터 제138조까지에 규정된 죄와 다른 죄의 경합범(競合犯)에 대하여 벌금형을 선고하는 경우에는 이를 분리하여 선고하여야 한다.

▶ **별표 운영규정 제16조제4항 vs 제18조제4항과의 관계**

제5호는 범죄행위로 확정판결을 받았을 경우이지만 별표 제16조[7]의 경우 위원으로 선임된 후 그 직무와 관련해 형사사건으로 기소만 되어도(1심 판결 이전이라도), 그 자격을 정지시키는 기능이 있다.

가장 강력한 조항이나 제18조제4항에 따라 추진위원회의를 거쳐야 하므로, 유명무실하다는 비판이 있지만 그대로 사용하고 있다.

"위원으로 선임된 후 그 직무와 관련한 형사사건"과 "기소(起訴)"에 대해서는 위원으로 선임된 이후로만 한정해야 하는지, 직무의 범위는 어떠한지 및 기소의 경우 구공판(求公判)과 구약식(求略式)을 모두 포함되는지 모호하다.

---

[6] "판결이 확정되지 아니한 수 개의 죄를 동시에 판결할 때에는 형법 제38조가 정하는 처벌례에 따라 처벌하여야 하므로, 경합범으로 공소 제기된 수개의 죄에 대하여 형법 제38조의 적용을 배제하고 위 처벌 례와 달리 따로 형을 선고하려면 예외를 인정한 명문의 규정이 있어야 한다(대법원 2011.8.18선고 2011도6311판결)."
[7] 별표 운영규정 제16조(위원의 결격사유 및 자격상실 등) ④ 위원으로 선임된 후 그 직무와 관련한 형사사건으로 기소된 경우에는 기소내용에 따라 확정판결이 있을 때까지 제18조의 절차에 따라 그 자격을 정지할 수 있고, 위원이 그 사건으로 받은 확정판결내용이 법 제85조·제86조 벌칙규정에 의한 벌금형에 해당하는 경우에는 추진위원회에서 신임여부를 의결하여 자격상실 여부를 결정한다.

> 제2조(추진위원회의 설립) ④ 제1항의 토지등소유자의 동의는 별표의 ○○조합설립추진위원회운영규정안(이하 "운영규정안")이 첨부된 「도시정비법 시행규칙」 별지 제4호 서식의 정비사업조합추진위원회의 구성동의서에 동의를 받는 방법에 의한다.
> ⑤ 추진위원회의 구성에 동의한 토지등소유자(이하 "추진위원회 동의자")는 법 제35조제1항부터 제5항까지에 따른 조합의 설립에 동의한 것으로 본다. 다만, 법 제35조에 따른 조합설립인가 신청 전에 시장·군수등 및 추진위원회에 조합설립에 대한 반대의 의사표시를 한 추진위원회 동의자의 경우에는 그러하지 아니하다.

■ 제4항

추진위원회 구성을 승인받으려면 위원장, 감사 및 부위원장을 포함한 추진위원과 함께 추진위원회 운영규정 뒤에 첨부된 "별표 추진위원회 운영규정안"에 대해 토지등소유자의 과반수 동의를 받아야 된다.

도시정비법 시행규칙 별지 제4호 서식에 의해야 된다.
시행규칙 별지 제4호서식인 추진위원회 구성동의서 동의사항에도 "추진위원장, 감사, 부위원장에 대한 동의사항을 공란으로 두고 동의를 얻을 수 없다."고 규정하고 있다.

■ 제5항

법 제31조제3항, 동법 시행령 제33조제2항

추진위원회의 구성에 동의한 "추진위원회 동의자"를 조합의 설립에 동의한 자로 보지만, 조합설립인가 신청 전에 시장·군수, 자치구 구청장(이하 "시장, 군수등") 및 추진위원회에 조합설립에 대한 반대의 의사표시를 한 추진위원회 동의자의 경우에는 예외로 하고 있다(법 제31조제3항).

"추진위원회 동의자"를 조합의 설립에 동의한 자로 간주하기란 쉽지 않다.

추진위원회 동의자 수와 조합설립 동의자의 양식 자체가 다르기 때문에 이들을 합산하기란 사실상 불가능하여 실무상 사문화된 조문이다(특히 조합설립동의서를 받기 위해선 개략적인 분담금 등 비용부분에 대한 동의 등이 필요하다).

또한, 조합설립인가 신청 전에 시장·군수등 및 추진위원회에 조합설립에 대한 반대의 의사표시를 한 추진위원회 동의자를 조합설립 동의자로 보지 않는다.

동의 철회의 경우, 도시정비법 시행령 제33조제2항에서는 별도의 조건[8]이 달려있음에 유의하여야 한다.

도시정비법

제31조(추진위원회의 구성·승인) ③ 제1항에 따라 추진위원회의 구성에 동의한 토지등소유자(이하 이 조에서 "추진위원회 동의자")는 제35조제1항부터 제5항까지의 규정에 따른 조합의 설립에 동의한 것으로 본다. 다만, 조합설립인가를 신청하기 전에 시장·군수등 및 추진위원회에 조합설립에 대한 반대의 의사표시를 한 추진위원회 동의자의 경우에는 그러하지 아니하다.

도시정비법 시행령

제33조(토지등소유자의 동의자 수 산정 방법 등) ② 법 제12조제2항 및 제36조제1항 각 호 외의 부분에 따른 동의(법 제26조제1항제8호, 제31조제2항 및 제47조제4항에 따라 의제된 동의를 포함한다)의 철회 또는 반대의사 표시의 시기는 다음 각 호의

---

8   도시정비법 시행령
제33조(토지등소유자의 동의자 수 산정 방법 등) ② 법 제12조제2항 및 제36조제1항 각 호 외의 부분에 따른 동의(법 제26조제1항제8호, 제31조제2항 및 제47조제4항에 따라 의제된 동의를 포함한다)의 철회 또는 반대의사 표시의 시기는 다음 각 호의 기준에 따른다.
1. 동의의 철회 또는 반대의사의 표시는 해당 동의에 따른 인·허가 등을 신청하기 전까지 할 수 있다.
2. 제1호에도 불구하고 다음 각 목의 동의는 최초로 동의한 날부터 30일까지만 철회할 수 있다. 다만, 나목의 동의는 최초로 동의한 날부터 30일이 지나지 아니한 경우에도 법 제32조제3항에 따른 조합설립을 위한 창립총회 후에는 철회할 수 없다.
가. 법 제21조제1항제4호에 따른 정비구역의 해제에 대한 동의
나. 법 제35조에 따른 조합설립에 대한 동의(동의 후 제30조제2항 각 호의 사항이 변경되지 아니한 경우로 한정한다)

기준에 따른다.

  1. 동의의 철회 또는 반대의사의 표시는 해당 동의에 따른 인·허가 등을 신청하기 전까지 할 수 있다.

  2. 제1호에도 불구하고 다음 각 목의 동의는 최초로 동의한 날부터 30일까지만 철회할 수 있다. 다만, 나목의 동의는 최초로 동의한 날부터 30일이 지나지 아니한 경우에도 법 제32조제3항에 따른 조합설립을 위한 창립총회 후에는 철회할 수 없다.

    가. 법 제21조제1항제4호에 따른 정비구역의 해제에 대한 동의

    나. 법 제35조에 따른 조합설립에 대한 동의(동의 후 제30조제2항 각 호의 사항이 변경되지 아니한 경우로 한정한다)

고시문 운영규정 제3조

> 제3조(운영규정의 작성) ① 정비사업조합을 설립하고자 하는 경우 추진위원회를 시장·군수등에게 승인 신청하기 전에 운영규정을 작성하여 토지등소유자의 과반수의 동의를 얻어야 한다.
> ② 제1항의 운영규정은 별표의 운영규정안을 기본으로 하여 다음 각 호의 방법에 따라 작성한다.
> 1. 제1조·제3조·제4조·제15조제1항을 확정할 것
> 2. 제17조제7항·제19조제2항·제29조·제33조·제35조제2항 및 제3항의 규정은 사업특성·지역상황을 고려하여 법에 위배되지 아니하는 범위 안에서 수정 및 보완할 수 있음
> 3. 사업추진상 필요한 경우 운영규정안에 조·항·호·목 등을 추가할 수 있음
> ③ 제2항 각 호에 따라 확정·수정·보완 또는 추가하는 사항이 법·관계법령, 이 운영규정 및 관련 행정기관의 처분에 위배되는 경우에는 효력을 갖지 아니한다.
> ④ 운영규정안은 재건축사업을 기본으로 한 것이므로 재개발사업 등을 추진하는 경우에는 일부 표현을 수정할 수 있다.

■ 제1항

추진위원장을 포함한 추진위원 구성 및 추진위원회 운영규정안을 첨부하여 도시정비법 시행규칙 별지 '제4호서식 추진위원회 구성동의서'에 따라 전체 토지등소유자의 과반수 동의가 있어야 한다.

이를 위해 관할 구청장으로부터 연번을 부여받아 동의서를 받아야 한다. 이 동의서는 정비사업에 공통된 양식이지만, 공란 상태로 동의를 얻을 수 없다고 규정하고 있다.

재개발사업에서 '토지등소유자'란 토지 또는 건축물의 소유자 외에도 지상권자까지 포함되므로 동의자 수 산정에 유의해야 한다. 그러나 공동주택 재건축 추진위원회의 경우에는 '건축물과 그 부속토지'를 모두 소유해야 동의자 수 산정대상에 포함된다.

동별 동의요건을 갖추지 않고 전체 소유자의 과반수만 충족되면 가능하지만, 조합설립의 경우에는 이와 다름에 유의하여야 한다.

■ 제2항
제1호 내지 제3호의 해당 조문 외에는 수정, 보완할 수 없다.

1호인 "제1조 명칭, 제3조 사업시행구역, 제4조 사무소 위치, 제15조제1항의 감사·추진위원 숫자"가 ○○으로 되어있는데, 이는 법령에 위배되지 않는 범위 내에서 자신에 맞도록 채워 넣으면 된다.

별표 운영규정
제1조(명칭) ① 이 재건축/재개발사업조합설립추진위원회의 명칭은 ○○○ 재건축/재개발사업조합설립추진위원회(이하 "추진위원회")라 한다.

② 추진위원회가 시행하는 재건축/재개발사업의 명칭은 ○○○ 재건축/재개발사업(이하 "사업")이라 한다.

제3조(사업시행구역) 추진위원회의 사업시행구역은 ○○ (시·도) ○○ (시·군·구) ○○ (읍·면) ○○ (리·동) ○○번지 외 ○○필지(상의 ○○아파트 단지)로서 대지의 총면적은 ○○㎡로 한다.

제4조(사무소) ① 추진위원회의 주된 사무소는 ○○ (시·도) ○○ (시·군·구) ○○ (읍·면) ○○ (리·동) ○○ 번지 ○○호에 둔다.

② 추진위원회의 사무소를 이전하는 경우 사업시행구역 내 법 제2조제9호 가목 및 나목에 따른 토지등소유자에게 통지하여야 한다.

제15조(위원의 선임 및 변경) ① 추진위원회의 위원은 다음 각 호의 범위 이내로 둘 수 있으며, 상근하는 위원을 두는 경우 추진위원회의 의결을 거쳐야 한다.

1. 위원장
2. 부위원장
3. 감사 _인
4. 추진위원 _인

■ 제1호, 제2호 외 다른 별표 추진위원회 운영규정 조항은 수정, 보완이 불가능

일부 추진위원회에서는 추진위원을 선점하기 위하여 별표 제15조제2항 위원의 선임 및 변경 조문을 자신들에 맞도록 수정하여 분쟁이 발생한 바 있는데, 이는 잘못된 것이다.

■ 제2호인 법령에 위배되지 않는 범위에서 수정, 보완 사항

법령에 위배되지 않는 범위에서 수정, 보완이 가능한 별표 운영규정안은 제17조제7항 추진위원회 사무실에 상근하는 유급직원을 두는 문제, 제19조제2항 상근하는 추진위원, 유급직원의 보수, 제29조 용역업체의 선정 및 계약, 제33조 추진위원회의 운영경비 부과 및 징수, 제35조제2항 및 제3항인 총회, 추진위원회의 후 속기록 등의 인계 및 보관, 열람·복사 등이다.

업무규정에는 총칙, 문서규정, 인사규정, 복무규정, 업무범위를 정하는 위임전결규정, 회계 및 결산규정, 급여규정, 퇴직금 지급규정 및 부칙으로 구성되는 것이 보통이었다. 그러나 통일된 양식이 없어 추진위원회에서는 각자의 양식에 의하다 보니 자의적인 경우도 있었다.

서울시는 2014.6.19 「정비조합등 예산·회계규정」을 고시하여 통일을 꾀하였다. 이 규정 부칙2(제 규정에 관한 경과조치)에 따라 추진위원회는 1년 이내에 주민총회를 거쳐 제정, 개정하도록 하였다. 위 규정은 추진위원회의 경우 이에 맞도록 고쳐 쓰면 된다.

또한, 2014.7.24 「정비조합등 표준행정업무규정」을 제정, 고시(서울시고시 제2014-274호)」하였고 2015.6.18 1차 개정하여 부칙 2(경과조치)②에서 이 기준 시행일로부터 1년 이내에 총회를 거쳐 개정하도록 하였다.
추진위원회의 경우 1년 이내에 주민총회를 개최하여 「추진위원회 행정업무규정(안)」을 제정, 시행하도록 하였다.

위 규정 등을 확실히 정착시키기 위해 도시정비조례를 개정하여 이를 시행하도록 강제하였다.

ⓠ 추진위원회 위원의 대리인 출석이 가능한지?

Ⓐ 추진위원회 운영은 도시정비법 제31조제1항, 제34조제1항 및 추진위원회 운영규정(국토부고시 제3조)에 따라 별표 운영규정안(총 제37조 구성)을 기본으로 운영규정을 작성, 토지등소유자 과반수 동의를 얻어 구청장 승인을 받도록 하고 있음.

고시문 운영규정(국토부고시) 제3조제2항에서는 운영규정의 세부 작성방법을 규정하고 있는데, 동조 제2항제2호에서는 사업특성·지역상황을 고려, 법에 위배되지 아니하는 범위 안에서 수정·보완 가능한 조문을 따로 정하고 있음. 그 외 나머지 조문은 별도로 규정하고 있지 않으므로 '별표의 운영규정안'을 기본으로 작성해야 할 것으로 판단됨.

따라서, 질의의 '추진위원회 위원의 대리인 출석 가능 여부'는 별표 운영규정안 제26조로 해당 조문은 동조 제2항제2호에 해당하지 않아 수정·보완이 불가능할 것으로 보임(서울시 주거정비과 2022.6.8).

ⓠ1. 국토부고시 제2012-890호(2012.12.20) 추진위원회 운영규정 제3조제2항2호의 조·항만 수정 및 보완이 가능하고, 그 외 조·항은 수정 보완이 불가능한지?

ⓠ2. 제3조제2항3호에서 사업추진 상 필요한 경우 운영규정안에 조·항·호·목 등을 추가할 수 있다고 규정하고 있으므로, 운영규정 제22조의 주민총회 의결방법에 "추진위원장, 감사, 추진위원의 선임은 주민총회에서 다득표순에 따라 선임함을 원칙으로 하되, 추진위원장, 감사 후보자가 선출인원수 이내인 경우, 각각의 후보자에 대하여 토지등소유자 과반수이상 출석과 출석 토지등소유자 과반수의 찬성으로 선출해야 한다"는 사항을 추가할 경우, 제3조제3항에 위배되는지?

Ⓐ1. 국토부고시 운영규정 제3조제2항2호에 의하면 제17조제7항·제19조제2항·제29조·제33조·제35조제2항 및 제3항의 특정 조항을 정하여 사업특성·지역상황을 고려하여 법에 위배되지 않는 범위안에서 수정 및 보완할 수 있다고 규정하고 있음.

Ⓐ2. 국토부고시 운영규정 제3조제2항제3호에 의거 사업추진 상 필요한 경우 운영규정안에 조·항·호·목 등을 추가할 수 있으나, 이는 운영규정 제3조제3항에 따라 법·관계법령, 이 운영규정 및 관련 행정기관의 처분에 위배되지 않아야 할 것이고,

추진위원장, 감사 (보궐)선임은 운영규정 제15조제3항, 제21조, 제25조 등 규정으로 추진위원과 달리 총회의 의결사항으로 규정함은 토지등소유자의 대표성등을 확보할 수 있도록 한 취지로 봄이 타당할 것인바, 위원장, 감사의 선임 시 국토부에서 고시한 운영규정 <u>제22조 총회 의결기준까지 수정(추가)하도록 한 취지는 아니라고 판단</u>되므로, 위원장, 감사등의 선임

은 주민총회 의결기준을 충족해야 할 것임(서울시 주거재생과 2014.4.7).

■ 제3항

위 제2항 각 호에 의하여 확정·수정·보완 또는 추가하는 사항이 법·관계법령, 이 운영규정 및 관련 행정기관의 처분에 위배되지 않으면 효력이 있다.

Q 고시문 운영규정 제3조제2항제3호를 보면 "사업추진 상 필요한 경우 운영규정안에 조·항·호·목 등을 추가할 수 있음"의 내용과 관련하여 문의함.
1) 별표 운영규정 제24조(추진위원회의 개최)를 제24조(추진위원회의 운영 및 개최)로 수정하고, 제24조에 제4항을 신설하여 "추진위원장은 원활한 위원회 운영을 위하여 운영위원회(자문기구 포함) 등 소위원회를 구성하여 운영할 수 있다."는 내용을 추가할 경우, 운영규정 제3조제3항에 의한 법·관계 법령에 위배되는지?
2) 운영규정에 명시되지 않은 별도의 운영위원회를 구성하는 것 또한 위배되는지?

A 추진위원회 운영규정 제3조제2항제3호에 따르면 사업추진 상 필요한 경우 운영규정안에 조·항·호·목 등을 추가할 수 있도록 하고 있고,
같은 조 제3항에 따르면 제2항 각 호에 의하여 확정·수정·보완 또는 추가하는 사항이 법·관계법령, 이 운영규정 및 관련 행정기관의 처분에 위배되는 경우에는 효력을 갖지 아니한다고 하고 있으므로, 질의하신 운영규정 변경에 대하여는 해당 시장·군수가 변경내용 및 관련 규정 등을 검토하여 결정할 사항임.
운영규정 제25조제1항에 따르면 추진위원회는 이 운영규정에서 따로 정하는 사항과 그밖에 추진위원회 운영을 위하여 필요한 사항 등을 의결하도록 하고 있으므로, 질의하신 <u>소규모 운영위원회에 대하여는 동 규정에 따라 추진위원회 의결로 결정할 수 있을 것으로 판단됨</u>(국토부 주택정비과 2016.10.12).

Q1. 고시문 운영규정 제3조제2항3호에 의거 제15조제2항에 내용 일부를 변경할 수 있다는 항목을 추가할 수 있는지?
Q2. 위 제3조제3항 때문에 불가하다 하면 어느 법, 관계 법령에 위배되는지?
Q3. 재건축조합 표준정관은 하나의 예시로 법적 구속력은 없으며 조합의 특징과 여건에 따라 관련 조항을 추가, 삭제, 수정하여 달리 규정할 수도 있다고 명시되어 있는데 맞는지?

Q4. 조합설립을 돕기 위한 추진위 운영규정은 법적 구속력이 있는지?

A1. 추진위원회 운영규정 본문 제3조제2항에 따라 별표의 수정은 제17조제7항, 제19조제2항 등을 사업특성, 지역상황을 고려하여 법에 위배되지 않는 범위 안에서 수정 및 보완할 수 있다고 규정하고 있으나, 질의의 규정인 별표 제15조제2항제1호는 수정대상 규정에서 제외되어 있기 때문에 변경할 수 없음.

A2. 법, 관계법령 위배여부는 위에 명시한 바와 같이 추진위원회 운영규정 제3조제2항에 변경할 수 있는 사항에서 제외되어 있기 때문에 동 운영기준에 위배됨.

A3, A4, 조합규약을 제·개정하기 위한 가이드라인이 되는 것으로 강제성이 있는 것은 아니라는 재건축조합 표준정관에 대한 것으로 정비사업의 각 조합들은 도시정비법 및 그 하위 기준에 적합한 범위 내에서 조합이 자율적으로 정하는 것이지만, 추진위원회 운영규정은 법에서 위임받아 국토부장관이 고시한 것이기 때문에 강제성이 있는 규정임(국토부 주택정비과 2016.7.5)

Q 추진위원회 운영 규정(국토부고시 제2012-457호) 관련임.

별첨 운영규정 제3장 제15조(위원의 선임 및 변경) 위원장, 부위원장, 감사, 추진위원 다음 제1호, 제2호의 어느 하나에 해당하는 자이어야 한다고 규정되어 있음

1. 피선출일 현재 사업시행구역 안에서 3년 이내에 1년 이상 거주하고 있는 자(다만, 거주의 목적이 아닌 상가 등의 건축물에서 영업 등을 하고 있는 경우 영업 등은 거주로 본다)
2. 피선출일 현재 사업시행구역 안에서 5년 이상 토지 또는 건축물(재건축사업의 경우 토지 및 건축물을 말함)을 소유한 자

현재 위원장 자격조건에 맞는 조합원이 출마하지 않고 있음 추진위원회 운영규정을 조합 규정에 맞게 수정 후 위원장 선출할 수 있는지?

A 추진위원회 운영규정 제3조제2항제2호에 따라서 운영규정 별표 제17조제7항, 제19조제2항, 제29조, 제33조, 제35조제2항 및 제3항은 사업특성, 지역상황을 고려하여 법에 위배되지 아니하는 범위 안에서 수정 및 보완할 수 있음

다만, 제15조의 위원의 선임 및 변경에 포함되지 않으므로 제15조를 기본으로 위원의 선임 및 변경하여야 할 것으로 판단됨(국토부 주택정비과 2016.5.9)

Q1. 추진위원장 선출과 관련하여 운영규정 별표 제15조제2항제2호(피선출일 현재 사업시행구역

안에서 5년 이상 토지 또는 건축물을 소유한 자)를 주민총회의 의결로 삭제·수정할 수 있는지?

◉**2.** 수정이 가능하다면 토지 또는 건축물 소유자의 소유기간에 관계없이 피선출권을 부여할 수 있는지?

🅐 운영규정(국토부고시 제2009-549, 2009.8.13) 제3조제2항에 따르면 운영규정안을 기본으로 하여 같은 항 각 호의 방법에 따라 작성하도록 규정하고 있으나, 제15조제2항은 이에 해당되지 않으므로 삭제·수정할 수 없음(국토부 주택정비과 2009.9.18)

▌제4항

일부 단독주택 재건축사업의 경우, 특정무허가건축물(구 기존무허가건축물) 소유자에 대해 조합원 자격과 분양대상자로의 인정은 검토해 봐야 할 것이다.

주택정비형 재개발·도시정비형 재개발조합의 특정무허가건축물 소유자의 경우 서울시 도시정비조례 제22조에서 조합원 자격에 관한 사항을 조합정관에서 정하도록 하며, 조합원의 동의를 얻는 경우 이들에게 분양대상자로서의 자격이 있다(조례 제36조제1항제1호).

그러나 단독주택 재건축조합의 경우, 조합원의 동의를 얻어도 이러한 규정이 없다(조례 제37조제1항제1호 참조).

서울시 도시정비조례 제36조제1항은 주택정비형, 도시정비형 재개발사업에 모두 준용된다.

도시정비조례

제36조(재개발사업의 분양대상 등) ① 영 제63조제1항제3호에 따라 재개발사업으로 건립되는 공동주택의 분양대상자는 관리처분계획기준일 현재 다음 각 호의 어느 하나에 해당하는 토지등소유자로 한다.

1. 종전의 건축물 중 주택(주거용으로 사용하고 있는 **특정무허가건축물 중 조합의 정관등에서 정한 건축물**을 포함한다)을 소유한 자

(이하 생략)

제37조(단독주택재건축사업의 분양대상 등) ① 단독주택재건축사업(대통령령 제24007호 도시정비법 시행령 일부개정령 부칙 제6조에 따른 사업을 말한다. 이하 같다)으로 건립되는 공동주택의 분양대상자는 관리처분계획기준일 현재 다음 각 호의 어느 하나에 해당하는 토지등소유자로 한다.

  1. 종전의 건축물 중 주택 및 그 부속토지를 소유한 자
  2. 분양신청자가 소유하고 있는 권리가액이 분양용 최소규모 공동주택 1가구의 추산액 이상인 자. 다만, 분양신청자가 동일한 세대인 경우의 권리가액은 세대원 전원의 가액을 합하여 산정할 수 있다.

Q1. 1필지 토지에 수인이 공유지분자이고 소유자별 해당 토지 위 무허가건물을 소유한 경우, 조합원 자격이 있는지?

Q2. 1필지 토지와 건물 소유권이 분리된 경우, 각각 조합원 자격이 있는지?

Q3. 공공재개발 후보지 중 기존구역의 경우 권리산정기준일 이후 토지를 매입한 토지등소유자는 분양대상자인지?

A1, A2, 도시정비법 제39조제1항에 따르면 정비사업의 조합원은 토지등소유자(재건축사업은 재건축사업에 동의한 자)로 하되, 다음 각 호의 어느 하나에 해당하는 때(도시정비법 제39조제1항 각 호 참조)에는 그 여러 명을 대표하는 1명을 조합원으로 보도록 하고 있으며,

서울시 도시정비조례(이하 "조례"라 함) 제22조제2호에 따르면 특정무허가건축물 소유자(종전 조례에 따른 기존무허가건축물 소유자 포함)의 조합원 자격에 관한 사항은 조합정관에서 규정토록 하고 있으며,

A3, 조례 제36조제1항제2호 및 제3호에 따르면 재개발사업으로 건립되는 공동주택 분양대상자는 관리처분계획기준일 현재 분양신청자가 소유하는 종전토지 총면적이 90㎡ 이상인 자 등 다음 각 호의 어느 하나에 해당하는 토지등소유자(조례 제36조제1항제2호 및 제3호 참조)로 한다고 정하고 있음.

다만, 같은 조 제2항에 따르면 제1항에도 불구하고 법 제39조제1항제2호에 따라 여러 명의 분양신청자가 1세대에 속하는 경우 등 다음 각 호의 어느 하나에 해당하는 경우(조례 제36조제2항 참조)에는 여러 명의 분양신청자를 1명의 분양대상자로 보도록 규정하고 있음.

덧붙여, 같은 조 제3항에 따르면 제1항제2호의 종전 토지의 총면적 및 제1항제3호의 권리가액을 산정함에 있어 다음 각 호의 어느 하나에 해당하는 토지(조례 제36조제3항 참조)는 포

함하지 않도록 하고 있음(서울시 주거정비과 2021.8.10)

cf 부산광역시

도시정비조례

제37조(재개발사업의 분양대상 등) ① 영 제63조제1항제3호 단서에 따라 재개발사업으로 조성되는 대지 및 건축시설 중 공동주택의 분양대상자는 관리처분계획기준일 현재 다음 각 호의 어느 하나에 해당하는 자로 한다.

  1. 종전 건축물 중 주택(기존무허가건축물로서 사실상 주거용으로 사용되고 있는 건축물을 포함한다)을 소유한 자.

단독주택재건축사업의 분양대상에 대한 규정은 두지 않았다.

고시문 운영규정 제4조

> 제4조(추진위원회의 운영) ① 추진위원회는 법·관계 법령, 제3조의 운영규정 및 관련행정기관의 처분을 준수하여 운영되어야 하며, 그 업무를 추진함에 있어 사업시행구역안의 토지등소유자의 의견을 충분히 수렴하여야 한다.
> ② 추진위원회는 법 제31조제1항에 따른 추진위원회 설립승인 후에 위원장 및 감사를 변경하고자 하는 경우 시장·군수등의 승인을 얻어야 하며, 그 밖의 경우 시장·군수등에게 신고하여야 한다.

■ **제2항**

도시정비법 제33조제4항

법 제33조(추진위원회의 조직) ④ 제3항에 따른 추진위원의 교체·해임 절차 등에 필요한 사항은 제34조제1항에 따른 운영규정에 따른다.

추진위원장, 감사를 변경하려면 시장·군수의 승인을 받아야 하며 그 밖의 부위원장, 추진위원을 변경하려면 시장·군수에게 신고만으로 족하다.
여기에서의 변경은 연임이나, 해임에 의한 변경도 포함되는 포괄적 규정이다.

추진위원장, 감사의 변경은 별표 운영규정 제21조제1호에 해당하는 사항으로 제22조에 따른 주민총회에서 "추진위원회 구성에 동의한 토지등소유자 과반수 출석으로 개의하고 출석한 토지등소유자(동의하지 않은 토지등소유자를 포함한다)의 과반수 찬성"으로 의결을 받은 후에 시장·군수의 승인을 받을 수 있다.
이와 관련 별표 운영규정 제18조제4항에 의한 해임이 가능하다는 의견이 있으나, 이는 추후 해당 조문에서 설명하기로 한다.
반면 부위원장이나 기타 위원들은 추진위원회 의결로 변경이 가능하며, 시장·군수등에게 신고만으로 족하다.

Q&A 재개발추진위원회의 설립 승인신청을 받은 시장·군수가 승인신청서에 첨

부된 서류를 통해 추진위원회 구성에 관하여 토지등소유자 1/2 이상의 동의가 있고 추진위원회가 위원장을 포함한 5인 이상의 위원으로 구성된 것을 확인한 경우, 추진위원회 설립을 승인해야 한다(대법원 2011두2842, 2008두13132, 2007두12996 판결).

Q 추진위원회의 추진위원이 단독 소유권 일부를 증여할 경우, 추진위원 자격이 유지되는지?
별첨 운영규정 제3장 제15조(위원의 선임 및 변경) 위원장, 부위원장, 감사, 추진위원 다음 제1호, 제2호의 어느 하나에 해당하는 자이어야 한다고 규정되어 있음
1. 피선출일 현재 사업시행구역 안에서 3년 이내에 1년 이상 거주하고 있는 자(다만, 거주의 목적이 아닌 상가 등의 건축물에서 영업 등을 하고 있는 경우 영업 등은 거주로 본다)
2. 피선출일 현재 사업시행구역 안에서 5년 이상 토지 또는 건축물(재건축사업의 경우 토지 및 건축물을 말함)을 소유한 자
현재 위원장 자격조건에 맞는 조합원이 출마하지 않고 있음 추진위원회 운영규정을 조합 규정에 맞게 수정 후 위원장 선출할 수 있는지?
A 도시정비법 제33조제3항에 따르면 제3항에 따른 추진위원의 교체·해임 절차 등에 필요한 사항은 법 제34조제1항에 따른 운영규정에 따른다고 규정하고 있으며,
추진위원회 운영규정 제4조제2항에 따라 추진위원회는 법 제31조제1항에 따른 추진위원회 설립승인 후에 위원장 및 감사를 변경하고자 하는 경우 시장·군수 등의 승인을 받아야 하며, 그 밖의 경우 시장·군수등에게 신고하여야 한다고 규정하고 있으므로, 추진위원회의 추진위원이 증여받는 자의 동의를 받아 대표소유자 선임 동의서 등을 권리변경 신고하야야 할 것임
(서울시 주거정비과-13537호, 2019.8.20).

재정비촉진지구 내 재개발 추진위원회 구성승인을 받은 후 조합설립 동의서를 받던 중, 재정비촉진계획 변경으로 당해 구역의 사업시행범위가 일부 축소된 경우
Q1. 운영규정 제3조의 '사업시행구역'의 내용을 변경하고 운영규정의 변경신고를 하면 되는지, 기 승인받은 추진위원회의 변경승인을 요청해야 하는지?
Q2. 위 Q1에서 운영규정의 변경신고로 충분한 경우라면 운영규정의 변경은 주민총회를 열어 변경해야 하는지?
아니면 재정비촉진계획 변경으로 비롯된 것이므로 당연 변경으로 보아 주민총회의 의결 없이 신고할

수 있는지, 아울러 위 Q1에서 추진위원회 변경승인이 필요하다면 관련 법규 등은 어디에 있는지?

Q3. 공공재개발 후보지 중 기존구역의 경우 권리산정기준일 이후 토지를 매입한 토지등소유자는 분양대상자인지?

A 추진위원회 운영규정 제4조제2항에 따라서 추진위원회는 법 제13조제2항에 의한 추진위원회 설립승인 후에 위원장 및 감사를 변경하고자 하는 경우 시장·군수의 승인을 얻어야 하며, 그 밖의 경우 시장·군수에게 신고해야 함(국토부 주택정비과 2015.5.7).

고시문 운영규정 제5조

> 제5조(해산) ① 추진위원회는 조합설립인가일까지 업무를 수행할 수 있으며, 조합이 설립되면 모든 업무와 자산을 조합에 인계하고 추진위원회는 해산한다.
> ② 추진위원회는 자신이 행한 업무를 법 제44조에 따른 총회에 보고하여야 하며, 추진위원회가 행한 업무와 관련된 권리와 의무는 조합이 포괄승계한다.
> ③ 추진위원회는 조합설립인가 전 추진위원회를 해산하고자 하는 경우 추진위원회 동의자 2/3 이상 또는 토지등소유자의 과반수 동의를 받아 시장, 군수 등에게 신고하여 해산할 수 있다.

■ **제1항**

서울시는 추진위원회 임원의 업무분담에 대해 2014.7.24 「추진위원회 표준행정업무규정」을 제정·고시(서울시고시 제2014-274호)하였고, 2015.6.18 1차로 부칙 2(경과조치) ②에서 이 기준 시행일로부터 1년 이내에 총회를 거쳐 개정하도록 하였다.
추진위원회의 경우 1년 이내에 주민총회를 개최하여 이를 시행하도록 하였다.

여기에는 총칙, 문서규정, 인사규정, 복무규정, 업무범위를 정하는 위임전결규정, 급여규정, 퇴직금 지급규정 및 부칙의 내용이 포함된다. 이 규정의 정착을 위해 2015.1.2 조례에 담아 시행하도록 강제하였다.

창립총회를 마치고 조합설립인가를 준비 중인 추진위원회는 사용경비를 기재한 회계장부 및 관련 서류를 조합설립인가일부터 30일 이내에 조합에 인계하여야 한다(법 제34조제4항).

기존 추진위원회의 업무범위를 일탈한 행위 등으로 불화가 있어 인계 날짜를 넘기는 경우, 법 제138조제1항제2호에 해당하여 "추진위원회의 회계장부 및 관계서류를 조합에 인계하지 않은 추진위원장(전문조합관리인 포함)"에 대해서 1년 이하의 징역 또는 1천만 원 이하의 벌금에 처할 수 있다.
조합이 설립되면 모든 업무와 자산을 조합에 인계하고 추진위원회는 해산한다.

조합설립인가를 받고 정비조합 법인등기를 마치게 되면, 별도의 행위를 하지 않아도 추진위원회는 해산된다.

Q1. 기존 재건축 추진위원회가 설립된 구역에서 새로운 추진위원회가 설립하기 위해서는 기존 추진위원회가 해산된 후에 새로운 추진위원회 설립동의서를 징구하여야 하는지?

Q2. 기존 추진위원회가 해산되기 전에 새로운 추진위원회 설립동의서를 토지등소유자로부터 징구한 후, 기존 추진위원회 해산 후에 새로운 추진위원회 설립 신청을 할 수 있는지?

A 추진위원회 운영규정 제5조제1항에 따르면 추진위원회는 조합설립인가일까지 업무를 수행할 수 있으며 조합이 설립되면 모든 업무와 자산을 조합에 인계하고 추진위원회는 해산한다고 규정하고 있음.

또한, 추진위원회 승인을 얻지 아니하고 제32조제1항 각 호의 업무(토지등소유자의 동의서 징구등 추진위원회의 기능 및 업무)를 수행하는 경우에 벌칙 적용이 가능한 점을 감안할 때, <u>기 승인된 추진위원회가 조합설립인가 전에 해산하지 아니한 경우</u> 새로운 추진위원회를 구성하여 토지등소유자의 동의서 징구 등을 포함한 추진위원회의 기능 및 업무를 수행할 수 없음 (국토부 주택정비과 2009.9.23)

■ 제2항

구 도시정비법 제24조의 "총회"란 현행법 제45조에 의한 창립총회를 포함한 조합총회를 말하는 것으로, 때로는 별도의 조합총회에서 이루어질 수도 있다.

일부 재건축 추진위원회에서는 총회 경비를 절약하기 위하여 1부 주민총회에서는 추진위원회의 업무보고를 마친 후, 2부에서 조합설립을 위한 창립총회를 진행하기도 한다.

그러나 주민총회에는 토지등소유자(미동의자도 참석 가능)가 참석대상이지만, 창립총회에서는 재건축사업이므로 조합설립에 동의한 자만이 참석할 수 있으므로 이는 잘못된 것이다.

■ 제3항

제3항은 해당 정비구역의 토지등소유자가 추진위원회를 해산하고자 하는 경우

를 말한다.

구 도시정비법 제16조의2제1항제1호는 추진위원회 구성에 동의한 토지등소유자 또는 전체 토지등소유자의 동의로 인한 해산이 그것이다. 반면 구 도시정비법 제4조의3에 의한 경우는 추진위원회 승인의 취소를 말하므로, 자진 해산과는 구별하였다.

■ 추진위원회의 해산
2016.4.8 국토부고시

제5조(해산) ③ 추진위원회는 조합설립인가 전에 추진위원회를 해산하고자 하는 경우 도시정비법 제16조의2제1항제1호에 따라 해산할 수 있다.

2018.2.9 국토부고시

제5조(해산) ③ 추진위원회는 조합설립인가 전 추진위원회를 해산하고자 하는 경우 추진위원회 동의자 2/3 이상 또는 토지등소유자의 과반수 동의를 받아 시장·군수등에게 신고하여 해산할 수 있다.

■ 2018.2.9 개정 도시정비법 제16조의2제1항 삭제
추진위원회 구성에 동의한 토지등소유자의 1/2 이상 2/3 이하의 범위에서 시도조례로 정하는 비율 이상의 동의 또는 토지등소유자 과반수의 동의로 추진위원회의 해산을 신청하는 경우, 구청장은 추진위원회를 취소하여야 한다(법 제16조의2제1항제1호).

이 조문은 2018,2.9 전부개정으로 삭제되었다.

서울시의 경우, 구청장은 추진위원회 구성에 동의한 <u>토지등소유자의 과반수나 전체 토지등소유자의 과반수</u> 동의를 얻어 해산을 신청한 경우에는 추진위원회를 취소하는 규정을 두었다(조례 제15조의2제1항). 이후 도시정비법 전부개정 영향으로 2018.7.19. 서울시 도시정비조례가 전부개정으로 삭제되었다.

Q1. 조합설립인가 전 추진위원회 활동에 문제가 생겨 더 이상 추진위원회 활동을 못할 경우, 동의

자 2/3 이상 또는 토지등소유자의 과반수 동의를 받아 시장.군수등에게 신고하여 해산할 수 있다는 내용이 아닌지?

이는 오직 추진위원회만 해산할 수 있다는 뜻인지?

비대위는 자기들이 추진위원회를 해산한다고 동의서를 받고 있음.

Q2. 비대위도 토지등소유자의 과반수 동의를 받아 시장. 군수등에게 신고하면 추진위원회를 해산할 수 있는지?

A 추진위원회 운영규정 제5조제3항에서는 추진위원회는 조합설립인가 전 추진위원회를 해산하고자 하는 경우 추진위원회 동의자 2/3 이상 또는 토지등소유자의 과반수의 동의를 받아 시장·군수등에게 신고하여 해산할 수 있다고 규정하고 있을 뿐 별도로 해산 주체를 규정하고 있지 않음.

따라서 기준 추진위원회가 아닌 자라 하더라도 토지등소유자의 과반수 동의 등을 받는다면 시장, 군수등에게 신고하고 추진위원회를 해산할 수 있을 것으로 판단됨(국토부 주택정비과 2018.12.5)

Q 「추진위원회 운영규정」 제5조제3항에서 규정된 추진위원회 해산을 추진위원회가 아닌 토지등소유자도 신고할 수 있는지?

A 「추진위원회 운영규정」 제5조제3항에 의한 추진위원회 해산신고는 동 운영규정에 정한 요건에 관한 제반서류를 갖추어 당해 신고에 관하여 추진위원회를 대표하는 자(해산신고를 위해 대표로 선임된 자)가 시장·군수에게 신고하면 될 것임(국토부 주택정비과 2008.4.14).

※ 서초구 방배○구역 단독주택 재건축 추진위원회 해산은 위 개정 전 운영규정 제5조제3항에 의해 추진위원회가 아닌 미동의자 발의를 통해 해산한 바 있다.

Q 추진위원회에서 해산을 거부하는 경우, 추진위원회를 배제하고 토지등소유자의 과반수의 동의를 얻어 구청장에게 신고하면 해산할 수 있는지?

A 추진위원회 운영규정 제5조제3항에 따르면 추진위원회는 조합설립인가 전에 추진위원회를 해산하고자 하는 경우 추진위원회 설립에 동의한 토지등소유자의 2/3 이상 또는 토지등소유자 과반수의 동의를 얻어 시장 군수에게 신고함으로써 해산할 수 있다고 규정하고 있으며,

추진위원회의 해산에 동의한 토지등소유자 과반수의 대표자도 추진위원회 해산 신고

를 할 수 있다는 대법원 판례(2009.1.30선고 2008두14869판결)[9]가 있음(국토부 주택정비과 2010.2.17)

---

[9] 대법원 2009.1.30.선고 2008두14869판결, 해산신고수리처분취소등
【판시사항】
도시정비법 제13조제2항에 따라 설립된 재건축사업을 위한 추진위원회에 대하여, 추진위원회 자신이 아닌 추진위원회의 해산에 동의한 토지 등 소유자 과반수의 대표자가 해산신고를 할 수 있는지(적극)
【판결요지】
추진위원회 운영규정(2006.8.25 개정 건교부고시 제2006-330호) 제5조제3항은, 토지등소유자의 동의에 의한 추진위원회 해산규정을 둠으로써 파행적으로 운영되는 추진위원회를 해산시키고 토지등소유자의 대표성을 가지는 추진위원회를 구성할 수 있도록 하기 위하여 신설된 조항으로서, 그 전체적인 문맥상 그 해산신고의 주체를 추진위원회로 제한하고 있다고 보이지 않으며, 토지등소유자의 과반수가 적법하게 설립된 추진위원회의 해산에 동의하였음에도 추진위원회 스스로 해산신고를 하지 아니하는 경우 그 해산에 동의한 토지등소유자들 스스로 해산신고를 할 수 있다고 해석하는 것이 위 조항의 취지에 부합한다고 보이는 점 등을 종합하여 보면,
위 운영규정 제5조제3항은 '조합설립인가 전에 추진위원회를 해산하고자 하는 자는 추진위원회의 설립에 동의한 토지등소유자의 2/3 이상 또는 토지등소유자 과반수의 동의를 얻어 시장·군수에게 신고함으로써 추진위원회를 해산할 수 있다'는 취지로 해석함이 상당하고, 따라서 추진위원회의 해산에 동의한 토지 등 소유자 과반수의 대표자도 추진위원회 해산신고를 할 수 있다고 보아야 한다.

고시문 운영규정 제6조

> **제6조(승계 제한)** 이 운영규정이 정하는 추진위원회 업무범위를 초과하는 업무나 계약, 용역업체의 선정 등은 조합에 승계되지 아니한다.

시공자나 감정평가업체 선정은 추진위원회의 업무범위를 벗어나는 행위로, 추진위원회에서 시공자나 감정평가업체를 선정한 행위는 조합에 승계되지 않는다.

다만, 조합설립 동의를 위하여 추정분담금을 산정하기 위해 필요한 경우, 감정평가업자를 선정한 경우에는 추진위원회에서 선정할 수 있다(별표 운영규정 제5조 제4항).

직무대행자의 경우 통상업무 범위에 벗어나지 않도록 주의하여야 한다.

직무대행자의 통상업무 범위에 벗어나는 경우 업무상배임과 함께, 민법 제750조에 의한 불법행위로 손해배상의 책임을 질 수도 있기 때문이다.

▶ 관련 규정

도시정비법(구법 제14조제1항)
제32조(추진위원회의 기능) ① 추진위원회는 다음 각 호의 업무를 수행할 수 있다.
1. 제102조에 따른 정비사업전문관리업자의 선정 및 변경
2. 설계자의 선정 및 변경
3. 개략적인 정비사업 시행계획서의 작성
4. 조합설립인가를 받기 위한 준비업무
5. 그 밖에 조합설립을 추진하기 위하여 대통령령으로 정하는 업무

도시정비법 시행령(구법 시행령 제22조)
제26조(추진위원회의 업무 등) 법 제32조제1항제5호에서 "대통령령으로 정하는 업무"란 다음 각 호의 업무를 말한다.
1. 법 제31조제1항제2호에 따른 추진위원회 운영규정의 작성

2. 토지등소유자의 동의서의 접수
3. 조합의 설립을 위한 창립총회의 개최
4. 조합 정관의 초안 작성
5. 그 밖에 추진위원회 운영규정으로 정하는 업무

민법

제60조의2(직무대행자의 권한) ① 제52조의2의 직무대행자는 가처분명령에 다른 정함이 있는 경우 외에는 법인의 통상 사무에 속하지 아니한 행위를 하지 못한다. 다만, 법원의 허가를 얻은 경우에는 그러하지 아니하다.

② 직무대행자가 제1항에 위반한 행위를 한 경우에도 법인은 선의의 제3자에 대하여 책임을 진다.

제750조(불법행위의 내용) 고의 또는 과실로 인한 위법행위로 타인에게 손해를 가한 자는 그 손해를 배상할 책임이 있다.

> **판례**
>
> 대법원 2024.12.12선고 2024다260405, 260412판결, 약정금·소유권이전등기
> 【판시사항】
> 정비사업과 관련하여 추진위원회가 토지 등 소유자에게 현금이나 현물보상을 약정한 경우, 그 약정의 효력이 조합에 미치는지(소극)
> 【판결요지】
> 구 도시정비법(2007.12.21 법률 제8785호로 개정되기 전의 것) 제14조제1항은 추진위원회는 조합의 설립인가를 받기 위한 준비업무(제4호), 그 밖에 조합설립의 추진을 위하여 필요한 업무로서 대통령령이 정하는 업무(제5호) 등을 수행한다고 규정하고, 그 위임을 받은 구 도시정비법 시행령(2007.12.31 대통령령 제20506호로 개정되기 전의 것, 이하 같다) 제22조는 토지등소유자의 동의서 징구(제2호), 그 밖에 추진위원회 운영규정이 정하는 사항(제5호) 등을 추진위원회의 업무로 정하고 있다.
> 이처럼 구 도시정비법 제14조제1항, 같은 법 시행령 제22조는 추진위원회가 수행할 수 있는 업무의 범위를 조합의 설립인가를 받기 위한 준비업무, 토지등소유자의 동의서 징구 등과 같이 조합설립의 추진을 위하여 필요한 업무로 한정하고 있으며, 정비사업과 관련하여 토지등소유자에 대한 구체적인 보상방법을 정하는 업무는 이에 해당하지 않는다.
> 따라서 추진위원회가 토지 등 소유자에게 현금이나 현물 보상을 약정하는 것은 법령에 정한 추진위원회의 권한 범위에 속하지 않는 것이어서 조합에는 효력이 없다고 보아야 한다

> **전주지방법원 2020구합2827판결**
> 창립총회에서 추진위원회의 업무범위를 초과하는 사항이 포함된 정비업체와의 계약을 포괄승계하는 결의를 하였다면 포괄승계 가능하고, 창립총회에서 승계 결의하였다면 정비사업전문관리업체 선정하는 조합업무는 유효하다
>
> **서울고법 2020나2015551판결**
> 추진위원회와 조합의 업무는 구별되므로 조합의 업무를 추진위원회에서 선정하는 것은 추진위원회에 포괄승계되지 않고, 창립총회는 추진위원회의 주민총회이므로 조합이 이를 추인하였다고 볼 수 없어 정비사업전문관리업체를 선정하는 조합의 업무는 무효이다.

Q 추진위원회에서 선정한 정비사업전문관리업자를 조합총회의 의결로 승계가 가능한지?

A 추진위원회 운영규정(국토부고시 제2018-102호) 제6조에 따르면, '이 운영규정이 정하는 추진위원회 업무범위를 초과하는 업무나 계약, 용역업체의 선정 등은 조합에 승계되지 아니한다.'고 규정하고 있음.

또한, 동 운영규정[별표] 제5조(추진업무 등)제1항에 추진위원회 업무범위가 명확히 규정되어 있으며, 동조 제3항에서 "추진위원회는 주민총회에서 법 제29조에 따른 방법으로 정비사업전문관리업자를 선정하여 제1항제2호를 제외한 제1항 각 호의 업무를 수행하도록 할 수 있다."고 규정되어 있음.

따라서 동 운영규정에서 정한 업무범위를 초과하여 선정된 정비업체가 조합에 승계되지는 아니할 것이며, 정비사업전문관리업자 등의 계약을 체결하려면 도시정비법 제29조, 「정비사업 계약업무 처리기준(국토부 고시)」, 「공공지원 정비사업전문관리업자 선정기준(서울시 고시)」에 따라야 함(서울시 주거정비과 2024.6.21).

Q 법 제32조제1항제1호에 따라 추진위원회가 정비사업전문관리업자(각주: 법 제102조에 따라 등록한 정비사업전문관리업자를 말하며, 이하 같음.)를 선정하는 경우, 추진위원회의 업무범위에 "도시정비법 제32조제1항제2호부터 제5호까지의 규정에 따른 추진위원회의 업무범위 외에 조합의 업무범위에 속하는 업무(각주: 시공자의 선정(법 제29조제4항) 등 법령에 따라 조합의 업무로 명시된 업무를 말하며, 이하 같음.)를 정비사업전문관리업자에게 위탁하거나 그에 관하여 자문을 받기로 하는 것"이 포함되는지?

※ 질의배경

조합원인 민원인은 추진위원회가 정비사업전문관리업자를 선정하는 경우 추진위원회의 업무범위에 속한 사항에 대해서만 업무를 맡겨야 하는지 국토부에 질의했고, 추진위원회가 선정하는 정비사업전문관리업자의 업무범위는 추진위원회의 업무에 관한 것으로 한정된다는 답변을 받자 이견이 있어 법제처에 법령해석을 요청함.

🅐 이 사안의 경우 추진위원회의 업무범위에 "조합의 업무범위에 속하는 업무를 정비사업전문관리업자에게 위탁하거나 그에 관하여 자문을 받기로 하는 것"이 포함되지 않음(법제처 2019.9.6. 민원인).

고시문 운영규정 제7조

> 제7조(재검토기한) 국토부장관은 「훈령·예규 등의 발령 및 관리에 관한 규정」에 따라 이 고시에 대하여 2018.7.1 기준으로 매3년이 되는 시점(매 3년째의 6월 30일까지를 말한다)마다 그 타당성을 검토하여 개선 등의 조치를 하여야 한다.

관련 유권해석은 다음과 같다.

Q 재검토기한이 기존의 추진위원회 운영규정에 대한 개정 기한을 2015.8.31까지로 정한 것이라면, 이 기한까지는 기존의 운영규정이 적용되는지?

A 국토부고시 운영규정이 개정된 경우에는 특별히 명시되지 않는 한 기존 추진위원회의 운영규정에 반영할지는 해당 추진위원회가 결정할 사안임.
이 고시문의 재검토기한은 고시에 대한 개정 필요 여부를 내부적으로 검토하도록 명시한 것으로 개정기한은 아님(국토부 주택정비과 2015.4.3).

Q 1. 어떠한 추진위원회가 국토부고시 추진위원회 운영규정을 그대로 적용하여 운영규정으로 제정한 경우에 변경되었다면, 추진위원회의 운영규정도 변경된 것으로 간주해야 하는지?
국토부는 제12-890호 운영규정 일부 개정안을 고시하였는바, 제7조는 다음과 같이 규정하고 있음
제7조(재검토기한) 이 「훈령·예규 등의 발령 및 관리에 관한 규정」(대통령 훈령 제248호)에 따라 이 고시를 발령한 후의 법령이나 현실 여건의 변화 등을 검토하여 개정 등의 조치를 해야 하는 기한은 2015.8.13까지로 한다.

Q 2. 위 재검토기한 조항은 추진위원회 기존의 운영규정에 대한 개정 기한을 2015. 8. 31.까지로 정하고 있는지?

Q 3. 위 재검토기한이 기존의 운영규정에 대한 개정 기한을 정한 것이라고 한다면, 위 기한까지는 기존의 운영규정이 적용되는지?

A 도시정비법 제13조제2항에 따르면 제1항에 따라 조합을 설립하고자 하는 경우에는 제4조에 따른 정비구역지정 고시(정비구역이 아닌 구역에서의 재건축사업의 경우에는 제12조제5항에 따른 재건축사업의 시행결정을 말함) 후 위원장을 포함한 5인 이상의 위원 및 제15조제2항에 따른 운영규정에 대한 토지등소유자 과반수의 동의를 받아 추진위원회를 구성하여 국토

부령으로 정하는 방법과 절차에 따라 시장·군수의 승인을 받아야 한다고 규정하고 있듯이, 운영규정에 대해서는 토지등소유자 과반수의 동의를 받아야 하며,
동 운영규정(국토부고시)이 개정된 경우에는 특별히 명시되지 않는 한 기존 추진위원회의 운영규정에 반영할지는 해당 추진위원회가 결정할 사안이며, 동 고시의 재검토기한은 고시에 대한 개정필요 여부를 내부적으로 검토하도록 명시한 것으로 개정 기한이 아님(국토부 주택정비과 2015.4.3).

고시문 운영규정 부칙

> 부 칙(2006.8.25)
> 제1조(시행일) 이 운영규정은 고시한 날부터 시행한다.
> 제2조(경과조치) ① 이 운영규정 시행 당시 종전규정에 의하여 행하여진 처분·절차 그 밖의 행위는 이 규정에 의하여 행하여진 것으로 본다.
> ② 이 운영규정 시행 당시 종전 운영규정에 따라 주민총회·추진위원회 의결 등의 절차를 거쳐 확정된 사항의 경우 그에 따라 2월 이내에 시장·군수에게 승인 신청 또는 신고 할 수 있다.

도시정비법이 시행된 2003.7.1부터 2006.8.24까지 주민총회·추진위원회 의결 등의 절차를 거쳐 확정된 경우, 2월 이내에 시장·군수에게 승인신청 또는 신고하면 인정받게 된다.

Q 1. 추진위원회에서 2006.8.23 이전에 감정평가업자를 선정한 경우, 조합(인가일 : 2010.5월)에 승계되지 않는지?

Q 2. 조합총회에서 정비사업비 예산 의결 이전에 감정평가업자의 계약을 총회에서 추인해도 되는지?

A 1. 추진위원회 운영규정 부칙<2006.8.25> 제2조제2항에 따르면, 이 운영규정 시행 당시 종전 운영규정에 따라 주민총회·추진위원회 의결 등의 절차를 거쳐 확정된 사항의 경우 그에 따라 2월 이내에 시장·군수에게 승인신청 또는 신고 할 수 있도록 하고 있으므로,

운영규정 중 개정·고시된 운영규정과 상충되는 규정이 있는 경우 운영규정 변경절차를 거쳐 변경 신고하였는지와 관계없이 개정·고시된 운영규정을 적용해야 하는 것임.

A 2. 도시정비법 제24조제3항에 따르면 예산으로 정한 사항 외에 조합원의 부담이 될 계약, 감정평가업자의 선정에 대하여는 총회 의결을 거치도록 하고 있으나,

질의하신 총회 추인의 효력 등에 대하여는 동법에 별도로 정하고 있지 않음에 따라 이에 대하여는 같은 법 제20조제1항에 따라 정관으로 정하도록 하고 있는 조합의 비용부담 및 조합의 회계, 총회의 소집절차·시기 및 의결방법 등을 검토하여 결정해야 할 것으로 판단됨(국토부 주택정비과 2016.10.27).

Q 1. 조합에서 선정하지 않고, 2006년도에 추진위원회에서 선정한 정비사업전문관리업자, 설계자가 유효한지?

Q 2. 도시정비법 제11조제5항의 적용시점은 언제부터인지?

A 1. 추진위원회 운영규정<건교부고시 제165호> 제5조제2항에 따르면 추진위원회는 자신이 행한 업무를 법 제24조에 의한 총회에 보고해야 하며, 추진위원회가 행한 업무와 관련된 권리와 의무는 조합이 포괄승계 하도록 하고 있고,

개정된 운영규정 부칙<2006.8.25> 제2조에 따르면 이 운영규정 시행 당시 종전규정에 의하여 행하여진 처분절차 그 밖의 행위는 이 규정에 의하여 행하여진 것으로 보도록 하고 있으므로,

귀 질의하신 추진위원회가 행한 계약 등의 조합 승계 여부에 대하여는 당시 추진위원회 운영규정 등을 검토하여 결정해야 할 것으로 판단됨

참고로, 현재 시행되고 있는 운영규정<제12-890호> 제6조에 따르면 추진위원회 업무범위를 초과하는 업무나 계약, 용역업체의 선정 등은 조합에 승계되지 아니하도록 하고 있음.

A 2. 도시정비법 제11조제5항에 따르면 누구든지 시공자, 설계자 또는 제69조에 따른 정비사업전문관리업자의 선정과 관련하여 같은 조 각 호의 행위를 할 수 없도록 하고 있으며, 동 규정은 해당 법률 공포일(2012.2.1)부터 시행됨(국토부 주택정비과 2015.10.5).

Q 2006.8.25 전에 추진위원회의 승인을 얻은 경우에도 새로이 고시(건교부고시 제2006-330호)된 추진위원회 운영규정에 따라야 하는지?

A 건교부고시 제2006-330호 추진위원회 운영규정에 따라야 하며, 이는 기 승인받은 운영규정을 새로이 고시한 추진위원회 운영규정에 따라 변경하는 절차를 거치지 않았더라도 동일함(건교부 고객만족센터 2006.12.28).

> 부칙(재검토 기한 변경을 위한 정비사업 조합설립추진위원회 운영규정 등 일부개정령)<제2016-187호, 2016.4.8>
> 이 운영규정은 고시한 날부터 시행한다.
>
> 부칙(정비사업의 임대주택 및 주택규모별 건설비율 등 4개 국토부고시 일괄개정)<제2018-102호, 2018.2.9>
> 이 고시는 2018.2.9부터 시행한다.

관련 유권해석은 다음과 같다.

Q 당 추진위원회는 2004년 설립하여 2006년 승인을 받아 구청에 신고한 추진위원회로서 추진위원회의 운영규정을 현재 개정하지 아니하여, 동 규정을 인용하지 않고 있는 추진위원회임. 그런데 종전 변경되지 아니한 운영규정의 규정으로 추진위원회를 운영하고자 하고 있어 질의함.
1) 현존하고 있는 추진위원회가 2010년 변경 개정 국토부고시 추진위원회 운영규정을 사용하지 않아도 무방한지?
2) 현재의 운영규정을 개정작업을 하지 아니하였더라도 현행 고시되어 있는 운영규정으로, 소급 적용되어 의제되는지?

A 도시정비법 제31조제1항에 따르면 조합을 설립하려는 경우, 토지등소유자의 과반수의 동의를 받아 조합설립을 위한 추진위원회를 구성하여 국토부령으로 정하는 방법과 절차에 따라 시장·군수등의 승인을 받도록 규정하고 있음.
또한, 개정된 국토부고시 제2018-102호(2018.2.9) 추진위원회 운영규정 부칙에 따르면 운영규정은 시장·군수·구청장으로부터 추진위원회로 승인을 받은 날부터 시행하도록 규정하고 있어 기존에 이미 추진위원회 승인을 받은 조합은 종전 운영규정으로 적용할 수 있음(국토부 주택정비과 2018.3.16).

셋. [별표]○○정비사업조합설립추진위원회 운영규정

추진위원회 운영규정 고시문과 달리, 「별표 ○○추진위원회 운영규정」(이하 "운영규정")은 신설 추진위원회의 경우, 자신에 맞도록 작성한 후 관할 관청의 승인을 받은 이후에 그 효력이 발생한다는 점에서 고시문과 구별된다.

서울시는 추진위원회 운영규정 외에도 "표준행정업무규정, 예산·회계 규정 및 표준선거관리규정" 등을 자신에 맞게 정리해서 추진위원회 운영규정과 함께 주민총회에서 결의 받아 준수해야 한다.

- 별표 운영규정 제1조(명칭)
- 별표 운영규정 제2조(목적)
- 별표 운영규정 제3조(사업시행구역)
- 별표 운영규정 제4조(사무소)
- 별표 운영규정 제5조(추진업무 등)
- 별표 운영규정 제6조(운영원칙)
- 별표 운영규정 제7조(추진위원회 운영기간)
- 별표 운영규정 제8조(토지등소유자의 동의)
- 별표 운영규정 제9조(권리·의무에 관한 사항의 공개·통지방법)

제1장 총칙

별표 운영규정 제1조

> **제1장 총 칙**
>
> **제1조(명칭)** ① 이 재건축/재개발사업조합설립추진위원회의 명칭은 ○○○ 재건축/재개발사업조합설립추진위원회(이하 "추진위원회")라 한다.
>
> ② 추진위원회가 시행하는 재건축/재개발사업의 명칭은 ○○○ 재건축/재개발사업(이하 "사업")이라 한다.

2018.2.9 도시정비법 전부개정으로 정비사업에는 재건축·재개발사업, 주거환경개선사업 3종류가 남게 되었다.

이 중 민간이 사업시행자인 정비사업에는 재건축·재개발사업이 있으며, 종전 주택재개발, 도시환경정비사업은 통합되어 '재개발사업'으로 단일화되었다.

다만, 서울시는 도시정비조례를 통해서 통합된 재개발사업을 "주택정비형 재개발사업(종전 주택재개발사업), 도시정비형 재개발사업(도시환경정비사업)"으로 구분하였다.

본조 제1항 및 제2항 괄호안의 내용을 자신에 맞게 확정한다.
제1조의 내용에 "정비사업의 명칭"은 정비구역 지정·고시문에서 그 종류가 확정되므로, 이를 사용하면 된다.

아래 독산시흥구역 주택정비형 재개발사업 정비계획 결정 및 정비구역 지정·고시문에 따라 제1조를 작성하면 다음과 같다.

> **작성례**
>
> **제1조(명칭)** ① 이 재개발사업조합설립추진위원회의 명칭은 "독산시흥구역 주택정비형 재개발사업조합설립추진위원회(이하 "추진위원회")"라 한다.
>
> ② 추진위원회가 시행하는 재개발사업의 명칭은 "독산시흥구역 주택정비형재개발사업(이하 "사업")"이라 한다.

서울시고시 제2025-31호

독산시흥구역 주택정비형 재개발사업 정비계획 결정 및 정비구역 지정, 지구단위계획(구역) 결정 및 지형도면 고시

서울시 금천구 시흥동 871번지 일대(이하 '독산시흥구역') 주택정비형 재개발사업 시행을 위하여 도시정비법 제16조에 따라 2024년 제11차 도시계획위원회 신속통합기획 정비사업 등 수권분과위원회(2024.11.6) 심의(수정가결)를 거쳐 정비계획 결정 및 정비구역으로 지정하고, 도시정비법 제17조 및 국토계획법 제50조에 따라 지구단위계획구역 및 지구단위계획으로 결정·고시하며, 「토지이용규제 기본법」 제8조에 따라 지형도면을 고시합니다.

2025년 1월 16일
서 울 특 별 시 장

Ⅰ. 정비구역의 지정 및 정비계획 결정

1. 정비구역 지정 조서

구분	구역명	위치	면적(㎡)		
			기정	변경	변경후
신설	독산시흥구역	서울특별시 금천구 시흥1동 871번지 일대	-	증) 88,326.3	88,326.3

Q 운영규정 제3조제2항제1호의 명칭에서, "별표" 운영규정 제1조제2항에서 추진위원회가 시행하는 재건축사업의 명칭은 "00000구역 재건축사업"이라 하였으며 변경될 수 없는 명칭이라고 함

1) 운영규정 별표 제1조(명칭) 제2항에서 사용토록 한 명칭은 오직 하나 뿐이며 같은 장소 같은 구역에서는 부여된 명칭만 허용할 수 있도록 한 것으로 생각되는데,

신탁방식에 의한 재건을 추진한다면서 그 명칭을 "가칭" 0000구역 재건축정비사업위원회라고 사용하고 있음.

고유 사업장의 명칭 앞에 "가칭"을 붙여 사용이 가능한지?

2) 직무대행의 체제에서 주민총회를 개최하여 위원 전원의 연임 결의를 의결하고 새 임기가 시작될 때, 추진위원회에서 운영규정에 따라 직무대행자를 추대하여 운영이 가능한지?

Ⓐ **1.** 추진위원회 운영규정 제3조제2항제1호에 따라서 운영규정은 별표의 운영규정안을 기본으로 하여 별표 제1조를 확정하도록 하고 있음. 따라서 명칭은 추진위원회가 운영규정을 확정하여 승인을 받아야 함.

Ⓐ **2.** 추진위원회 운영규정 별표 제17조제6항제2호에 따라서 위원장의 유고로 인하여 그 직무를 수행할 수 없을 경우, 부위원장, 추진위원 중 연장자순으로 추진위원회를 대표하도록 하고 있음(국토부 주택정비과 2017.6.5)

별표 운영규정 제2조

> 제2조(목적) 추진위원회는「도시 및 주거환경정비법」(이하 "법")과 이 운영 규정이 정하는 바에 따라 재건축/재개발사업조합(이하 "조합")의 설립인가준비 등 관련 업무를 충실히 수행하여 원활한 사업추진에 이바지함을 목적으로 한다.

정비구역 지정·고시문에서 정비사업 명칭을 자신에 맞게 정비사업의 명칭(재건축/재개발정비사업조합)을 기입하면 된다.

재정비촉진구역의 확장·편입으로 단독주택재건축·재개발정비사업에 기존의 추진위원회가 있는 경우, 새로운 추진위원회를 구성하여 동의서를 징구하는 경우도 있게 된다.

별표 운영규정 제3조

> 제3조(사업시행구역) 추진위원회의 사업시행구역은 ○○(시·도) ○○(시·군·구) ○○(읍·면) ○○(리·동) ○○번지 외 ○○필지(상의 ○○아파트 단지)로서 대지의 총면적은 ○○㎡으로 한다.

사업시행구역의 면적은 실제 정비사업이 시행되는 곳으로, 정비구역 지정·고시문상 정비구역 면적과 일치하여야 한다.

아래 2025.1.9 도시정비형 재개발사업 정비계획 결정 및 정비구역 지정·고시문에 따라 제3조를 작성하면 다음과 같다.

> ▶ 작성례
> 제3조(사업시행구역) 추진위원회의 사업시행구역은 서울특별시 동작구 사당동 252-12번지 일대로서 대지의 총면적은 20,005.8㎡로 한다.

서울시고시 제2025-26호

도시관리계획[사당동 252-15 일대 역세권 활성화사업 도시정비형 재개발정비구역 지정 및 정비계획, 사당동 252-15 일대 역세권활성화사업 지구단위계획, 남성역세권 지구단위계획 결정(변경) 및 지형도면 고시

제14차 서울특별시 도시계획위원회심의(2024.10.16)를 거쳐 국토계획법 제30조 및 도시정비법 제16조에 따라 '사당동 252-15일대 역세권 활성화사업 도시정비형 재개발 정비구역 지정 및 정비계획, 사당동 252-15일대 역세권활성화사업 지구단위계획' 결정 및 서울시고시 제2023-69호(2023.3.9)로 지구단위계획 최초 결정된 '남성역세권 지구단위계획' 결정(변경)하고, 「토지이용규제 기본법」 제8조 및 같은 법 시행령 제7조에 의하여 지형도면을 고시합니다.

2025년 1월 9일
서 울 특 별 시 장

Ⅰ. 결정 취지

○ 동작구 사당동 252-15 일대 역세권 활성화사업을 위하여 도시관리계획[사당동 252-15 일대 역세권 활성화사업 도시정비형 재개발 정비구역 지정 및 정비계획, 사당동 252-15 일대역세권 활성화사업 지구단위계획, 남성역세권 지구단위계획]을 결정(변경)하는 사항임

Ⅱ. 정비구역의 지정 및 정비계획 결정

사당동 252-15 일대 역세권 활성화사업 도시정비형 재개발 정비구역 지정 및 정비계획 결정

1. 정비구역에 관한 계획

■ 정비구역 지정 조서

구분	구역명	위치	면적(㎡)		
			기정	변경	변경후
신설	사당동 252-15 일대 역세권 활성화사업 도시정비형 재개발 정비구역	동작구 사당동 252-15번지 일대	-	증) 20,005.8	20,005.8

■ 지정 사유서

구분	도면표시번호	위치	지정사유
신설	-	동작구 사당동 252-15번지 일대	「서울특별시 역세권 활성화사업 운영기준」에 따른 남성역 역세권 활성화사업(도시정비형 재개발) 시행을 위한 정비구역 지정

Q1. 인근 아파트 2개의 재건축 추진위원회가 각각의 주민 동의 없이, 즉 공동추진위 변경승인 등이 없이 공동재건축 추진을 위하여 "재건축조합설립동의서"를 징구하는 것이 적법한지?
즉, 조합설립동의서에 2개 아파트 전체 면적과 세대수 등을 적고 맨 밑에 각각 추진위원회 이름 2개를 적어서 "귀중"하고 동의서 징구하는 것이 적법한지?

Q2. 도시정비법에는 주민의 권리, 비용에 영향을 미칠 때는 "업무 수행 전에" 주민 동의를 받아야 한다고 되어 있는데. 주민동의 전에 구청으로부터 변경승인을 받지 않고, 공동 추진조합 설립동의서를 받고 나중에 이 동의서로 조합설립동의서 및 공동추진에 대한 주민 동의라고 주장하고 변경승인 신청하는 것이 적법한지?

A 추진위원회 운영규정 제3조에 따르면 사업시행구역은 ○○(시·도) ○○(시·군·구) ○○

(읍·면) ○○(리·동) ○○번지 외 ○○필지(상의 ○○아파트 단지)로서 대지의 총면적은 ○○㎡(○○평)로 한다고 사업시행구역을 확정하도록 규정하고 있고,

동 규정 제6조제1항에 따르면 추진위원회는 법, 관계 법령, 이 운영규정 및 관련 행정기관의 처분을 준수하여 운영되어야 하며, 그 업무를 추진함에 있어 사업시행구역안의 토지등소유자의 의견을 충분히 수렴하도록 규정하고 있음.

또한, 도시정비법 제4조에 따라 정비사업의 시행을 위한 정비구역이 지정된 후 해당 정비구역의 범위를 확대하는 것으로 변경·지정된 경우 같은 법 제13조에 따라 조합설립을 위한 추진위원회를 구성하여 시장·군수·구청장의 승인을 받으려면 정비구역 전체의 토지등소유자의 과반수의 동의를 새로 얻어야 하는 것이며,

아울러 도시정비법 제14조제4항 및 도시정비법 시행령 제23조제1항에 따라 추진위원회가 정비사업의 시행범위를 확대 또는 축소하려는 때에는 토지등소유자의 과반수 또는 추진위원회의 구성에 동의한 토지등소유자의 2/3 이상의 동의를 받도록 한 규정에도 적합해야 할 것임(국토부 주택정비과 2011.7.4).

별표 운영규정 제4조

> 제4조(사무소) ① 추진위원회의 주된 사무소는 ○○(시·도) ○○(시·군·구)○○(읍·면) ○○(리·동) ○○번지 ○○호에 둔다.
> ② 추진위원회의 사무소를 이전하는 경우 사업시행구역 내 법 제2조제9호 가목 및 나목의 토지등소유자에게 통지하여야 한다.

재건축 조합설립인가를 받기 이전의 추진위원회 사무실은 단지 내 컨테이너에서 업무를 진행하는 것이 일반적이다(재개발사업도 토지등소유자들과 소통 등을 이유로 정비구역 내에 위치함).

관리처분계획을 받게 되면 단지 전체가 이주하므로, 조합사무소 이전은 이사회 의결을 거쳐 인근 건물로 이전을 위한 규정이다.

별표 운영규정 제5조

> 제5조(추진업무 등) ① 추진위원회는 다음 각 호의 업무를 수행한다.
> 1. 설계자의 선정 및 변경
> 2. 법 제102조에 의한 정비사업전문관리업자의 선정
> 3. 개략적인 사업시행계획서의 작성
> 4. 조합의 설립인가를 받기 위한 준비업무
> 5. 추진위원회 운영규정 작성(다만, 추진위원회 설립승인 시 토지등소유자의 과반수의 동의를 얻은 운영규정을 작성하여 시장·군수 또는 자치구의 구청장에게 신고한 경우는 제외한다) 및 변경
> 6. 조합정관 초안 작성
> 7. 토지등소유자의 동의서 징구
> 8. 조합의 설립을 위한 창립총회의 준비 및 개최
> 9. 그 밖에 법령의 범위 내에서 추진위원회 운영규정이 정하는 사항
> ② 삭제<2010.9.16>
> ③ 추진위원회는 주민총회에서 법 제29조에 따른 방법으로 정비사업전문관리업자를 선정하여 제1항제2호를 제외한 제1항 각 호의 업무를 수행하도록 할 수 있다.
> ④ 시공자, 감정평가업자의 선정 등 조합의 업무에 속하는 부분은 추진위원회의 업무범위에 포함되지 아니한다. 다만, 추진위원회가 조합설립 동의를 위하여 법 제35조제8항에 따른 추정분담금을 산정하기 위해 필요한 경우 감정평가업자를 선정할 수 있다.

고칠 수 없는 조문이다.

■ **근거규정**

법 제32조제1항, 영 제26조

법 제32조제1항에서는 "1. 제102조에 따른 정비사업전문관리업자의 선정 및

변경, 2. 설계자의 선정 및 변경, 3. 개략적인 정비사업 시행계획서의 작성, 4. 조합설립인가를 받기 위한 준비업무"만 규정하고 있고,

동법 시행령 제26조에서 "1. 법 제31조제1항제2호에 따른 추진위원회 운영규정의 작성, 2. 토지등소유자의 동의서의 접수, 3. 조합의 설립을 위한 창립총회의 개최, 4. 조합 정관의 초안 작성, 5. 그 밖에 추진위원회 운영규정으로 정하는 업무"로 규정하고 있다.

■ **제1호**

설계자 선정(변경)은 추진위원회에서도 정비사업의 업무 효율성을 높이기 위해 2010.4.15 선정이 가능하도록 도입되었다.

■ **제2호**

법 제102조에 의한 정비사업전문관리업자의 선정

이는 고시문 운영규정 제6조 승계 제한 규정인 "이 운영규정이 정하는 추진위원회 업무범위를 초과하는 업무나 계약, 용역업체의 선정 등은 조합에 승계되지 아니한다."는 규정의 영향을 받는 것으로 밀접한 관계가 있다.

2012.12.20 이전까지 감정평가업자의 선정은 조합 업무(재개발 제외)로서, 조합총회 의결을 거쳐야 했으나, 추진위원회에서 추정분담금을 산정하기 위해 감정평가업자를 선정할 수 있게 되었다.

그동안 조합을 설립해야 감정평가업자를 선정할 수 있었지만, 법 개정으로 정비계획 입안(변경) 시에 추정분담금 계산을 위한 감정평가가 필요해 짐에 따라 선정할 수 있도록 한 것이다.

실무에서는 감정평가업체를 선정하지 않고 추정분담금 산정만 따로 용역을 주고 있다.

공동주택 재건축추진위원회에서는 대지지분이나 토지지분정리를 위해 법무사 선정을 하는 것이 일반적이다.

■ **제9호**

필요에 따라 자신에 맞게 추가 규정을 둘 수 있다.

Q 재건축 추진위원회에서 추진위원회 운영규정 별표 제5조제3항에 따라 조합설립 시 필요한 추정분담금 산정을 위하여 감정평가업자를 선정할 경우, 주민총회의 의결을 받아야 하는지?
A 운영규정 제5조제3항에 추진위원회는 조합설립에 필요한 추정분담금 산정을 위해 감정평가업자를 선정할 수 있다고 규정되어 있고, 같은 규정 제21조제7호에 따라 조합설립추진과 관련하여 추진위원회에서 주민총회의 의결이 필요하다고 결정하는 사항은 주민총회 의결을 거칠 수 있으므로 해당 추진위원회에서 주민총회 상정여부를 결정하는 것이 바람직하다고 사료됨(서울시 재생협력과 2017.6.22.).

Q 국토부고시 추진위원회 운영규정 제5조제1항에는 정비사업전문관리업자의 선정을 추진위원회 업무로 정하고 있고 같은 조 제3항에는 주민총회에서 선정하도록 되어 있는바, 어떻게 선정해야 하는지?
A 추진위원회 운영규정 제5조제1항제2호 정비사업전문관리업자의 선정은 재건축 추진위원회에서 수행하는 업무의 범위를 규정한 내용이며,
정비사업전문관리업자의 선정은 서울시 도시정비조례 제44조에 따른 공공지원 대상 정비사업의 경우 「공공관리 정비사업전문관리업자 선정기준」에서 정한 절차에 따라 총회에서 선정하고, 공공지원 대상 정비사업이 아닌 경우 도시정비법 제14조제2항에 따른 국토부고시 「정비사업전문관리업자 선정기준」에서 정한 절차에 따라 총회에서 선정함(서울시 재생협력과 2016.7.18)

Q 추진위원회가 정비사업전문관리업자가 아닌 업체에 동의서 징구업무를 맡길 수 있는지와 추진위원회에서 감정평가사를 선정·계약할 수 있는지?
A 도시정비법 제14조 및 시행령 제22조, 도시정비법 제69조제1항에 따라 추진위원회 또는 추진위원회로부터 위탁받은 정비사업전문관리업자가 토지등소유자의 동의서 징구, 조합설립 동의 등의 업무를 수행할 수 있으며,
도시정비법 제15조 및 운영규정(국토부 고시) 별표 제5조제4항에 따라 시공자·감정평가업자의 선정 등 조합의 업무에 속하는 부분은 추진위원회의 업무범위에 포함되지 아니함(국토부 주택정비과 2012.5.14).

별표 운영규정 제6조

> 제6조(운영원칙) ① 추진위원회는 법, 관계 법령, 이 운영규정 및 관련 행정기관의 처분을 준수하여 운영되어야 하며, 그 업무를 추진함에 있어 사업시행구역 안의 토지등소유자의 의견을 충분히 수렴하여야 한다.
> ② 추진위원회는 법 제31조제1항에 의한 추진위원회 설립승인 후에 위원장 및 감사를 변경하고자 하는 경우 시장·군수 또는 자치구의 구청장(이하 "시장·군수 등")의 승인을 얻어야 하며, 그 밖의 경우 시장·군수등에게 신고하여야 한다.

최초 위원장, 감사의 선임은 토지등소유자의 과반수 동의를 얻어야 하며, 추진위원회 승인 이후의 위원장·감사의 선임·변경·보궐선임·연임은 주민총회 의결사항이다(추진위원회의 의결로는 불가능함).

위원장·감사의 선임·변경·보궐선임·연임에 대한 동의는 운영규정이 특별히 정한 경우를 제외하고 추진위원회 구성에 동의한 토지등소유자 과반수 출석으로 개의하고 출석한 토지등소유자(동의하지 않은 토지등소유자를 포함)의 과반수 찬성으로 의결한다.

2025.6.4 도시정비법 개정 시행으로 정비구역 지정·고시 이전에 추진위원회를 설립할 수 있도록 앞당겨 졌다.

도시정비법[시행 2025.6.4] [법률 제20549호, 2024.12.3, 일부개정]
제31조(조합설립추진위원회의 구성、승인) ② 추진위원회는 다음 각 호의 어느 하나에 해당하는 지역을 대상으로 구성한다. <신설 2024.12.3.>
 1. 정비구역으로 지정·고시된 지역
 2. 정비구역으로 지정·고시되지 아니한 지역으로서 다음 각 목의 어느 하나에 해당하는 지역
  가. 제4조제1항 단서에 따라 기본계획을 수립하지 아니한 지역 또는 제5조제2항에 따라 기본계획에 같은 조 제1항제9호 및 제10호의 사항을 생략한 지역으로

서 대통령령으로 정하는 지역

　　나. 기본계획에 제5조제1항제9호에 따른 정비예정구역이 설정된 지역

　　다. 제13조의2에 따른 입안 요청 및 제14조에 따른 입안 제안에 따라 정비계획의 입안을 결정한 지역

　　라. 제15조에 따라 정비계획의 입안을 위하여 주민에게 공람한 지역

별표 운영규정 제7조

> 제7조(추진위원회 운영기간) 추진위원회의 운영기간은 추진위원회 승인일부터 법 제34조제4항에 의하여 조합설립인가 후 조합에 회계장부 및 관련서류를 인계하는 날까지로 한다.

추진위원회는 사용경비를 기재한 회계장부 및 관계 서류를 조합설립인가일부터 30일 이내에 조합에 인계하여야 한다(법 제34조제4항).

법 제34조제4항을 위반하여 추진위원회의 회계장부 및 관계 서류를 조합에 인계하지 아니한 추진위원장(전문조합관리인을 포함한다)은 1년 이하의 징역 또는 1천만 원 이하의 벌금에 처한다(법 제138조제1항).

법인의 대표자나 그 법인 또는 개인의 대리인, 사용인, 그 밖의 종업원이 그 법인 또는 개인의 업무에 관하여 도시정비법 제138조에 해당하는 위반행위를 하면 그 행위자를 벌하는 외에 그 법인 또는 개인에게도 해당 조문의 벌금에 처한다.

다만, 법인 또는 개인이 그 위반행위를 방지하기 위하여 해당 업무에 관하여 상당한 주의와 감독을 게을리하지 아니한 경우에는 그러하지 아니하다(도시정비법 제139조).

별표 운영규정 제8조

> 제8조(토지등소유자의 동의) ① 추진위원회의 업무에 대한 토지등소유자의 동의는 도시정비법 시행령 제33조에 따른다.

구 도시정비법 시행령 제33조제1항제5호에서 "국·공유지에 대해서는 그 재산관리청 각각을 토지등소유자로 산정할 것"으로 규정하고 있어서, 그 의사표시 여부가 쟁점이 된 바 있다.[10]

---

[10] 도시뉴스 2021.5.7.
■ 전연규의 "무엇이든 물어보세요" ■
법무사법인 기린 전연규 대표법무사, 한국도시정비협회 자문위원
얼마 전 투기과열지구인 OO광역시 재건축조합이 질문을 해왔다.
종전 정비계획을 변경하려고 동의율인 토지등소유자 2/3 이상 및 토지면적 1/2 이상을 충족해 총회를 준비 중이라 했다. 이 조합은 설립인가를 신청할 때 국공유지 재산관리청으로부터 동의를 받았기 때문에 정비계획 변경 입안 제안 시에 별도 동의여부를 구하지 않았다. 이게 문제의 발단으로, 해당 구청에서는 국공유지 동의 절차를 밟아야 한다는 입장이다.
즉, 조합설립동의 징구 시에 이미 국공유지 동의를 받았더라도, 정비계획 변경 시마다 다시 동의를 받아야 한다는 것이었다. 이 질문에 답하기 전에 정비계획 입안 및 변경제안의 과정은 어떻게 변화됐는지 살펴보자.
재개발·재건축사업 등 정비사업은 길면 20년, 짧게도 10년 이상 걸리는 여행이다.
원래 해당 구청장은 정비사업의 마스터플랜인 정비기본계획의 범위 내에서 정비계획초기 계획을 입안하고 이를 주민들에게 알리는 등 일정한 절차를 밟아 정비계획 결정권을 갖고 있는 시청으로 정비계획 및 정비구역 지정을 신청했다. 이 경우에도 정비기본계획에서 정한 정비계획 수립시기가 1년 이상 지났거나, 소유자들이 토지주택공사 등을 사업시행자로 요청하려는 경우 등에는 소유자들이 제안할 수 있도록 함으로서, 소유자들이 제안하는 것은 제한적으로 운영해 왔다. 이 시스템이 무너진 것은 2011년 말부터 불어 닥친 정비(예정)구역의 해제 열풍 때문이었다.
당시 서울특별시 요청으로 정비(예정)구역의 해제, 추진위원회·조합의 취소 등으로 이어지고, 2012년 2월 1일 더 이상 정비기본계획에 의한 정비예정구역을 세우지 않아도 정비사업이 가능하도록 바뀌었다.
해제된 지역의 정비사업을 위한 정비계획 수립여부가 새로운 문제였다. 새로운 입안도 문제지만, 조합이 구성된 이후 정돈된 정비계획의 변경이 더 급했다. 이를 다시 챙긴 건 2017년 2월 8일 도시 및 주거환경정비법(이하 도시정비법) 전부개정 때다.
이렇게 해서 탄생된 정비계획 입안(변경) 제안은 토지등소유자(또는 조합원)에게 일임해 '최초 입안이나 변경 입안제안'까지 해당 구청은 손 놓고 모두 당사자들이 토지등소유자(또는 조합원) 수의 2/3 이하 및 토지면적 2/3 이하 동의율에 의하도록 했다(도시정비법 제14조 제1항 제6호).

그러면서 세부적 사항은 시도조례로 정하도록 했지만, 동의율이나 대상범위(국공유지 동의여부 등)가 서로 달라 혼란이 있다.
서울시의 경우, 정비계획의 변경을 요청할 때 직접 동의서를 받는 방법 외에 총회(주민총회 포함)에서 토지등소유자(조합이 설립된 경우 조합원)의 2/3 이상 찬성으로 의결될 경우에도 토지등소유자의 2/3 이상 동의를 받은 것으로 의제했다. 다만, "토지등소유자의 동의자 수의 산정방법 등은 영 제33조에 따른다"고 함에 따라, 국공유지의 경우 그 재산관리청을 대상으로 각각 토지등소유자로 산정하도록 해석이 가능하다.
인천광역시와 대구광역시, 울산광역시, 경기도의 경우도 이와 같다.
반면, 부산광역시와 대전광역시, 광주광역시, 대전광역시의 경우 이 단서조항이 없다.
조합설립인가 시에 국공유지 재산관리청의 동의를 받았더라도 정비계획 변경 때마다 동의를 받도록 하는 것은 행정력 낭비라 할 것이다.

이러한 문제를 해소하기 위해, 재건축·재개발사업장에 소재한 국·공유지의 재산관리청은 조합설립 등에 관한 동의를 요청받은 날부터 30일 이내에 의사를 표시하지 않으면 해당 요청에 동의한 것으로 간주하는 내용으로 개정되어 2024.12.17 시행되었다.

도시정비법 시행령

[시행 2024.12.17] [대통령령 제35083호, 2024.12.17 일부개정]

① 법 제12조제2항, 제28조제1항, 제36조제1항, 이 영 제12조, 제14조제2항 및 제27조에 따른 토지등소유자(토지면적에 관한 동의자 수를 산정하는 경우에는 토지소유자를 말한다. 이하 이 조에서 같다)의 동의는 다음 각 호의 기준에 따라 산정한다. <개정 2023.12.5, 2024.3.19, 2024.12.17>

1. 재개발사업의 경우에는 다음 각 목의 기준에 의할 것

가. 1필지의 토지 또는 하나의 건축물을 여럿이서 공유하는 경우에는 해당 토지 또는 건축물의 토지등소유자의 3/4 이상의 동의를 받아 이를 대표하는 1인을 토지등소유자로 산정할 것

나. 토지에 지상권이 설정되어 있는 경우 토지의 소유자와 해당 토지의 지상권자를 대표하는 1인을 토지등소유자로 산정할 것

다. 1인이 다수 필지의 토지 또는 다수의 건축물을 소유하고 있는 경우에는 필지나 건축물의 수에 관계 없이 토지등소유자를 1인으로 산정할 것. 다만, 재개발사업으로서 법 제25조제1항제2호에 따라 토지등소유자가 재개발사업을 시행하는 경우 토지등소유자가 정비구역 지정 후에 정비사업을 목적으로 취득한 토지 또는 건축물에 대해서는 정비구역 지정 당시의 토지 또는 건축물의 소유자를 토지등소유자의 수에 포함하여 산정하되, 이 경우 동의 여부는 이를 취득한 토지등소유자에 따른다.

라. 둘 이상의 토지 또는 건축물을 소유한 공유자가 동일한 경우에는 그 공유자 여럿을 대표하는 1인을 토지등소유자로 산정할 것

2. 재건축사업의 경우에는 다음 각 목의 기준에 따를 것

가. 소유권 또는 구분소유권을 여럿이서 공유하는 경우에는 그 여럿을 대표하는 1인을 토지등소유자로 산정할 것

나. 1인이 둘 이상의 소유권 또는 구분소유권을 소유하고 있는 경우에는 소유권 또는 구분소유권의 수에 관계 없이 토지등소유자를 1인으로 산정할 것
다. 둘 이상의 소유권 또는 구분소유권을 소유한 공유자가 동일한 경우에는 그 공유자 여럿을 대표하는 1인을 토지등소유자로 할 것
3. 추진위원회의 구성 또는 조합의 설립에 동의한 자로부터 토지 또는 건축물을 취득한 자는 추진위원회의 구성 또는 조합의 설립에 동의한 것으로 볼 것
4. 생략
5. 국·공유지에 대해서는 그 재산관리청 각각을 토지등소유자로 산정할 것. 이 경우 재산관리청은 동의 요청을 받은 날부터 30일 이내에 동의 여부를 표시하지 않으면 동의한 것으로 본다.

> 제8조(토지등소유자의 동의) ② 법 제36조는 제1항에 따른 동의에 관하여 이를 준용한다.
> ③ 삭제<2018.2.9>

추진위원회 운영규정 제8조제2항 및 법 제36조는 아래 사항에 대한 토지등소유자 동의방식의 적용범위다.

"정비구역등 해제의 연장을 요청하는 경우, 정비구역의 해제에 동의하는 경우, 토지등소유자가 재개발사업을 시행하려는 경우, 재개발사업·재건축사업의 공공시행자 또는 지정개발자를 지정하는 경우, 조합설립을 위한 추진위원회를 구성하는 경우, 추진위원회의 업무가 토지등소유자의 비용부담을 수반하거나 권리·의무에 변동을 가져오는 경우, 조합을 설립하는 경우, 사업시행계획인가를 신청하는 경우, 사업시행자가 사업시행계획서를 작성하려는 경우"에 대한 동의(동의한 사항의 철회 또는 제26조제1항제8호 단서, 제31조제3항 단서 및 제47조제4항 단서에 따른 반대의 의사표시를 포함)는 서면동의서 또는 전자서명동의서(「전자문서 및 전자거래 기본법」 제2조제1호에 따른 전자문서에 「전자서명법」 제2조제2호에 따른 전자서명을 한 동의서를 말함)를 제출하는 방법

2025.12.4 개정 시행되는 전자서명동의 방식을 포함하여, 위 사항에 대한 토지등소유자의 동의를 받는 요령은 운영규정 제8조제1항 및 영 제36조에 의한다.

■ 근거규정

도시정비법

제36조(토지등소유자의 동의방법 등) ① 다음 각 호에 대한 동의(동의한 사항의 철회 또는 제26조제1항제8호 단서, 제31조제3항 단서 및 제47조제4항 단서에 따른 반대의 의사표시를 포함)는 서면동의서 또는 전자서명동의서(「전자문서 및 전자거래 기본법」 제2조제1호에 따른 전자문서에 전자서명법 제2조제2호에 따른 전자서명을 한 동의서를 말함. 이하 같다)를 제출하는 방법으로 한다. 이 경우 서면동의서는 토지등소유자가 성명을 적고 지장(指章)을 날인하는 방법으로 하며, 주민등록증, 여권 등 신원을 확인할 수 있는 신분증명서의 사본을 첨부하여야 한다.

<개정 2021.3.16, 2024.12.3>

1. 정비구역등 해제의 연장을 요청하는 경우
2. 정비구역의 해제에 동의하는 경우
3. 주거환경개선사업의 시행자를 토지주택공사등으로 지정하는 경우
4. 토지등소유자가 재개발사업을 시행하려는 경우
5. 재개발사업·재건축사업의 공공시행자 또는 지정개발자를 지정하는 경우
6. 조합설립을 위한 추진위원회를 구성하는 경우
7. 추진위원회의 업무가 토지등소유자의 비용부담을 수반하거나 권리·의무에 변동을 가져오는 경우
8. 조합을 설립하는 경우
9. 주민대표회의를 구성하는 경우
10. 사업시행계획인가를 신청하는 경우
11. 사업시행자가 사업시행계획서를 작성하려는 경우

② 제1항에도 불구하고 토지등소유자가 해외에 장기체류하거나 법인인 경우 등 불가피한 사유가 있다고 시장·군수등이 인정하는 경우에는 토지등소유자의 인감도장을 찍은 서면동의서에 해당 인감증명서를 첨부하는 방법으로 할 수 있다.

③ 제1항 및 제2항에 따라 서면동의서 또는 전자서명동의서(이하 이 항에서 "동의서")를 작성하는 경우 제31조제1항 및 제35조제2항부터 제4항까지의 규정에 해당하는 때에는 시장·군수등이 대통령령으로 정하는 방법에 따라 검인(檢印) 또는 확인한 동의서를 사용하여야 하며, 검인 또는 확인을 받지 아니한 동의서는 그 효력이 발생하지 아니한다. <개정 2024.12.3>

④ 제1항, 제2항 및 제12조에 따른 토지등소유자의 동의자 수 산정 방법·절차 및 제1항에 따른 전자서명동의서의 본인확인 방법 등에 필요한 사항은 대통령령으로 정한다. <개정 2024. 12.3>

[시행일: 2025.12.4]

별표 운영규정 제9조

> 제9조(권리·의무에 관한 사항의 공개·통지방법) ① 추진위원회는 토지등소유자의 권리·의무에 관한 다음 각 호의 사항(변동사항을 포함한다. 이하 같다)을 토지등소유자가 쉽게 접할 수 있는 장소에 게시하거나 인터넷 등을 통하여 공개하고, 필요한 경우에는 토지등소유자에게 서면통지를 하는 등 토지등소유자가 그 내용을 충분히 알 수 있도록 하여야 한다.
> 1. 안전진단 결과(주택재건축사업에 한함)
> 2. 정비사업전문관리업자의 선정에 관한 사항
> 3. 토지등소유자의 부담액 범위를 포함한 개략적인 사업시행계획서
> 4. 추진위원회 임원의 선정에 관한 사항
> 5. 토지등소유자의 비용부담을 수반하거나 권리·의무에 변동을 일으킬 수 있는 사항
> 6. 영 제26조에 따른 추진위원회의 업무에 관한 사항
> 7. 창립총회 개최의 방법 및 절차
> 8. 조합설립에 대한 동의철회(법 제31조제2항 단서에 따른 반대의 의사표시를 포함한다) 및 방법
> 9. 영 제30조제2항에 따른 조합 설립 동의서에 포함되는 사항
> 10. 삭제 <2018.2.9>

■ **제1호**
안전진단 결과(주택재건축사업에 한함)

재개발사업에서는 불필요한 사항으로 삭제하는 것이 좋다.

재건축사업의 경우 개정 도시정비법 시행으로 25.6.4 이후 추진위원회의 재건축진단업무가 사업시행계획인가 신청 전까지 완료되도록 늦춰지고, 재건축진단 없이도 정비계획 수립절차가 가능하게 되었다.

도시정비법

제12조(재건축사업을 위한 재건축진단) ① 시장·군수등은 제5조제1항제10호에 따른 정비예정구역별 정비계획의 수립시기가 도래한 때부터 **사업시행계획인가 전까지 재건축진단을 실시**하여야 한다. <개정 2024.12.3>

■ 제7호(창립총회)

1) 의의
창립총회란 추진위원회가 조합을 설립하기 위하여 토지등소유자들로 이루어진 총회에서 조합의 정관을 확정하고, 조합을 대표할 조합장, 임원, 대의원을 선출하는 등 조합설립을 결의하고 조합의 구성과 운영을 의결하는 총회로, 조합총회가 아닌 추진위원회 단계의 주민총회에 해당한다(대법원 2010다10986판결).

2) 창립총회의 의사정족수 및 의결정족수
의사정족수: 추진위원회 구성에 동의한 토지등소유자 과반수
의결정족수: 주민총회 참석한 토지등소유자 과반수
직접 참석요건: 조합원의 20% 이상 직접 참석하여야 한다(법 제45조제6항)

■ 창립총회 개최 시 미동의자에게 소집통지 하여야 하는지
재건축사업: 미동의자에게는 소집통지하지 않아도 무방하다(서울고등법원 2014누3589판결, 조합설립인가무효확인)
재개발: 미동의자에게도 소집 필요하다.

3) 조합설립동의서 첨부 조합정관, 창립총회에서 변경 가능여부
대법원 2011두12801판결, 조합실립인가취소 판결/원칙적 가능

강동구 모 재건축사업에서 추진위원회가 창립총회를 준비하면서 일부 조합정관안을 변경한 행위에 대해 조합설립인가 취소소송 제1심에서 조합이 패소하였다. 이후 항고, 상고심에서 조합정관안을 변경할 수 있다는 취지의 판결을 받아 현재 사업이 완료되었다.

법정동의서의 정관에 관한 사항 부분은 정관에 포함될 구체적 내용에 대한 동의를 얻기 위한 취지라기보다는 조합의 운영과 활동에 관한 자치규범으로서 정관을 마련하고 그 규율에 따르겠다는 데에 대한 동의를 얻기 위한 취지로 해석되므로 설립추진위원회가 조합정관 또는 정관 초안을 첨부하지 아니한 채 법정동의서와 같은 서식에 따른 동의서에 의하여 조합설립에 관한 동의를 받았다고 하더라도 적법하다.

■ 제10호
2018.2.9 설계자의 선정 및 변경에 관한 사항이 삭제되었다.

Q 추진위원회 운영규정 제9조제1항제4호에 공개 의무가 있는 추진위원회의 토지등소유자의 권리·의무에 관한 사항 중 "추진위원회 임원의 선정에 관한 사항"이 있는데, 여기서 말하는 추진위원회 임원은 추진위원을 의미하는지?

A 도시정비법 및 운영규정에 추진위원회 임원에 대한 정의는 별도 규정하고 있지 않으나, "추진위원회 임원은 추진위원회 운영규정 제15조제1항에서 규정한 위원으로 보아야 할 것으로 판단된다"는 국토부 질의회신(주택정비과. 2012.12.24)이 있음(서울시 주거정비과 2020.1.2).

Q 1. 추진위원회가 토지등소유자의 권리·의무에 관한 사항을 공개·통지할 경우 추진위원회운영규정 별표 제9조제1항에 따라 게시 또는 인터넷공고 중 한 가지를 택하고 필요(추진위원회의 판단에 따라)한 경우, 서면통지를 병행할 수 있는지?

Q 2. 같은 조 제2항제2호에 따라 게시판에 14일 이상 공고할 경우 날짜 기산점은?

A 운영규정 별표 제9조제1항에 따라 추진위원회는 토지등소유자의 권리·의무에 관한 다음 각 호(추진위원의 선정에 관한 사항 등)의 사항(변동사항 포함)을 토지등소유자가 쉽게 접할 수 있는 장소에 게시하거나 인터넷 등을 통하여 공개하고, 필요한 경우에는 토지등소유자에게 서면통지를 하는 등 토지등소유자가 그 내용을 충분히 알 수 있도록 하고 있음.

또한, 같은 조 제2항제2호·제4호에 따라 게시하는 경우 토지등소유자가 쉽게 접할 수 있는 일정한 장소의 게시판에 14일 이상 공고하고 게시판에 공고가 있는 날부터 공개·통지된 것으로 보도록 하고 있음(국토부 주택정비과 2012.3.27.)

> 제9조(권리·의무에 관한 사항의 공개·통지방법) ② 제1항의 공개·통지방법은 이 운영규정에서 따로 정하는 경우를 제외하고는 다음 각 호의 방법에 따른다.
> 1. 토지등소유자에게 등기우편으로 개별 통지하여야 하며, 등기우편이 주소불명, 수취거절 등의 사유로 반송되는 경우에는 1회에 한하여 일반우편으로 추가 발송한다.
> 2. 토지등소유자가 쉽게 접할 수 있는 일정한 장소의 게시판에 14일 이상 공고하고 게시판에 게시한 날부터 3월 이상 추진위원회 사무소에 관련 서류와 도면 등을 비치하여 토지등소유자가 열람할 수 있도록 한다.
> 3. 인터넷 홈페이지가 있는 경우 홈페이지에도 공개하여야 한다. 다만, 특정인의 권리에 관계되거나 외부에 공개하는 것이 곤란한 경우에는 그 요지만을 공개할 수 있다.
> 4. 제1호의 등기우편이 발송되고 제2호의 게시판에 공고가 있는 날부터 공개·통지된 것으로 본다.

고칠 수 없는 조문이다.

■ 제2항

서울시 재건축·재개발조합 표준정관 제8조(권리·의무에 관한 사항의 통지·공고방법)
부산시 재건축·재개발조합 표준정관 제7조(권리·의무에 관한 사항의 고시·공고방법)

■ 제1호

서울시 재건축·재개발조합 표준정관에서는 등기우편에 "등기우편(기타 발송이 증명되는 우편이나 우체국택배 등 우편물의 안전한 송달을 보증할 수 있는 방법을 포함한다.)"고 규정하여 우체국 택배를 포함시키는 사례가 많다.

부산시도 이와 유사한 규정인 "등기우편등"(등기우편 및 기타 발송이 증명되는 우편이나 우체국택배 등 우편물의 안전한 송달을 보증할 수 있는 방법을 포함한다)의 규정을 두었다.

● **수정안**

1. 토지등소유자에게 "등기우편등"(등기우편 및 기타 발송이 증명되는 우편이나 우체국택배 등 우편물의 안전한 송달을 보증할 수 있는 방법을 포함한다. 이하 같다)으로 개별 통지하여야 하며, 등기우편등이 반송되는 경우에는 1회에 한하여 일반우편으로 추가 발송할 것.

다만, 토지등소유자가 통지내용물을 직접 수령하기를 원하는 경우 해당 토지등소유자에게 직접 전달하고 해당 토지등소유자로부터 그 수령을 확인하는 서면을 받는 방법으로 통지할 수 있다.

■ **제3호**

서울시 도시정비조례 제69조에서 서울시에서 구축·운영하는 정비사업 종합정보관리시스템(이하 "정비사업 정보몽땅"/종전의 클린업시스템 http//cleanup.seoul.go.kr)에도 공개하도록 하고 있다.

다만, 특정인의 권리에 관계되거나 외부에 공개하는 것이 곤란한 경우에는 그 요지만을 공개할 수 있다.

■ **제4호**

서울시 재건축·재개발조합 표준정관(제8조)에서 등기우편등(우편이나 우체국택배 등)으로 개별 통지하도록 하고 직접전달 등을 규정하고 있다. 또한, 정관으로 주소 등 우편물송달장소의 신고의무, 그 불이행의 효과 등에 관하여 규정할 수 있다고 주석을 붙이고 있다.

제8조(권리·의무에 관한 사항의 통지·공고방법) ① 조합은 조합원의 권리·의무에 관한 사항(변동사항을 포함한다. 이하 같다)을 조합원에게 성실히 통지·공고하여야 한다.

② 제1항의 통지·공고 방법은 이 정관에서 따로 정하는 경우를 제외하고는 다음 각 호의 방법에 따른다.

1. 조합원에게 "등기우편등"(등기우편 및 기타 발송이 증명되는 우편이나 우체국택배

등 우편물의 안전한 송달을 보증할 수 있는 방법을 포함한다. 이하 같다)으로 개별 통지하여야 하며, 등기우편등이 반송되는 경우에는 1회에 한하여 일반우편으로 추가 발송할 것. 다만, 조합원이 통지내용물을 직접 수령하기를 원하는 경우 해당 조합원에게 직접 전달하고 해당 조합원으로부터 그 수령을 확인하는 서면을 받는 방법으로 통지할 수 있다.

【주】직접수령에 관하여는 최초 등기우편등의 발송부터 적용할 것인지, 추가 일반우편 발송에만 적용할 것인지는 달리 정할 수 있을 것이며, 직접수령이 가능한 내용물, 전달할 사람, 수령할 사람, 전달·수령장소 등을 달리 정할 수 있을 것임.

2. 조합은 "게시판"(조합사무소 및 조합원이 쉽게 접할 수 있는 일정한 장소에 둔 게시판을 말한다. 이하 같다)에 14일 이상 공고하고 게시판에 게시한 날부터 3월 이상 조합사무소에 관련서류와 도면 등을 비치하여 조합원이 열람할 수 있도록 할 것

3. 해당 내용은 법 제119조 및 「서울시 도시정비조례」(이하 "조례") 제69조에 따라 서울시에서 구축·운영하는 정비사업 종합정보관리시스템(이하 "정비사업 정보몽땅")에도 공개할 것(조합 공식 인터넷 홈페이지에의 게시 및 문자메세지 등의 발송을 병행 가능). 다만, 특정인의 권리에 관계되거나 외부에 공개하는 것이 곤란한 경우에는 그 요지만을 공개할 수 있다.

③ 제2항제1호의 등기우편등이 발송되고, 제2항제2호의 게시판에 공고가 있는 날부터 조합원에게 통지·공고된 것으로 본다.

【주】그 밖에 주소 등 우편물송달장소의 신고의무, 그 불이행시의 효과 등에 관하여 규정할 수 있을 것임.

【주】한편, 조합원이 제공한 개인정보를 활용할 수 있도록 하는 규정을 두어 개인정보보호법위반 문제를 사전에 차단할 수도 있을 것임.

■ 추진위원회를 구성하기 위해 최초로 추진위원을 선정하는 경우에도 영 제29조제1항제4호에 따라 추진위원의 선정에 관한 사항을 토지등소유자가 충분히 알 수 있도록 해야 하는지

도시정비법 시행령
제29조(추진위원회의 운영) ① 추진위원회는 다음 각 호의 사항을 토지등소유자가

쉽게 접할 수 있는 일정한 장소에 게시하거나 인터넷 등을 통하여 공개하고, 필요한 경우에는 토지등소유자에게 서면통지를 하는 등 토지등소유자가 그 내용을 충분히 알 수 있도록 하여야 한다. 다만, 제8호 및 제9호의 사항은 법 제35조에 따른 조합설립인가 신청일 60일 전까지 추진위원회 구성에 동의한 토지등소유자에게 등기우편으로 통지하여야 한다.

  1. 법 제12조에 따른 안전진단의 결과
  2. 정비사업전문관리업자의 선정에 관한 사항
  3. 토지등소유자의 부담액 범위를 포함한 개략적인 사업시행계획서
  <u>4. 추진위원회 위원의 선정에 관한 사항</u>
  5. 토지등소유자의 비용부담을 수반하거나 권리·의무에 변동을 일으킬 수 있는 사항
  6. 추진위원회의 업무에 관한 사항
  7. 창립총회 개최의 방법 및 절차
  8. 조합설립에 대한 동의철회(반대의 의사표시를 포함한다) 및 방법
  9. 조합설립 동의서에 포함되는 사항

이에 대한 법제처의 해석은 다음과 같다.

추진위원회의 구성을 위해 최초로 추진위원을 선정하는 경우에는 도시정비법 시행령 제29조제1항제4호를 준수하지 않아도 된다고 하였다(법제처 2020.9.28. 민원인).

그 사유로 "법 제31조제1항에서는 조합을 설립하려는 경우 추진위원장을 포함한 5명 이상의 추진위원(제1호) 및 추진위원회 운영규정(제2호)에 대해 토지등소유자 과반수의 동의를 받아 추진위원회를 구성하여 시장·군수등의 승인을 받아야 한다고 규정하고 있으므로,

추진위원장을 포함하여 5명 이상의 추진위원을 선정하여 토지등소유자 과반수의 동의를 받기 전에는 추진위원회가 구성되지 않은 것이 분명한바, 이 사안과 같이 추진위원회 구성을 위한 토지등소유자 과반수의 동의를 받기 전에 최초로 추진위원을 선정하는 단계에서는 추진위원회에 의무를 부여하고 있는 법 제34조제5항 및 영 제29조제1항제4호가 적용되지 않는다고 보아야 함."이라고 밝히고 있다.

▶ 유권해석

Q 추진위원회가 토지등소유자의 권리·의무에 관한 사항을 공개·통지할 경우 추진위원회운영규정 별표 제9조제1항에 따라 게시 또는 인터넷공고 중 한 가지를 택하고 필요시(추진위원회의 판단에 따라) 서면통지를 병행할 수 있는지, 같은 조 제2항제2호에 따라 게시판에 14일 이상 공고할 경우 날짜 기산점은?

A 운영규정 별표 제9조제1항에 따라 추진위원회는 토지등소유자의 권리·의무에 관한 다음 각 호(추진위원회 위원의 선정에 관한 사항 등)의 사항(변동사항 포함)을 토지등소유자가 쉽게 접할 수 있는 장소에 게시하거나 인터넷 등을 통하여 공개하고, 필요한 경우에는 토지등소유자에게 서면통지를 하는 등 토지등소유자가 그 내용을 충분히 알 수 있도록 하고 있음.

또한, 같은 조 제2항제2호·제4호에 따라 게시하는 경우 토지등소유자가 쉽게 접할 수 있는 일정한 장소의 게시판에 14일 이상 공고하고 게시판에 공고가 있는 날부터 공개·통지된 것으로 보도록 하고 있음(국토부 주택정비과 2012.3.27)

별표 운영규정 제10조

> **제10조(운영규정의 변경)** ① 운영규정의 변경은 토지등소유자의 1/4 이상 또는 추진위원회의 의결로 발의한다.
> ② 운영규정이 변경된 경우에는 추진위원회는 시장·군수등에게 이를 신고하여야 한다.

고칠 수 없는 조문이다

추진위원회 운영규정의 변경은 추진위원장·감사의 선임·변경과 같이 주민총회 의결사항이고 시장·군수, 자치구청장의 승인이 필요하며(운영규정 제21조), 변경을 위해 제10조제1항에 의해 발의하게 된다.

운영규정 변경을 의결하려면 제22조인 주민총회 의결방법에 의해 추진위원회 구성에 동의한 토지등소유자 과반수 출석으로 개의하고 출석한 토지등소유자(동의하지 않은 토지등소유자를 포함)의 과반수 찬성으로 의결한다.

Q 2006.2.7 추진위원회 승인을 받은 재건축 추진위원회임. 당시 운영규정에는 운영규정을 변경할 시에는 토지등소유자의 과반수 또는 추진위원회의 구성에 동의한 토지등소유자의 2/3 이상의 동의를 받아서 총회 결의를 또 받도록 되어 있음.
현재의 2012.12.20 고시한 운영규정에는 주민의 동의 없이 바로 주민총회 결의만 받도록 되어 있음. 지금은 어떤 방법을 따라야 하는지?

A 도시정비법 제15조제2항에 따르면 국토부장관은 추진위원회의 공정한 운영을 위하여 "추진위원회의 운영방법에 관한 사항" 등 각 호의 내용을 포함한 추진위원회의 운영규정을 정하여 관보에 고시해야 한다고 하고 있고 추진위원회 운영규정 별표 제10조에 따르면 운영규정의 변경은 토지등소유자의 1/4 이상 또는 추진위원회 의결로 발의하고 운영규정이 변경된 경우에는 추진위원회는 시장·군수에게 이를 신고해야 한다고 하고 있으며, 동 규정 제21조제2호에 따르면 운영규정의 변경은 주민총회의 의결을 거쳐 결정하도록 하고 있음. 질의하신 경우와 같이 추진위원회 운영규정을 변경하기 위해서는 도시정비법 제15조제2항 및 추진위원회 운영규정에 따라 주민총회 의결을 거쳐야 할 것으로 판단됨(국토부 주택정비과 2014.8.27).

- 별표 운영규정 제11조(권리·의무의 승계)
- 별표 운영규정 제12조(토지등소유자의 명부 등)
- 별표 운영규정 제13조(토지등소유자의 권리·의무)
- 별표 운영규정 제14조(토지등소유자 자격의 상실)
- 별표 운영규정 제15조(위원의 선임 및 변경)
- 별표 운영규정 제16조(위원의 결격사유 및 자격상실 등)
- 별표 운영규정 제17조(위원의 직무 등)
- 별표 운영규정 제18조(위원의 해임 등)
- 별표 운영규정 제19조(보수 등)

제2장 토지등소유자

별표 운영규정 제11조

> 제11조(권리·의무의 승계) 양도·상속·증여 및 판결 등으로 토지등소유자가 된 자는 종전의 토지등소유자가 행하였거나 추진위원회가 종전의 권리자에게 행한 처분 및 권리·의무 등을 포괄 승계한다.

고칠 수 없는 조문이다

■ **근거 규정**
구 도시정비법 제10조, 도시정비법 시행령 제28조제1항제3호

도시정비법 제10조의 조문은 "사업시행자인 조합이 정비사업과 관련하여 권리를 갖는 권리자의 변동이 있은 때에는 종전의 사업시행자와 권리자의 권리·의무는 새로이 사업시행자와 권리자로 된 자가 이를 승계한다."는 것이다.
즉, 조합설립인가 이후의 승계를 다루고 있지만, 본조에서는 추진위원회에 적용하여 조합원을 토지등소유자로 바꿔 그대로 규정하고 있다.

본조는 추진위원회 단계에서의 양도·상속·증여 및 판결 등으로 토지등소유자가 변경된 경우를 말하며, 투기과열지구가 아닌 곳을 대상으로 하고 잇다.

구 도시정비법 시행령 제28조제1항제3호인 "추진위원회 또는 조합의 설립에 동의한 자로부터 토지 또는 건축물을 취득한 자는 추진위원회 또는 조합의 설립에 동의한 것으로 볼 것"으로, 조합설립인가 받기 이전의 단계에서 특히 추진위 승인이나 조합설립 동의자로부터 취득한 토지등소유자의 승계문제를 다룬다는 점에서 차이가 있다.

현재 이 조문들은 삭제되었지만, 추진위원회 운영규정에서 이를 사용하고 있다(다만 투기과열지구에서는 적용되지 않음).

구 도시정비법

제10조(사업시행자 등의 권리·의무의 승계) 사업시행자와 정비사업과 관련하여 권리를 갖는 자(이하 "권리자")의 변동이 있은 때에는 종전의 사업시행자와 권리자의 권리·의무는 새로이 사업시행자와 권리자로 된 자가 이를 승계한다.

구 도시정비법 시행령

제28조① 법 제12조 및 제17조제1항에 따른 토지등소유자(토지면적에 관한 동의자 수를 산정하는 경우에는 토지소유자를 말한다)의 동의는 다음 각 호의 기준에 따라 산정한다.
 3. 추진위원회 또는 조합의 설립에 동의한 자로부터 토지 또는 건축물을 취득한 자는 추진위원회 또는 조합의 설립에 동의한 것으로 볼 것.

Q 추진위원회 운영규정 제15조의 추진위원회의 위원 선정 관련, 상속으로 토지등소유자가 된 자의 권리승계는?

A 추진위원회 운영규정[별표] 제11조에는 양도·상속·증여 및 판결 등으로 토지등소유자가 된 자는 종전의 토지등소유자가 행하였거나 추진위원회가 종전의 권리자에게 행한 처분 및 권리·의무 등을 포괄 승계한다고 정하고 있고, 제13조제1항제2호, 제3호에는 토지등소유자는 추진위원회 위원의 선임·선출권의 권리 및 피선임·피선출권을 갖는다고 규정하고 있음
상속으로 토지등소유자가 된 자는 상기 규정에 따라 종전의 토지등소유자의 권리를 포괄승계 받을 수 있을 것으로 판단됨(서울시 주거정비과 2023.10.26).

Q 2개의 주택을 가지고 재건축을 사업을 위한 추진위원회 설립에 동의서를 제출한 사람이 그 중 1개 주택을 매도한 경우에 동의서의 효력과 이후에 조합설립 시 동의율 산정에 있어 매도자 매수자 각각을 동의자로 산정할 수 있는지?

A 추진위원회 운영규정 별표 제11조에 따라서 양도, 상속, 증여 및 판결 등으로 토지등소유자가 된 자는 종전의 토지등소유자가 행하였거나 추진위원회가 종전의 권리자에게 행한 처분 및 권리·의무 등을 포괄 승계하도록 하고 있으므로, 추진위원회 설립에 동의한 자가 종전 자산을 매도한 경우 동의서는 유효할 것으로 판단됨.
질의하신 경우와 같이 당초 2주택을 소유하고 있던 토지등소유자가 1주택을 타인에게 매도

하여 매도자, 매수자 각각 정비구역안에 소재한 건축물 및 그 부속토지의 소유자인 경우에는 도시정비법 제2조제9호 나목에 따라서 각각을 토지등소유자로 산정해야할 것으로 판단됨(국토부 주택정비과 2016.10.19)

Q 추진위원회 추진위원이 소유지번의 권리이전 시, 권리이전을 받은 분이 추진위원이 되는지에 대한 질의임.
추진위원회 운영규정 제11조 토지등소유자 권리·의무의 승계 규정을 보면 양도, 상속, 증여, 판결등으로 토지등소유자 된 자는 종전의 토지등소유자가 행하였거나 추진위원회가 종전의 권리자에게 행한 처분 및 권리·의무 등으로 포괄승계한다.
1) 위 규정에 따라 종전의 추진위원이었던 자가 권리이전 시 추진위원까지 권리·의무가 승계되는지, 추진위원의 직위는 권리·의무 승계가 되지 않는지?
2) 이 경우 추진위원을 따로 보궐선임해야 하는지, 자동으로 권리·의무가 승계되는지?
A 추진위원회 운영규정 제15조제5항에 따르면 위원이 임기 중 궐위된 경우에는 추진위원회에서 재적위원 과반수 출석과 출석위원 2/3 이상의 찬성으로 이를 보궐선임할 수 있으나, 위원장·감사의 보궐선임은 주민총회의 의결에 의하도록 하고 있으며, 질의하신 사항과 같이 추진위원의 소유권이 매매 등으로 이전되는 경우 동 규정에 따라 새로운 추진위원을 보궐선임해야 함(국토부 주택정비과 2016.5.16)

Q 국토부고시 제12-890호(별표) 운영규정 제15조(위원의 선임 및 변경) 제2항의 "위원은 추진위원회 설립에 동의한 자 중에서 선출한다."는 조항과 관련하여 질의함.
한 개의 정비구역 내에서 수 개의 필지를 소유한 자가 추진위원회 설립 시 동의서에 각 필지의 내역을 적은 후 동의를 하였으나, 추진위원회 구성 승인 후 수 개 중 1개를 타인에게 매각하였음.
이 경우 그 한 필지를 매입한 자는 운영규정 제15조에 정한 동의한 자로 볼 수 있는 것인지, 아니면 동의하지 않은 자로 보아 새롭게 동의서를 제출해야 하는지?
A 도시정비법 시행령 제28조제1항제3호에 따르면 토지등소유자의 동의와 관련하여 추진위원회 또는 조합설립에 동의한 자로부터 토지 또는 건축물을 취득한 자는 추진위원회 또는 조합설립에 동의한 것으로 보도록 하고 있으며,
추진위원회 운영규정 별표 제11조에 따르면 양도·상속·증여 및 판결 등으로 토지등소유자가 된 자는 종전의 토지등소유자가 행하였거나 추진위원회가 종전의 권리자에게 행한 처분

및 권리·의무 등을 포괄승계함.

질의하신 경우와 같이 정비구역안의 수 개의 토지 또는 건축물을 소유한 추진위원회 설립에 동의한 1인의 토지등소유자로부터 토지 또는 건축물을 양도받은 경우에는 상기 도시정비법 시행령 제28조제1항제3호 및 운영규정 별표 제11조에 따라 추진위원회 설립에 동의한 것으로 보도록 하고 있음(국토부 주택정비과 2014.8.12).

Q 추진위원회에 동의한 자로부터 토지 또는 건물을 수인이 공유로 취득할 경우 대표자 선정 없이도 추진위원회 설립에 동의한 것으로 승계되는지, 승계가 된다면 그 수인을 대표하는 1인 선정기준은?

A 추진위원회 설립에 동의한 자로부터 토지 또는 건축물을 취득한 자는 추진위원회 설립에 동의한 것으로 본다고 규정하고 있으며(영 제28조제1항제3호), 수인이 공유하고 있다면 대표소유자를 선임하여야 하며 대표소유자는 해당 공유자가 자율적으로 선임하면 되는 것임(국토부 주택정비과 2010.1.15).

별표 운영규정 제12조

> **제12조(토지등소유자의 명부 등)** ① 추진위원회는 토지등소유자의 명부와 추진위원회 구성에 동의한 토지등소유자의 명부(이하 "동의자 명부")를 작성하여 관리하여야 한다.
> ② 추진위원회 구성에 동의하지 아니한 자를 동의자 명부에 기재하기 위하여는 도시정비법 시행규칙 별지 제4호서식의 추진위원회동의서를 징구하여야 하며, 해당 토지등소유자는 추진위원회 구성에 동의한 토지등소유자가 납부한 운영경비의 동일한 금액과 그 금액의 지연납부에 따른 이자를 납부하여야 한다.

고칠 수 없는 조문이다.

추진위원회에서 전체 토지등소유자의 명부와 동의자 명부를 작성하여 관리한다. 이 조문은 제정 초기부터 있었지만, 2014.1.23 서울시 도시정비조례 시행규칙에서 동의자 명부 규정이 만들어지면서 실제로 활용되고 있다. 국토부는 동의자 명부 작성 기준일을 실제로 토지등소유자가 동의서에 서명한 날로 해석하고 있다.[11]

동의자 명부는 주민총회 의결 기준이 된다. 주민총회는 동의자 과반수의 참석으로 개의하며, "동의자+미동의자"를 합한 토지등소유자 수의 과반수 찬성으로 의결하게 된다.

● **개정(안)**
제12조(토지등소유자의 명부 등) ① 추진위원회는 토지등소유자의 명부와 추진위원회 구성에 동의한 토지등소유자의 명부(이하 "동의자 명부")를 서울시 도시정비조

---

[11] 추진위원회 구성 동의명부 작성 기준일(국토부 주택정비과 2011.9.2)
Q. 추진위원회 구성에 동의한 토지소유자의 명부는 동의한 날과 승인권자에게 제출한 날 중 어느 것을 기준으로 관리하는지?
A. 추진위원회 구성에 동의한 토지등소유자의 명부는 운영규정 별표 제12조제1항에 따라 추진위원회가 추진위원회 구성에 동의한 날을 기준으로 작성·관리하여야 할 것으로 봄.

례 시행규칙 제7조제1항제1호에 따른 별지 제9호 서식에 따라 작성하여 관리하여야 한다.

도시정비법 시행규칙 제7조제1항제1호에 대한 토지등소유자 명부는 서울시 도시정비조례 제6조 별지 제9호 서식에 게재되어 있다.

■ **별지 제9호 서식**

토 지 등 소 유 자 명 부

(정비사업 명칭:)

연번	토지등소유자				소재지	토지			건축물			지상권	세대주 성명	동의 여부	비고
	성명	생년월일	주소	전화번호		소유면적(㎡)	편입면적(㎡)	공유여부	동수	허가유무	공유여부				

※ 공동주택의 경우 소재지에 호수를 기재

첨부서류

1. 토지등소유자별 권리내역 증빙서류(지적공부, 부동산등기부, 건축물대장, 무허가 건축물확인원 등) 각 1부.

■ **제2항**

도시정비법 시행규칙 별지 제4호 서식에 따른 추진위원회 구성 동의서[12]를 징구하면서 동의하지 아니한 자를 포함한 동의자 명부에 기재하여야 한다.

---

12 운영규정 개정 전에는 운영규정 별지1 서식의 추진위원회 설립동의서를 징구하였다. 2009.2.6 법 개정에 따라 2009.8.13 개정 운영규정에서는 별지1 서식이 삭제되고 도시정비법 시행규칙 별지 제호의2서식을 거쳐 별지 제4호서식으로 바뀌게 되었다.

정비사업의 폭넓은 참여를 위해 추진위원회 승인을 받은 이후에도 계속 동의서를 징구할 수 있는데, 추가로 동의한 자에게 운영경비의 이자를 지급하도록 규정하고 있다. 미 동의자는 운영경비 납부 및 이자 등의 규정이 적용되지 않는다.

■ 도시정비법 시행규칙[별지 제4호서식] <개정 2021.8.27>

정비사업 조합설립추진위원회 구성동의서

※ 색상이 어두운 란은 동의자가 적지 않습니다. (앞 쪽)

행정기관에서 부여한 연번범위		연번	/

Ⅰ. 소유자 인적사항

인적사항	성 명		생년월일	
	주민등록상 주소		전화번호	

소유권 현황	※ 재건축사업의 경우				
	소유권 위치(주소)				
	등기상 건축물지분(면적)		㎡	등기상 대지지분(면적)	㎡
	※ 재개발사업의 경우				
	권리내역	토지	소재지 (공유여부)		면적(㎡)
			(계 필지)		
			( )		
			( )		
		건축물	소재지 (허가유무)		동수
			( )		
			( )		
		지상권 (건축물 외 수목 또는 공작물의 소유목적)	설정 토지		지상권의 내용

Ⅱ. 동의사항

1. 추진위원회 명칭				
	직책	성 명	생년월일	주소
	위원장			
	감 사			
	부위원장			
	추진위원			

(뒤 쪽)

3. 추진위원회 업무	(1) 정비사업전문관리업자, 설계자 선정(필요시) (2) 개략적인 사업시행계획서의 작성 (3) 조합설립 인가를 받기 위한 준비업무 (4) 조합정관 초안 작성 (5) 조합설립을 위한 토지등소유자의 동의서 받기 (6) 조합설립을 위한 창립총회의 개최
4. 운영규정	※ 별첨

Ⅲ. 동의내용

가. 본인은 동의서에 자필서명 및 지장날인하기 전에 동의서를 얻으려는 자로부터 다음 각 호의 사항을 사전에 충분히 설명·고지받았습니다.

(1) 본 동의서의 제출 시 도시정비법 제31조제2항에 따라 조합설립에 동의한 것으로 의제된다는 사항

(2) 본 동의서를 제출한 경우에도 조합설립에 반대하고자 할 경우 도시정비법 시행령 제33조제2항에 따라 조합설립인가 신청 전에 반대의 의사표시를 함으로써 조합설립에 동의한 것으로 의제되지 않도록 할 수 있음과 반대의 의사표시의 절차에 관한 사항

나. 본인은 Ⅱ. 동의사항(추진위원회 명칭, 구성, 업무, 운영규정)이 빠짐없이 기재되어 있음을 확인하고 충분히 숙지하였으며, 기재된 바와 같이 추진위원장, (부위원장), 감사 및 추진위원으로 하여 ○○○ 재건축/재개발사업 조합설립추진위원회를 구성하고 같은 추진위원회가 Ⅱ. 동의 사항 중 3. 추진위원회 업무를 추진하는데 동의합니다.

년 월 일

위 동의자 : (자필로 이름을 써넣음) 지장날인

(   )사업 조합설립추진위원회 귀중

신청인 제출서류	1. 토지등소유자 신분증명서 사본 1부.	수수료 없음

Q 재건축추진위원회 구성 승인 이후, 조합설립 동의율을 담보하고자 추진위원회 동의를 추가 확보하기 위한 추진위원회 구성동의서 추가 검인 발급 및 해당 동의율 변경에 대한 추진위원회 변경신고 처리가 가능한지?

A 추진위원회 운영규정 별표 제12조제2항에 따르면 추진위원회 구성에 동의하지 아니한 자를 동의자 명부에 기재하기 위해 도시정비법 시행규칙 별지 제4호서식의 추진위원회 동의서를 징구하도록 하고 있으므로 질의의 추진위원회 구성동의서 추가 검인 발급 및 해당 동의율 변경에 대한 추진위원회 변경신고 처리 가능할 것으로 판단됨(서울시 재생협력과 2018.4.23).

Q 추진위원회 구성승인 이후 토지등소유자가 추진위원회 승인에 동의하는 동의서를 추가로 제출하였을 경우, 이를 반영하여 추진위원회 변경승인 신청이 가능한지?

A 추진위원회 운영규정(국토부고시 제2018-102호, 2018.2.9) 별표 제12조제2항에 따라 추진위원회 구성에 동의하지 아니한 자를 동의자 명부에 기재하기 위하여는 도시정비법 시행규칙 별지 제4호서식의 추진위원회동의서를 징구해야 하고,
운영규정 제4조제2항에 추진위원회는 법 제31조제1항에 따른 추진위원회 설립승인 후에

위원장 및 감사를 변경하고자 하는 경우 시장·군수등의 승인을 받아야 하며, 그 밖의 경우 시장·군수등에게 신고해야 한다고 규정되어 있으므로 질의하신 사항을 반영하여 변경신고 하는 것이 가능할 것으로 사료됨(서울시 재생협력과 2018.3.21).

◉ 1. 관할관청으로부터 추진위원회 설립승인을 받은 추진위원회로, 설립승인 후 추진위원장과 감사가 사퇴하였음.

새로운 추진위원장과 감사를 선임하기 위한 주민총회를 준비중에 있는데, <u>추진위원장과 감사를 공란으로 두고 추진위원회 설립동의서를 받을 경우 주민총회 개의를 위한 동의자로 간주할 수 있는지?</u>

◉ 2. 공석인 추진위원장과 감사에 현 추진위원이 입후보할 경우, 추진위원을 사퇴하고 입후보해야 하는지?

◉ 3. 운영규정 상 감사를 2인 이내로 두기로 되어 있고, 금번 주민총회에서 2인의 감사를 선임하려고 하는데, 감사 입후보자가 3명 이상일 경우 운영규정에는 특별한 규정이 없고,

"제22조(주민총회의 의결방법) ①주민총회는 법 및 이 운영규정이 특별히 정한 경우를 제외하고 추진위원회 구성에 동의한 토지등소유자 과반수 출석으로 개의하고 출석한 토지등소유자(동의하지 않은 토지등소유자를 포함함)의 과반수 찬성으로 의결한다."고 되어 있는데, 감사를 다득표순으로 뽑을 수 있는지?

다득표순으로 뽑을 경우 1위, 2위자가 각각 과반수 찬성을 얻지 못할 경우와 반드시 2위자는 과반수 찬성을 얻지 못하게 되는데, 과반수가 나올 때까지 결선 투표를 해야 하는지?

🅐 1. 추진위원회 운영규정 별표 제12조제2항에 따르면 추진위원회 구성에 동의하지 아니한 자를 동의자 명부에 기재하기 위해 도시정비법 시행규칙 별지 제2호의2서식의 추진위원회동의서를 징구하도록 하고 있으며,

도시정비법 시행규칙 별지 제2호의2서식의 추진위원회 설립동의서 내용 중 <u>추진위원회 구성에는 공란으로 두고 동의를 받을 수 없도록 하고 있음.</u>

🅐 2. 추진위원이 추진위원장 또는 감사 후보에 입후보하는 경우에 추진위원 사퇴 여부와 관련해서는 별표 운영규정에는 별도 규정하고 있지 않으며, 추진위원회 운영에 필요한 사항에 대하여는 추진위원회에서 판단해야 할 것임.

🅐 3. 별표 운영규정 제21조제1호에 따르면 추진위원회 승인 이후 위원장·감사의 선임·변경·보궐선임·연임은 주민총회의 의결을 거쳐 결정하도록 하고 있고,

동 규정 제22조제1항에는 주민총회는 법 및 이 운영규정이 특별히 정한 경우를 제외하고

추진위원회 구성에 동의한 토지등소유자 과반수 출석으로 개의하고 출석한 토지등소유자(동의하지 않은 토지등소유자를 포함함)의 과반수 찬성으로 의결한다고 하고 있으므로, 추진위원회 승인 후 감사를 주민총회에서 선출하는 경우에는 별표 운영규정 제22조제1항에 따라야 할 것으로 판단됨(국토부 주택정비과 2014.8.26).

Q 토지등소유자 과반수의 동의를 득하여 재개발추진위원회 구성, 승인되었으나, 구성에 동의하지 않는 자에 대하여 계속 동의서를 받을 수 있는지?
A 운영규정 별표 제12조제2항에 따라 추진위원회 구성동의서를 받을 수 있을 것임(국토부 주택정비과 2010.7.27).

별표 운영규정 제13조

> 제13조(토지등소유자의 권리·의무) ① 토지등소유자는 다음 각 호의 권리와 의무를 갖는다. 다만, 제3호부터 제5호까지의 규정은 추진위원회 구성에 동의한 자에 한한다.
> 1. 주민총회의 출석권·발언권 및 의결권
> 2. 추진위원회 위원(제15조제1항에 따른 위원을 말함)의 선임·선출권
> 3. 추진위원회 위원(제15조제1항에 따른 위원을 말함)의 피선임·피선출권
> 4. 추진위원회 운영경비 및 그 연체료의 납부의무
> 5. 그 밖에 관계법령 및 이 운영규정, 주민총회 등의 의결사항 준수의무

고칠 수 없는 조문이다
위원에는 위원장, 부위원장, 감사가 포함된다.

재건축조합과 달리 재건축 추진위원회에서 미동의자는 제1호 및 제2호의 권리와 의무를 갖는데, 추진위원회의 위원을 선출할 권한을 가지며 주민총회에도 참석할 수 있다.

즉, 추진위원회 구성에 동의하지 않은 미동의자도 동의자와 마찬가지로 주민총회에 출석하여 발언하거나, 위원장, 부위원장, 감사, 추진위원을 선임할 수 있는 선출권을 갖는다. 미동의자의 발언권을 제지하든가 의결권을 제한하는 경우에는 주민총회 결의에 대한 중대한 하자에 해당한다.[13]

그러나 위원장, 부위원장, 감사, 추진위원의 피선출권은 동의자에게만 주어진다.

---

[13] 서울중앙지방법원 제37민사부 2015.7.9선고 2015가합502119가합 주민총회 결의 무효확인소송
피고인 추진위원회가 주민총회에 출석한 미동의자들의 발언권 및 의결권을 제한하여 결의한 것은 미동의자들이 추진위원회의 구성원으로서 가지는 고유하고 기본적인 권리의 본질적인 내용을 침해한 것이고, 이와 같은 잘못이 표결 결과에 영향을 미치지 않았다고 하여 발리 볼 수는 없으므로(대법원 2009.12.24선고 2009다26367판결 참조), 피고 추진위원회가 한 주민총회에서의 결의는 효력이 없다.

Ⓠ 재건축구역 내 추진위원회 감사가 소유한 아파트를 처분 후 3개월 이후 같은 단지 상가 지분을 매수한 경우 감사 자격이 유지될 수 있는지?

Ⓐ 추진위원회 운영규정[별표] 제13조제1항제3호에 토지등소유자는 추진위원회 위원의 피선임·피선출권의 권리와 의무를 갖는다고 규정하고 있고, 제14조에 토지등소유자가 주택 또는 토지의 소유권을 이전하였을 때에는 그 자격을 즉시 상실한다고 규정하고 있으며, 운영규정 제3조제1항 및 제2항제3호에 따르면 운영규정은 [별표] 운영규정안을 기본으로 작성하되 사업추진 상 필요한 경우, 운영규정안에 조·항·호·목 등을 추가할 수 있도록 규정하고 있음(서울시 주거정비과 2020.6.19)

> 제13조(토지등소유자의 권리·의무) ② 토지등소유자의 권한은 평등하며, 권한의 대리행사는 원칙적으로 인정하지 아니하되, 다음 각 호에 해당하는 경우에는 권한을 대리할 수 있다. 이 경우 토지등소유자의 자격은 변동되지 아니한다.
> 1. 토지등소유자가 권한을 행사할 수 없어 배우자·직계존비속·형제자매 중에서 성년자를 대리인으로 정하여 위임장을 제출하는 경우
> 2. 해외거주자가 대리인을 지정한 경우
> 3. 법인인 토지등소유자가 대리인을 지정한 경우(이 경우 법인의 대리인은 추진위원으로 선임될 수 있다.)

■ 근거규정
도시정비법 제45조제5항

운영규정 제13조의 근거인 법 제45조제5항은 2015.9.1 개정되어 2016.3.2부터 시행되었다.

도시정비법
제45조(총회의 의결) ⑤ 조합원은 서면으로 의결권을 행사하거나 다음 각 호의 어느 하나에 해당하는 경우에는 대리인을 통하여 의결권을 행사할 수 있다. 서면으로 의결권을 행사하는 경우에는 정족수를 산정할 때에 출석한 것으로 본다.

1. 조합원이 권한을 행사할 수 없어 배우자, 직계존·비속 또는 형제자매 중에서 성년자를 대리인으로 정하여 위임장을 제출하는 경우
2. 해외에 거주하는 조합원이 대리인을 지정하는 경우
3. 법인인 토지등소유자가 대리인을 지정하는 경우. 이 경우 법인의 대리인은 조합임원 또는 대의원으로 선임될 수 있다.

■ **제2호**

국내거주자인 토지등소유자의 대리인은 배우자·직계존·비속·형제자매 중에서 성년자를 대리인로 한정하고 있는 반면, 해외거주자인 토지등소유자의 경우 이러한 제한이 없다. 국내거주자의 요건에 해당하지 않는 일반 대리인을 지정하여도 무방할 것이다.

■ **제3호**

제1호인 토지등소유자의 대리인은 그 범위가 한정되어 있으며, 대리행위만 인정하고 있지 피선출권은 인정되지 않는다.

법인인 토지등소유자도 대리인 지정이 가능하며, 이 대리인 자격 외에도 추진위원장 등으로 선임될 수 있는 피선출권까지 주어진다. 주로 종교시설이나 법인이 이에 해당한다.

Q 정비구역 내 법인이 토지등소유자가 대리인을 지정한 경우 추진위원장, 감사로 선임될 수 있는지?
A 추진위원회 운영규정 제13조제2항제3호에 따라 법인인 토지등소유자가 대리인을 지정한 경우, 법인의 대리인은 추진위원(추진위원장 및 감사 포함)에 선임될 수 있을 것이지만, 법인이 동 운영규정 제15조제2항의 자격조건을 충족한 경우라야 할 것임(국토부 주거정비과 2009.9.3)

Q 추진위원회 운영규정을 만들면서 "정비구역 안에 소재한 건축물의 소유자가 아들, 장모, 배우자로서 3년 이상 동거하고 거주한 경우,
아들, 장모, 배우자의 인감을 첨부한 대리권을 아버지, 사위, 배우자가 받았을 경우에는 아버지, 사위, 배우자를 토지등소유자로 간주하여 추진위원이 될 수 있다"고 명시되었다면 추진위원이 될 수

있는지?

Ⓐ 추진위원회 운영규정 제13조제2항 본문에 따르면 토지등소유자의 권한은 평등하며, 권한의 대리행사는 원칙적으로 인정되지 아니하되, 다음 각 호에 해당하는 경우에는 권한을 대리할 수 있도록 하고 있고, 이 경우 토지등소유자의 자격은 변동되지 아니하도록 하면서, 각 호 사항 중 제3호에서는 법인의 대리인은 추진위원으로 선임될 수 있도록 토지등소유자의 권한을 대리할 수 있는 사항을 규정하고 있음.

따라서 토지등소유자의 대리인이 추진위원으로 선임될 수 있는 경우는 법인의 경우에 한정하고 있는 것으로 질의의 경우 추진위원회 위원의 피선임·피선출 권한이 없음(국토부 주거정비과 2009.6.3)

> 제13조(토지등소유자의 권리·의무) ③ 토지등소유자가 그 권리를 양도하거나 주소 또는 인감을 변경하였을 경우에는 그 양수자 또는 변경 당사자는 그 행위의 종료일부터 14일 이내에 추진위원회에 그 변경내용을 신고하여야 한다. 이 경우 신고하지 아니하여 발생되는 불이익 등에 대하여 해당 토지등소유자는 추진위원회에 이의를 제기할 수 없다.
> ④ 토지등소유자로서 추진위원회 구성에 동의한 자는 추진위원회가 사업시행에 필요한 서류를 요구하는 경우 이를 제출할 의무가 있으며 추진위원회의 승낙이 없는 한 이를 회수할 수 없다. 이 경우 추진위원회는 요구서류에 대한 용도와 수량을 명확히 하여야 하며, 추진위원회의 승낙이 없는 한 회수할 수 없다는 것을 미리 고지하여야 한다.
> ⑤ 소유권을 수인이 공동 소유하는 경우에는 그 수인은 대표자 1인을 대표소유자로 지정하고 별지 서식의 대표소유자선임동의서를 작성하여 추진위원회에 신고하여야 한다. 이 경우 소유자로서의 법률행위는 그 대표소유자가 행한다.

■ **제3항**

토지등소유자에는 동의자, 미동의자 모두가 포함된 개념이다.

토지등소유자는 추진위원회 구성 동의여부와 관계 없이 주민총회에서 의결권을 행사할 수 있으며, 개략적인 사업계획서 설명회 등에 참석할 권리가 있다.

권리변동이 된 경우, 추진위원회에 신고하여 토지등소유자 명부에 기재되어 있어야 통지를 받을 수 있다.

■ 제4항

추진위원회 구성에 동의한 자는 추진위원회가 사업시행에 필요한 서류를 요구하는 경우 이를 제출할 의무가 있으며 추진위원회의 승낙이 없는 한 이를 회수할 수 없다.

다만, 추진위원회의 승낙이 없는 한 회수할 수 없다는 것을 사전에 고지하여야 한다.

■ 제5항

소유권을 수인이 공동 소유 외에도 토지소유자와 지상권자가 있으면 별첨 운영규정에서의 대표소유자 선임동의서를 통해 대표자가 의사표시를 할 수 있다.

만일 대표자를 선정하지 못하거나, 공유자 중 1인이 소재불명(주민등록번호, 기타 불명)인 경우, 동의자 수에서 제외된다.
선정된 대표자가 변경되는 경우에 대한 조문도 준비하는 것이 좋다.

● 수정안

제13조(토지등소유자의 권리·의무) ⑤ 소유권을 수인이 공동 소유하거나 지상권자가 있는 경우에는 그 수인은 대표자 1인을 대표소유자로 지정하고 별지 서식의 대표소유자 선임동의서를 작성하여 추진위원회에 신고하여야 하며, 그 법률행위는 그 대표소유자가 행한다. 대표소유자가 변경된 경우에도 또한 같다.

Q 추진위원회 단계의 재건축사업 구역에서 건축물을 A와 B가 공동으로 소유하고 있는 경우, 대표자(A)가 아닌 B가 조합설립동의 철회서 제출할 수 있는지?
A 추진위원회 운영규정(국토부고시 제2018-102호, 2018.2.9) 제8조제1항에 추진위원회의 업무에 대한 토지등소유자의 동의는 도시정비법 시행령 제33조에 따른다고 규정하고 있고,

도시정비법 시행령 제33조제1항제2호 가목에 재건축사업의 경우에는 소유권 또는 구분소유권을 여럿이서 공유하는 경우에는 그 여럿을 대표하는 1인을 토지등소유자로 산정하도록 하고 있음.

또한, 추진위원회 운영규정 제13조제5항에 "소유권을 수인이 공동 소유하는 경우에는 그 수인은 대표자 1인을 대표소유자로 지정하고 별지 서식의 대표소유자선임동의서를 작성하여 추진위원회에 신고해야 하며, 이 경우 소유자로서의 법률행위는 그 대표소유자가 행한다."고 명시하고 있으므로, 조합설립동의 철회서는 대표자가 제출해야 할 것임(서울시 주거정비과 2020.6.15)

Q 추진위원회 설립동의를 위해서 받은 대표소유자 선임동의서를 정비구역지정 및 정비계획 입안을 제안하기 위한 대표 토지등소유자의 동의서로 사용할 수 있는지?

A 추진위원회 운영규정 제13조제5항에 의하면 소유권을 수인이 공동 소유하는 경우에는 그 수인은 대표자 1인을 대표소유자로 지정하고 별지 서식의 대표소유자 선임동의서를 작성하여 추진위원회에 신고해야 한다.

이 경우 소유자로서의 법률행위는 그 대표소유자가 행한다고 규정하고 있고, [별지서식]의 내용에 "재개발/재건축 추진위원회와 관련한 법률행위는 대표소유자가 행하는데 동의한다"고 정하고 있음.

따라서, 추진위원회 설립을 위한 대표소유자 선임동의서는 추진위원회와 관련한 법률행위를 행하는 동의로 정하고 있음(서울시 주거정비과 2019.4.22).

Q 추진위원장 선거를 위하여 공유자 중 대표자 선임동의서를 받고자 하는데, 동의서에 지장날인을 받기 어려운 경우 인감증명서 첨부 및 인감도장 날인으로 대표자 선임동의서를 받아도 되는지?

A 추진위원회 운영규정(국토부고시 제2018-102호, 2018.2.9) 제13조제5항에 따라 소유권을 수인이 공동소유하는 경우에는 그 수인은 대표자 1인을 대표소유자로 지정하고 별지 서식의 대표소유자 선임동의서를 작성하여 추진위원회에 신고해야 하며,

별지 서식에 따르면 이 경우 공유자의 서명 또는 지장날인과 주민등록증, 여권 등 신원을 확인할 수 있는 신분증명서 사본을 첨부토록 하고 있고 도시정비법 제36조제1항제6호에 따라 추진위원회를 구성하는 경우 동의는 서면동의서에 토지등소유자가 성명을 적고 지장을 날인하는 방법으로 하며, 주민등록증, 여권 등 신원을 확인할 수 있는 신분증명서의 사

본을 첨부해야 함.

다만, 같은 조 제2항에 따라 제1항에도 불구하고 토지등소유자가 해외에 장기체류하거나 법인인 경우 등 불가피한 사유가 있다고 시장·군수등이 인정하는 경우에는 토지등소유자의 인감도장을 찍은 서면동의서에 해당 인감증명서를 첨부하는 방법으로 할 수 있는바, 질의의 경우가 이에 해당한다면 인감증명서 첨부 및 인감도장 날인의 방법으로 동의할 수 있을 것임(서울시 재생협력과 2018.5.30).

Q 1. 재건축사업에서 소유권을 수인이 공유한 경우 그 수인을 대표하는 토지등소유자를 선정해야 하는지, 또한 대표자를 선정하지 않고 동의자 수에 포함할 수 있는지?

Q 2. 대표자 미선정 시 조합원 자격을 부여할 수 없다면, 어느 시기에 대표자를 선정해야 조합원이 될 수 있는지?

A 1. 추진위원회 운영규정 제13조제5항에 따르면 소유권을 수인이 공동 소유하는 경우에는 그 수인은 대표자 1인을 대표소유자로 지정하고 별지 서식의 대표소유자 선임동의서를 작성하여 추진위원회에 신고해야 하고,

이 경우 소유자로서의 법률행위는 그 대표소유자가 행하도록 하고 있으므로, 질의하신 사항의 경우 동 규정에 따라 대표자선정이 되어야 토지등소유자 관련 동의에 포함될 수 있을 것으로 판단됨.

A 2. 도시정비법 제19조제1항제1호(현행 제39조제1항제1호)에 따르면 토지 또는 건축물의 소유권과 지상권이 수인의 공유에 속하는 때에는 그 수인을 대표하는 1인을 조합원으로 보도록 하고 있으므로, 질의하신 대표자 조합원 선정은 조합설립인가 동의서 제출 시 동 규정에 따라 그 수인을 대표하는 1인을 선정해야 할 것으로 판단됨(국토부 주택정비과 2016.11.8).

Q 2006년도 재개발사업을 처음 진행할 때 추진위원회 설립동의서를 냈으며, 그때 대표자 선임동의서를 함께 제출하였음. 앞으로 재개발 진행 시 단계별로 동의서를 내야 하는데 그때마다 대표자 선임동의서를 내야 하는지?

A 추진위원회 운영규정 제13조제5항에 의하면 소유권을 수인이 공동소유하는 경우에는 그 수인은 대표자 1인을 대표소유자로 지정하고 대표소유자 선임동의서를 작성하여 추진위원회에 신고하여야 함. 이 경우 소유자로서의 법률행위는 그 대표소유자가 행한다고 정하고 있으므로 대표소유자 선임 이후에는 별도의 대표소유자 선임 없이 기 선임된 대표소유자가

법률행위를 하는 것임(건교부 2007.9.17).

※ 대표소유자가 변경된 경우에는 새로 선임하여야 하므로, 이와 관련된 별도 규정을 두는 것이 좋다.

별표 운영규정 제14조

> 제14조(토지등소유자 자격의 상실) 토지등소유자가 주택 또는 토지의 소유권을 이전하였을 때에는 그 자격을 즉시 상실한다.

고칠 수 없는 조문이다.

Q 재건축구역 내 추진위원회 감사가 소유한 아파트를 처분 후 3개월 이후 같은 단지 상가 지분을 매수한 경우 감사 자격이 유지될 수 있는지?

A 추진위원회 운영규정[별표] ○○추진위원회 운영규정 제13조제1항제3호에 토지등소유자는 추진위원회 위원의 피선임·피선출권의 권리와 의무를 갖는다고 규정하고 있고, 제14조에 토지등소유자가 주택 또는 토지의 소유권을 이전하였을 때에는 그 자격을 즉시 상실한다고 규정하고 있으며, 운영규정 제3조제1항 및 제2항제3호에 따르면 운영규정은 [별표]의 운영규정안을 기본으로 하여 작성하되 사업추진상 필요한 경우 운영규정안에 조·항·호·목 등을 추가할 수 있도록 규정하고 있음(서울시 주거정비과 2020.6.19)

Q 1. 추진위원으로 선임되었으나, 추진위원으로 선임되었던 토지 및 건축물의 소유권을 이전(2015.1.10)하여, 운영규정 제14조(토지등소유자 자격의 상실)에 따라 토지등소유자의 자격이 즉시 상실한 경우, 운영규정에 따라 토지등소유자 자격이 상실함에 따라 추진위원 자격 또한 그 즉시인 2015.1.10 상실되는지?

Q 2. 추진위원으로 선임되었으나, 추진위원으로 선임되었던 토지 및 건축물의 소유권(2015.1.10)을 이전하고, 구역 내 다른 토지 및 건축물을 소유권(2015.1.10)을 취득함.
추진위원으로 선임되었던 토지등소유자 자격이 상실되고, 1개월이 지나 다시 토지등소유자 자격이 취득하였을 경우, 종전 소유하였던 토지등소유자 자격에 따른 추진위원 자격이 유지되는지?

A 별표 운영규정 제14조에 따르면 토지등소유자가 주택 또는 토지의 소유권을 이전하였을 때에는 그 자격을 즉시 상실한다고 규정하고 있는바, 주택 또는 토지의 소유권을 이전하였다면 동 규정에 따라 토지등소유자의 자격을 상실하며, 이에 따라 추진위원회 위원이 될 수 없을 것으로 판단되며, 제15조제5항에 따라 임기 중 궐위된 경우 보궐 선임할 수 있도록 규정하고 있음(국토부 주택정비과 2015.3.9).

별표 운영규정 제15조

> **제3장 위원**
>
> **제15조(위원의 선임 및 변경)** ① 추진위원회의 위원은 다음 각 호의 범위 이내로 둘 수 있으며, 상근하는 위원을 두는 경우 추진위원회의 의결을 거쳐야 한다.
> 1. 위원장
> 2. 부위원장
> 3. 감사 _인
> 4. 추진위원 _인

고칠 수 없는 조문이다.

서울시는 "표준행정업무규정"과 "표준선거관리규정"을 고시하고, 추진위원회 임원 등의 선정 및 업무에 대한 규정을 두었다.

추진위원회 구성은 추진위원장, 감사를 포함한 5인 이상의 위원인 최소인원을 규정하고 있다. 위원의 수는 법령이 아닌 고시문인 추진위원회 운영규정 제2조제2항에 의하도록 하였다. 위원장 1인, 감사(부위원장을 둘 수 있음) 및 위원의 수는 토지등소유자의 1/10 이상으로 하되, 5인 이하인 경우에는 5인으로 하며 100인을 초과하는 경우에는 토지등소유자의 1/10 범위 안에서 100인 이상으로 규정하고 있다.

위원장, 부위원장은 단수이며, 감사는 복수도 가능하다.

추진위원장, 부위원장, 감사가 사임·해임된 경우, 추진위원를 겸직하는 것이 아니므로, 추진위원이 되려면 별도로 추진위원에 선임되어야 한다.

최근 강남4구의 추진위원회에서는 상근위원을 두는 경우가 많다.

하위규정인 행정업무규정에서 고문, 자문위원, 촉탁, 사무직원 등을 두는 경우와 달리, 상근위원을 두려면 미리 안건으로 추진위원에게 통지하여 추진위원회 의결을 거쳐야 한다(행정업무규정 제9조제1항).[14]

---

[14] 서울시 행정업무규정
제9조(채용원칙) 상근위원 임명 및 직원 채용은 소정의 자격을 구비한 자 중에서 다음 각 호와 같은 방법을 원칙으로 하되 별도 선거관리규정으로 따로 정할 수 있다.

추진위원은 제1호 내지 제4호에 해당하는 자 모두를 포함하는 용어이지만, 제4호 추진위원 수에는 제1호, 제2호, 제3호는 포함되지 않는다.[15]

추진위원은 1호, 2호, 3호를 제외한 4호를 말한다. 위원장과 부위원장의 복수는 허용되지 않지만, 감사는 가능하다.

cf 추진위원회의 추진위원 회의: 추진위원 정족수는 임의규정

추진위원회 구성에 관하여는 위원장 1인과 감사를 포함하여 5인 이상의 위원으로 구성하도록 규정하고 있을 뿐(도시정비법 제13조, 제15조 등 참조), 추진위원의 수에 대한 제한규정을 두고 있지 않다.

운영규정 제15조제1항제4호에서 정한 추진위원의 수를 추진위원회의 의사정족수 제한규정으로 해석할 수 없으므로 추진위원의 수가 토지등소유자의 1/10에 미달한다는 사정만으로 곧 추진위원회의 구성이 부적법하다고 볼 수도 없다(서울고등법원 2012나54906판결, 자격부존재확인 등)

■ 제4호

추진위원의 수가 토지등소유자의 1/10에 미달한다는 사정만으로, 곧 추진위원회의 구성이 부적법하다고 볼 수 없다

• 서울고등법원 2012나54906 판결

---

1. 상근위원은 추진위원 중에서 추진위원장이 추천하여 추진위원회의 의결을 통하여 임명한다.
2. 직원은 추진위원장이 추천하여 추진위원회의 의결에 의해 채용할 수 있다. 다만, 채용결과에 대한 사후 인준절차 등을 운영규정에서 따로 정한 경우에는 그에 따른다.

15 추진위원회 운영규정(2009.8.13) 제15조 해석(국토부 주택정비과 2010.5.3)
추진위원회 운영규정(2009. 8. 13 개정) 제15조(위원의 선임 및 변경) ① 추진위원회의 위원은 다음 각 호의 범위 이내로 둘 수 있으며, 상근하는 위원을 두는 경우 추진위원회의 의결을 거쳐야 한다.
1. 위원장, 2. 부위원장, 3. 감사 _인, 4. 추진위원 _인
Q. 위 제1항에서 "추진위원회의 위원"이라 표현하여 제1, 2, 3, 4호의 각 자의 지위가 전부 "추진위원회의 위원"에 해당되는 것으로 보여 위 제4호 추진위원의 수에 위 제1, 2, 3호의 위원수가 포함되는지?
A. 추진위원회 운영규정 제15조제1항에 따르면 위원장, 부위원장, 감사-인 , 추진위원- 인을 둘 경우 추진위원 수에는 위원장, 부원장, 감사인의 수를 포함하지 않음.

피고 운영규정 제15조제1항제4호는 추진위원회의 위원을 조합원의 1/10 이상을 두도록 규정하고 있으나, 도시정비법은 추진위원회의 구성에 관하여는 위원장 1인과 감사를 포함하여 5인 이상의 위원으로 구성하도록 규정하고 있을 뿐, 법 제13조, 제15 조 등 참조) 추진위원의 수에 대한 제한규정을 두고 있지 않다.

운영규정 제15조제1항제4호에서 정한 추진위원의 수를 추진위원회의 의사정족수 제한규정으로 해석할 수 없으므로 추진위원의 수가 토지등소유자의 1/10에 미달한다는 사정만으로 곧 추진위원회의 구성이 부적법하다고 볼 수도 없다.

Q 추진위원회 운영규정 제9조제1항제4호에 공개 의무가 있는 추진위원회의 토지등소유자의 권리·의무에 관한 사항 중 "추진위원회 임원의 선정에 관한 사항"이 있는데 여기서 말하는 추진위원회 임원은 추진위원을 의미하는지?

A 도시정비법 및 운영규정에 추진위원회 임원에 대한 정의는 별도 규정하고 있지 않으나, "추진위원회 임원은 운영규정 제15조제1항에서 규정한 위원으로 보아야 할 것으로 판단된다"는 국토부 질의회신(주택정비과. 2012.12.24)이 있음(서울시 주거정비과 2020.1.2).

추진위원에 위원장, 부위원장, 감사가 포함되는지(국토부 주택정비과 2017.11.15)
Q 추진위원회 운영규정(국토부고시 제12-890호, 2012.12)별표 제15조와 관련,
제15조(위원의 선임 및 변경) ① 추진위원회의 위원은 다음 각 호의 범위 이내로 둘 수 있으며, 상근하는 위원을 두는 경우 추진위원회의 의결을 거쳐야 한다.
1. 위원장,   2. 부위원장,   3. 감사 _인,   4. 추진위원 _인
위에서 추진위원회 위원은 위원장, 감사 및 추진위원으로 구성되는 것으로 사료됨. 위 운영규정 본문 제3조제2항제1호에 따르면, 제15조제1항을 확정하라고 되어 있음.
1) 이에 아파트별로 확정하고자 할 경우, 별표 제15조제1항제4호에서 말하는 "추진위원"은 위원장, 부위원장, 감사를 포함한 인원을 확정하는 것인지?
2) 위원장, 부위원장 및 감사를 제외한 순수 "추진위원만"의 인원을 확정하는 것인지?
3) 또한, 위 운영규정 전반을 해석함에 있어서, 규정에서 언급하는 "위원"과, "추진위원"이 같은 것인지?
4) 위 규정 전반에 걸쳐 "위원"의 기재는 "위원장", "감사" 및 "추진위원"을 모두 총칭하고자 하는 것이고, "추진위원"의 기재는 위원장 및 감사를 제외한 '순수 추진위원만'을 지칭하는 것이 맞는지?
A 추진위원회 운영규정 제15조제1항제4호에서는 위원장, 부위원장, 감사, 추진위원을 추

진위원회 위원으로 규정하고 있기 때문에 동 규정에서 <u>추진위원에는 위원장, 부위원장, 감사가 포함되지 않는 것으로 판단됨</u>.

다만, 그 외 규정에서 추진위원과 위원이 같은 것인지는 일률적으로 해석하기 곤란하며, 각 규정별로 판단해야 할 것으로 사료됨.

Q 추진위 운영규정 제15조(위원의 선임 및 변경) ⑥ 추진위원의 선임방법은 추진위원회에서 정하되, 동별·가구별 세대수 및 시설의 종류를 고려해야 한다.

위 조항에서 '추진위원'이 문언 그대로 추진위원만 뜻하는 것이어서 추진위원회에서 추진위원의 선임방법만 정하면 되는지?

그렇지 않다면 위원장, 부위원장, 감사까지 모두 포함하는 의미로 봐야 하는지?

A 추진위원회 운영규정 별표 제15조제6항에 따라서 추진위원의 선임방법은 추진위원회에서 정하되, 동별·가구별 세대수 및 시설의 종류를 고려해야 하며, 질의하신 추진위원은 제15조제1항제4호의 추진위원을 의미함(국토부 주택정비과 2016.9.27)

Q "추진위원회 운영규정" 별표 제15조(위원의 선임 및 변경) 제1항을 보면 추진위원회 위원은 다음 각 호의 범위 이내로 둘 수 있으며, 제2호에는 "부위원장"으로 기재되어 있음

현재 우리 추진위원회 운영규정에도 "추진위원회 운영규정" 별표 제15조(위원의 선임 및 변경)제1항제2호와 동일하게 "부위원장"으로만 기재되어, 부위원장이 몇 명의 인원수는 기재되어 있지 않은 상황임.

1) 우리 추진위원회 운영규정에는 부원장에 대한 인원수가 없으므로 부위원장을 1명으로만 해야 하는지?

2) 운영규정 개정 없이도 추진위원회에서 의결하여 여러 명의 부위원장을 선임하는 것이 가능한지?

A 추진위원회 운영규정 제15조제1항에 따르면 추진위원회의 위원은 같은 조 각 호의 범위 이내로 둘 수 있도록 하고 있으므로, 질의하신 사항의 경우 여러 명의 부위원장의 선출은 어려울 것으로 판단됨(국토부 주택정비과 2016.3.16)

> 제15조(위원의 선임 및 변경) ② 위원은 추진위원회 설립에 동의한 자 중에서 선출하되, 위원장·부위원장 및 감사는 다음 각 호의 어느 하나에 해당하는 자이어야 한다.
> 1. 피선출일 현재 사업시행구역 안에서 3년 이내에 1년 이상 거주하고 있는 자(다만, 거주의 목적이 아닌 상가 등의 건축물에서 영업 등을 하고 있는 경우 영업 등은 거주로 본다)
> 2. 피선출일 현재 사업시행구역 안에서 5년 이상 토지 또는 건축물(재건축사업의 경우 토지 및 건축물을 말한다)을 소유한 자

추진위원장, 부위원장, 감사 및 추진위원이 되려는 자는 추진위원회 구성에 동의한 자이어야 피선출권이 있다.

특히 추진위원은 해당 정비구역 내 토지등소유자로서 추진위원회 구성에 동의한 자면 누구나 출마할 수 있으며, 그 수와 역할이 대의원과 유사하며 피선출권 제한이 없다(대의원의 경우 거주요건과 소유요건이 있는 점에서 다름).

반면, 추진위원장, 부위원장 및 감사 후보자는 추진위원회 구성에 동의한 자 중에서 피선출일 현재 사업시행구역 내에서 3년 이내에 1년 이상을 거주하고 있어야 한다. 이를 충족하기 위해서 피선출일 당일까지 주민등록상 거주하고 있어야 한다. 상가 등을 소유한 자는 "거주가 아닌 영업행위 등을 하고 있는 자는 거주로 보며 3년 이내에 1년 이상 영업행위를 하여야 한다.

■제1호, 1년 이상의 소유하면서 1년 이상 거주

위원장·부위원장 및 감사(이를 추진위원회 "임원"이라고도 함)의 경우에는 위 제15조제2항 제1호, 제2호의 어느 하나에 해당하는 자이어야 한다. 이들은 추진위원과 같이 추진위원회 설립에 동의한 자로 제15조제2항 제1호, 제2호의 어느 하나에 해당하는 자이어야 한다.

"추진위원회 설립에 동의한 자"란 해당 정비구역 내의 토지등소유자로서 추진위

원회 설립에 동의한 자를 말하므로, 법 제2조제9호에 해당하지 않으면 추진위원, 위원장 등의 피선출권이 없다는 의미다. 국토부의 유권해석도 이와 같다.[16]

제1호는 소유기간이 5년이 되지 않더라도 거주기간이 1년 이상인 경우면 족하다는 것인데, 이때 1년 이상의 거주에 1년 이상의 소유하면서 1년 이상의 거주인지 여부가 불분명하다.

제2호가 거주하지 않더라도 5년 이상 소유한 자이여야 한다는 점에 비추어 볼 때, 1년 이상 소유하며 1년 이상 거주를 요한다는 것이 논리적이지만, 국토부는 이와 다른 태도를 취하고 있다. 즉 토지등소유자의 요건에 해당되면서 거주기간의 합(合)이 1년 이상이면 피선출일 현재 토지등소유자로 족하다고 해석하고 있다.

---

[16] 토지등소유자가 아닌 자의 추진위원회 위원장 자격 여부(국토부 주택정비과 2011.12.16)
Q. 추진위원회 승인 신청 당시 및 추진위원회 설립동의서 작성을 위한 추진위원 선출당시 정비구역 내 토지등소유자가 아닌 자의 추진위원장 적격 여부, 피 선출일 당시 토지등소유자가 아닌 경우 당연퇴임 되는지, 추진위원 선출 당시 토지등소유자가 아닌 자가 선출되어 구청장에게 접수하고 승인 전에 소유권을 확보하면 추진위원으로서 승인이 가능한지?
A. 추진위원회 운영규정 제15조제2항에 따르면 위원은 추진위원회 설립에 동의한 자 중에서 선출하되, 위원장, 부위원장 및 감사는 "피 선출일 현재 사업시행구역 안에서 3년 이내에 1년 이상 거주하고 있는 자" 등을 포함한 각 호의 1에 해당하는 자이어야 하며, 운영규정 제16조제2항에 선임당시에 제15조제2항 각 호의 1에 해당하지 않은 것으로 판명되는 경우 당연 퇴임한다고 규정하고 있음.

추진위원장 선임 자격(국토부 주택정비과 2012.12.21)
Q. 추진위원회 운영규정 별표 제15조제2항제1호와 제2호에 모두 적합하여야 추진위원회 위원장의 승인이 가능한지?
A. 추진위원회 위원장은 추진위원회 설립에 동의한 자 중에서 운영규정 별표 제15조제2항 각 호의 하나에 해당하는 자를 선임할 수 있음
※ 추진위원회 운영규정 별표 제15조(위원의 선임 및 변경) ② 위원은 추진위원회 설립에 동의한 자 중에서 선출하되, 위원장·부위원장 및 감사는 다음 각 호의 어느 하나에 해당하는 자이어야 한다.
1. 피선출일 현재 사업시행구역 안에서 3년 이내에 1년 이상 거주하고 있는 자(다만, 거주의 목적이 아닌 상가 등의 건축물에서 영업 등을 하고 있는 경우 영업 등은 거주로 본다)
2. 피선출일 현재 사업시행구역 안에서 5년 이상 토지 또는 건축물(재건축사업의 경우 토지 및 건축물을 말한다)을 소유한 자

추진위원회 위원장 피선출권(국토부 주택정비과 2012.12.24)
Q. 토지등소유자의 권리와 의무에 관한 내용이 수록된 국토해양부고시 추진위원회 표준운영규정 제13조제3항에 따르면 "토지등소유자가 그 권리를 양도하거나 주소 또는 인감을 변경하였을 경우에는 그 양수자 또는 변경 당사자는 그 행위의 종료일로부터 14일 이내에 추진위원회에 그 변경내용을 신고하여야 한다. 이 경우 신고하지 아니하여 발생되는 불이익 등에 대하여 해당 토지등소유자는 추진위원회에 이의를 제기할 수 없다."고 규정하고 있음.

■ **제2호의 경우**

"5년 이상 소유한 자"는 주택이든 상가 등 구분하지 않고 '3년 이내에 1년 이상 거주 또는 영업행위'라는 조건이 없이 피선출권이 있다는 점에서 제1호와 구별된다.

2024.1.19 개정 시행된 도시정비법에 따라 별표 추진위원회 운영규정 제15조제2항은 다음과 같이 수정안으로 변경하는 것이 좋다.

참고로, 서울시(주거정비과 2024.3.12. 유권해석)에 따르면 자체 추진위원회의 의결 등에 따라 적용할 수 있을 것으로 판단하고 있다.[17] 또한, 서울시 자치구마다 그 의견이 통일되지 않는 등 "준용"의 범위로 혼란을 겪고 있다.

이 경우 권리변동내용을 14일 이내에 추진위원회에 신고하지 않았으며, 관할관청에 권리변동내용이 신고 변경되지 않은 B씨가 해당 추진위원장으로서 피선출권을 갖고 입후보 할 수 있는지?
A. 추진위원회 운영규정 제15조제2항에는 추진위원회 위원장의 자격요건이 명시되어 있으므로 이 요건에 적합하여야 할 것으로 판단되며, 제13조제3항에서 규정하고 있는 불이익에 대하여는 추진위원회에서 정한 불이익이 위원의 선임과 연관이 있는지의 여부는 알 수 없으므로 이에 대하여는 추진위원회에서 결정하거나 운영규정의 승인권자인 해당 지자체에 문의하여야 할 것으로 판단됨

추진위원장 피선임 자격 규정을 임의로 만들어 운영규정에 추가 가능 여부(국토부 주택정비과 2011.12.16)
Q. 재건축추진위원장의 피선임 자격을 규정하고 있는 ○○추진위원회 운영규정 제15조제2항의 각 호 내용 이외에 추가 내용을 만들어 규정할 경우 유효한지?
A. 추진위원장 피선임 자격에 대하여는 ○○추진위원회 운영규정 제15조제2항에 규정되어 있고, 사업추진 상 필요한 경우 운영규정안에 조, 항, 호, 목 등을 추가할 수 있도록 하면서 이 경우 확정, 수정, 보완 또는 추가하는 사항이 도시정비법, 관계법령, 이 운영규정 및 관련 행정기관의 처분에 위배되는 경우에는 효력을 갖지 아니한다고 추진위원회 운영규정 제3조제2항 및 제3항에 규정되어 있음.
또한, 동 운영규정 제2조제1항에 의하면 정비조합을 설립하고자 하는 경우 법 제2조제9호의 토지등소유자 과반수의 동의를 얻어 위원장 및 감사를 포함한 5인 이상의 위원으로 추진위원회를 구성하여 도시정비법 시행규칙이 정하는 방법 및 절차에 따라 시장, 군수 또는 자치구의 구청장의 승인을 얻도록 하고 있음.

[17] 토지등소유자 방식에서 법 제43조에서 규정한 조합임원의 결격사유 및 해임 규정 적용여부(서울시 주거정비과 2024.3.12)
Q1. 토지등소유자 방식으로 추진하는 구역에서 자체적으로 결성한 추진위원회(이하 '자체 추진위')의 주민대표(임원)에게도 도시정비법 제43조에서 규정한 조합임원의 결격사유 및 해임 규정을 적용할 수 있는지?
Q2. 상기 구역에서 자체 추진위 임원의 연임 방법은?
A. 도시정비법 제43조는 조합임원 등의 결격사유 및 해임에 관한 사항으로 토지등소유자 방식으로 추진하는 구역에 해당 규정의 적용 여부는 사업시행자인 토지등소유자가 자치적으로 정한 규약(이하 '자치규약') 및 자체 추진위 의결 등에 따라 적용 여부를 판단할 사항으로 사료되며, 자체 추진위 임원의 연임 방법 또한, 자치규약에서 정한 임원의 연임 방법 및 자체 추진위 의결 등에 따라 정할 사항으로 사료됨.

● **수정(안)**

제15조(위원의 선임 및 변경) ② 추진위원장, 부위원장, 감사 및 추진위원은 추진위원회 설립에 동의한 자로서 건축물 및 그 부속토지를 소유한 자[하나의 건축물 또는 토지의 소유권을 다른 사람과 공유한 경우에는 가장 많은 지분을 소유(2인 이상의 공유자가 가장 많은 지분을 소유한 경우를 포함한다)한 경우로 한정한다] 중 다음 각 호의 어느 하나에 해당하는 자이어야 한다.

  1. 피선출일 현재 사업시행구역 안에서 3년 이내에 1년 이상 거주하고 있는 자(다만, 거주의 목적이 아닌 상가 등의 건축물에서 영업 등을 하고 있는 경우 영업 등은 거주로 본다).

  2. 피선출일 현재 사업시행구역 안에서 5년 이상 토지 또는 건축물(재건축사업의 경우 토지 및 건축물을 말한다)을 소유한 자.

수정(안)과 같이 "추진위원"의 경우, 추진위원장, 부위원장, 감사와 같은 요건으로 규정하는 경우 그 선출이 어려울 수 있다.

해당 자치구에 문의하여 준용의 범위에 맞도록 규정하는 것이 좋을 것이다.

▶ **관련 규정**

도시정비법

제41조(조합의 임원) ① 조합은 조합원으로서 정비구역에 위치한 건축물 또는 토지(재건축사업의 경우에는 건축물과 그 부속토지를 말한다. 이하 이 항에서 같다)를 소유한 자[하나의 건축물 또는 토지의 소유권을 다른 사람과 공유한 경우에는 가장 많은 지분을 소유(2인 이상의 공유자가 가장 많은 지분을 소유한 경우를 포함한다)한 경우로 한정한다] 중 다음 각 호의 어느 하나의 요건을 갖춘 조합장 1명과 이사, 감사를 임원으로 둔다. 이 경우 조합장은 선임일부터 관리처분계획인가를 받을 때까지는 해당 정비구역에서 거주(영업을 하는 자의 경우 영업을 말한다. 이하 이 조 및 제43조에서 같다)하여야 한다. <개정 2019.4.23, 2023.7.18>

  1. 정비구역에 위치한 건축물 또는 토지를 5년 이상 소유할 것

  2. 정비구역에서 거주하고 있는 자로서 선임일 직전 3년 동안 정비구역에서 1년

이상 거주할 것

제43조(조합임원 등의 결격사유 및 해임) ① 다음 각 호의 어느 하나에 해당하는 자는 조합임원 또는 전문조합관리인이 될 수 없다. <개정 2019.4.23, 2020.6.9, 2023.7.18>

1. 미성년자·피성년후견인 또는 피한정후견인
2. 파산선고를 받고 복권되지 아니한 자
3. 금고 이상의 실형을 선고받고 그 집행이 종료(종료된 것으로 보는 경우를 포함한다)되거나 집행이 면제된 날부터 2년이 지나지 아니한 자
4. 금고 이상의 형의 집행유예를 받고 그 유예기간 중에 있는 자
5. 이 법을 위반하여 벌금 100만원 이상의 형을 선고받고 10년이 지나지 아니한 자
6. 제35조에 따른 조합설립 인가권자에 해당하는 지방자치단체의 장, 지방의회 의원 또는 그 배우자·직계존속·직계비속

② 조합임원이 다음 각 호의 어느 하나에 해당하는 경우에는 당연 퇴임한다. <개정 2019.4.23, 2020.6.9>

1. 제1항 각 호의 어느 하나에 해당하게 되거나 선임 당시 그에 해당하는 자이었음이 밝혀진 경우
2. 조합임원이 제41조제1항에 따른 자격요건을 갖추지 못한 경우

③ 제2항에 따라 퇴임된 임원이 퇴임 전에 관여한 행위는 그 효력을 잃지 아니한다.

제33조(추진위원회의 조직) ⑤ 추진위원의 결격사유는 **제43조제1항부터 제3항까지를 준용**한다. 이 경우 "조합"은 "추진위원회"로, "조합임원"은 "추진위원"으로, "제35조에 따른 조합설립 인가권자"는 "제31조에 따른 추진위원회 승인권자"로 본다. <개정 2023.7.18>

추진위원의 결격사유에 대해 도시정비법 제43조제1항 내지 제3항을 준용하고 있고, 법 제43조제2항제2호에서 법 제41조제1항의 자격요건을 갖추지 못한 경우

에는 당연퇴임사유에 해당한다.

결국, 추진위원의 결격사유로 법 제41조제1항의 요건을 준용하므로, 추진위원이 되려면 이 요건을 갖추어야 한다.

부 칙 <법률 제19560호, 2023.7.18>

제1조(시행일) 이 법은 공포 후 6개월이 경과한 날부터 시행한다. 다만, 제41조제1항의 개정규정은 공포한 날부터 시행한다.

제2조(조합임원의 자격에 관한 적용례) 제41조제1항의 개정규정은 같은 개정규정 시행 이후 조합임원을 선임(연임을 포함한다)하는 경우부터 적용한다.

도시정비법 제41조(조합임원) 제1항의 추진위원 자격요건 준용 여부(국토부 주택정비과 2024.8.6)

Q 정비구역에 위치한 건축물 또는 토지를 소유한 자(하나의 건축물 또는 토지의 소유권을 다른 사람과 공유한 경우에는 가장 많은 지분을 소유)가 추진위원이 될 수 있는지?

A 도시정비법 제33조제5항에 따라 "조합임원"은 "추진위원"으로 보고 결격사유는 제43조제1항부터 제3항까지 준용하고 있으며, 같은 법 제41조제1항에 따르면 하나의 건물 또는 토지의 소유권을 다른 사람과 공유한 경우에는 가장 많은 지분을 소유한 경우로 한정하고 있음.

또한, 같은 법 제43조제2항제2호에 따르면 조합임원이 제41조제1항의 따른 자격요건을 요구하고 있어 추진위원도 이를 따라야 할 것으로 판단됨.

Q 재건축사업과 관련 추진위원 선임에 따른 자격요건 중 피선출일 현재 사업시행구역 안에서 3년 이내에 1년 이상 거주하고 있는 자이어야 하는지?

A 추진위원회 운영규정 별표 제15조제2항에 따라 추진위원회 위원은 추진위원회 설립에 동의한 자 중에서 선출하되, 위원장 및 감사는 동 운영규정 별표 제15조제2항 각 호의 어느 하나에 해당하는 자이면 되며,

동조 제2항제1호의 "피선출일 현재 사업시행구역 안에서 3년 이내에 1년 이상 거주하고 있는 자"는 사업시행구역안에서 3년 이내에 거주한 기간의 합이 1년 이상으로서 피선출일 현재 사업시행구역안에서 거주하고 있어야 한다는 것임(서울시 재생협력과 2017.1.25)

Q1. 추진위원회 운영규정 제15조(위원의 선임 및 변경) 제2항은 '위원은 추진위원회 설립에 동의한 자 중에서 선출하되, 위원장, 감사는 다음 각 호의 어느 하나에 해당하는 자이어야 한다'고 규정하고 있고, 동조동항 제2호에는 '피선출일 현재 사업시행구역 안에서 5년 이상 토지 또는 건축물을 소유한 자'라고 돼 있는데, 여기서 '5년 이상 토지 또는 건축물을 소유한 자'란 어떤 의미인지?

Q2. 위원장·부위원장 및 감사의 소유기간 자격 요건과 관련, 사업시행구역 안에서 매수 및 매도를 반복한 경우 그 전체의 소유기간의 합을 기준을 하는지?
또한, 토지 또는 건축물을 공유로 소유한 경우 공유로 소유한 기간은 제외하고 단독보유 기간만 산정해야 하는지?

A 1. 추진위원회 운영규정 별표 제15조제2항에 따르면 위원은 추진위원회 설립에 동의한 자 중에서 선출하되, 위원장·부위원장 및 감사는 피선출일 현재 사업시행구역 안에서 5년 이상 토지 또는 건축물(재건축사업의 경우 토지 및 건축물을 말함)을 소유한 자 해당하는 자이어야 한다고 정하고 있으며, 질의하신 사항의 경우 동 규정에 따라 소유기간의 전체 합이 5년 이상인 소유자를 말함.

A 2. 운영규정 별표 제15조제2항에 따르면 위원장·부위원장 및 감사는 피선출일 현재 사업시행구역안에서 5년 이상 토지 또는 건축물을 소유한 자를 말하므로, 동 규정에 따른 소유기간은 공유 또는 단독소유를 포함하여 전체 소유기간을 말함(국토부 주택정비과 2015.5.14).

제15조(위원의 선임 및 변경) ③ 위원의 임기는 선임된 날부터 2년까지로 하되, 추진위원회에서 재적위원(추진위원회의 위원이 임기 중 궐위되어 위원 수가 이 운영규정 본문 제2조제2항에서 정한 최소 위원의 수에 미달되게 된 경우 재적위원의 수는 이 운영규정 본문 제2조제2항에서 정한 최소 위원의 수로 본다. 이하 같다) 과반수의 출석과 출석위원 2/3 이상의 찬성으로 연임할 수 있으나, 위원장·감사의 연임은 주민총회의 의결에 의한다.

④ 임기가 만료된 위원은 그 후임자가 선임될 때까지 그 직무를 수행하고, 추진위원회에서는 임기가 만료된 위원의 후임자를 임기만료 전 2개월 이내에 선임하여야 하며 위 기한 내에 추진위원회에서 후임자를 선임하지 않을 경우 토지

> 등소유자 1/5 이상이 시장·군수의 승인을 얻어 주민총회를 소집하여 위원을 선임할 수 있으며, 이 경우 제20조제5항 및 제6항, 제24조제2항을 준용한다.
> ⑤ 위원이 임기 중 궐위된 경우에는 추진위원회에서 재적위원 과반수 출석과 출석위원 2/3 이상의 찬성으로 이를 보궐선임할 수 있으나, 위원장·감사의 보궐선임은 주민총회의 의결에 의한다. 이 경우 보궐선임된 위원의 임기는 전임자의 잔임기간으로 한다.
> ⑥ 추진위원의 선임방법은 추진위원회에서 정하되, 동별·가구별 세대수 및 시설의 종류를 고려하여야 한다.

■ 제3항

추진위원의 임기는 승인일부터 2년이며, 추진위원의 "재적위원과 위원정수"는 그 의미가 다르다.

추진위원회의에서 추진위원의 연임이나 해임, 교체를 할 수 있다. 위원의 연임은 위 제3항에 의하게 되나, 해임, 교체는 제18조제3항에서 규정하고 있으며 "재적위원이 아닌 위원정수"이다.

추진위원의 연임은 추진위원회의에서 재적위원 과반수의 출석과 출석위원 2/3 이상의 찬성으로 결정한다. 이 재적위원이란 "토지등소유자의 1/10 이상으로 하되, 100인을 초과하는 경우에는 토지등소유자의 1/10 범위 안에서 100인 이상"에서의 최소의 수이다(법정 대의원 수와 유사한 개념이다).

예를 들어 승인 당시 110명이 추진위원이었으나 후에 5명이 궐위되어 105명으로 줄었다면 이 105명이 재적위원이다. 그러나 15명이 궐위되어 95명이 되었다면, 운영규정의 최소범위는 100인으로 이 100인이 재적위원이다.[18]

---

18   추진위원회 운영규정 제2조제2항, 추진위원 재적인원(국토부 주택정비과 2013.01.07)
     Q. 조합 및 추진위원회에 '대의원 및 추진위원'을 두고 정비사업을 추진하고 있는 현장에서 위원의 수에 관

추진위원의 연임은 이 105명의 과반수인 53명의 출석과 53명의 2/3인 36명이 동의가 필요하다. 그러나 해임, 교체는 재적위원이 아닌 위원정수(운영규정 별표 제15조에 따라 확정된 위원의 수이므로 110명이 위원정수임)로 계산함에 유의하여야 한다.

Q&A. 재개발 추진위원회의 운영규정의 해석상 위 추진위원회가 주민총회에 임기가 만료된 위원장이나 감사를 연임하는 안건을 상정하면서 입후보자 등록·공고 등의 절차를 거치지 않았더라도 그것이 토지소유자들의 위원장이나 감사에 대한 선출권 내지 피선출권을 침해하였다고 볼 수 없다.

재개발추진위원회가 건축사사무소 선정 등 결의와 재원 조달방법을 결의함에 있어서는 추진위원회 구성에 찬성한 토지등소유자의 과반수의 동의가 필요 없다 (대법원 2010.11.11선고 2009다89337판결, 주민총회결의무효확인).

■ 추진위원회 임원, 추진위원의 선임 및 절차

1. 추진위원회 임원, 추진위원의 선임
최초 추진위원회 임원, 추진위원: 선거 방식이 아닌 서면동의 추진위 구성승인 신청서 를 받아 선임한다(도시정비법 시행령 제25조제1항)

임기만료로 추진위원회 임원, 추진위원을 선출하는 경우
추진위원장, 감사: 주민총회 결의
추진위원: 추진위원회 결의
선거관리규정이 있는 경우에는 선거관리규정에 따라야 함

한 내용으로 논란이 많이 되고 있어 질의함.
당초 추진위원 27명으로 구성으로부터 승인을 받고 정비사업을 진행해 오던 중 추진위원 2명은 물권지 매매로 인하여 소유권이 변동되었고, 1명은 개인사정으로 사퇴하여, 현재 위원의 수가 24명임. 추진위원회 운영규정 제15조제5항은 '위원이 임기 중 궐위된 경우에는 추진위원회에서 재적위원 과반수의 출석과 출석위원 2/3 이상의 찬성으로 보궐선임할 수 있으나 ~ '(후반부 생략)로 되어 있는데 여기서 재적위원이란 현재 남아 있는 수(24명)를 재적위원인지, 아니면 27명 전체가 재적위원인지?
A. 국토부고시 제2012-457호 추진위원회 운영규정 제2조제2항에서 추진위원회가 토지등소유자의 대표성을 확보할 수 있도록 추진위원회의 위원 수에 대하여 최소한의 범위를 규정하고 있으므로, 동 운영규정에 따라 해당 추진위원회 운영규정에서 정한 위원 수를 재적위원으로 보는 것이 타당할 것으로 사료됨.

2. 추진위원회 임원의 선임 절차

① 추진위원회 임원 및 추진위원 연임 결의 가부

입후보자 등록공고 등 절차를 거치지 않고, 연임결의해도 무방하다. 연임결의 부결 후 선거절차를 거치면 족하므로, 피선거권 및 선거권을 침해하지 않는다(대법원 2009다89337판결).

cf 임기 만료된 임원 역시 연임결의 가능하다(의정부지방법원 2021카합5059결정)
cf 임원 연임결의 시 입후보등록절차는 물론 선거관리위원회 구성하지 않더라도 적법하다(서울행정법원 2017구합82833판결)

Q 추진위원회 최소 위원 수 미달 시 연임 의결이 가능한지?
A 추진위원회 운영규정[별표] 제15조제3항에 따르면 "위원의 임기는 선임된 날부터 2년까지로 하되, 추진위원회에서 재적위원(추진위원회의 위원이 임기 중 궐위되어 위원 수가 이 운영규정 본문 제2조제2항에서 정한 최소 위원의 수에 미달되게 될 경우 재적위원의 수는 이 운영규정 본문 제2조제2항에서 정한 최소 위원의 수로 본다. 이하 같다) 과반수의 출석과 출석위원 2/3 이상의 찬성으로 연임할 수 있으나, 위원장·감사의 연임은 주민총회의 의결에 의한다."고 규정함.
따라서, 추진위원 연임에 관하여는 상기 규정에 적합해야 함(서울시 주거정비과 2020.2.25)

Q 당해 구역은 2003.9월 재건축 추진위원회를 구성하여 현재까지 재건축사업을 추진하고 있음.
당해 구역 운영규정 제15조제3항에는 위원의 임기는 2년까지로 하고, 위원장과 감사의 연임은 주민총회의 의결을 받아야 하지만 2003.9월 추진위원회 설립이후 현재까지 위원장·감사·추진위원에 대한 일체 연임결의나 주민총회가 없었음.
이 경우 2년의 임기를 5년 이상이나 경과한 위원장, 감사, 추진위원으로 구성된 추진위원회의 효력이 있는지?
A 추진위원의 임기만료로 인한 직무수행에 대하여는 추진위원회 운영규정 제15조제3항에서 위원의 임기는 선임된 날부터 2년까지로 하되, 추진위원회에서 재적위원 과반수의 출석과 출석위원 2/3 이상의 찬성으로 연임할 수 있으나 위원장, 감사의 연임은 주민총회의 의결에 따르게 되며,

임기가 만료된 위원은 그 후임자가 선임될 때까지 그 직무를 수행하도록 규정하고 있고 전임자의 직무수행은 후임자가 선임될 때까지로 규정하고 있어 그 직무수행의 기간에 제한규정은 없음(국토부 주택정비과 2009.5.29).

■ 제4항

강남·서초·송파구 등 재건축사업의 경우 그동안 사업 추진이 어려워 추진위원회 상태만 10여년 머물러 있던 곳이 많다. 대부분 휴면추진위원회로 위원장의 임기가 만료되어 연임이나 선임을 위한 주민총회 소집문제로 분쟁이 많았다.

분쟁이 많았던 이유로는 위의 사정 외에도 임기가 만료된 추진위원장이 후임자가 선임될 때까지 그 직무를 수행할 수 있다는 이 조문의 영향이 컸다. 이는 임기가 만료된 추진위원장에게 유리한 입장이어서 새로운 세력과의 분쟁이 심각했다.

추진위원의 연임을 위한 주민총회의 소집도 운영규정 제20조제5항, 제6항인 총회 회의개최 14일 전부터 회의목적·안건·일시 및 장소 등을 게시판에 게시하여야 하며, 토지등소유자에게는 회의개최 10일 전까지 등기우편으로 발송·통지하고, 통지한 안건에 대하여만 의결할 수 있다는 규정을 준용한다.

■ 대법원 2009다89337판결, 주민총회결의무효확인

위원장이나 감사의 임기가 만료한 경우에 선임 또는 연임의 결정은 주민총회의 의결을 거쳐야 하지만, 피고가 새로운 입후보자등록공고 등의 절차를 밟아 주민총회에 위원장, 감사의 선임 안건을 상정하든지, 그렇지 아니하고 주민총회에 위원장, 감사의 연임 안건을 상정할 것인지를 선택할 수 있다고 해석된다.

따라서 원고(선정당사자)를 포함한 토지소유자들의 위원장이나 감사에 대한 선출권 내지 피선출권은 주민총회에서 임기가 만료된 위원장이나 감사를 연임하는 안건에 관하여 이를 부결하는 내용의 반대 결의가 이루어진 다음에 새로운 추진위원으로서 위원장이나 감사를 선임하는 결의를 하는 경우에 보장하면 충분하다.

Q1. 추진위원의 임기가 만료되었고 추진위원장이 궐위 되었을 경우, 추진위원 중 연장자가 추진

위원 선출을 위한 총회를 개최할 수 있는지?

Q2. 운영규정 제15조에도 불구하고 동 규정 제20조제2항에 따라 토지등소유자 5분의 1이상이 주민총회를 요구할 경우 직무대행자가 주민총회를 소집할 수 있는지?

A 운영규정 별표 제15조제4항에 따라 임기가 만료된 위원(위원장, 부위원장, 감사, 추진위원)은 그 후임자가 선임될 때까지 그 직무를 수행하도록 하고 있으며 그 직무 수행의 시한에 대하여는 별도 규정하고 있지 않으나, 추진위에서는 임기가 만료된 위원의 후임자를 임기만료 전 2개월 이내에 선임하도록 하고,

그 기간 내에 후임자를 선임하지 않을 경우 토지등소유자 1/5 이상이 시장·군수의 승인 등의 승인을 얻어 주민총회를 소집하여 위원을 선임할 수 있도록 하고 있음

이 경우 제20조제5항 및 제6항을 준용하도록 하고 있으므로, 동 규정에 따라 주민총회를 소집하는 경우 운영규정 제20조제2항 및 제3항 규정은 적용되지 않음(서울시 주거정비과-5459호, 2021.4.7)

Q 추진위원장 임기가 만료되고 감사가 사퇴한 상황에서 추진위원장만 별도 선임하여 구청장 승인이 가능한지?

A 추진위원회 운영규정[별표] 제15조(위원의 선임 및 변경)제4항에 임기가 만료된 위원은 그 후임자가 선임될 때까지 그 직무를 수행하고, 추진위원회에서는 임기가 만료된 위원의 후임자를 임기만료 전 2개월 이내에 선임해야 하며,

위 기한 내 추진위원회에서 후임자를 선임하지 않을 경우 토지등소유자 1/5 이상이 시장·군수등의 승인을 얻어 주민총회를 소집하여 위원을 선임할 수 있으며, 이 경우 제20조제5항 및 제6항, 제24조제2항을 준용한다고 규정하고 있고,

같은 조 제5항에 위원이 임기 중 궐위된 경우에는 추진위원회에서 재적위원 과반수 출석과 출석위원 2/3 이상의 찬성으로 이를 보궐선임할 수 있으나, 위원장·감사의 보궐선임은 주민총회의 의결에 의한다. 이 경우 보궐선임된 위원의 임기는 전임자의 잔임기간으로 한다고 규정하고 있으며,

운영규정 [별표] 제6조에 추진위원회는 법 제31조제1항에 따른 추진위원회 구성승인 후에 위원장 및 감사를 변경하고자 하는 경우 시장·군수 또는 자치구 구청장의 승인을 얻어야 한다고 규정하고 있음

상기 규정과 같이 임기 만료된 추진위원장 선임과 사퇴한 감사의 보궐선임에 대한 적용 규

정은 다름(서울시 주거정비과 2019.11.4).

Q 임기 만료된 추진위원장이 토지등소유자 1/5 이상의 창립총회 소집요구에도 불구하고 2주 이상 소집요구에 응하지 않을 경우, 소집요구한 자의 대표자가 창립총회를 개최할 수 있는지?

A 운영규정 별표 제15조제4항에 따르면 임기가 만료된 위원은 그 후임자가 선임될 때까지 그 직무를 수행하고, 추진위원회에서는 임기가 만료된 위원의 후임자를 임기만료 전 2개월 이내에 선임해야 하며 상기 기한 내 추진위원 회에서 후임자를 선임하지 않을 경우 토지등소유자 1/5 이상이 시장·군수 등의 승인을 얻어 주민총회를 소집하여 위원을 선임할 수 있다고 규정하고 있으며,

도시정비법 시행령 제27조제3항에 따르면 창립총회는 추진위원장의 직권 또는 토지등소유자 1/5 이상의 요구로 추진위원장이 소집하고, 다만 토지등소유자 1/5 이상의 소집요구에도 불구하고 추진위원장이 2주 이상 소집에 응하지 않는 경우 소집요구한 자의 대표가 소집할 수 있다고 규정하고 있으므로,

임기만료 된 추진위원장이 창립총회 소집 요구에 응하지 않을 경우, 소집요구한 자의 대표가 창립총회를 개최할 수 있는 것으로 판단됨(경기도 도시재생과 2018.7.26)

■ 제5항

위원의 보궐선임은 연임절차와 같다.
재적위원의 과반수 출석과 출석위원 2/3 이상의 찬성을 요한다. 그러나 위원장, 감사의 보궐선임의 경우, 추진위원회의가 아닌 주민총회에 의하게 된다.

Q 재건축 추진위원장이 사임하고 부위원장이 이주하여 공석이 됨에 따라 추진위원 중 연장자가 추진위원회를 대표하고 있던 중에 추진위원회에서 추진위원장 직무대행자를 추진위원 중에서 선임하고 다른 추진위원을 부위원장으로 선임한 경우,
현재 추진위원장 직무대행자가 집행한 업무가 유효한지, 직무대행자의 승인 절차는 어떻게 되는지?

A 추진위원회 운영규정 제15조제5항에 따르면 추진위원의 선임방법은 추진위원회에서 정하도록 하고 있고, 추진위원장이 사임한 경우 동 운영규정 제18조제5항의 내용 중 단서 및 제17조제6항에 따라 부위원장, 추진위원 중 연장자 순으로 추진위원회를 대표하는 것이나,

동 운영규정 제18조제3항에 따라 위원이 자의로 사임하거나 동조 제1항에 따라 해임되는 경우에는 지체 없이 새로운 위원을 선출하여야 하는 것으로, 위원장·감사의 선임·변경·보궐선임·연임은 동 운영규정 제21조제1호에 따라 주민총회의 의결사항이고, 위원장·감사를 제외한 위원의 보궐선임은 동 운영규정 제25조제1호에 따라 추진위원회의 의결사항이며, 이 경우 새로 선임된 위원의 자격은 위원장 및 감사의 경우 시장·군수의 승인이 있은 후에, 그 밖의 위원의 경우 시장·군수에게 변경신고를 한 후에 대외적으로 효력이 발생하는 것임 아울러, 추진위원회 운영규정 제4조제1항에 따르면 추진위원회는 법·관계법령, 제3조의 운영규정 및 관련 행정기관의 처분을 준수하여 운영되도록 하고 있고, 추진위원회의 구성에 대하여는 도시정비법 제13조 및 동법 시행규칙 제6조에 따라 당해 시장·군수가 추진위원의 선정사항 등을 포함한 증빙서류 등을 종합적으로 검토하여 승인하고 있는 사항임(국토부 주택정비과 2009.7.21).

■ 제6항

서울시는 "조합등 표준선거관리규정"을 고시하고 추진위원회 임원 선정에 관한 규정도 두었다.[19] 공공지원을 시행하는 경우 이 규정을 준수하여야 하므로 제6항을 그에 맞도록 수정하는 것이 좋다.

별표 추진위원회 운영규정은 공동주택 재건축사업을 기준으로 하여 동별, 가구별 기준으로 하고 있다. 재개발·도시환경정비사업의 경우 동별이 아닌 통반 별로 구성하는 방법 등을 취하고 있다.

단독주택과 공동주택이 뒤섞여 있는 재개발사업장의 경우, 아파트와 단독주택 간 추진위원 구성이나 대의원 구성에 대한 다툼이 많다.

※ 관련 하급심 판결로 울산지방법원 2006구합2897이 있다.

---

19 서울시 표준 선거관리규정
제6조(피선거권 등) ① 추진위원장, 부위원장, 감사 및 추진위원 입후보자는 당해 사업시행구역의 토지등소유자로서 다음 각 호의 기준에 적합한 선거인은 피선거권이 있다.
1. 재개발사업 또는 도시환경정비사업의 경우 추진위원회 승인일 현재 사업시행구역 안에서 1년 이상 거주하고 있는 자.

Ⓠ 추진위원회 승인 시 시장·군수가 토지등소유자가 많고 면적이 적은 고밀도 지역과 토지등소유자가 적고 면적이 넓은 저밀도 지역이 혼재해 있는 경우, 지역적 특성을 고려하여 위원의 수를 안배하도록 조치할 수 있는지?

Ⓐ 조합을 설립하고자 하는 경우에는 조합설립을 위한 추진위원회를 구성하여 도시정비법 제13조제2항이 정하는 바에 따라 시장·군수·구청장의 승인을 얻도록 하고 있으므로, 추진위원회 운영규정 제15조제5항에서 규정하고 있는 추진위원의 선임 시, 동별·가구별 세대수 및 시설의 종류를 고려하였는지를 검토·처리할 수 있을 것임(국토부 2009.3.12).

■ "서울시 조합등 표준선거관리규정"에 의한 임원 선정과 전자식 투표 규정

서울시는 2015.5.7 "조합등 표준선거관리규정"을 고시하였다.

이 고시문에서 추진위원회·조합 임원 등의 선출에 대한 표준화된 규정을 정하여 투명하고 공정한 절차에 따라 민주적으로 조합 임원 등을 선출하기 위함이라고 밝히고 있다. 다만 임의규정 형식으로 되어 있어 그 실행여부는 추진위원회나 조합

---

2. 재건축사업의 경우 추진위원회 구성에 동의한 자로서 피선출일 현재 사업시행구역 안에서 최근 3년 이내에 1년 이상 거주하고 있는 자(다만, 거주의 목적이 아닌 상가 등의 건축물에서 영업 등을 하고 있는 경우 영업 등은 거주로 본다) 또는 피선출일 현재 사업시행구역 안에서 5년 이상 건축물 및 그 부속토지를 소유한 자.
【주】제1호 내지 제2호에도 불구하고, 추진위원회 운영규정에 따라 거주조건을 삭제 또는 확대하거나, 정비사업 추진단계가 이주개시 이후인 경우 거주기간을 적용하지 아니할 수 있음. 또한 토지등소유자가 법인인 경우에는 그 대표자에게 피선거권이 있음을 사전에 정할 수 있음.
▫ 추진위원의 경우 운영규정에는 아무런 자격 제한이 없으므로, 위 제6조제1항은 고시문 제4조제1항제2호에 따라 수정, 보완할 수 있음. 위 제6조제1항으로 정하는 경우에는 추진위원에 입후보하려면 "재개발사업 또는 도시환경정비사업의 경우 추진위원회 승인일 현재 사업시행구역 안에서 1년 이상 거주하고 있는 자이거나, 재건축사업의 경우 추진위원회 구성에 동의한 자로서 피선출일 현재 사업시행구역 안에서 최근 3년 이내에 1년 이상 거주하고 있는 자"이어야 함에 유의하여야 한다.
② 제1항에도 불구하고 다음 각 호의 1에 해당하는 경우에는 피선거권이 없다.
1. 미성년자·피성년후견인·피한정후견인
▫ 민법 개정 전 금치산자, 한정치산자는 민법 개정 후에 피성년후견인, 피한정후견인
2. 파산선고를 받고 복권되지 아니한 자
3. 금고 이상의 실형의 선고를 받고 그 집행이 종료(종료된 것으로 보는 경우를 포함한다)되거나 집행이 면제된 날부터 2년이 경과되지 아니한 자
4. 금고 이상의 형의 집행유예를 받고 그 유예기간 중에 있는 자
5. 법 또는 관련 법률에 의한 징계에 의하여 면직의 처분을 받은 날부터 2년이 경과되지 아니한 자
6. 법을 위반하여 벌금 100만 원 이상의 형을 선고받고 그 형이 확정된 날로부터 5년이 지나지 아니한 자
▫ 분쟁을 예방하기 위하여 '법'을 명확하게 "도시정비법"으로 표기하는 것이 좋음
7. 같은 목적의 사업을 시행하는 다른 조합·추진위원회 또는 당해 사업과 관련한 시공자·설계자·정비사업전문관리업자 등 관련단체의 임원·위원·직원으로 소속된 자.

의 의지에 따라 시행될 수 있다.

부칙 제2조에서 이 규정 시행일 이전에 인가·승인된 조합, 추진위 등의 선거관리규정 등이 이 규정에 위배되는 사항에 대하여는 이 규정 시행일(2015.5.7)로부터 1년 이내에 총회를 거쳐 이 규정에 적합하게 선거관리규정을 제·개정하도록 하였다.

특히, 서울시는 2015.11.2 각 구청에 전자식투표를 유도하는 공문을 보낸 바 있다.

■ 도시정비법
[시행 2025.6.4][법률 제20549호, 2024.12.3 일부개정]

정비사업 과정에서 필요한 동의서 제출과 총회의 의결권 행사시 전자적 방법을 활용할 수 있도록 하고, 총회 온라인 참석도 직접 출석으로 인정하도록 함

제45조(총회의 의결) ⑥ 제5항에도 불구하고 조합원은 다음 각 호의 요건을 모두 충족한 경우에는 전자적 방법(「전자문서 및 전자거래 기본법」 제2조제2호에 따른 정보처리시스템을 사용하거나 그 밖의 정보통신기술을 이용하는 방법을 말한다. 이하 같다)으로 의결권을 행사할 수 있다. 이 경우 정족수를 산정할 때에 출석한 것으로 본다.
  1. 조합원이 전자적 방법 외에 제5항에 따른 방법으로도 의결권을 행사할 수 있게 할 것
  2. 의결권의 행사 방법에 따른 결과가 각각 구분되어 확인·관리할 수 있을 것
  3. 그 밖에 전자적 방법을 통한 의결권의 투명한 행사 등을 위하여 대통령령으로 정하는 기준에 부합할 것
⑦ 조합은 조합원의 참여를 확대하기 위하여 조합원이 전자적 방법을 우선적으로 이용하도록 노력하여야 한다.

부 칙 <법률 제20549호, 2024.12.3>
제1조(시행일) 이 법은 공포 후 6개월이 경과한 날부터 시행한다. 다만, 제36조, 제44조의2, 제48조제3항(온라인총회에 관한 부분에 한정한다), 제135조 및 제136조의 개정규정은 공포 후 1년이 경과한 날부터 시행한다.

제4조(총회의 의결 등에 관한 적용례) 제44조제4항 및 제45조의 개정규정은 이 법

시행 이후 총회를 소집하는 경우부터 적용한다.

● **수정안**

제15조(위원의 선임 및 변경) ⑥ 추진위원의 선임방법은 추진위원회에서 정하되, 동별·가구별 세대수 및 시설의 종류를 고려하여야 하며, 별첨 「서울시 추진위원회 표준선거관리규정」에 의한다.

서울시 정비조합 등 표준선거관리규정

제46조(전자투표) ① 추진위 선관위는 추진위 운영규정에서 정하는 바에 따라 전자적 방법(전자정보처리조직을 사용하거나 그 밖에 정보통신기술을 이용하는 방법을 말한다. 이하 '전자투표'라 한다.)에 의한 방식으로 투표하게 할 수 있으며, 전자투표의 세부적인 절차나 방법 등을 따로 정할 수 있다.

② 제1항에 따른 전자투표에 의한 방식은 다음 각 호의 방법을 말한다.

1. 「전자서명법」 제2조제3호에 따른 공인전자서명 또는 같은 조 제8호에 따른 공인인증서를 통하여 본인 확인을 거쳐 의결권을 행사하는 방법

2. 추진위 선관위는 「전자서명법」 제2조제1호에 따른 전자문서를 제출하는 방법 등 본인 확인절차를 완화한 방법으로 의결권을 행사할 수 있도록 제1호와 달리 정하고 있는 경우에는 그에 따른 방법

③ 제2항에 따른 전자투표 방식으로 선거권을 행사할 수 있도록 하는 경우에는 선거공고에 다음 각 호의 사항을 구체적으로 밝혀야 한다.

1. 전자투표를 할 인터넷 주소
2. 전자투표를 할 기간
3. 그 밖에 전자투표에 필요한 기술적인 사항

별표 운영규정 제16조

> 제16조(위원의 결격사유 및 자격상실 등) ① 다음 각 호의 어느 하나에 해당하는 자는 위원이 될 수 없다.
> 1. 미성년자·피성년후견인 또는 피한정후견인
> 2. 파산자로서 복권되지 아니한 자
> 3. 금고 이상의 실형의 선고를 받고 그 집행이 종료(종료된 것으로 보는 경우를 포함한다)되거나 집행이 면제된 날부터 2년이 경과되지 아니한 자
> 4. 금고 이상의 형의 집행유예를 받고 그 유예기간 중에 있는 자
> 5. 법 또는 관련 법률에 의한 징계에 의하여 면직의 처분을 받은 날부터 2년이 경과되지 아니한 자
> 6. 법을 위반하여 벌금 100만 원 이상의 형을 확정판결 받은 날로부터 5년이 지나지 아니한 자

고칠 수 없는 조문이다.

■ 제1항

■ 제5호

'법 또는 관련 법률에 의한 징계에 의해 면직 처분을 받은 자'와 관련해서 정비사업 과정에서 추진위원의 징계는 도시정비법령에서 별다른 규정이 없는데, 이는 추진위원회 행정업무규정에서 징계규정을 둘 수 있다.[20]

---

[20] 서울시는 "정비사업조합 표준 행정업무규정"을 제정해 각 추진위원회에서 주민총회를 통해 시행토록 규정하고 있다. 다음은 징계와 관련 조문이다.

제15조(퇴직 등) ① 상근위원·직원의 퇴직은 의원면직, 당연퇴직, 직권면직으로 구분한다.
1. 의원면직은 본인의 형편에 의하여 사직을 청원하였을 경우를 말한다.
2. 당연퇴직은 다음 각 목의 경우를 말한다.
가. 위원의 경우 운영규정에 따른 자격의 결격사유가 발생된 때
나. 직원의 경우 제9조에 따른 결격사유가 발생된 때
다. 법원판결에 의해 자격상실 또는 정지된 자

그 외에 공무원으로서 징계처분을 받아 자가 후에 추진위원장이나 추진위원으로 선임되는 것을 제한하기 위한 취지로 포함된다 할 것이다. 참고로 검찰청법 제37조에서의 "해임·면직·정직·감봉·견책 또는 퇴직", 경찰공무원법 제22조(직권면직), 지방공무원법 및 국가공무원법 등에 의한 면직 등이 있다.

■ 제6호

제6호의 "법"이란 도시정비법이며, 벌금 100만 원이란 도시정비법 위반으로 처벌된 액수를 말한다. 여러 개의 도시정비법 위반 사건이 있는 경우에는 이를 합산한 금액이 아니라 단일 사건에서의 벌금이라는 것이 국토부의 해석이다.

추진위원의 윤리성을 강조하여 도시정비법이 아닌 다른 사건에서도 벌금을 받은 경우에 추진위원의 결격사유로 규정한 경우에도 유효하다 할 것이다.

■ 제7호

2023.7.18 법 개정으로 법 제43조제6호가 추가되어 2024.1.19부터 시행되고 있다.

도시정비법

제43조(조합임원 등의 결격사유 및 해임) ① 다음 각 호의 어느 하나에 해당하는 자는 조합임원 또는 전문조합관리인이 될 수 없다. <개정 2019.4.23, 2020.6.9,

---

3. 직권면직 : 상근위원 및 직원이 다음 각 목에 해당할 때는 추진위원회 결의에 따라 면직 시킬 수 있다.
  가. 신체 등의 이상으로 직무를 감당하지 못할 만한 지장이 있을 때
  나. 직제개편, 예산의 감소 등에 의하여 폐지 또는 과원이 되었을 때
  다. 부정한 방법으로 임명된 것이 발견 되거나 관련업무로 인하여 추진위원회에 손해를 발생시켰을 때
  라. 3일 이상 무단결근 하거나 동일 사안으로 3회 이상 위원장으로부터 주의를 받았음에도 불구하고 같은 비위행위 등을 다시 저질렀을 때
  마. 휴직의 명을 받은 자가 허가 없이 당해 사업과 관련된 업무에 종사 하였을 때
② 추진위원장은 상근위원·직원이 직무를 수행하는 것이 적합하지 않다고 판단될 경우 추진위원회의 의결에 따라 그 직무를 정지하고 제1항에 따른 퇴직 등을 시킬 수 있다

제43조(준수의무) ① 상근위원·직원은 업무규정의 기본이 되는 법령, 정관 또는 운영규정 및 관련규정을 준수하고 추진위원장의 정당한 직무상 명령에 따르며, 담당한 직무를 신속, 정확, 공정하게 처리한다.
② 위원·직원 및 추진위원은 추진위원회 업무추진 과정상 취득한 사항을 이용하여 사익을 추구할 수 없으며 이에 반하는 행위를 하였을 경우에는 추진위원회의 의결에 따른 징계를 받는다.

2023.7.18>

1. 미성년자·피성년후견인 또는 피한정후견인
2. 파산선고를 받고 복권되지 아니한 자
3. 금고 이상의 실형을 선고받고 그 집행이 종료(종료된 것으로 보는 경우를 포함한다)되거나 집행이 면제된 날부터 2년이 지나지 아니한 자
4. 금고 이상의 형의 집행유예를 받고 그 유예기간 중에 있는 자
5. 이 법을 위반하여 벌금 100만 원 이상의 형을 선고받고 10년이 지나지 아니한 자
6. 제35조에 따른 조합설립 인가권자에 해당하는 지방자치단체의 장, 지방의회 의원 또는 그 배우자·직계존속·직계비속

추진위원회 구성을 앞둔 사업장에서는 별첨 운영규정 제16조제1항에 제7호를 추가하는 것이 법 개정취지에 부합된다.

● **수정 추가(안)**

제16조(위원의 결격사유 및 자격상실 등) ① 다음 각 호의 어느 하나에 해당하는 자는 위원이 될 수 없다.

7. 법 제31조에 따른 추진위원회 구성 승인권자에 해당하는 지방자치단체의 장, 지방의회의원 또는 그 배우자·직계존속·직계비속

2023.7.18 법 개정으로 조합설립 인가권자인 지방자치단체의 장, 지방의회 의원 또는 그 배우자·직계존속·직계비속은 조합 임원 등이 될 수 없도록 2024.1.19부터 시행되었다.

따라서 법 개정에 따라 제7호를 추가하는 것이 좋다.

Q 추진위원이 주민총회에서 해임된 경우, 운영규정 제16조제1항제5호의 '법 또는 관련 법률에 의한 징계에 의하여 면직의 처분'을 받은 것으로 볼 수 있는지?

A 추진위원회 운영규정 제16조제1항제5호에 따르면 법 또는 관련 법률에 의한 징계에 의하여 면직의 처분을 받은 날부터 2년이 경과되지 아니한 자는 추진위원회 위원이 될 수 없

다고 규정하고 있음.

국토부고시인 운영규정에 따라 주민총회에서 해임이 된 경우는 '법 또는 관련 법률'에 의한 징계로 볼 수 없어 위 규정을 적용할 수 없을 것으로 판단됨(국토부 주택정비과 2018.12.10).

Q 도시정비법 제23조제1항제5호 및 운영규정 별표 제16조제1항제6호와 관련하여 사건별 벌금액은 각각 100만 원 미만이지만 사건별 벌금 합계액이 100만 원 이상인 경우, 동 규정에 따른 벌금 100만 원 이상에 해당되는지?

A 도시정비법 제23조제1항제5호 및 운영규정 별표 제16조제1항제6호에서 벌금 100만 원 이상이란 수차례의 벌금형을 합산한 금액이 아니라 개별 사건에 대한 벌금 100만 원 이상을 말하는 것임(국토부 주택정비과 2012.6.7).

Q 재건축 추진위원장이 법원판결로 벌금 300만 원 받은 경우, 도시정비법 제23조제1항제5호를 적용할 수 있는지, 가능하다면 퇴임절차는?

A 도시정비법 제23조제1항제5호에서는 도시정비법을 위반하여 벌금 100만 원 이상의 형을 선고받고 5년이 지나지 아니한 자는 조합임원이 될 수 없으며, 동조 제2항에서는 조합임원이 제1항 각 호의 1에 해당하게 되거나 선임 당시 그에 해당하는 자이었음이 판명된 때에는 당연 퇴임한다고 규정되어 있으며,

상기 규정은 추진위원회 위원에 대해서도 준용하도록 도시정비법 제13조제5항에서 규정하고 있는 사항으로, 관련 부칙 <제9444호, 2009.2.6> 제5조제1항에 따라 동법 제23조제1항제5호의 개정규정은 이 법 시행(2009.2.6) 후 최초로 임원을 선임하는 분부터 적용함.

아울러, 2009.8.13 개정된 추진위원회 운영규정 제2조제3항제5호에서도 도시정비법을 위반하여 벌금 100만 원 이상의 형을 선고받고 5년이 지나지 아니한 자는 추진위원회 위원이 될 수 없다고 규정하고 있음(국토부 주택정비과 2009.8.31).

※ 법 제33조(추진위원회의 조직) ⑤ 추진위원의 결격사유는 제43조제1항부터 제3항까지를 준용한다. 이 경우 "조합"은 "추진위원회"로, "조합임원"은 "추진위원"으로, "제35조에 따른 조합설립 인가권자"는 "제31조에 따른 추진위원회 승인권자"로 본다. <개정 2023.7.18>

> 제16조(위원의 결격사유 및 자격상실 등) ② 위원이 제1항 각 호의 어느 하나에 해당하게 되거나 선임 당시 그에 해당하는 자이었음이 판명되거나, 위원장·부위원장 및 감사가 선임 당시에 제15조제2항 각 호의 어느 하나에 해당하지 않은 것으로 판명된 경우 당연 퇴임한다.
> ③ 제2항에 의하여 퇴직된 위원이 퇴직 전에 관여한 행위는 그 효력을 잃지 아니한다.
> ④ 위원으로 선임된 후 그 직무와 관련한 형사사건으로 기소된 경우에는 기소 내용에 따라 확정판결이 있을 때까지 제18조의 절차에 따라 그 자격을 정지할 수 있고, 위원이 그 사건으로 받은 확정판결내용이 법 제135조부터 제138조까지의 벌칙규정에 의한 벌금형에 해당하는 경우에는 추진위원회에서 신임여부를 의결하여 자격상실여부를 결정한다.

■ 제2항

도시정비법 제33조제5항, 제41조제1항, 제43조(조합임원 등의 결격사유 및 해임)

추진위원에 선임된 이후에 위 제16조제1항 당연결격 사유인 1호 내지 6호에 해당하게 되거나, 선임 이후에 그에 해당된 사실이 판명된 경우 및 제15조제2항 각 호인 거주요건에 미달되는 것으로 판명되면 당연퇴임하게 된다.

도시정비법

제43조(조합임원 등의 결격사유 및 해임) ② 조합임원이 다음 각 호의 어느 하나에 해당하는 경우에는 당연 퇴임한다. <개정 2019.4.23, 2020.6.9>

1. 제1항 각 호의 어느 하나에 해당하게 되거나 선임 당시 그에 해당하는 자이었음이 밝혀진 경우
2. 조합임원이 제41조제1항[21]에 따른 자격요건을 갖추지 못한 경우

---

[21] 도시정비법
제41조(조합의 임원) ① 조합은 조합원으로서 정비구역에 위치한 건축물 또는 토지(재건축사업의 경우에는 건축물과 그 부속토지를 말한다. 이하 이 항에서 같다)를 소유한 자[하나의 건축물 또는 토지의 소유권을

③ 생략

제33조(추진위원회의 조직) ⑤ 추진위원의 결격사유는 제43조제1항부터 제3항까지를 준용한다. 이 경우 "조합"은 "추진위원회"로, "조합임원"은 "추진위원"으로, "제35조에 따른 조합설립 인가권자"는 "제31조에 따른 추진위원회 승인권자"로 본다. <개정 2023.7.18>

부 칙 <법률 제19560호, 2023.7.18>
제1조(시행일) 이 법은 공포 후 6개월이 경과한 날부터 시행한다. 다만, 제41조제1항의 개정규정은 공포한 날부터 시행한다.

1/10,000 지분소유자인 추진위원장에 대한 규제로 출발하여, 조합임원의 결격사유 등이 강화하는 형식으로 법 개정이 되었다(법 제41조제1항),

조합임원의 결격사유 및 해임사유를 강화하였다.

도시정비법 제43조제2항인 "조합임원은 공유의 경우 가장 많은 지분을 소유한 자"로 제한하되, "① 정비구역에 위치한 건축물 또는 토지를 5년 이상 소유할 것 또는 ②정비구역에서 거주하고 있는 자로서 선임일 직전 3년 동안 정비구역에서 1년 이상 거주할 것" 중 어느 하나에 해당하여야 조합임원의 자격이 있다고 규정하고 있다.

강화된 조합임원의 결격사유 및 해임사유를 추진위원 결격사유에 준용하게 됨에 따라, 추진위원의 결격사유 및 자격상실로 이어진 것이다.[22]

다른 사람과 공유한 경우에는 가장 많은 지분을 소유(2인 이상의 공유자가 가장 많은 지분을 소유한 경우를 포함한다)한 경우로 한정한다] 중 다음 각 호의 어느 하나의 요건을 갖춘 조합장 1명과 이사, 감사를 임원으로 둔다. 이 경우 조합장은 선임일부터 관리처분계획인가를 받을 때까지는 해당 정비구역에서 거주(영업을 하는 자의 경우 영업을 말한다. 이하 이 조 및 제43조에서 같다)하여야 한다. <개정 2019.4.23, 2023.7.18>
1. 정비구역에 위치한 건축물 또는 토지를 5년 이상 소유할 것
2. 정비구역에서 거주하고 있는 자로서 선임일 직전 3년 동안 정비구역에서 1년 이상 거주할 것
3. 삭제 <2019.4.23>

■ 제4항

■ 제1항과의 구별

확정판결을 받기 이전이라도 직무집행을 정지할 수 있다는 점에서 제1항과 다르다는 점에 유의하여야 한다. 또한 도시정비법 위반으로 100만 원 미만의 처벌을 받은 경우에도 추진위원회에서 신임여부를 의결할 수 있다.

이 경우 추진위원회의 의결보다는 주민총회의 의결을 받도록 하는 것이 좋을 것으로 보인다.

■ 위원으로 선임된 후

이 조항을 표준정관에서도 그대로 옮겨 사용하고 있는데, "위원으로 선임된 후"의 해석을 둘러싸고 조합에서도 종종 분쟁이 발생하고 있다. 추진위원장으로 선임된 이후의 행위만 해당된다는 해석이 유력하지만, 추진위원장으로 선임되기 이전의 행위로 인해 위원장으로 선임된 이후 기소된 경우는 해당되지 않는다는 해석도 만만치 않다. 이와 관련된 판례는 없는 실정이다.

"직무와 관련된 형사사건"이란 대체로 뇌물범죄를 일컫는 것으로 주로 형법 및 기타 특별법 위반 등을 말한다.

■ 기소된 경우

---

22 다만 이에 대해 반대견해도 있다(서울시 유권해석).
법 제43조제2항제2호인 "조합임원이 법 제41조제1항에 따른 자격요건을 갖추지 못한 경우"가 2023.7.18. 법 제41조제1항 개정 이전에 존재했던 것을 그 이유로 판단하는 듯하다.

추진위원장 선출 시 조합임원의 자격 준용 가능 여부(서울시 주거정비과 2024.2.28)
Q. 추진위원장 선출 시 조합임원의 자격을 준용하여도 되는지?
A. 추진위원회 운영규정 제2조제1항에 정비사업조합을 설립하고자 하는 경우 위원장 및 감사를 포함한 5인 이상의 위원 및 도시정비법 제34조제1항에 따른 운영규정에 대한 토지등소유자 과반수의 동의를 얻어 조합설립을 위한 추진위원회를 구성하여「도시정비법 시행규칙」이 정하는 방법 및 절차에 따라 시장·군수 또는 자치구 구청장의 승인을 얻어야 한다고 규정하고 있음.
문의하신 내용 중 도시정비법 제41조제1항은 조합임원의 자격과 구성, 임기, 선출 방법, 전문조합관리인의 선정 절차를 규정한 것으로 추진위원회 단계에서는 적용받지 않는 사항임

기소(起訴)란 검사가 피의자의 범죄행위에 대해 법원에 재판을 구하는 행위를 말한다.

기소에는 구공판(求公判)과 구약식(求略式)이 있는데, 양자를 포함하는 것으로 보인다. 과실범이나 범죄가 경한 경우에는 검사가 벌금형에 처하는 경우가 많은데, 조합에서 이 규정을 그대로 조합정관에 옮겨와서 문제가 발생하기도 한다.

직무와 관련이 없어도 부정청탁을 한 경우에 처벌을 받을 수 있는 「부정청탁 및 금품등 수수의 금지에 관한 법률(일명 김영란법)」이 2016.9.26부터 시행된다.

■ 추진위원회와 형사 처벌

추진위원회 단계에서 도시정비법 제136조 내지 제137조에 의한 형사처벌을 받을 수 있는 경우는 다음과 같다.

도시정비법

제136조(벌칙) 다음 각 호의 어느 하나에 해당하는 자는 3년 이하의 징역 또는 3천만원 이하의 벌금에 처한다. <개정 2017.8.9, 2019.4.23, 2022.2.3, 2023.12.26, 2024.12.3>

1. 제29조제1항에 따른 계약의 방법을 위반하여 계약을 체결한 추진위원장, 전문조합관리인 또는 조합임원(조합의 청산인 및 토지등소유자가 시행하는 재개발사업의 경우에는 그 대표자, 지정개발자가 사업시행자인 경우 그 대표자를 말한다)

3. 제31조제1항에 따른 시장·군수등의 추진위원회 승인을 받지 아니하고 정비사업전문관리업자를 선정한 자

4. 제32조제2항에 따른 계약의 방법을 위반하여 정비사업전문관리업자를 선정한 추진위원장(전문조합관리인을 포함한다)

5. 제36조에 따른 토지등소유자의 서면동의서 또는 전자서명동의서를 매도하거나 매수한 자

제137조(벌칙) 다음 각 호의 어느 하나에 해당하는 자는 2년 이하의 징역 또는 2천만원 이하의 벌금에 처한다. <개정 2020.6.9, 2024.12.3>

3. 제31조제1항 또는 제47조제3항을 위반하여 추진위원회 또는 주민대표회의

의 승인을 받지 아니하고 제32조제1항 각 호의 업무를 수행하거나 주민대표회의를 구성·운영한 자

  5. 제35조에 따라 조합이 설립되었는데도 불구하고 추진위원회를 계속 운영한 자

  13. 제124조제4항에 따른 열람·복사 요청에 허위의 사실이 포함된 자료를 열람·복사해 준 추진위원장 또는 조합임원(토지등소유자가 시행하는 재개발사업의 경우 그 대표자)

제138조(벌칙) ① 다음 각 호의 어느 하나에 해당하는 자는 1년 이하의 징역 또는 1천만원 이하의 벌금에 처한다. <개정 2018.6.12, 2020.6.9, 2021.1.5>

  2. 제34조제4항을 위반하여 추진위원회의 회계장부 및 관계 서류를 조합에 인계하지 아니한 추진위원장(전문조합관리인을 포함한다)

  6. 제112조제1항에 따른 회계감사를 요청하지 아니한 추진위원장, 전문조합관리인 또는 조합임원

  7. 제124조제1항을 위반하여 정비사업시행과 관련한 서류 및 자료를 인터넷과 그 밖의 방법을 병행하여 공개하지 아니하거나 같은 조 제4항을 위반하여 조합원 또는 토지등소유자의 열람·복사 요청을 따르지 아니하는 추진위원장, 전문조합관리인 또는 조합임원

  8. 제125조제1항을 위반하여 속기록 등을 만들지 아니하거나 관련 자료를 청산시까지 보관하지 아니한 추진위원장, 전문조합관리인 또는 조합임원

제139조(양벌규정) 법인의 대표자나 법인 또는 개인의 대리인, 사용인, 그 밖의 종업원이 그 법인 또는 개인의 업무에 관하여 제135조부터 제138조까지의 어느 하나에 해당하는 위반행위를 하면 그 행위자를 벌하는 외에 그 법인 또는 개인에게도 해당 조문의 벌금에 처한다. 다만, 법인 또는 개인이 그 위반행위를 방지하기 위하여 해당 업무에 관하여 상당한 주의와 감독을 게을리하지 아니한 경우에는 그러하지 아니하다.

■ "제18조(제6항)의 절차"의 의미

사임 또는 해임절차가 진행 중인 위원에 대해 새로운 위원이 선출되어 취임할

때까지 직무를 수행하는 것이 적합하지 아니하다고 인정될 때에는 추진위원회 의결에 따라 그의 직무수행을 정지하고 위원장이 위원의 직무를 수행할 자를 임시로 선임할 수 있다.

추진위원의 경우, 추진위원장과는 달리 직무대행자를 선정하는 등의 행위를 하지 않는다. 다만, 위원장이 사임하거나 해임되는 경우에는 제17조제6항에 따라 직무대행자를 선정하게 된다.

추진위원회 위원의 결격사유(별표 제16조제2항의 적용 범위)(국토부 주택정비과 2016.12.1)

Q 추진위원회 운영규정 별표 제16조제2항의 적용 범위는?

A 운영규정 제16조제2항에 따르면 위원이 제1항 각 호의 1에 해당하게 되거나 선임 당시 그에 해당하는 자이었음이 판명되거나, 선임 당시에 제15조제2항 각 호의 1에 해당하지 않은 것으로 판명된 경우 당연퇴임한다고 규정하고 있음.
이 규정에서 제1항 각 호의 1에 해당하게 되거나 선임 당시 그에 해당하는 자이었음이 판명된 경우의 당연 퇴임은 추진위원회 위원 전체에 적용하며, 제15조제2항 각 호는 위원장·부위원장 및 감사에 대한 자격요건이므로, 제16조제2항후단의 당연퇴임 규정도 위원장·부위원장 및 감사에 대해 적용하는 것임

Q 운영규정 제16조제2항에 따라 위원은 동 규정 제15조제2항 각 호의 어느 하나에 해당되는 경우 당연 퇴임되는지?

A 운영규정 제16조제2항에 따르면 위원이 제1항 각 호의 어느 하나에 해당하게 되거나 선임 당시 그에 해당하는 자이었음이 판명되거나, 선임당시에 제15조제2항 각 호의 어느 하나에 해당하지 않은 것으로 판명된 경우 당연 퇴임하도록 하고 있으며, 운영규정 제15조제2항에 따르면 위원은 추진위원회 설립에 동의한 자 중에서 선출하되, 위원장·부위원장 및 감사는 제15조제2항 각 호의 어느 하나에 해당하는 자이어야 한다고 정하고 있음. 따라서 동 운영규정 제15조제2항 각 호는 위원장, 부위원장, 감사만 한정하여 적용됨(국토부 주택정비과 2015.8.6)

Q 추진위원 선임 시 추진위원회 운영규정 제16조제2항에서 정하는 결격사유는 추진위원회의 위원 중 어느 위원에 해당하는 사항인지?

Ⓐ 추진위원회 운영규정 별표 제16조제1항은 추진위원회 위원 결격사유이며, 제16조2항은 추진위원회 위원 중 위원장·부위원장 및 감사 결격사유에 해당하는 사항임(서울시 도시활성화과 2015.7.27)

국토부 추진위 운영규정 제16조(위원의 결격사유 및 자격상실 등)제1항과 관련
Ⓠ 1. 제5호에서의 '법'이란 대한민국 형법 등 모든 법인지, 도시정비법에 국한되는지?
Ⓠ 2. 제6호에서의 '법'이란 대한민국 형법 등 모든 법인지, 도시정비법에 국한되는지?
Ⓐ 추진위원회 운영규정 제1조에 따르면 이 운영규정은 도시정비법 제13조제2항 및 제15조제2항에 따라 추진위원회의 구성·기능·조직 및 운영에 관한 사항을 정하여 공정하고 투명한 추진위원회의 운영을 도모하고 원활한 정비사업 추진에 이바지함을 목적으로 한다고 하고 있으므로, 질의하신 사항의 경우 도시정비법을 의미함(국토부 주택정비과 2015.4.16)

Ⓠ 당 추진위원회는 위원장이 제15조2항 위반으로 직위부존재 1심판결을 받았고 항소 중에 있으며 대법원의 확정판결을 받지 않은 상태임.
운영규정 제16조제3항을 보면 "제2항에 의하여 퇴직된 위원이 퇴직 전에 관여한 행위는 그 효력을 잃지 않는다."고 되어 있는데 대법원 확정판결까지 위원장 자격이 유효한지?
Ⓐ 추진위원회 운영규정 제16조제2항에 따라 제1항 각 호의 어느 하나에 해당하게 되거나 선임 당시 그에 해당하는 자이었음이 판명되거나, 선임 당시에 제15조제2항 각 호의 어느 하나에 해당하지 않은 것으로 판명된 경우 당연퇴임하며,
제1항제6호에는 법을 위반하여 벌금 100만 원 이상의 형을 확정판결 받은 날로부터 5년이 지나지 아니한 자로 규정하고 있는 점을 볼 때, 질의의 경우에도 확정판결 받기 전까지는 위원장 자격이 유효할 것으로 판단됨(국토부 주택정비과 2014.1.28).

별표 운영규정 제17조

> **제17조(위원의 직무 등)** ① 위원장은 추진위원회를 대표하고 추진위원회의 사무를 총괄하며 주민총회 및 추진위원회의 의장이 된다.
> ② 감사는 추진위원회의 사무 및 재산상태와 회계에 관하여 감사하며, 주민총회 및 추진위원회에 감사결과보고서를 제출하여야 하고 토지등소유자 1/5 이상의 요청이 있을 때에는 공인회계사에게 회계감사를 의뢰하여야 한다.
> ③ 감사는 추진위원회의 재산관리 또는 업무집행이 공정하지 못하거나 부정이 있음을 발견하였을 때에는 추진위원회에 보고하기 위하여 위원장에게 추진위원회 소집을 요구하여야 한다. 이 경우 감사의 요구에도 불구하고 위원장이 회의를 소집하지 아니하는 경우에는 감사가 직접 추진위원회를 소집할 수 있다.
> ④ 감사는 제3항 직무위배행위로 인해 감사가 필요한 경우 추진위원 또는 외부 전문가로 구성된 감사위원회를 구성할 수 있다. 이 경우 감사는 감사위원회의 의장이 된다.

감사는 주민총회 및 추진위원회에 감사결과보고서를 제출하여야 하며, 제32조 제4항에 따른 "감사의 의견서"를 작성하게 된다.

제1항에는 "위원장은 추진위원회를 대표하고 추진위원회의 사무를 총괄하며 주민총회 및 추진위원회의 의장이 된다"고 규정되어 있고, 제6항에는 "위원장의 유고로 인하여 그 직무를 수행할 수 없을 경우, 부위원장 추진위원 중 연장자순으로 추진위원회를 대표한다.

■ **직무대행자의 업무 범위**

위원장이 유고로 인하여 직무를 수행할 수 없을 경우 부위원장, 추진위원 중 연장자 순으로 추진위원회를 대표하게 되며, 직무대행자의 업무범위는 현상 유지적인 것을 의미한다는 것이 국토부의 해석이다.

이 경우 직무대행자는 법원의 허가를 구할 필요가 없으며, 법원의 가처분명령에 의해 선임된 직무대행자의 경우에는 통상 사무에 속하지 않는 경우에는 법원의 허가를 받으라는 하급심 판례가 있다(서울남부지법 2010비합73).

민법

제60조의2(직무대행자의 권한) ① 제52조의2의 직무대행자는 가처분명령에 다른 정함이 있는 경우 외에는 법인의 통상 사무에 속하지 아니한 행위를 하지 못한다. 다만, 법원의 허가를 얻은 경우에는 그러하지 아니하다.

②직무대행자가 제1항에 위반한 행위를 한 경우에도 법인은 선의의 제3자에 대하여 책임을 진다.

토지등소유자 1/5 이상의 요청으로 의뢰하는 감사가 회계감사로 한정되는지(서울시 주거정비과 2019.11.28)

Q 1. 추진위원회 운영규정 제17조제2항에 따른 토지등소유자 1/5이상의 요청으로 의뢰하는 감사가 회계감사로 한정되는지?

Q 2. 감사는 재산관리 또는 업무집행이 공정하지 못하거나 부정이 있음을 발견하였을 때 추진위원회에 보고하기 위해 추진위원회 회의 소집을 선행하여야 하는지?

Q 3. 감사는 추진위원이 아닌 토지등소유자를 감사위원으로 구성할 수 있는지?

A 1. 정비사업 조합설립추진위원회 운영규정(국토부고시 제2018-102호) [별표] 정비사업조합설립추진위원회 운영규정 제17조(위원의 직무 등) 제2항에 '토지등소유자 1/5 이상의 요청이 있을 때에는 공인회계사에게 회계감사를 의뢰하여야 한다'고 규정하고 있고,

A 2. 동조 제3항에 따라 감사는 추진위원회의 재산관리 또는 업무집행이 공정하지 못하거나 부정이 있음을 발견하였을 때에는 추진위원회에 보고하기 위하여 위원장에게 추진위원회 소집을 요구하여야 함.

A 3. 동조 제4항에 '감사는 제3항 직무위배행위로 인해 감사가 필요한 경우 추진위원 또는 외부전문가로 구성된 감사위원회를 구성할 수 있다'고 규정하고 있음.

Q 추진위원회 운영규정 제17조(위원의 직무 등) 4항인 "감사는 제3항 직무위배행위로 인해 감사가 필요한 경우 추진위원 또는 외부전문가로 구성된 감사위원회를 구성할 수 있다. 이 경우 감사는 감사위원회의 의장이 된다."에서 감사위원회를 구성하는 절차는?

🅐 추진위원회 운영규정 별표 제17조제4항에 따라서 감사는 제3항 직무위배행위로 인해 감사가 필요한 경우 추진위원 또는 외부전문가로 구성된 감사위원회를 구성할 수 있으나 질의하신 감사위원회 구성 절차에 대하여는 운영규정에 별도 규정되어 있지 아니함(국토부 주택정비과 2016.3.7).

🅠 운영규정 제17조(위원의 직무 등) 제2항에는 "감사는 추진위원회의 사무 및 재산 상태와 회계에 관하여 감사하며, 주민총회 및 추진위원회에 감사결과보고서를 제출해야 하고,"로 명시되어 있음. 그리고 운영규정 제31조(추진위원회의 회계)제4항에는 "추진위원회는 매 회계년도 종료일부터 30일 내에 결산보고서를 작성한 후 감사의 의견서를 첨부하여 추진위원회에 제출하여 의결"로 명시되어 있음.
그중 제17조 상 명시된 "감사결과보고서"와 제31조에 명시된 "감사의견서"의 의미가 별개의 보고서로 추진위원회에 제출해야 하는지?

🅐 추진위원회의 감사는 추진위원회 운영규정 제31조제4항에 의한 감사의견서와 별도로 동 운영규정 제17조제2항에 따라 추진위원회의 사무 및 재산 상태와 회계에 관하여 감사하며, 주민총회 및 추진위원회에 감사결과보고서를 제출해야 함(국토부 2009.1.22).

제17조(위원의 직무 등) ⑤ 부위원장·추진위원은 위원장을 보좌하고, 추진위원회에 부의된 사항을 심의·의결한다.
⑥ 다음 각 호의 경우 해당 안건에 관하여는 부위원장, 추진위원 중 연장자 순으로 추진위원회를 대표한다.
1. 위원장이 자기를 위한 추진위원회와의 계약이나 소송에 관련되었을 경우
2. 위원장의 유고로 인하여 그 직무를 수행할 수 없을 경우
3. 위원장의 해임에 관한 사항
⑦ 추진위원회는 그 사무를 집행하기 위하여 필요하다고 인정되는 때에는 추진위원회 사무국을 둘 수 있으며, 사무국에 상근하는 유급직원을 둘 수 있다. 이 경우 사무국의 운영규정을 따로 정하여 주민총회의 인준을 받아야 한다.
⑧ 위원은 동일한 목적의 사업을 시행하는 다른 조합·추진위원회 또는 정비사업전문관리업자 등 관련 단체의 임원·위원 또는 직원을 겸할 수 없다.

■ 제7항

● 제7항 수정안

제17조(위원의 직무 등) ⑦ 추진위원회 그 사무를 집행하기 위하여 사무국을 둘 수 있으며, 「서울시 조합등 표준예산회계규정」에 따른 사무국에 상근하는 상근위원 및 유급직원을 둘 수 있다.

■ 제8항

유사규정: 법 제42조제5항, 서울시 공공지원 재개발 표준정관 제16조제12항

도시정비법

제42조(조합임원의 직무 등) ④ 조합임원은 같은 목적의 정비사업을 하는 다른 조합의 임원 또는 직원을 겸할 수 없다.

별표1 서울시 공공지원 재개발 표준정관

제16조(임원의 직무 등) ⑫ 조합임원은 법 제42조제4항에 따라 같은 목적의 정비사업을 시행하는 다른 조합·추진위원회의 임원 또는 직원을 겸할 수 없으며, 사업과 관련된 시공자·설계자·정비사업전문관리업자 등 관련단체의 임원·위원 또는 직원을 겸할 수 없다.

【주】이에 위반하여 임원 등을 겸하는 경우 그 겸하게 된 지위 중 어느 지위를 인정하지 않을 것인지 정할 수 있을 것임.

Q 추진위원장 해임으로 대표자가 공석인 추진위원회에서 법적기준(동의서 충족, 창립총회 완료 등)에 따라 조합설립인가 신청이 가능한지?

A 도시정비법 제35조제2항에 따르면 재개발사업의 추진위원회가 조합을 설립하려면 토지등소유자 3/4 이상 및 토지면적 1/2 이상의 토지소유자 동의를 받아 정관, 정비사업비와 관련된 자료 등을 첨부하여 시장·군수등의 인가를 받아야 한다고 규정하고 있으며,

같은 법 제32조제3항에 따르면 추진위원회는 조합설립인가를 신청하기 전에 시행령 제27조(창립총회의 방법 및 절차 등)에 따라 조합설립을 위한 창립총회를 개최하여야 한다고 규

정하고 있음

같은 법 시행령 제27조제3항에서 창립총회는 추진위원장의 직권 또는 토지등소유자 1/5 이상의 요구로 추진위원장이 소집하며, 다만 토지등소유자의 1/5 이상의 소집요구에도 불구하고 추진위원장이 2주 이상 소집요구에 응하지 아니하는 경우 소집요구한 자의 대표가 소집할 수 있다고 규정하고 있음

국토부고시(제2018-102호) 별표 운영규정 제17조제6항에는 위원장의 유고, 해임 등 있을 경우, 부위원장, 추진위원 중 연장자순으로 추진위원회를 대표한다고 되어 있음

질의하신 사항이 관계법령, 운영규정 등에 따라 적법하게 직무대행자가 추진위원회 업무를 수행하였을 경우 조합설립인가 신청이 가능할 것으로 사료되나, 추진위원장 해임, 직무대행자 선임, 조합설립 신청 법적요건, 그 밖에 사항 등을 종합적으로 검토하여 판단해야 할 것임 (서울시 주거정비과 2022.3.22)

Q 추진위원이 당해 구역의 추진위원장 후보로 출마하는 경우, 현직에서 사퇴 후 출마해야 하는지?

A 추진위원회 운영규정[별표] 제17조제8항에 따르면 위원은 동일한 목적의 사업을 시행하는 다른 조합·추진위원회 또는 정비사업전문관리업자 등 관련단체의 임원·위원 또는 직원을 겸할 수 없다고 규정함.

또한, 「서울시 정비사업 표준선거관리규정」[별표] 제6조제2항제7호에 따르면 같은 목적의 사업을 시행하는 다른 조합의 임원·위원·직원으로 소속된 자에 해당하는 경우 피선거권이 없도록 규정하고 있으나,

현직 추진위원이 해당 구역의 추진위원장 후보로 출마하기 위해 현직 사퇴 여부는 별도로 규정되어 있지 않으므로, 당해 추진위원회 운영규정, 선거관리규정 및 선거관리계획 등을 종합적으로 검토하여 결정해야 할 사항으로 사료됨(서울시 주거정비과 2019.4.12)

Q 국토부고시 추진위원회 운영규정(제2018-102호) 별표의 제17조제6항은 "다음 각 호의 경우 해당 안건에 관하여는 부위원장, 추진위원 중 연장자 순으로 추진위원회를 대표한다."고 규정하고 있음. 추진위원회에 부위원장이 있는 경우
1) 부위원장과 추진위원 전원 중 연장자 순으로 추진위원회를 대표하는지?
2) 부위원장이 우선하여 추진위원회를 대표하고, 부위원장이 그리하지 않을 경우 추진위원 중 연장자 순으로 추진위원회를 대표하는지?

🅐 추진위원회 운영규정 제17조제6항에 따르면 부위원장이 우선하여 추진위원회를 대표하고, 부위원장이 할 수 없는 경우 추진위원 중 연장자순으로 추진위원회를 대표해야 함(국토부 주택정비과 2018.4.6).

🅠 재건축 추진위원회가 추진위원회 위원인 감사가 대표로 재직 중인 감정평가법인회사와 추정분담금 산정 용역계약을 체결하는 경우, 추진위원회 운영규정 별표 제17조제8항에 해당하는지?
🅐 추진위원회 운영규정 별표 제17조제8항에 따라서 위원은 동일한 목적의 사업을 시행하는 다른 조합·추진위원회 또는 정비사업전문관리업자 등 관련 단체의 임원·위원 또는 직원을 겸할 수 없으며 질의하신 경우는 본 규정에 해당할 것으로 판단됨(국토부 주택정비과 2017.11.20)

현재 재건축 추진위원회 승인을 받고 재건축사업을 추진 중에 있으며, 사업방식을 조합방식에서 신탁방식으로 변경 추진 중에 있어 이와 관련하여 아래와 같이 질의함.
🅠 1. 아직 사업시행자인 조합의 지위에 있지 아니한 추진위원회가 사업방식을 결정하려면 주민총회의 의결을 거쳐야 하는지?
신탁사업시행자 지정동의 요건 및 토지면적 확보요건만 갖추면 주민총회 결의 없이 가능한지?
🅠 2. Q1과 관련하여 주민총회를 해야 할 경우, 현재 추진위원장의 사망으로 유고가 된 경우 주민총회 소집권자는 별표 운영규정 제17조제6항(해당 추진위원회 운영규정과 동일함)에 의거 위원장의 유고로 업무를 수행할 수 없을 경우,
부위원장, 추진위원 중 연장자순으로 추진위원회를 대표한다는 규정에 근거하여 직무대행자가 주민총회를 소집하여 주민총회의 총의로서 사업방식을 결정하여도 무방한지?
🅐 1. 추진위원회 운영규정 제21조제7호에 따르면 조합설립 추진과 관련하여 추진위원회에서 주민총회의 의결이 필요하다고 결정하는 사항에 대하여는 주민총회의 의결을 거쳐 결정하도록 하고 있으므로, 귀 질의하신 사항 신탁방식의 사업 결정은 추진위원회의 총회 의결을 거쳐야할 것으로 판단됨
🅐 2. 추진위원회 운영규정 별표 제17조제6항제2호에 따라서 위원장의 유고로 인하여 그 직무를 수행할 수 없을 경우 부위원장, 추진위원 중 연장자 순으로 추진위원회를 대표하도록 하고 있으므로 추진위원회 대표자가 주민총회를 소집하여 신탁방식 사업 추진 여부를 의결할 수 있을 것으로 판단됨(국토부 주택정비과 2017.10.20)
🅠 추진위원장 및 부위원장 사퇴에 따른 공석이 발생할 경우 그 직무대행자 선정방법은?

Ⓐ 추진위원회 운영규정 별표 제17조제6항에 따르면 위원장의 유고로 인하여 그 직무를 수행할 수 없을 경우 부위원장, 추진위원 중 연장자순으로 추진위원회를 대표하도록 하고 있으며, 동 운영규정 제18조제3항에서는 위원이 자의로 사임한 경우 지체 없이 새로운 위원을 선출하도록 하고 있음

이에 따라, 질의내용과 같이 추진위원회에서 추진위원장 및 부위원장이 사퇴한 경우에는 추진위원중 연장자순으로 직무대행자 선정 가능하며, 만일, 직무대행을 반대하는 의사표시를 하는 추진위원이 있는 경우에는 그 다음 연장자 순으로 정하는 것이 타당할 것으로 판단됨 (서울시 재생협력과 2016.5.11).

Ⓠ 재건축, 재개발 추진위원장이 사퇴(사임)했을 경우, 추진위원직으로 유지되는지?

Ⓐ 「추진위원회 운영규정」 별표 제17조제6항제2호에 따라서 위원장의 유고로 인해 그 직무를 수행할 수 없을 경우 부위원장, 추진위원 중 연장자순으로 추진위원회를 대표하며, 제18조제3항에 따라서 위원이 자의로 사임하는 경우에는 지체 없이 새로운 위원을 선출해야 함 (국토부 주택정비과 2015.11.18).

※ 이 경우 추진위원이 아님

별표 운영규정 제18조

> 제18조(위원의 해임 등) ① 위원이 직무유기 및 태만 또는 관계법령 및 이 운영규정에 위반하여 토지등소유자에게 부당한 손실을 초래한 경우에는 해임할 수 있다.
> ② 제16조제2항에 따라 당연 퇴임한 위원은 해임 절차 없이 선고받은 날부터 그 자격을 상실한다.
> ③ 위원이 자의로 사임하거나 제1항에 따라 해임되는 경우에는 지체 없이 새로운 위원을 선출하여야 한다. 이 경우 새로 선임된 위원의 자격은 위원장 및 감사의 경우 시장·군수등의 승인이 있은 후에, 그 밖의 위원의 경우 시장·군수등에게 변경신고를 한 후에 대외적으로 효력이 발생한다.

고칠 수 없는 조문이다.

■ **제1항, 제2항**

당연퇴임은 통상의 해임과 달리 확정판결 선고를 받은 날부터 그 자격이 상실된다.

■ **제3항**

위원장, 감사의 해임은 주민총회 의결사항으로 절차를 거친 후 시장·군수의 승인을 받아야 그 효력이 발생한다.

반면 부위원장이나 추진위원은 추진위원회의 의결로 해임할 수 있으며, 이는 변경신고로 족하다.

Q 추진위원회 운영규정 [별표] 제18조제1항에 따라 추진위원이 직무유기 및 태만 또는 관계 법령 및 이 운영규정에 위반하여 토지등소유자에게 부당한 손실을 초래한 경우, 해임할 수 있는지?

A 운영규정[별표] 제18조제1항에 위원이 직무유기 및 태만 또는 관계법령 및 이 운영규정에 위반하여 토지등소유자에게 부당한 손실을 초래한 경우에는 해임할 수 있다고 규정하고 있으며,

같은 조 제4항에 위원의 해임·교체는 토지등소유자의 해임요구가 있는 경우에 재적위원

1/3 이상의 동의로 소집된 추진위원회에서 위원정수(운영규정 제15조에 따라 확정된 위원의 수를 말한다. 이하 같다)의 과반수 출석과 출석 위원 2/3 이상의 찬성으로 해임하거나, 토지등 소유자 1/10 이상의 발의로 소집된 주민총회에서 토지등소유자의 과반수 출석과 출석 토지 등소유자의 과반수 찬성으로 해임할 수 있다.

다만, 위원 전원을 해임할 경우, 토지등소유자의 과반수의 찬성으로 해임할 수 있다고 규정하고 있음.

질의에 따른 직무유기 등으로 토지등소유자에게 부당한 손실을 초래한 추진위원을 해임하고자 할 경우 사실관계 확인 후 상기 규정을 따라야 할 것임(서울시 주거정비과-20256호, 2019.12.17)

Q 기존 추진위원장과 추진위 위원을 해임하고자 토지등소유자의 우편물(등기)을 기존 추진위원회에서 서면결의서(우편물)를 다른 우편봉투에 담아 해임발의자에게 전달한 서면결의서가 유효한지?

A 도시정비법 제33조제4항에 따르면 제3항에 따른 추진위원의 교체·해임 절차 등에 필요한 사항은 제34조제1항에 따른 운영규정에 따른다고 규정하고 있음.

추진위원회 운영규 제18조제1항에 의거 위원이 직무유지 및 태만 또는 관계법령 및 이 운영규정에 위반하여 토지등소유자에게 부당한 손실을 초래한 경우에는 해임할 수 있다고 정하고 있음(서울시 주거정비과 2019.7.30)

재건축 추진위원회에서 추진위원장이 궐위된 상태이며, 현재 부위원장이 직무대행자로서 창립총회를 소집한 상태임.

도시정비법 시행령 제22조의2제3항에 따르면 "창립총회는 추진위원회 위원장의 직권 또는 토지등소유자 1/5 이상의 요구로 추진위원회 위원장이 소집한다. 다만, 토지등소유자 1/5 이상의 소집요구에도 불구하고 추진위원회 위원장이 2주 이상 소집요구에 응하지 않는 경우 소집요구한 자의 대표가 소집할 수 있다."고 규정하고 있는바,

Q 1. 토지등소유자의 1/5 이상의 요구가 없음에도 불구하고 부위원장인 직무대행자가 창립총회를 소집할 수 있는지?

Q 2. 위와 같이 직무대행자가 이미 소집하여 개최하였다면 개최된 창립총회의 효력은 유효한지?

A 추진위원회 운영규정 별표 제18조제3항에 따르면 위원이 자의로 사임하거나 해임되는

경우에는 지체 없이 새로운 위원을 선출하도록 하고 있으므로, 귀 질의하신 창립총회 소집은 창립총회 중요성 등을 고려할 때 추진위원회 위원장을 새로이 선출한 후 도시정비법 시행령 제22조의2에 따라 개최하는 것이 타당할 것으로 판단되며, 직무대행자가 개최한 총회의 효력에 대하여는 동법에 별도로 정하고 있지 않음(국토부 주택정비과 2017.4.26)

Q 임기만료(2015.10.27)된 재개발 추진위원장의 자진 사퇴(2016.3.31)로 추진위원회 운영규정 제17조 6항에 따라 현재 직무대행자가 추진위원장의 직무를 대행하고 있는 상태임.
1) 현 직무대행자는 후임 추진위원장 선출절차 없이 직무대행자가 창립총회 개최를 위한 선거관리위원회를 구성할 수 있는지?
2) 도시정비법 제14조제3항 및 동법 시행령 제22조의2에서 규정하고 있는 창립총회를 소집·개최할 수 있는지?

A 추진위원회 운영규정 제18조제3항에 따르면 위원이 자의로 사임하거나 제1항에 의하여 해임되는 경우에는 지체 없이 새로운 위원을 선출하도록 하고 있으므로, 질의하신 창립총회 중요성 등을 고려할 때 <u>창립총회 소집은 추진위원장을 새로이 선출한 후 도시정비법 시행령 제22조의2에 따라 개최해야 할 것으로 판단됨</u>. 선거관리위원회 구성에 대하여는 동법에 별도로 정하고 있지 않음(국토부 주택정비과 2016.10.6)

제18조(위원의 해임 등) ④ 위원의 해임·교체는 토지등소유자의 해임요구가 있는 경우에 재적위원 1/3 이상의 동의로 소집된 추진위원회에서 위원정수(운영규정 제15조에 따라 확정된 위원의 수를 말한다. 이하 같다)의 과반수 출석과 출석위원 2/3이상의 찬성으로 해임하거나, 토지등소유자 1/10 이상의 발의로 소집된 주민총회에서 토지등소유자의 과반수 출석과 출석 토지등소유자의 과반수 찬성으로 해임할 수 있다. 다만, 위원 전원을 해임할 경우 토지등소유자의 과반수의 찬성으로 해임할 수 있다.
⑤ 제4항에 따라 해임대상이 된 위원은 해당 추진위원회 또는 주민총회에 참석하여 소명할 수 있으나 위원정수에서 제외하며, 발의자 대표의 임시사회로 선출된 자는 해임총회의 소집 및 진행에 있어 추진위원장의 권한을 대행한다.
⑥ 사임 또는 해임절차가 진행 중인 위원이 새로운 위원이 선출되어 취임할 때

> 까지 직무를 수행하는 것이 적합하지 아니하다고 인정될 때에는 추진위원회 의결에 따라 그의 직무수행을 정지하고 위원장이 위원의 직무를 수행할 자를 임시로 선임할 수 있다. 다만, 위원장이 사임하거나 해임되는 경우에는 제17조제6항에 따른다.

■ 제4항

위원장, 감사의 해임은 주민총회 의결사항으로 절차를 거친 후 시장군수의 승인을 받아야 그 효력이 발생한다. 반면 부위원장이나 추진위원은 추진위원회의 의결로 해임할 수 있으며, 이는 변경신고로 족하다.

Q 추진위원회 운영규정(2016.4.8 개정)에서 제5조(해산)제3항 "추진위원회는 조합설립인가 전에 추진위원회를 해산하고자 하는 경우 도시정비법 제16조의2제1항제1호에 따라 해산할 수 있다."고 되어 있고
법 제16조의2제1항은 현재 일몰규정으로 2016.1.31까지 유효한바 적용되는 해산 규정을 찾을 수 없으나 위 국토부 추진위원회 운영규정(2016.4.8) 제18조(위원의 해임등)제4항에 "위원의 해임·교체는 토지등소유자의 해임요구가 있는 경우에 재적위원 1/3 이상의 동의로 소집된 추진위원회에서 위원정수(운영규정 제15조에 따라 확정된 위원의 수를 말함. 이하 같다)의 과반수 출석과 출석위원 2/3 이상의 찬성으로 해임하거나, 토지등소유자 1/10 이상의 발의로 소집된 주민총회에서 토지등소유자의 과반수 출석과 출석 토지등소유자의 과반수 찬성으로 해임할 수 있다. 다만, 위원 전원을 해임할 경우 토지등소유자의 과반수의 찬성으로 해임할 수 있다."
위 제18조제4항 단서로 위원의 해임·교체를 위한 규정인지?

A 추진위원회 운영규정 제18조제4항 단서는 위원의 해임·교체를 위한 규정으로 귀 질의하신 추진위원회 해산을 동 규정을 유추적용하여 적용하여 추진위원회를 해산할 수는 없음.
다만 해당 추진위원회 해산이 필요한 경우에는 민법에 따른 해산 규정을 적용할 수 있을 것으로 판단됨(국토부 주택정비과 2017.4.17).

Q 재개발 추진위원회의 감사의 결원으로 인하여 주민총회에서 선임하여야 하는 데 이 건 하나로 총회 개최하기 곤란하여, 추진위원회에서 가결하여 감사대행으로써 업무에 임하고 있는 경우 당 조

합의 감사대행은 감사와 감사대행과의 차이점이나 권한 상 차이가 있는지?

🅐 도시정비법령 및 추진위원회 운영규정에서 감사대행에 대하여 정하고 있지 아니하며, 추진위원회 운영규정 제18조제3항에 의하면 위원이 자의로 사임하거나 해임되는 경우에는 지체 없이 새로운 위원을 선출하여야 하므로 감사의 결원이 있는 경우에는 지체 없이 새로운 감사를 선임하여야 함(국토부 주택정비과 2008.1.21).

■ 제5항

위원정수는 제4항과 같다.

🅠 **1.** 추진위원장이 사임하고 부위원장이 추진위원회 직무대행이 되었으나, 운영규정 제18조제4항에 의거 토지등소유자의 해임요구가 있어 재적위원 1/3 이상의 동의(발의)로 추진위원회의를 개최하는 경우 추진위원회 직무대행이 회의소집을 하는지, 발의자 대표가 회의소집을 하는지?

🅠 **2.** 이 경우 추진위원회 직무대행이 창립총회를 개최할 수 있는지?

🅐 **1.** 운영규정 제18조제5항에 따르면 동 규정 제4항에 따라 해임대상이 된 위원은 해당 추진위원회 또는 주민총회에 참석하여 소명할 수 있으나 위원정수에서 제외하며, 발의자 대표의 임시사회로 선출된 자는 해임총회의 소집 및 진행에 있어 추진위원장의 권한을 대행하도록 하고 있음

🅐 **2.** 또한, 도시정비법 시행령 제22조의2제3항에 따르면 창립총회는 추진위원회 위원장의 직권 또는 토지등소유자의 1/5 이상의 요구로 추진위원회 위원장이 소집하도록 하고 있고, 운영규정 제18조제3항에서는 위원이 자의로 사임한 경우 지체 없이 새로운 위원을 선출하여야 하고 이 경우 새로 선임된 위원장 자격은 시장·군수의 승인이 있은 후에 대외적으로 효력이 발생한다고 하고 있음(국토부 주택정비과 2012.10.8)

🅠 **1.** 추진위원장이 2009.6.25 만기로 사임하였는데, 추진위원장을 다시 뽑지 않고 대행체제로 가도 되는지?

🅠 **2.** 추진위원장 임기가 끝나고 사표가 수리되면 추진위원 중 연장자가 후임 추진위원장으로 추천을 받으면 곧바로 추진위원장직을 승계할 수 있는지?

🅠 **1.** 추진위원회에서도 서면으로 의결하고 출석으로 인정해도 되는지?

ⓐ 1, ⓐ 2. 추진위원회 운영규정 제18조제5항 및 제17조제6항에 따르면 추진위원장이 사임한 경우 부위원장, 추진위원 중 연장자순으로 추진위원회를 대표하는 것으로 임의로 대표자를 선정할 수 없는 것이며, 위원장이 사임한 경우에는 동 규정 제18조제3항에 의하여 지체 없이 새로운 위원을 선출하여야 하는 것임.

ⓐ 3. 추진위원회 운영규정 제26조(추진위원회 의결방법) 제2항에 따르면 위원은 서면으로 추진위원회 회의에 출석하거나 의결권을 행사할 수 있으며, 이 경우 동조 제1항에 의한 출석으로 봄(국토부 주택정비과 2009.7.3).

■ 제6항

이 조문은 사실상 효력을 발휘하지 못하고 있는데, 이는 조직 내부에서 이 규정을 적용하지 않기 때문이다.

법적 효력을 발생하기 위해서 토지등소유자가 결정할 수 있는 조문을 두는 것도 필요하다.

ⓠ 저희 아파트가 재건축을 추진하고 추진위원회가 있으나, 전임 추진위원장이 사임하고 현재 연장순에 의해 직무대행이 업무를 보고 있음. 직무대행의 업무와 관련하여 문의함. 저희 아파트 추진위원회 운영규정 제17조제1항은 추진위원장의 업무를 아래와 같이 규정하였음.
"위원장은 추진위원회를 대표하고 추진위원회의 사무를 총괄하며 주민총회 및 추진위원회의 의장이 된다. 반면, 운영규정 제17조제6항제2호는 위원장의 유고로 인하여 그 직무를 수행할 수 없을 경우, 추진위원 중 연장자순으로 추진위원회를 대표한다."고 규정하였음.
이러한 경우, 저희 직무대행의 업무는 추진위원장의 직무 중 "추진위원회의 대표권"만을 가지고 있다고 보아야 하는지?
즉, "새로운 추진위원장을 지체 없이 선출하는 업무" 이외의 업무에 대해서는, 제17조제6항제2호에 의한 직무대행은 제17조제1항의 위원장의 업무 중 첫 번째로 기재된 "추진위원회를 대표"하는 것 외에는 "추진위원회의 사무를 총괄"하거나 "주민총회 및 추진위원회의 의장"이 될 수 없음(참고로, 타 단지의 추진위원회 운영규정에는 "연장자 순으로 그 직무를 대행한다"고 되어 있음).

ⓐ 추진위원회 운영규정 제18조제6항에 따르면 사임 또는 해임절차가 진행 중인 위원이 새로운 위원이 선출되어 취임할 때까지 직무를 수행하는 것이 적합하지 아니하다고 인정될 때에는 추진위원회 의결에 따라 그의 직무수행을 정지하고 위원장이 위원의 직무를 수행할 자를

임시로 선임할 수 있도록 하고 있으며,

질의하신 직무대행자의 업무범위에 대하여는 동법에 별도로 정하고 있지 않으나, 새로운 추진위원장 선출 전까지 추진위원회 운영에 필요한 사무총괄 및 새로운 추진위원장 선출 등을 위한 임시총회 의장을 할 수 있을 것으로 판단됨(국토부 주택정비과 2016.10.13).

Q 사임한 추진위원장이 새로운 추진위원장이 선출될 때까지 주민총회의 의장 등 추진위원장의 업무를 계속 수행할 수 있도록 추진위원회에서 의결할 수 있는지?

A 운영규정 제18조제6항에 따르면 위원장이 사임하거나 해임되는 경우에는 제17조제6항에 따르도록 하고 있고, 제17조제6항에서 위원장의 유고 등으로 인하여 그 직무를 수행할 수 없을 경우에는 부위원장, 추진위원 중 연장자순으로 추진위원회를 대표하도록 하고 있음(국토부 주택정비과 2012.4.13)

Q 추진위원장이 사임한지 1년 가까이 경과하고 있는데도 신임 추진위원장을 선출하지 않고 부위원장이 위원장대행으로 직무를 수행하는 것이 적법한지?

A 운영규정 제18조제3항에 따라 위원이 자의로 사임한 경우에는 지체 없이 새로운 위원을 선출하여야 하며, 같은 조 제6항 단서에 따라 위원장이 사임하는 경우 제17조제6항에 따라 부위원장, 추진위원 중 연장자순으로 추진위원회를 대표함(국토부 주택정비과 2012.8.23)

Q 추진위원회 운영규정 제18조에 의하여 추진위원회의 전원을 해임하는 안건으로 주민 1/5 이상이 요구하였음.

1) 추진위원회 전원 해임을 요구하는 주민총회를 소집하였음. 총회 시 해임대상자가 해임 또는 반대에 대하여 의결권을 행사할 수 있는지?

2) 해임대상자인 추진위원회는 위와 같은 내용으로 총회를 소집하여 총회참석자 명부작성 등 총회사회를 맡아 진행을 하고, 총회소집요구 대표자는 임시사회를 맡아 임시의장을 선출하여 안건을 상정하고 안건의 심의와 결의 등 총회를 진행하고자 하는데 규정에 어긋나지 않는지?

<갑론>

해임대상자인 추진위원회는 모든 절차와 총회준비 등 행정업무를 관장하는 단체이므로 서면결의서 징구, 참석자명부작성, 총회사회를 맡아 총회에 협조해야한다.

<을론>

해임대상자인 추진위원회는 총회소집만 공고하고 소집요구자의 대표가 모든 업무를 진행해야 한다.

3) 추진위원회 해임안으로 주민총회를 소집하였으나 성원 미달로 무산되었다면, 총회의 재소집도 2개월 이내에 소집하여도 규정에 어긋나지 않는지?

A 1. 주민총회에 따른 해임의 경우 해임 대상 위원의 의결권을 제한하고 있지 않음.

A 2. 종전(2009.2.6 개정 전) 도시정비법 제13조제3항 및 제23조제5항, 추진위원회 운영규정 제18조제4항에 따르면, 위원의 해임·교체는 토지등소유자 1/10 이상의 발의로 소집된 주민총회에서 토지등소유자의 과반수 출석과 출석 토지등소유자의 과반수 찬성으로 해임할 수 있는 것이나,

다만 위원의 전원을 해임할 경우 토지등소유자의 과반수의 찬성으로 해임할 수 있으며, 이 경우 발의자 대표의 임시사회로 선출된 자가 그 의장이 되어 회의를 운영하는 것임. 한편 개정된 도시정비법 제13조3항 및 제23조제5항에 따르면,

추진위원회 위원의 해임은 제24조에도 불구하고 토지등소유자 1/10 이상의 발의로 소집된 총회에서 토지등소유자 과반수의 출석과 출석 토지등소유자 과반수의 동의를 얻어 할 수 있다. 이 경우 발의자 대표로 선출된 자가 해임 총회의 소집 및 진행에 있어 위원장의 권한을 대행하는 것으로 변경되었음.

A 3. 도시정비법 및 추진위원회 운영규정에 따르면 해임 총회가 정족수 미달로 성립되지 못한 경우 그 소집시기에 관하여 규정하고 있지 않음(국토부 주택정비과 2009.3.21).

별표 운영규정 제19조

> 제19조(보수 등) ① 추진위원회는 상근하지 아니하는 위원 등에 대하여는 보수를 지급하지 아니한다. 다만, 위원의 직무수행으로 발생되는 경비는 지급할 수 있다.
> ② 추진위원회는 상근위원 및 유급직원에 대하여 별도의 보수규정을 따로 정하여 보수를 지급하여야 한다. 이 경우 보수규정은 주민총회의 인준을 받아야 한다.

제19조제2항 이하는 수정, 보완할 수 있다.
추진위원회 임원에 대한 보수규정은 「서울시 조합등 표준 행정업무규정」 제17조 내지 제22조로 대체할 수 있다.

참고로 사업이 지체된 추진위원회의 경우 위원장에 대한 보수지급이 문제가 발생되는 경우가 종종 있다. 개정된 조합등 표준 행정업무규정에서는 제19조의1(휴면조합(추진위원회)의 보수지급 제한 등) 규정을 두었다.

Q 상근하기로 한 추진위원장이 상근하지 않을 경우, 급여·상여금·퇴직급여를 지급해야 하는지?
A 추진위원회 운영규정[별표] 제19조에 의하면 추진위원회는 상근하지 않는 위원 등에 대하여는 보수를 지급하지 아니한다고 규정하고 있음.
따라서, 추진위원장의 상근 여부를 확인하여 자체 운영규정에 의거 추진위원회 또는 주민총회에서 급여 등 지급여부를 결정할 수 있을 것으로 사료됨(서울시 재생협력과 2018.11.15)

Q 추진위원회 운영예산에 위원장과 사무직원의 보수액(급여)을 편성하여 주민총회에 승인 받은 후 이를 근거로 보수를 지급할 경우, 이에 대한 보수지급이 적법한지?
A 운영규정 별표 제15조제1항에 따라 추진위원회에 상근하는 위원을 두는 경우 추진위원회 의결을 거쳐야 하고, 제19조제2항에 따라 추진위원회는 상근위원 및 유급직원에 대하여 주민총회의 인준을 받은 별도의 보수규정을 정하여 보수를 지급하도록 하고 있음(국토부 주택정비과 2012.1.9).

Q 추진위원회가 주민총회의 인준을 받기 전이라도 사무국의 운영규정이나 보수규정을 만들어 상근하는 유급직원을 두거나 유급직원을 채용할 수 있는지와 추진위원회 위원장이 주민총회나 추진위원회의 인준을 받기 전에 임의대로 유급직원을 채용하여 상근하게 할 수 있는지?

A 운영규정 별표 제17조제7항에 따르면 추진위원회는 그 사무를 집행하기 위하여 필요하다고 인정되는 때에는 추진위원회 사무국을 둘 수 있고, 사무국에 상근하는 유급직원을 둘 수 있으며, 이 경우 사무국의 운영규정을 따로 정하여 주민총회의 인준을 받도록 하고 있고,

운영규정 별표 제19조제2항에 따르면 추진위원회는 상근위원 및 유급직원에 대하여 별도의 보수규정을 따로 정하여 보수를 지급하여야 하며, 이 경우 보수규정은 주민총회의 인준을 받도록 하고 있는바,

사무국에 상근하는 유급직원을 두는 경우에는 사무국의 운영규정을 따로 정하여 주민총회의 인준을 받아야 하고, 유급직원에 대한 보수는 보수규정을 만들어 주민총회의 인준을 받은 후에 그 보수규정에 따라야 할 것임(국토부 주택정비과 2010.3.24).

제2장 토지등소유자

- 별표 운영규정 제20조(주민총회)
- 별표 운영규정 제21조(주민총회의 의결사항)
- 별표 운영규정 제22조(주민총회의 의결방법)
- 별표 운영규정 제23조(주민총회운영 등)
- 별표 운영규정 제24조(추진위원회의 개최)
- 별표 운영규정 제25조(추진위원회의 의결사항)
- 별표 운영규정 제26조(추진위원회의 의결방법)
- 별표 운영규정 제27조(의사록의 작성 및 관리)

제4장 기관

별표 운영규정 제20조

> 제20조(주민총회) ① 토지등소유자 전원으로 주민총회를 구성한다.
> ② 주민총회는 위원장이 필요하다고 인정하는 경우에 개최한다. 다만, 다음 각 호의 어느 하나에 해당하는 때에는 위원장은 해당 일부터 2월 이내에 주민총회를 개최하여야 한다.
> 1. 토지등소유자 1/5 이상이 주민총회의 목적사항을 제시하여 청구하는 때
> 2. 추진위원 2/3 이상으로부터 개최요구가 있는 때
> ③ 제2항 각 호에 따른 청구 또는 요구가 있는 경우로서 위원장이 2개월 이내에 정당한 이유 없이 주민총회를 소집하지 아니하는 때에는 감사가 지체 없이 주민총회를 소집하여야 하며, 감사가 소집하지 아니하는 때에는 제2항 각 호에 따라 소집을 청구한 자의 대표가 시장·군수등의 승인을 얻어 이를 소집한다.

고칠 수 없는 조문이다.

■ 제1항

토지등소유자 전원으로 구성된 주민총회에는 추진위원회 최고의 의사결정기관으로, 추진위원회 구성에 동의한 자나 동의하지 않은 자도 포함된다.

주민총회의 의결 역시 이와 같은 취지로 동의한 자의 과반수 출석으로 개의하고 출석한 토지등소유자(동의한 1/2토지동소유자+ 미동의 토지등소유자) 과반수 찬성으로 의결한다.

■ 무허가건축물 소유자의 주민총회 구성원 여부

구 도시정비법 제2조제9호 가목 및 제19조제1항에 의하여 소유자에게 조합원의 자격이 부여되는 건축물이란 원칙적으로 적법한 건축물을 의미하고 무허가건축물은 이에 포함되지 않는다고 보아야 한다.

다만, 이와 같은 법리에 의하여 토지등소유자의 적법한 동의 등을 거쳐 설립된 재개발조합이 각자의 사정 내지는 필요에 따라 일정한 범위 내에서 무허가건축물

소유자에게 조합원 자격을 부여하도록 정관으로 정하는 것까지 금지되는 것은 아니라고 판시한 바 있다(대법원 2009.9.24자 2009마168 결정).

즉, 무허가건축물의 소유자에 대해 법 제35조에 의한 조합설립인가를 받은 이후에는 조합원으로서의 자격을 부여할 수 있다.
재건축사업의 경우에서 그 전 단계인 추진위원회에서 주민총회에서 무허가건축물의 구성원으로 보기에는 무리가 있다.

▌제2항
도시정비법 제44조제2항

법 제44조(총회의 소집) ② 총회는 조합장이 직권으로 소집하거나 조합원 1/5 이상(정관의 기재사항 중 조합임원의 권리·의무·보수·선임방법·변경 및 해임에 관한 사항을 변경하기 위한 총회의 경우는 1/10 이상으로 한다) 또는 대의원 2/3 이상의 요구로 조합장이 소집하며, 조합원 또는 대의원의 요구로 총회를 소집하는 경우 조합은 소집을 요구하는 자가 본인인지 여부를 대통령령으로 정하는 기준에 따라 정관으로 정하는 방법으로 확인하여야 한다. <개정 2019.4.23, 2023.7.18>

조합의 경우에는 조합원 1/5 이상, 대의원 2/3 이상 요구로 소집하는 경우에는 추진위원회와는 달리 시장, 군수의 승인을 얻으라는 규정이 없다. 추진위원장은 조합장, 추진위원은 대의원으로 비교될 수 있다.

토지등소유자 1/5 이상의 요구로 주민총회를 소집할 수 있는데, 1/5에는 추진위원회 구성에 동의하지 않은 자도 포함된다. 이와 관련해서는 반대의견도 있다.[23]

▌제3항

---

[23] 주해 도시 및 주거환경정비법, 399쪽, 저자 이우재
토지등소유자 1/5 이상의 동의에 추진위원회 구성에 동의한 자만 포함한다. 동의하지 않는 토지등소유자는 추진위원회 구성원이 아니므로 원칙적으로 소집요구권이 없기 때문이다.

위원장이 이유 없이 소집하지 않으면 감사가 지체 없이 소집하여야 하며, 감사가 소집하지 않는 경우에는 관할 시장·군수의 승인을 얻어 소집하게 된다.

이 경우 주민총회를 개최할 때 미리 추진위원회의 의결을 거칠 필요가 없다.

> **판례**
>
> 대법원 1987.5.12.선고 86다카2705판결, 총회결의무효확인
> 【판시사항】
> 서면에 의하지 아니하고 전화에 의한 총회 소집통지에 의하여 소집된 총회 결의의 효력
> 【판결요지】
> 사단법인의 신임회장을 조속히 선임하여 실추된 명예를 회복하고 업무의 공백을 메워야 할 형편에 있어 정관소정의 기한내에 전화로 안건을 명시하여 총회 소집통보를 하였으며
> 또한 총회구성원들 모두가 총회결의등에 관하여 아무런 이의를 제기하지 아니하였다면 총회 소집통지를 서면에 의하지 아니하고 전화로 하였다는 경미한 하자만으로는 총회의 결의를 무효라고 할 수 없다.

Q 조합설립을 위한 창립총회 후 주민총회 소집 등과 관련한 사항

조합원 자격이 상실되지 않은 시점에서, 분양 미신청자를 제외하고 분양신청자만을 의사정족수로 한 총회 개최가 가능한지?

A 창립총회에서 적법한 절차·기준에 따라 의결된 사항의 변경사항이 없는 경우에는 동 창립총회의 의결내용은 유효할 것으로 판단됨

주민총회를 개최하고자 하는 경우에는 국토부고시 제2018-102호<2018.2.9>의 별표, 운영규정 제20조에서 정하는 절차를 따라야 할 것임

위 운영규정 제20조제3항에서는 제2항 각 호에 따른 청구 등이 있는 경우로서 위원장이 2개월 이내에 정당한 이유 없이 주민총회를 소집하지 아니하는 때에는 감사가 지체 없이 주민총회를 소집하여야 하며, 감사가 소집하지 아니하는 때에는 제2항 각 호에 따라 소집을 청구한 자의 대표가 시장·군수등의 승인을 얻어 이를 소집한다고 규정하고 있음

다만, 운영규정 제20조제3항에서는 추진위원회의 임기가 만료된 경우의 주민총회 개최에 대하여 별도로 정하는 사항이 없음(경기도 도시재생과 2020.10.5).

Q 1. 전자적 방식으로 발의 진행 시 운영규정 위반인지?

Q 2. 주민총회 의결을 통해 주민총회 의결방법으로 전자투표 방식을 추가할 수 있는지?

ⓐ 1. 운영규정 제20조제5항을 보면 "동조 제2항 및 제3항에 의하여 주민총회를 소집하는 경우에는 회의개최 14일 전부터 회의목적·안건·일시 및 장소 등을 게시판에 게시해야 하며, 토지등소유자에게는 회의개최 10일 전까지 등기우편으로 이를 발송·통지해야 한다. 이 경우 등기우편이 반송된 경우에는 지체 없이 1회에 한하여 추가 발송한다."고 하여 소집 방법에 관하여 규정하고 있으나,

운영규정 제20조제2항 각 호에 따라 토지등소유자 1/5이상 또는 추진위원 3분의2 이상이 주민총회를 소집할 때, 그 소집 청구(발의)하는 방법에 대해서는 운영규정 등 관련 규정에서 별도 규정하고 있지 않은바,

귀 구에서 해당 추진위원회에서 추진하고 있는 전자적(문자) 방식의 실제 추진방식 등 세부현황을 파악 후, 공정하고 투명한 추진위원회 운영이라는 운영규정 등의 취지에 부합하는지를 판단하여 적의 처리함이 타당할 것으로 사료됨.

ⓐ 2. 운영규정 제22조에서 주민총회의 의결방법으로 직접투표와 우편(서면)투표를 규정하고 있으며, 이와 관련하여 국토부 유사 질의회신사례가 있어 안내하니 참고바람(서울시 주거정비과 2020.6.12).

ⓠ 추진위원회 운영규정 제20조제2항제1호에 따라 토지등소유자 1/5이상의 청구로 주민총회를 개최하려고 할 때, 전자적(문자) 방식에 의해 청구(발의)하여도 운영규정에 위배되지 않는지?

ⓐ 운영규정 제20조제5항을 보면 "동조 제2항 및 제3항에 의하여 주민총회를 소집하는 경우에는 회의개최 14일 전부터 회의목적·안건·일시 및 장소 등을 게시판에 게시하여야 하며, 토지등소유자에게는 회의개최 10일 전까지 등기우편으로 이를 발송·통지하여야 한다. 이 경우 등기우편이 반송된 경우에는 지체 없이 1회에 한하여 추가 발송한다."고 하여 소집 방법에 관하여 규정하고 있으나,

운영규정 제20조제2항 각 호에 따라 토지등소유자 1/5 이상 또는 추진위원 2/3 이상이 주민총회를 소집할 때, 그 소집 청구(발의)하는 방법에 대해서는 운영규정 등 관련 규정에서 별도 규정하고 있지 않은바,

질의의 전자적(문자) 방식의 운영규정 위반 여부는 공정하고 투명한 추진위원회 운영이라는 규정의 취지, 전자적 추진방식의 세부현황 등에 대한 검토 및 필요 시 법률전문가 자문을 득하여 종합적으로 검토하여 판단할 사항으로 사료됨(서울시 주거정비과 2020.6.12)

Q 임기만료된 추진위원장, 감사 선출을 위한 주민총회 진행 시 토지등소유자의 권리·의무에 관한 사항 공개통지방법 및 주민총회 개의 시 성원정족수 문제 등으로 인하여 구청으로부터 주민총회 불인가 처분을 받고,

1) 추진위원회 운영규정 제20조제2항에 따라 추진위원장, 감사를 선출하기 위하여 주민총회 개최 요구서를 추진위원장에게 제출하고 주민총회 개최를 요구할 경우, 주민총회 개최 발의자가 추진위원회설립동의서를 직접 징구하고 변경할 수 있는지?

2) 구청 미승인 사항에 대하여 운영규정 제22조에 따른 성원 정족수 미달로 보아 재소집할 수 있는지?

3) 이 경우 기존 제출된 발의서를 재사용할 수 있는지, 동 규정 제20조제2항제2호에 따라 추진위원 2/3 이상 주민총회 개최 요구 시기는?

A 추진위원회 운영규정 별표 제20조제2항 단서에 따르면 토지등소유자 1/5 이상이 주민총회의 목적사항을 제시하여 청구하는 때, 추진위원 2/3 이상으로부터 개최요구가 있는 때에는 위원장은 해당일부터 2월 이내에 주민총회를 개최하도록 하고 있으며,

같은 조 제3항에서는 제2항 각 호에 의한 청구 또는 요구가 있는 경우로서 위원장이 2개월 이내에 정당한 이유 없이 주민총회를 소집하지 않는 때에는 감사가 지체 없이 주민총회를 소집해야 하며, 감사가 소집하지 않는 때에는 제2항 각 호에 의하여 소집을 청구한 자의 대표가 시장·군수의 승인을 얻어 이를 소집하도록 하고 있으며,

같은 조 제5항에서는 제2항 및 제3항에 의하여 주민총회를 소집하는 경우에는 회의개최 14일 전부터 회의목적·안건·일시 및 장소 등을 게시판에 게시해야 하며, 토지등소유자에게는 회의개최 10일 전까지 등기우편으로 이를 발송·통지해야 하며, 등기우편이 반송된 경우에는 지체 없이 1회에 한하여 추가 발송하도록 하고 있음

주민총회의 의결방법은 동 규정 별표 제22조제1항에 따라 추진위원회 구성에 동의한 토지등소유자 과반수 출석으로 개의하고 출석한 토지등소유자(동의하지 않은 토지등소유자를 포함함)의 과반수 찬성으로 의결하도록 하고 있으며,

같은 조 제5항에서는 주민총회 소집결과 정족수에 미달되는 때에는 재소집해야 하며, 재소집의 경우에도 정족수에 미달되는 때에는 추진위원회 회의로 주민총회를 갈음할 수 있도록 하고 있으므로,

질의하신 주민총회 진행 시 토지등소유자의 권리·의무에 관한 사항 공개통지방법 및 주민총회 개의 시 성원정족수 문제 등으로 인하여 자치구청장의 승인을 받지 못하였을 경우 주민총회의 소집 및 의결은 위 규정에 따라 새롭게 진행해야 할 것으로 사료됨(서울시 재생협력과 2016.12.12).

> 제20조(주민총회) ④ 주민총회를 개최하거나 일시를 변경하는 경우에는 주민총회의 목적·안건·일시·장소·변경사유 등에 관하여 미리 추진위원회의 의결을 거쳐야 한다. 다만, 제2항 각 호에 따라 주민총회를 소집하는 경우에는 그러하지 아니하다.
> ⑤ 제2항 및 제3항에 의하여 주민총회를 소집하는 경우에는 회의개최 14일 전부터 회의목적·안건·일시 및 장소 등을 게시판에 게시하여야 하며, 토지등소유자에게는 회의개최 10일 전까지 등기우편으로 이를 발송·통지하여야 한다. 이 경우 등기우편이 반송된 경우에는 지체 없이 1회에 한하여 추가 발송한다.
> ⑥ 주민총회는 제5항에 따라 통지한 안건에 대하여만 의결할 수 있다.

■ 제4항

조합의 경우에도 조합총회를 개최하거나 일시를 변경하려면 그 사유 등을 미리 이사회를 거쳐, 대의원회의 의결을 거쳐야 한다.

그러나 예외적으로 조합원이나 대의원의 요구로 총회를 소집하는 경우에는 이를 거치지 않아도 되는데, 추진위원회의 경우도 이와 유사하다.

Q 주민총회 날짜 변경 시 추진위원회 의결을 거치도록 규정하고 있으나, 이를 거치지 않고 주민총회 날짜가 변경된 경우 해당 주민총회 의결사항은 무효인지?

A 「추진위원회 운영규정」 제20조제4항에 주민총회를 개최하거나 일시를 변경하는 경우에는 주민총회의 목적·안건·일시·장소·변경사유 등에 관하여 미리 추진위원회의 의결을 거쳐야 한다. 다만, 제2항 각 호에 따라 주민총회를 소집하는 경우에는 그렇지 않다고 규정하고 있음
질의에 따른 의결사항의 무효 여부는 상기 규정 및 필요 시 법률전문가 자문을 득하여 종합적으로 검토하여 판단할 사항으로 사료됨(서울시 주거정비과 2020.6.10).

Q 주민총회에서 선출된 추진위원장이 곧바로 주민총회와 창립총회를 동시에 개최할 수 있는지?

A 추진위원회가 위원장을 변경하고자 하는 경우에는 당해 시장·군수·구청장의 승인을 받도록 ○○운영규정 제6조제2항에 규정하고 있고, 추진위원회가 창립총회를 하려면 시행령 제22조의2제2항에 따라 창립총회 14일 전까지 회의목적·안건·일시·장소·참석자격 및 구비사항 등을

인터넷 홈페이지 등을 통해 공개하고 토지등소유자에게 등기우편으로 발송 통지하도록 하고 있으며,
주민총회를 개최하거나 일시를 변경하는 경우에는 주민총회의 목적, 안건, 일시장소, 변경사유 등에 관하여 미리 추진위원회의 의결을 거치도록 ○○운영규정 제20조제4항에 규정되어 있는 바, 주민총회 및 창립총회에 관한 각각의 규정이 정하는 절차를 준수하여야 할 것임(국토부 주택정비과 2010.3.22)

Q 조합장 등 임원선출과 관련, 입후보 등록을 받은 상태에서 재개발추진위원회 주민총회 자체계획에는 2009.3.16 소집·공고를 하여 2009.3.31. 주민총회를 개최하기로 되어 있으나, 주민총회 소집공고 및 주민총회 개최를 하지 않은 경우 차후라도 소집·공고하면 임원선출이 가능한지?
A 추진위원회 운영규정 제21조에 의하면 위원장·감사의 선임·변경·보궐선임·연임은 주민총회의 의결사항으로 되어 있고, 동 규정 제20조제4항에 의하면 동조 제2항 각 호에 의하여 주민총회를 소집하는 경우를 제외하고는 주민총회를 개최하거나 일시를 변경하는 경우에는 주민총회의 목적·안건·일시·장소·변경사유 등에 관하여 미리 추진위원회의 의결을 거치도록 하고 있고, 동조 제6항에 의하면 주민총회는 제5항에 의하여 통지한 안건에 대하여만 의결할 수 있도록 하고 있는 절차에 적합하여야 할 것임(국토부 주택정비과 2009.6.11)

■ **제5항**
유사규정: 도시정비법 제44조제4항

제44조(총회의 소집) ④ 제2항 및 제3항에 따라 총회를 소집하려는 자는 총회가 개최되기 7일 전까지 회의 목적·안건·일시 및 장소와 제45조제5항, 제6항 및 제8항에 따른 의결권의 행사기간 및 장소 등 의결권 행사에 필요한 사항을 정하여 조합원에게 통지하여야 한다. <개정 2021.8.10., 2024.12.3>
⑤ 총회의 소집 절차·시기 등에 필요한 사항은 정관으로 정한다.

주민총회 소집통보 반려 시 통지방법에 대해 별도의 규정이 없지만, 등기우편에 의해 반송된 경우에는 일반우편이 아닌 등기우편으로 추가 발송하라는 것이 국토부의 해석이다.

■ **통지의 상대방**

통지의 상대방으로 추진위원회 구성에 동의한 자에게만 하는 것이 옳다는 주장이 있지만, 이보다는 동의하지 않은 자에게도 통지하는 것이 옳다.[24]

주민총회는 추진위원회 구성에 동의한 토지등소유자 과반수 출석으로 개의하고 출석한 토지등소유자(동의하지 않은 토지등소유자를 포함한다)의 과반수 찬성으로 의결한다는 규정을 두고 있는 것이 이 때문이다(운영규정 제22조제1항).

Q 추진위원장 및 추진위원 전부 임기가 만료되어 전체 주민 2/5의 주민총회 개최 요구 발의서를 받아 ○○시청으로부터 주민총회 개최 소집 승인을 받아 개최하는 총회가 적법한지?

A 추진위원회 운영규정 제15조 제4항에 따르면 임기가 만료된 위원은 그 후임자가 선임될 때까지 그 직무를 수행하고 추진위원회에서는 임기가 만료된 위원의 후임자를 임기만료 전 2개월 이내에 선임해야 하며,

위 기한 내에 추진위원회에서 후임자를 선임하지 않을 경우 토지등소유자 5분의1 이상이 시장·군수의 승인을 얻어 주민총회를 소집하여 위원을 선임할 수 있으며, 이 경우 추진위원회 운영규정 제20조제5항 및 제6항을 준용하도록 하고 있음(국토부 주택정비과 2012.12.24).

Q 별표 운영규정 제20조제5항에 따라 주민총회 소집을 위한 등기우편 통지 시 반송된 경우 1회 추가 발송 시 일반우편으로도 가능한지?

A 별표 운영규정 제20조제5항에 따르면 토지등소유자에게는 회의 개최 10일 전까지 등기우편으로 이를 발송·통지하여야 하고 이 경우 등기우편이 반송된 경우에는 지체 없이 1회에 한하여 추가 발송하도록 규정하고 있는바, 추가 발송인 경우 기 발송한 방법에 따라 추가 발송하여야 할 것임(국토부 주택정비과 2010.2.25)

---

24 대법원 2010.7.22선고 2009다92739판결

별표 운영규정 제21조

> 제21조(주민총회의 의결사항) 다음 각 호의 사항은 주민총회의 의결을 거쳐 결정한다.
> 1. 추진위원회 승인 이후 위원장·감사의 선임·변경·보궐선임·연임
> 2. 운영규정의 변경
> 3. 정비사업전문관리업자 및 설계자의 선정 및 변경
> 4. 삭제<2010.9.16>
> 5. 제30조에 따른 개략적인 사업시행계획서의 변경
> 6. 제31조5항에 따른 감사인의 선정
> 7. 조합설립추진과 관련하여 추진위원회에서 주민총회의 의결이 필요하다고 결정하는 사항

고칠 수 없는 조문이다.

추진위원회 운영규정 개정으로 제5조제4항 단서인 "추진위원회가 조합설립 동의를 위하여 법 제16조제6항에 따른 추정분담금의 산정을 위해 필요한 경우 감정평가업자를 선정할 수 있다."는 감정평가업자의 선정은 주민총회 의결사항은 아닌 것으로 보인다.

그러나 제7호와 같이 추진위원회에서 "주민총회의 의결이 필요하다고 결정"하면 주민총회에 의해 선정하게 된다.

제7호 중 가장 중요한 사항으로 조합설립 관련 선거관리규정이다.
이 규정으로 조합장, 이사, 감사, 대의원등을 선정하게 되는데, 이를 위반하는 경우 창립총회에서 후보자격 박탈 근거로 이용되기도 한다.

Q 재개발사업에서 주민총회와 창립총회를 병행하여 주민총회 안건(설계자 선정)을 창립총회에서 의결 가능한지?
A 추진위원회 운영규정[별표] 제21조에 따르면 "제3호에 의거, 설계자의 선정 및 변경은

주민총회의 의결을 거쳐 결정한다."고 규정하고, 제22조제1항에 따르면 "주민총회는 법 및 이 운영규정이 특별히 정한 경우를 제외하고 추진위원회 구성에 동의한 토지등소유자 과반수 출석으로 개의하고 출석한 토지등소유자(동의하지 않은 토지등소유자를 포함한다)의 과반수 찬성으로 의결한다."고 규정하고 있음.

한편, 도시정비법 시행령 제27조제4항에 따르면 "창립총회에서는 조합정관의 확정, 조합임원·대의원의 선임, 그 밖에 필요한 사항으로서 제2항에 따라 사전에 통지한 사항의 업무를 처리한다."고 정하고 있고,

같은 조 제5항에 따르면 "창립총회의 의사결정은 토지등소유자(재건축사업의 경우 조합설립에 동의한 토지등소유자로 한정한다)의 과반수 출석과 출석한 토지등소유자 과반수 찬성으로 결의한다."고 정하고 있음.

따라서, 설계자 선정에 관하여는 당해 추진위원회 운영규정에서 정한 절차에 따라야 할 것으로 사료되며, 주민총회와 창립총회 병행 가능여부에 관하여는 주민총회 및 창립총회의 개의·의결 기준 충족여부, 당해 추진위원회 운영규정 및 관계법령 등을 종합적으로 검토하여 판단해야 할 사항으로 사료됨(서울시 주거정비과-3518호, 2021.3.5)

Q 추진위원회 운영규정 제21조(주민총회의 의결사항)에 정비사업전문관리업자의 선정 및 변경은 추진위원회의 의결로 결정하므로, 추진위원회에서 주민총회 부의안건에 대한 사전심의결하여 주민총회에서 결정해야 한다는 금정구청에서 답신이 왔음.
정비사업관리업자의 선정 및 변경에 해지라는 의미가 들어 있는지?
금정구청 담당자는 해지라는 부분이 들어있다고 하는데, 선정 및 변경에는 해지라는 의미가 없다고 알고 있음.

A 추진위원회 운영규정 별표 제21조제3호에 따르면 정비사업전문관리업자 및 설계자의 선정 및 변경 사항은 주민총회의 의결을 거쳐 결정하도록 하고 있으며, 해지도 동 규정 중 변경에 포함되기 때문에 주민총회의 의결을 거쳐 결정해야 할 것으로 판단됨(국토부 주택정비과 2018.3.20).

Q 재건축 추진위원회에서 추진위원회 운영규정 별표 제5조제3항에 따라 조합설립 시 필요한 추정분담금 산정을 위하여 감정평가업자를 선정할 경우, 주민총회의 의결을 받아야 하는지?

A 운영규정 제5조제3항에 추진위원회는 조합설립에 필요한 추정분담금 산정을 위해 감정

평가업자를 선정할 수 있다고 규정되어 있고, 같은 규정 제21조제7호에 따라 조합설립추진과 관련하여 추진위원회에서 주민총회의 의결이 필요하다고 결정하는 사항은 주민총회 의결을 거칠 수 있으므로 해당 추진위원회에서 주민총회 상정여부를 결정하는 것이 바람직하다고 사료됨(서울시 재생협력과 2017.6.22).

Q 현재 재건축 추진위원회 승인을 받고 추진중에 있으며, 사업방식을 조합방식에서 신탁방식으로 변경추진 중에 있어 이와 관련하여 아래와 같이 질의함.
1) 아직 사업시행자인 조합의 지위에 있지 아니한 추진위원회가 사업방식을 결정하려면 주민총회의 의결을 거쳐야 하는지, 신탁사업시행자 지정동의 요건 및 토지면적 확보요건만 갖추면 주민총회 결의 없이 가능한지?
2) 위 Q1과 관련하여 주민총회를 하여야 할 경우 현재 추진위원장의 사망으로 유고가 된 경우 주민총회 소집권자는 국토부고시 운영규정 제17조제6항(해당 추진위원회 운영규정과 동일함)에 의거 위원장의 유고로 업무를 수행할 수 없을 경우,
부위원장, 추진위원 중 연장자순으로 추진위원회를 대표한다는 규정에 근거하여 직무대행자가 주민총회를 소집하여 주민총회의 총의로서 사업방식을 결정하여도 무방한지?

A 1. 추진위원회 운영규정 제21조제7호에 따르면 조합설립추진과 관련하여 추진위원회에서 주민총회의 의결이 필요하다고 결정하는 사항에 대하여는 주민총회의 의결을 거쳐 결정하도록 하고 있으므로, 귀 질의하신 사항 신탁방식의 사업 결정에 대하여는 추진위원회의 주민총회 의결을 거쳐야 할 것으로 판단됨.

A 2. 별표 운영규정 제17조제6항제2호에 따라서 위원장의 유고로 인하여 그 직무를 수행할 수 없을 경우, 부위원장·추진위원 중 연장자순으로 추진위원회를 대표하도록 하고 있으므로, 추진위원회 대표자가 주민총회를 소집하여 신탁방식 사업추진 여부를 의결할 수 있을 것으로 판단됨(국토부 주택정비과 2017.9.26).

Q 1. 추진위원회에서 조합방식으로 재건축을 진행할지, 조합설립을 보류하고 신탁방식으로 진행할지에 대한 안건으로 추진위원회의 의결을 거쳐, 주민총회를 소집할 수 있는지?
Q 2. 추진위원회에서 주민총회를 개최하여 신탁사를 우선협상대상자로 선정할 수도 있는지?
A 추진위원회 운영규정 제21조제7호에 따르면 조합설립추진과 관련하여 추진위원회에서 주민총회의 의결이 필요하다고 결정하는 사항에 대하여는 주민총회의 의결을 할 수 있도록

하고 있으므로,

귀 질의하신 추진위원회의 계속적인 운영 등과 관련된 사업방식 변경 및 이를 위한 후속조치 사항 등에 대하여 해당 추진위원회에서 총회 안건 상정여부가 필요하다고 결정한 경우에는 주민총회 의결이 가능할 것으로 판단됨(국토부 주택정비과 2017.4.19)

Q 2006년도 당시에는 추진위원회에서 설계업체를 선정할 수 있어 설계업체를 선정하였으며, 계약기간은 공사완료까지며 2014.12.30 구역지정이 완료되어 현재 조합설립을 눈앞에 두고 있음 사실 구역지정이 설계업체 때문에 늦어짐으로써 주민들과 추진위원의 원성이 많아 새로운 설계업체로 바꾸기로 추진위원회에서 결의되었음.
주민총회에서 새로운 설계업체를 선정할 수 있는지?

A 추진위원회 운영규정 별표 제21조제3호에 따라서 정비사업전문관리업자 및 설계자의 선정 및 변경은 추진위원회의 주민총회 의결사항임(국토부 주택정비과 2015.9.30)

별표 운영규정 제22조

> 제22조(주민총회의 의결방법) ① 주민총회는 법 및 이 운영규정이 특별히 정한 경우를 제외하고 추진위원회 구성에 동의한 토지등소유자 과반수 출석으로 개의하고 출석한 토지등소유자(동의하지 않은 토지등소유자를 포함한다)의 과반수 찬성으로 의결한다.
> ② 토지등소유자는 서면 또는 제13조제2항 각 호에 해당하는 대리인을 통하여 의결권을 행사할 수 있다. 이 경우 서면에 의한 의결권 행사는 제1항에 따른 출석으로 본다.
> ③ 토지등소유자는 규정에 의하여 출석을 서면으로 하는 때에는 안건내용에 대한 의사를 표시하여 주민총회 전일까지 추진위원회에 도착되도록 하여야 한다.
> ④ 토지등소유자는 제2항에 따라 출석을 대리인으로 하고자 하는 경우에는 위임장 및 대리인 관계를 증명하는 서류를 추진위원회에 제출하여야 한다.
> ⑤ 주민총회 소집결과 정족수에 미달되는 때에는 재소집하여야 하며, 재소집의 경우에도 정족수에 미달되는 때에는 추진위원회 회의로 주민총회를 갈음할 수 있다.

고칠 수 없는 조문이다.

■ 제1항

추진위원회 구성을 위한 동의율이 높을수록 주민총회 개의요건이 까다롭다.

예를 들어, 토지등소유자가 1000명 중 동의율이 60%였다면 주민총회의 개의요건은 60%의 과반수인 301명이 출석하여야 한다. 이 숫자는 주민총회는 직접 참석률의 규정에 해당하지 않으므로 서면결의를 포함한 숫자다(법 제24조제3항 참조). 평소 동의자 명부 관리를 충실히 하여 소유권이전된 경우까지 잘 파악할 수 있어야 주민총회의 개의요건 등을 충족할 수 있다.

결의요건은 더 복잡하다.
앞의 301명이 참석한 가운데 미동의자 199명이 직접 참석하였다면(미동의자에게는 서면결의를 받지 않는 것이 보편적임), 총 500명의 과반수인 251명이 찬성하면 의결할 수 있다.

추진위원장, 감사, 추진위원의 후보자가 다수 경합되는 경우에는 위 제1항에 따라 결정되기 어려울 수가 있다. 특히 추진위원의 경우가 이에 해당한다. 이 경우 다득표 순으로 정하는 사례도 있다.

■ 주민총회의 의사정족수
의사정족수: 추진위원회 구성에 동의한 토지등소유자 과반수
의결정족수: 주민총회 참석한 토지등소유자 과반수

■ 주민총회 개최 시 미동의자에게 소집통지 하여야 하는지 여부
재건축: 미동의자에게는 소집·통지하지 않아도 무방하다(서울고등법원 2014누3589판결)

재개발: 미동의자에게도 소집 필요하다.

재건축 추진위원회 주민총회(창립총회 아님)의 직접 참석 요건(국토부 주택정비과 2024.7.17)

Q1. 도시정비법 제45조(총회의 의결) ⑦ 총회의 의결은 안건에 따라 조합원의 10/100 이상, 20/100 이상, 과반수이상이 직접 출석하여야 한다.
"조합원"이 아닌 "토지등소유자"로 구성된 추진위원회 주민총회(창립총회 아님)도 이에 해당되는지?

Q2. 주민총회도 직접 참석 요건에 해당되는 총회일 경우
"추진위원회 운영규정 제22조(주민총회의 의결방법) ① 주민총회는 법 및 이 운영규정이 특별히 정한 경우를 제외하고 추진위원회 구성에 동의한 토지등소유자 과반수 출석으로 개의하고 출석한 토지등소유자(동의하지 않은 토지등소유자를 포함한다)의 과반수 찬성으로 의결한다."
직접 참석 요건에 해당되는 경우, 추진위원회 구성에 동의한 토지등소유자의 수 기준인지 아니면, 추진위원회 구성에 동의하지 않은 토지등소유자를 포함한 전체 토지등소유자 수인지?

A 추진위원회 운영규정(국토부고시 제2018-102호) 제3조에 따라 정비조합을 설립하고자 하는 경우 추진위원회를 시장·군수등에게 승인 신청하기 전에 운영규정을 작성하여 토지등소

유자의 과반수의 동의를 얻어야 함.

또한, 제2항에 따라 제1항의 운영규정은 별표의 운영규정안을 기본으로 하여 다음 각 호의 방법에 따라 작성하도록 규정하고 있어 추진위원회의 의결방법은 이에 따르는 것이 타당하다고 판단됨.

Q 추진위원회 주민총회 시 토지등소유자의 출석 요건은 어떻게 되는지?
A 국토부 고시 별표 운영규정 제22조제1항 및 제2항에 따라 주민총회는 도시정비법 및 이 운영규정이 특별히 정한 경우를 제외하고 추진위원회 구성에 동의한 토지등소유자 과반수 출석으로 개의하고 출석한 토지등소유자(동의하지 않은 토지등소유자를 포함한다)의 과반수 찬성으로 의결하도록 하고 있음(국토부 주택정비과 2012.1.4)

Q 토지등소유자 195명 중 추진위원회 설립동의자가 105명인 경우 주민총회가 개최될 경우 주민총회의 개의(開議)인원은?
A 추진위원회 운영규정 제22조제1항에서 주민총회는 추진위원회 구성에 찬성한 토지등소유자 과반수의 출석으로 개의하고 출석한 토지등소유자의 과반수 찬성으로 의결하도록 규정하고 있으므로 개의인원은 추진위원회의 구성에 찬성한 105명의 과반임(건교부 주환 2004.10.11).

■ 제2항

토지등소유자는 서면을 통하여 의결권을 행사할 수 있으며, 서면에 의한 의결권 행사는 출석으로 간주된다.

Q1. 토지등소유자가 주민총회에서 서면으로 의결권을 행사하고자 하는 경우에 인감도장 날인여부 및 서면결의서에 찬반 의사표시를 하지 않고 제출한 경우, 주민총회 출석으로 볼 수 있는지?
Q2. 토지등소유자가 추진위원회 주민총회에 대리인을 통하여 의결권을 행사하고자 하는 경우, 대리인의 범위는?
A 1. 운영규정 별표 제22조제2항에 따르면 주민총회에서 토지등소유자는 서면으로 의결권을 행사할 수 있고, 이 경우 서면에 의한 의결권 행사는 운영규정 별표 제22조제1항 주민총회의 규정에 의한 출석으로 보고 있으며, 서면으로 의결권을 행사할 때 인감도장 날인을

명문화하고 있지는 아니함.

Ⓐ 2. 토지등소유자가 운영규정 별표 제22조제2항에 따라 대리인을 통하여 의결권을 행사하고자 할 때 그 대리인은 운영규정 별표 제13조제2항 각호에 해당하는 대리인을 말하는 것임(국토부 주택정비과 2011.6.23).

Ⓠ 추진위원회의 주민총회 의결방법에서 토지등소유자가 서면결의서를 제출하고 주민총회에 참석하여 의결권을 행사한 것이 적법한지?
Ⓐ 도시정비법 제15조제2항 및 추진위원회 운영규정 제22조에 의하여 토지등소유자는 서면을 통하여 의결권을 행사할 수 있으며, 이 경우 서면에 의한 의결권 행사는 출석으로 보도록 규정되어 있음(건교부 주거환경팀 2005.11.4).

▎제3항

서면결의서에 찬반여부에 대한 의사를 표시해야 유효하다.

주민총회 시 서면결의서 철회에 대해서는 별도의 규정이 없는데, 이에 대한 규정을 두는 것이 좋다.

Ⓠ 추진위원회 주민총회 안건에 대하여 일괄 발송된 서면결의서가 유효한지?
Ⓐ 운영규정 별표 제22조에 따르면 서면에 의한 의결권 행사는 주민총회 출석으로 보도록 하고 있고, 출석을 서면으로 하는 때에는 안건내용에 대한 의사를 표시하여 주민총회 전일까지 추진위원회에 도착되도록 하여야 한다고 규정하고 있으나, 이외 서면결의서의 <u>구체적인 제출 방법에 대하여는 별도로 규정하고 있지 않음</u>.
서면결의서의 유효여부에 대하여는 해당 안건내용에 대한 토지등소유자의 의사표시 여부나 서면결의서 도착시점 등을 고려하여 판단하여야 할 것임(국토부 주택정비과 2012.11.15)

Ⓠ 1. 주민총회 안건에 대한 찬반 등의 의사표시 없이 서면결의서를 제출한 경우 동 서면결의서를 제출한 자를 주민총회 출석자 수에 포함할 수 있는지?
Ⓠ 2. 주민총회 안건에 대하여 서면결의서를 제출한 후 동 서면결의서를 철회하고자 하는 경우 절차는?
Ⓐ 1. 운영규정 제22조제3항에서 토지등소유자는 규정에 의하여 출석을 서면으로 하는 때에는 안건내용에 대한 의사를 표시하여 주민총회 전일까지 추진위원회에 도착되도록 하고

있으므로, 주민총회 안건에 대하여 서면으로 출석을 하고자 하는 때에는 안건에 대한 찬반 여부에 대한 의사를 표시하여야 할 것임.
Ⓐ 2. 운영규정에서 <u>주민총회 시 서면의결권의 철회에 대하여 별도로 규정하고 있지 않음</u>
(국토부 주택정비과 2012.9.26)

■ 제5항

주민총회를 개최하였으나 미달되어 재개최하였음에도 정족수 미달이 된 경우, 추진위원회에서 추진위원장 및 감사의 연임·선임을 의결할 수 있다는 것이 국토부의 해석이다.

Ⓠ 정족수 미달로 총회를 재개최하였음에도 다시 정족수 미달이 된 경우, 운영규정 별표 제22조제5항에 따라 추진위원장 및 감사의 연임·선임에 대하여 추진위원회에서 연임·선임을 의결할 수 있는지?

Ⓐ 운영규정 별표 제22조제5항에 따르면 주민총회 소집결과 정족수에 미달되는 때에는 재소집하여야 하며, 재소집의 경우에도 정족수에 미달되는 때에는 추진위원회 회의로 주민총회를 갈음할 수 있는바, 질의의 경우 상기규정에 따라 추진위원장 및 감사의 연임·선임에 관하여도 추진위원회 의결(추진위원회의 의결방법은 운영규정 별표 제26조에 있음)로서 가능할 수 있을 것임(국토부 주택정비과 2009.12.17)

별표 운영규정 제23조

> 제23조(주민총회운영 등) ① 주민총회의 운영은 이 운영규정 및 의사진행의 일반적인 규칙에 따른다.
> ② 의장은 주민총회의 안건내용 등을 고려하여 다음 각 호에 해당하는 자 중 토지등소유자가 아닌 자를 주민총회에 참석하여 발언하도록 할 수 있다.
> 1. 추진위원회 사무국 직원
> 2. 정비사업전문관리업자, 건축사 사무소 등 용역업체 관계자
> 3. 그 밖에 위원장이 주민총회운영을 위하여 필요하다고 인정하는 자
> ③ 의장은 주민총회의 질서를 유지하고 의사를 정리하며, 고의로 의사진행을 방해하는 발언·행동 등으로 주민총회 질서를 문란하게 하는 자에 대하여 그 발언의 정지·제한 또는 퇴장을 명할 수 있다.
> ④ 추진위원회는 주민총회의 의사규칙을 정하여 운영할 수 있다

고칠 수 없는 조문이다.

■ **제1항, 제2항**

표준조합정관에도 유사한 규정이 있다. 추진위원장은 주민총회 진행을 위하여 전문사회자 등에게 사회를 보도록 하는 경우가 있다.

별표 운영규정 제24조

> 제24조(추진위원회의 개최) ① 추진위원회는 위원장이 필요하다고 인정하는 때에 소집한다. 다만, 다음 각 호의 어느 하나에 해당하는 때에는 위원장은 해당 일부터 14일 이내에 추진위원회를 소집하여야 한다.
> 1. 토지등소유자의 1/10 이상이 추진위원회의 목적사항을 제시하여 소집을 청구하는 때
> 2. 재적 추진위원 1/3 이상이 회의의 목적사항을 제시하여 청구하는 때
> ② 제1항 각 호의 어느 하나에 따른 소집청구가 있는 경우로서 위원장이 14일 이내에 정당한 이유 없이 추진위원회를 소집하지 아니한 때에는 감사가 지체 없이 이를 소집하여야 하며 이 경우 의장은 제17조제6항에 따른다. 감사가 소집하지 아니하는 때에는 소집을 청구한 자의 공동명의로 소집하며 이 경우 의장은 발의자 대표의 임시사회로 선출된 자가 그 의장이 된다.
> ③ 추진위원회의 소집은 회의개최 7일 전까지 회의목적·안건·일시 및 장소를 기재한 통지서를 추진위원회의 위원에게 송부하고, 게시판에 게시하여야 한다. 다만, 사업추진상 시급히 추진위원회의 의결을 요하는 사안이 발생하는 경우에는 회의 개최 3일 전에 이를 통지하고 추진위원회 회의에서 안건상정여부를 묻고 의결할 수 있다. 이 경우 출석위원 2/3 이상의 찬성으로 의결할 수 있다.

■ 제1항

고칠 수 없는 조문이다.

추진위원회의 원칙적인 소집권자는 추진위원장이다.

다만 소수사원권을 보장하기 위해 제1호와 제2호 중 어느 하나에 해당하는 경우 추진위원장은 14일 이내에 소집할 의무가 있다.

제2호에서의 재적(在籍) 추진위원은 현 추진위원 중에서 사임, 해임 또는 결격사유가 있는 추진위원을 제외한 추진위원을 말한다. 재적의 의미는 제15조에서의 "위원정수"와 구별하여야 한다.

■ 제2항

제1항 및 제2의 추진위원회는 조합의 대의원회와 유사한 성격을 지니며, 대의원회의 경우 도시정비법 시행령 제44조[25]에서 규정하고 있다.

제1항제1호 및 제2호를 이유로 토지등소유자나 추진위원이 추진위원회의를 소집·요구하더라도 추진위원장은 "정당한 이유"를 이유로 그 소집을 거부할 수 있다.

"정당한 이유"로는 제1호 및 제2호의 요건을 충족하지 못하는 경우 등을 말한다.

■ 제3항

유사규정: 도시정비법 시행령 제44조제7항

도시정비법 시행령

제44조(대의원회) ⑦ 대의원회의 소집은 집회 7일 전까지 그 회의의 목적·안건·일시 및 장소를 기재한 서면을 대의원에게 통지하는 방법에 따른다. 이 경우 정관으로 정하는 바에 따라 대의원회의 소집내용을 공고하여야 한다.

■ 송부(送付)의 방식과 발신주의

송부(送付)는 사람 등을 포함하여 보내는 송치(送致)와는 달리, 사람을 제외한 물건이나 문서 등을 보내는 것으로 송달의 의미와 같다. 송부의 방식에 대한 규정이 없으나, 사후 분쟁 시를 위해 등기우편으로 보내는 것이 좋다.

이 경우 발신주의냐 도달주의냐의 논란이 있으나, 송부한다는 의미에서 발신주의가 타당한 것으로 보인다. 즉 추진위원의 정당한 주소지로 발송했다면 그 후 도

---

[25] 도시정비법 시행령 제44조(대의원회) ④ 대의원회는 조합장이 필요하다고 인정하는 때에 소집한다. 다만, 다음 각 호의 어느 하나에 해당하는 때에는 조합장은 해당 일부터 14일 이내에 대의원회를 소집하여야 한다.
1. 정관이 정하는 바에 따라 소집청구가 있는 때
2. 대의원의 1/3 이상(정관으로 달리 정한 경우에는 그에 의한다)이 회의의 목적사항을 제시하여 청구하는 때
⑤ 제4항 각 호의 어느 하나에 의한 소집청구가 있는 경우로서 조합장이 제4항 각 호 외의 부분 단서에 의한 기간 내에 정당한 이유 없이 대의원회를 소집하지 아니한 때에는 감사가 지체 없이 이를 소집하여야 하며, 감사가 소집하지 아니 하는 때에는 제4항 각 호에 의하여 소집을 청구한 자의 대표가 이를 소집한다. 이 경우 미리 시장·군수의 승인을 얻어야 한다.
⑥ 제5항에 의하여 대의원회를 소집하는 경우에는 소집주체에 따라 감사 또는 제4항 각 호에 의하여 소집을 청구한 자의 대표가 의장의 직무를 대행한다.

달하지 못하였더라도 하자는 없다 할 것이다.

■ 서면결의와 수정가결

추진위원회의는 7일 전까지 안건을 송부하거나, 시급히 안건을 해결하기 위해서는 개최 3일 전까지는 사전에 통지하고 추진위원회의에서 의결할 수 있다. 추진위원회의는 서면결의를 참석으로 갈음하는 것이 보통이다.

그러나 사전에 통보한 내용과 다르게 수정가결을 하였다면 서면결의한 추진위원의 의결권이 침해될 수 있어 수정가결은 원칙적으로 위법하다 할 것이다.
다만 서면결의를 제외하더라도 재적 추진위원 과반수가 직접 참석하고, 출석위원 중 2/3 이상(시급한 안건의 경우)이 수정 안건에 찬성하였다면 가능하다 할 것이다.

Q 2016.3.28 추진위원회의를 소집하기 위해서 추진위원들에게 3월 18일 등기로 우편물을 발송하고 추진위원들이 결의해야 할 내용도 확인하지 않은 상태에서 19일부터 용역업체가 서면결의서를 받으러 다니는 것이 정당한지?
참고로 몇 번의 추진위원회의와 주민총회를 하였는데 용역업체(os요원)를 통해서 서면결의서로 95%~96%라는 찬성으로 모든 안건이 통과됐음.
A 도시정비법 제69조제1항제1호에 따라 정비사업전문관리업자가 조합설립 동의서의 징구가 가능하며, 추진위원회 운영규정 제24조제3항에 따라 추진위 회의개최 7일 전까지 회의목적, 안건, 일시 및 장소를 기재한 통지서를 추진위원회 위원에게 송부하고 게시판에 게시해야 하며, 문의하신 내용과 같이 서면결의서를 징구하는 것에 대하여는 법에서 별도로 정하는 바가 없음(국토부 주택정비과 2016.3.21).

Q 추진위원회 위원의 정수 및 재적위원의 수에 관한 사항임. 당초 토지등소유자 1/10 이상(27명)으로 추진위원회 승인을 득한 다음 현재 8명이 궐위된 상태며, 나머지 19명이 추진위원으로서 활동을 하고 있는 상태임.
여기서 운영규정 제24조제1항 제2호에 의거 재적위원 1/3 이상(위 19명에 대한 1/3 이상)의 발의로 추진위원회 개최를 청구하려 함.
이에 대한 재적위원의 수에 대하여 질의함.

Q 1. 추진위원의 정수란 당초 승인받은 27명을 말하는 것이 맞는지?

Q 2. 재적위원이란 27명에서 궐위된 8명을 제외하고 나머지 19명을 말하는지, 아니면 27명 전원을 다 말하는지?

A 추진위원회 운영규정' 제24조제1항제2호에 따라 재적추진위원 1/3 이상이 회의의 목적사항을 제시하여 청구하는 때 추진위원회 위원장은 해당 일로부터 14일 이내에 추진위원회를 소집해야 하며,

이때의 재적위원이란 운영규정 제15조제3항 본문에 따라 추진위원회의 위원이 임기 중 궐위되어 위원 수가 이 운영규정 본문 제2조제2항에서 정한 최소 위원의 수에 미달되게 된 경우 재적위원의 수는 이 운영규정 본문 제2조제2항에서 정한 최소 위원의 수로 본다고 규정하고 있음(국토부 주택정비과 2014.1.24).

Q 1. 추진위원이 위원장 해임 발의를 위하여 운영규정 별표 제24조제1항제2호에 따라 추진위원 중 1/3 이상의 발의서를 받은 경우, 누구에게 추진위원회 소집을 요구하는지?

Q 2. 추진위원장이 14일 이내에 추진위원회를 소집한다고 하면서 차일피일 미루는 경우, 14일이 지나면 감사가 소집할 수 있는지?

A 위원장의 해임에 관한 사항은 운영규정 별표 제17조제6항에 따라 부위원장, 추진위원 중 연장자순으로 추진위원회를 대표할 수 있는 것이며,

추진위원회에서 위원장을 해임하려는 경우에는 운영규정 별표 제18조제4항에 따라 토지등소유자의 해임요구가 있는 경우에 재적위원 1/3 이상의 동의로 소집된 추진위원회에서 위원정수(운영규정 별표 제15조에 따라 확정된 위원의 수를 말함)의 과반수 출석과 출석위원 2/3 이상의 찬성으로 해임할 수 있음(국토부 주택정비과 2011.2.28)

별표 운영규정 제25조

> 제25조(추진위원회의 의결사항) ① 추진위원회는 이 운영규정에서 따로 정하는 사항과 다음 각 호의 사항을 의결한다.
> 1. 위원(위원장·감사를 제외한다)의 보궐선임
> 2. 예산 및 결산의 승인에 관한 방법
> 3. 주민총회 부의안건의 사전심의 및 주민총회로부터 위임받은 사항
> 4. 주민총회 의결로 정한 예산의 범위 내에서의 용역계약 등
> 5. 그 밖에 추진위원회 운영을 위하여 필요한 사항
> ② 추진위원회는 제24조제3항에 따라 통지한 사항에 관하여만 의결할 수 있다.
> ③ 위원은 자신과 관련된 해임·계약 및 소송 등에 대하여 의결권을 행사할 수 없다.

■ **제1항**

■**제1호**

위원장, 감사의 보궐선임은 주민총회 전권사항이며, 추진위원의 보궐선임이 추진위원회의 의결사항이다.

다만 주민총회에서 추진위원회의 보궐선임이 가능할지에 대해, 주민총회가 최고의사결정기관으로 가능하다고 해석해야 할 것이다.

Q 추진위원장 보궐선거 시 추진위원회에서 선임하는지?

A 추진위원회 운영규정[별표] 제25조제1항제1호에 따르면 추진위원회는 위원의 보궐선임을 의결하되, 위원장·감사를 한다고 규정하고, 같은 규정 제21조제1항제1호에 추진위원회 승인 이후 위원장·감사의 선임·변경·보궐선임·연임은 주민총회의 의결을 거쳐 결정한다고 규정함.

또한, 「서울시 정비사업 표준선거관리규정」[별표] 제49조에 따르면 최초 추진위원회 구성 이후 추진위원회 운영규정에 따라 임기만료 또는 궐위된 추진위원장, 감사, 추진위원을 선출하고자 할 경우에는 이 규정에 의하며 제48조에 따른 보궐선거에도 추진위원장은 제외하고 규정함.

따라서, 추진위원장의 보궐선임은 주민총회의 의결사항이며 선출방법 및 절차에 대하여는 선거관리규정 제49조에 따라 주민총회에서 선출해야 할 것으로 사료됨(서울시 주거정비과 2019.5.2).

추진위원회의 의결로 위원을 해임하는 사항을 추진위원회 운영규정에 정하는 것이 도시정비법에 위배되는지(도시정비법 제13조제5항 및 제23조제4항)(법제처 2010.4.9, 국토부)

Q 추진위원회 위원의 해임을 주민총회에서 토지등소유자의 동의를 받지 않고 추진위원회의 의결을 거쳐 해임할 수 있도록 하는 내용을 추진위원회 운영규정으로 정하는 것이 같은 법 제13조제5항 및 제23조제4항에 위배되는지?

A 도시정비법 제15조제2항제1호를 근거로 추진위원회 위원의 해임을 주민총회에서 토지등소유자의 동의를 받지 않고 추진위원회의 의결을 거쳐 해임할 수 있도록 하는 내용을 추진위원회 운영규정으로 정하는 것은 같은 법 제13조제5항 및 제23조제4항에 위배되나, 같은 법 제15조제6항 및 제7항에 따라 운영규정으로 토지등소유자의 해임요구가 있는 경우에 추진위원회의 의결을 거쳐 해임할 수 있도록 하는 내용을 정하는 것은 같은 법 제13조제5항 및 제23조제4항에 위배되지 않음.

<이유>

같은 법 제15조제6항 및 제7항에서 <u>토지등소유자는 운영규정이 정하는 바에 따라 추진위원회에 추진위원회 위원의 교체 및 해임을 요구할 수 있도록 규정</u>하고 있고, 이 경우 추진위원회 위원의 교체·해임절차 등에 관한 구체적인 사항은 운영규정이 정하는 바에 의하도록 하고 위임하고 있으므로,

도시정비법의 이와 같은 명시적인 수권규정에 따라 추진위원회의 의결로 추진위원회의 위원의 해임에 관한 사항을 운영규정으로 정하는 경우 이것이 같은 법 제13조제5항 및 제23조제4항에 위배된다고 할 수 없고,

추진위원회의 의결을 거쳐 위원을 해임하는 것이 토지등소유자의 요구에 따른 것이라는 측면에서 추진위원회의 구성에 대하여 토지등소유자 과반수의 동의를 얻도록 한 같은 법 제13조제2항의 규정취지와 맞지 않는다고도 할 수 없음.

그렇다면, 도시정비법 제15조제2항제1호를 근거로 추진위원회 위원의 해임을 주민총회에서 토지등소유자의 동의를 받지 않고 추진위원회의 의결을 거쳐 해임할 수 있도록 하는 내

용을 추진위원회 운영규정으로 정하는 것은 같은 법 제13조제5항 및 제23조제4항에 위배되나, 같은 법 제15조제6항 및 제7항에 따라 운영규정으로 토지등소유자의 해임요구가 있는 경우에 추진위원회의 의결을 거쳐 해임할 수 있도록 하는 내용을 정하는 것은 같은 법 제13조제5항 및 제23조제4항에 위배되지 않음.

■ 제4호

Q 1. 추진위원회에서 선거 용역업체 선정은 주민총회 의결사항인지?

Q 2. 추진위원장 선거가 절차상 하자로 종료되었을 때, 추진위원장 직무대행이 기존 선정된 용역업체 선정건으로 추진위원회에 재상정 가능한지?

A 추진위원회 운영규정[별표] 제25조제1항제4호에 따르면 "주민총회 의결로 정한 예산의 범위 내에서의 용역계약 등"은 추진위원회에서 의결토록 규정하고 있음.

또한, 「정비사업 계약업무 처리기준」 제15조제1항에 따라 사업시행자등은 예산으로 정한 사항 외에 조합원에게 부담이 되는 계약은 총회의 의결을 거쳐야 하며, 그 외의 계약은 대의원회의 의결을 거쳐야 한다고 규정하고 있음.

아울러, 「정비조합등 표준 예산·회계규정」[별표] 제24조에 따르면 "조합 등은 당해 연도의 예산으로 정하지 아니한 공사·용역의 계약을 하고자 하는 경우에는 총회의 사전 결의를 거쳐야 한다."고 규정하고 있음. 따라서, 용역업체 선정에 관하여는 상기 규정에 적합해야 함
(서울시 주거정비과-20412호, 2019.12.19)

Q 별도의 용역으로 예산 책정되어 있는 용역을 기 계약업체를 통해 제3의 업체와 계약을 대신 체결할 때, 추진위원회 결의 없이 용역비 지급에 대한 의결로 기 계약업체의 추가 업무용역비로 집행할 수 있는지?

A 추진위원회 운영규정 별표 제25조제1항제4호에 따르면 추진위원회에서는 주민총회 의결로 정한 예산의 범위 내에서의 용역계약 등에 대하여 의결할 수 있도록 하고 있으므로, 해당 주민총회에서 정한 예산의 범위 안에서 용역계약 등을 추진위원회에서 의결해야 하며, 질의내용과 같이 별도의 용역으로 예산이 책정되어 있다면 기 선정된 업체와의 변경 계약이 아닌 새로운 계약을 체결해야 할 것으로 판단됨

아울러, 도시정비법 제29조에 추진위원장 또는 사업시행자는 이 법 또는 다른 법령에 특별한

규정이 있는 경우를 제외하고는 계약(공사, 용역, 물품구매 및 제조 등을 포함함)을 체결하려면 일반경쟁에 부쳐야 한다고 규정하고 있으며, 다만, 계약규모, 재난의 발생 등 대통령령으로 정하는 경우에는 입찰 참가자를 지명하여 경쟁에 부치거나 수의계약으로 할 수 있으므로,

기 계약업체와 수의계약을 체결하려면 도시정비법 시행령 제24조제1항 및 「정비사업 계약업무 처리기준(국토부고시 제2018-101호)」제8조(수의계약에 의한 입찰)를 준수해야 함(서울시 재생협력과 2018.9.18).

Q 1. 주민총회에서 예산 및 선정 등에 관해 의결 받은 후 도시계획업체를 추진위원회에서 선정할 수 있는지?

Q 2. 추진위원회에 상정할 업체 수를 입찰지침서에 정할 수 있는지?

A 추진위원회 운영규정 별표 제25조제1항제4호에 따르면 추진위원회에서는 주민총회 의결로 정한 예산의 범위 내에서의 용역계약 등에 대하여 의결할 수 있도록 하고 있으므로, 해당 주민총회에서 정한 예산의 범위 안에서 용역계약 등을 추진위원회에서 의결할 수 있을 것으로 판단되며,

도시정비법 제29조에 따라 추진위원장 또는 사업시행자는 이 법 또는 다른 법령에 특별한 규정이 있는 경우를 제외하고는 계약(공사, 용역, 물품구매 및 제조 등을 포함함)을 체결하려면 일반경쟁에 부쳐야 한다. 다만, 계약규모, 재난의 발생 등 대통령령으로 정하는 경우에는 입찰 참가자를 지명하여 경쟁에 부치거나 수의계약으로 할 수 있으므로,

입찰 참가자 수를 제한하여 지명 경쟁에 부치려는 경우에는 도시정비법 시행령 제24조(계약의 방법) 제1항제1호 및 「정비사업 계약업무 처리기준(국토부고시 제2018-101호)」제7조(지명 경쟁에 의한 입찰)를 준수해야 함(서울시 재생협력과 2018.9.7).

■ 제5호

일부 추진위원회에서는 창립총회에서 조합임원 선거에 대한 우월적 지위를 확보하기 위하여 제5호를 근거로 선거관리규정을 두는 경우가 종종 있다.

그러나 이는 추진위원회 운영에 필요한 사항이라고 보기 어렵다. 선거관리규정을 두기 위해서는 별도의 조문을 두어 주민총회의 의결을 받는 것이 옳다.

Q 추진위원회에 이자를 지급하는 조건으로 토지등소유자로부터 운영경비를 모금하고 추후 주민

총회에서 의결을 받아도 되는지?

Ⓐ 추진위원회 운영규정 제25조에 따르면 추진위원회는 추진위원회 운영을 위하여 필요한 사항을 의결할 수 있도록 하고 있고, 운영규정 제32조제1호에 따르면 추진위원회 운영자금은 토지등소유자가 납부하는 경비로 조달하도록 하고 있으므로, 질의하신 사항에 대하여 추진위원회 의결 및 총회의결을 거쳐 결정할 수 있을 것으로 판단됨(국토부 주택정비과 2017.7.14)

Ⓠ 운영규정 제2조제2항에서 추진위원회 구성은 다음 각 호의 규준에 따른다고 규정하고 제1항에 위원장 1인과 감사를 둘 것 2항에는 부위원장을 둘 수 있다. 제3조제1항의 규정은 별표 운영규정안을 기본으로 하여 작성하도록 규정한 다음 별표로 정하고 있는데 별표 운영규정 제15조제1항에서 위원장. 부위원장. 감사. 추진위원으로 규정하고 있다.
여기서 부위원장의 수를 어떻게 정할 수 있는지 의문이 있어 질의함.
지역 여건에 따라 부위원장을 다수로 둘 수 있다.
감사와 추진위원은 다수를 둘 수 있으나 위원장과 부위원장은 1인으로 정해야 한다. 만약 부위원장을 다수로 둘 경우, 위원장 궐위 시에는 위원회 대표를 부위원장 중 누가 위원장 권한을 대행할 것인지?

Ⓐ 추진위원회 운영규정에서는 부위원장의 수에 대해서는 별도 규정이 없기 때문에 같은 규정 별표 제25조제1항제5호에서 그밖에 추진위원회 운영을 위하여 필요한 사항을 의결할 수 있다고 규정하고 있기 때문에, 부위원장의 수 및 복수의 부위원장일 경우의 직무 등에 해서는 해당 추진위원회에서 의결 등을 통해 결정해야 할 것으로 판단됨(국토부 주택정비과 2016.10.10)

▌제2항

Ⓠ1. 추진위원회 의결사항은 추진위원회 개최 시 통지한 사항에 관하여만 의결할 수 있는데 통지한 사항을 일부 수정하여 의결할 수 있는지?
Ⓠ2. 통지한 사항을 일부 수정하여 의결할 수 있다면 서면결의서를 통해 의결권을 행사한 위원의 권리 침해의 소지는 없는지?
Ⓠ3. 통지한 사항을 일부 수정하여 의결할 경우 서면결의서 출석 위원의 수가 낮아 현장에 직접 출석한 위원의 의결사항만으로도 안건 가결이 가능하다면 수정 결의하여 가결된 사항이 유효한지?

A 추진위원회 운영규정 별표 제25조제2항에 따르면 추진위원회는 제24조제3항에 따라 통지한 사항에 관하여만 의결할 수 있도록 하고 있으므로, 질의의 추진위원에게 통지하지 않은 사항을 추진위원회에서 의결하는 것은 적합하지 않은 것으로 사료됨(서울시 재생협력과 2018.10.12).

Q 추진위원회가 추진위원에게 통지하지 않은 내용을 의결한 것이 적합한지?
A 추진위원회는 운영규정 별표 제25조제2항에 따라 같은 운영규정 별표 제24조제3항에 의하여 통지한 사항에 관하여만 의결할 수 있는 것이며, 추진위원에게 통지하지 않은 사항을 추진위원회에서 의결한 것은 같은 운영규정 별표 제25조제2항에 적합하지 않는 것으로 판단됨(국토부 주택정비과 2011.7.22)

■ 제3항
유사 조문: 도시정비법 시행령 제36조제9항 및 제10항

추진위원회의는 재적위원 과반수 출석으로 개의된다. 이해관계 있는 추진위원도 의사정족 시에는 포함되지만, 의결권을 행사할 수는 없다.[26]

Q 감사가 추진위원회의 회의 안건 발의나 차기 추진위원회 회의 시, 회의 안건 상정을 추진위원장에게 요청할 수 있는지?
A 추진위원회 감사는 추진위원회에서 의결권을 행사할 수 없다고 추진위원회 운영규정 제26조제3항에 규정하고 있으나, 감사의 회의안건 발의를 제한하는 명문규정은 두고 있지 아니함(국토부 주택정비과 2010.3.24)

---

[26] 대법원 2009.4.9.선고 2008다1521판결, 소유권이전등기
【판시사항】
민법상 법인의 이사회에서 결의사항에 이해관계가 있는 이사가 의결권을 갖는지 여부(소극) 및 그 이사의 수가 의사정족수에 포함되는지(적극)
【판결요지】
민법 제74조는 사단법인과 어느 사원과의 관계사항을 의결하는 경우 그 사원은 의결권이 없다고 규정하고 있으므로, 민법 제74조의 유추해석상 민법상 법인의 이사회에서 법인과 어느 이사와의 관계사항을 의결하는 경우에는 그 이사는 의결권이 없다. 이 때 의결권이 없다는 의미는 상법 제368조 제4항, 제371조 제2항의 유추해석상 이해관계 있는 이사는 이사회에서 의결권을 행사할 수는 없으나 의사정족수 산정의 기초가 되는 이사의 수에는 포함되고, 다만 결의 성립에 필요한 출석이사에는 산입되지 아니한다.

Q 1. 2003.10월에 추진위원회의 승인을 받고 2004.6월 토지등소유자의 1/10 위원을 선출하여 시장·군수에게 신고한 경우 추진위원의 임기는?

Q 2. 운영규정 제25조제3항은 비리 또는 자신의 업체와의 계약과 관련하였을 때 적용하는지, 동 규정 제15조제3항의 사항까지 적용하는지?

A 1. 도시정비법 제15조제2항 및 추진위원회 운영규정 제15조제3항에 위원의 임기는 선임된 날부터 2년까지로 하도록 규정되어 있음.

A 2. 추진위원회 운영규정 제25조제3항에 의하여 추진위원은 자신과 관련된 사항에 대하여 운영규정에서 따로 정하는 사항과 동 규정 제25조제1항의 내용에 대하여는 의결권을 행사할 수 없음(건교부 주환 2005.10.4).

Q 1. 추진위원회에서 토지등소유자의 동의를 필요로 하는 사항에 비용부담을 수반하는 것이나, 권리·의무에 변동을 발생시키는 것인 경우가 구체적으로 어떤 것인가?

Q 2. 추진위원회 설립승인을 받은 후에 추진위원회의 업무에 대한 의결방법은?

A 1. 토지등소유자의 동의를 필요로 하는 사항에 비용부담을 수반하는 것이나, 권리·의무에 변동을 발생시키는 것이란 추진위원회 운영규정의 작성, 정비사업 범위의 확대 또는 축소, 정비업자의 선정 등 도시정비법 시행령 제23조제1항 및 추진위원회 운영규정 제8조에서 정한 사항을 말함.

A 2. 추진위원회의 업무에 대한 의결사항 및 의결방법은 추진위원회 운영규정 제25조 및 제26조에 따라야 할 것임(건교부 주환 2003.10.21).

별표 운영규정 제26조

> 제26조(추진위원회의 의결방법) ① 추진위원회는 이 운영규정에서 특별히 정한 경우를 제외하고는 재적위원 과반수 출석으로 개의하고 출석위원 과반수의 찬성으로 의결한다. 다만, 제22조제5항에 따라 주민총회의 의결을 대신하는 의결사항은 재적위원 2/3 이상의 출석과 출석위원 2/3 이상의 찬성으로 의결한다.
> ② 위원은 대리인을 통한 출석을 할 수 없다. 다만, 위원은 서면으로 추진위원회 회의에 출석하거나 의결권을 행사할 수 있으며, 이 경우 제1항에 따른 출석으로 본다.
> ③ 감사는 재적위원에는 포함하되 의결권을 행사할 수 없다.
> ④ 제23조의 규정은 추진위원회 회의에 준용할 수 있다.

■ 제1항
고칠 수 없는 조문이다.

추진위원회의 의결 기준은 위원정수가 아닌 재적위원이다. 추진위원장은 추진위원회의 구성원으로 추진위원에 포함된다. 따라서 당연히 의결권을 행사할 수 있음에 반해, 조합장의 경우 대의원으로서 의결권 행사에 대해 의견이 갈리고 있다.

감사는 재적위원 수에는 포함하되 출석위원의 수에는 포함되지 않는다(의결권을 행사할 수 없다).

■ 운영위원회 등 소위원회 구성과 법적 구속력
추진위원회의 경우, 조합의 이사회에 준하는 기관이 없어 그 역할을 대신할 수 있는 운영위원회나 자문위원회 등 소위원회를 구성하는 것이 보통이다.

그러나 소위원회는 추진위원회 운영규정에 명시적 규정이 없는 기관으로 법적 구속력이 없는 자문기관이라 할 것이다. 따라서 소위원회에서의 의결이 있더라도 이는 자문행위로 보아야 하며 별도의 추진위원회의 또는 주민총회의 의결을 받아야 한다.

Ⓠ 추진위원회 운영규정에서 정한 추진위원 정족수가 부족한 상황에서 추진위원회를 개최하여 정비사업전문관리업자를 선정하는 것으로 의결하여 입찰공고, 현장설명회를 거쳐 입찰에 참여한 업체를 주민총회에서 선정이 가능한지?

Ⓐ 추진위원회 운영규정 별표 제26조제1항에 따르면 추진위원회는 이 운영규정에서 특별히 정한 경우를 제외하고는 재적위원 과반수 출석으로 개의하고 출석위원 과반수 찬성으로 의결한다고 규정하고 있는 등 운영규정에서는 추진위원회의 의결에 대하여 규정하고 있기 때문에 의결 관련 규정을 충족하지 않은 추진위원회의 의결은 유효하다고 볼 수 없을 것으로 판단됨(국토부 주택정비과 2018.3.16).

Ⓠ 추진위원회의에서 총 재적위원 103명 중 88명 참석(직접참석 54명, 서면결의 34명)으로 아래와 같은 결과인 경우 가결에 해당하는지?
(찬성 42명, 반대 41명, 무효, 기권 4명)

Ⓐ 추진위원회 운영규정 별표 제26조제1항에 따라서 추진위원회는 이 운영규정에서 특별히 정한 경우를 제외하고는 재적위원 과반수 출석으로 개의하고 출석위원 과반수의 찬성으로 의결하도록 하고 있으나 질의하신 경우는 출석위원 과반수의 찬성에 해당하지 않을 것으로 판단됨(국토부 주택정비과 2017.11.22).

Ⓠ 1. 운영규정 별표 제26조제1항의 재적위원 과반수란 해당 추진위원회의 운영규정에서 정한 위원수의 과반수인지, 사임, 소유권 변동 등에 따라 현재 남아 있는 위원수를 말하는지?
Ⓠ 2. 추진위원회 설립 시 동의서를 제출하지 않았으나, 추진위원 보궐 선임 시 추진위원회 설립동의서를 제출하고 추진위원으로 선임될 수 있는지?

Ⓐ 1. 운영규정 제2조제2항제3호에서는 추진위원회가 토지등소유자의 대표성을 확보할 수 있도록 추진위원회의 위원 수에 대하여 최소한의 범위를 규정하고 있으므로, 동 운영규정에 따라 해당 추진위원회 운영규정에서 정한 위원 수를 재적위원으로 봄이 타당하다 할 것임.

Ⓐ 2. 별표 운영규정 제12조제2항에 따라 추진위원회 구성에 동의하지 아니한 자에 대하여 도시정비법 시행규칙 별지 제2호의2 서식의 추진위원회 동의서를 징구할 수 있다고 규정하고 있고, 별표 운영규정 제13조제1항제3호에서 추진위원회 위원의 피선임·피선출권은 추진위원회 구성에 동의한 자에 한하도록 규정하고 있으므로, 추진위원회 구성에 동의한 자는 추진위원이 될 수 있는 자격이 있는 것으로 판단됨(국토부 주택정비과 2012.1.6)

ⓠ 추진위원회의 의결방법에 있어 감사의 재적·출석위원의 수에 포함되는지?
ⓐ 추진위원회 운영규정 제26조에 따르면 추진위원회는 이 운영규정에서 특별히 정한 경우를 제외하고는 재적위원 과반수 출석으로 개의하고 출석위원 과반수의 찬성으로 의결하며 감사는 의결권을 행사할 수 없다고 규정하고 있으므로 재적위원 수에는 포함하되, 출석위원의 수에는 포함하지 않는 것임(국토부 주택정비과 2009.9.19).

ⓠ 토지등소유자의 1/10 이상의 구성 요건에 따라 25명의 위원을 선임하였는데 이후 위원 9명이 사임 또는 자격상실로 궐위되어 16명(감사2인 포함)의 위원이 남아 있는 경우,
1) 추진위원회 운영규정 제26조에 따라 추진위원회 의결 시 재적위원 및 출석위원에 감사가 포함되는지?
2) 의결을 위하여 몇 명의 위원이 찬성하면 되는지?
ⓐ 운영규정 제26조제1항에 따르면 "추진위원회는 이 운영규정에서 특별히 정한 경우를 제외하고는 재적위원 과반수 출석으로 개의하고 출석위원 과반수의 찬성으로 의결한다."고 규정되어 있으며, 동조 제3항에서는 감사는 의결권을 행사할 수 없다고 규정되어 있는바, 질의의 경우 감사는 의결권을 행사할 수 없으므로 재적위원 수에는 포함하되 출석위원의 수에는 포함하지 않는 것이 바람직 할 것으로 보이며,
운영규정 제2조제2항에서는 위원의 수에 관하여 최소한의 범위를 규정하고 있으므로 재적위원의 수가 상기 운영규정에서 정한 최소한의 위원의 수가 되어야 할 것임(국토부 주택정비과 2009.4.2)

ⓠ 1. 별첨 추진위원회 운영규정 제26조(추진위원회 의결방법) 제1항 중 "… 재적위원 과반수 출석으로 개의하고… "에서 '재적위원'이란 무엇인지?
동 고시 제2조(추진위원회의 설립) 제2항3호의 위원정수(토지등소유자의 1/10이상)와 같은 것인지, 다르다면 무엇이 다른지, 추진위원장, 감사는 위원정수에 포함되는지?
ⓠ 2. 실제 추진위원회 운영규정을 작성함에 있어 동 고시가 정하는 위원정수보다 적은 수의 추진위원으로 추진위원회를 구성할 수 있도록 규정할 수 있는지?
ⓠ 3. 토지등소유자의 1/10에 해당하는 수가 51명인데, 운영규정에는 "위원장1인, 감사2인 이내, 추진위원 51인 이내로 둘 수 있다"고 규정되어 있고, 관할 시청에는 11명(위원장1인, 감사2인 포함)만 신고되어 있는 경우(다만, 추진위원회 내부적으로만 그 정확한 선임기준이나 의결과정을 토지등소유

자에게 알리지도 않고, 추진위원을 선임 또는 교체해가며 추진위원회를 운영하고 있는 경우)에 이 추진위원회에서 이루어진 의결이 대내적으로나 대외적으로 효력을 발생할 수 있는지?

🅐 위원정수는 추진위원회 운영규정 제15조에서 확정한 위원의 수를 의미하는 것으로 위원장, 감사를 포함하는 것이며, 재적위원은 위원정수 중 궐위된 위원을 제외하고 현재 적합한 위원으로 재적되어 있는 위원을 의미함.
추진위원은 추진위원회 운영규정 제2조제2항제3호에 따라 토지등소유자의 1/10 이상으로 구성하여야 하며 결원이 있는 경우에는 추진위원회 운영규정(안) 제18조제3항에 따라 지체없이 새로운 위원을 선임해야 함(국토부 주택정비과 2009.2.20).

🅠 추진위원회의 의결방법에 있어 감사의 재적·출석위원의 수에 포함되는지?
🅐 추진위원회는 운영규정에서 특별히 정한 경우를 제외하고는 재적위원 과반수 출석으로 개의하고 출석위원 과반수의 찬성으로 의결하며 감사는 의결권을 행사할 수 없다고 규정하고 있으므로 재적위원 수에는 포함하되, 출석위원의 수에는 포함하지 않는 것임(국토부 2009.9.19)

🅠 토지등소유자의 1/10 이상의 구성 요건에 따라 25명의 위원을 선임하였는데 이후 위원 9명이 사임 또는 자격상실로 궐위되어 16명(감사2인 포함)의 위원이 남아 있는 경우,
1) 운영규정 별표 제26조에 따라 추진위원회 의결 시 재적위원 및 출석위원에 감사가 포함되는지?
2) 의결을 위하여 몇 명의 위원이 찬성하면 되는지?
🅐 운영규정 별표 제26조제1항에 따르면 "추진위원회는 이 운영규정에서 특별히 정한 경우를 제외하고는 재적위원 과반수 출석으로 개의하고 출석위원 과반수의 찬성으로 의결한다."고 규정되어 있으며,
동조 제3항에서는 감사는 의결권을 행사할 수 없다고 규정되어 있는바, 질의의 경우 감사는 의결권을 행사할 수 없으므로 재적위원 수에는 포함하되 출석위원의 수에는 포함하지 않는 것이 바람직 할 것으로 보이며, 운영규정 제2조제2항에서는 위원의 수에 관하여 최소한의 범위를 규정하고 있으므로 재적위원의 수가 상기 운영규정에서 정한 최소한의 위원의 수가 되어야 할 것임(국토부 주택정비과 2009.4.2)

🅠 재개발 추진위원 5명이 법원(법원에서 "변조된 동의서에 포함된 7명의 추진위원 선임은 토지등소

유자의 동의가 있다고 볼 수 없으므로 무효이고, 추진위원의 직무를 집행하여서는 아니 된다"고 직무집행정지가처분을 받음)으로부터 직무정지된 경우,
추진위원회의 의결방법에서 개의 및 의결정족수에 포함되는지?

A 추진위원회 운영규정 제26조에 추진위원회는 이 운영규정에서 특별히 정한 경우를 제외하고는 위원 과반수 출석으로 개의하고 출석위원 과반수의 찬성으로 의결한다고 규정되어 있으며, 질의의 경우와 같이 법원의 판결이 있는 경우 법원의 판결에 따라야 할 것임(건교부 주환 2006.1.26).

■ 제2항

Q 추진위원회에서 해외장기체류자가 추진위원이 된 경우, 장기체류자 본인의 권리와 의무를 직계존·비속에게 위임하면 그 대리인이 추진위원회에 참석하여 의결권 등을 본인을 대리하여 행사할 수 있는지?

A 추진위원회 운영규정 제26조제2항에 따라서 위원은 대리인을 통한 출석을 할 수 없고 다만, 위원은 서면으로 추진위원회 회의에 출석하거나 의결권을 행사할 수 있으며, 이 경우 제1항에 의한 출석으로 보고 있음(국토부 주택정비과 2014.5.28).

Q 추진위원회 회의 시 서면동의서에 인감날인을 해야 하는지, 서명을 해도 되는지?

A 운영규정 별표 제26조제2항 단서에 따르면 위원은 서면으로 추진위원회 회의에 출석하거나 의결권을 행사할 수 있으나, 이 경우 위원의 인감증명서를 첨부하도록 운영규정에서 명문화하고 있지 않으며,
추진위원회에 관하여는 법에 규정된 것을 제외하고는 민법의 규정 중 사단법인에 관한 규정을 준용한다고 별표 운영규정 제37조제1항에 규정되어 있음(국토부 2010.2.17)

Q 재건축사업의 토지등소유자로부터 위임받은 배우자·직계존·비속 또는 형제자매 등이 추진위원으로 선임될 수 있는지, 위원이 대리인을 통하여 출석 및 의결을 행사할 수 있는지?

A 도시정비법 제14조 및 추진위원회 운영규정안 제15조제2항·제26조제2항에 의하여 추진위원은 토지등소유자 중에서 선출하여야 하며, 위원은 대리인을 통한 출석을 할 수 없음(건교부 고객지원센터 2006.7.20).

Q 추진위원이 아닌 자가 추진위원회에 참석(추진위원 85명 중 2명이 자격이 없음)하여 추진위원의 연임에 대하여 의결한 경우 연임이 가능한지?

A 추진위원회 운영규정 제15조제3항 및 제26조에 의하여 위원의 임기는 선임된 날부터 2년까지로 하되, 추진위원회의 의결로 연임할 수 있으며, 추진위원회는 운영규정에서 특별히 정한 경우를 제외하고는 위원 과반수 출석으로 개의하고 출석위원 과반수의 찬성으로 의결함(건교부 주환 2006.3.2).

▌제3항

Q 감사가 추진위원회의 회의안건 발의나 차기 추진위원회 회의 시, 회의안건 상정을 추진위원장에게 요청할 수 있는지?

A 추진위원회 감사는 추진위원회에서 의결권을 행사할 수 없다고 운영규정 별표 제26조제3항에 규정하고 있으나, 감사의 회의안건 발의를 제한하는 명문 규정은 없음(국토부 주택정비과 2010.3.24)

Q 재건축사업의 추진위원회를 개최할 때 의사정족수 산정에 감사의 수를 제외하는 것인지, 아니면 감사의 수를 포함하는지?

A 추진위원회 운영규정 제26조(추진위원회의 의결방법) 제3항에 "감사는 의결권을 행사할 수 없다."고 규정하고 있으며, 의사정족수 산정에 감사는 제외하여야 할 것임(국토부 주택건설공급과 2009.5.15).

Q 추진위원회 감사가 총회 및 추진위원회의에 출석하였을 경우, 성원에 포함되는지?

A 추진위원회 운영규정 제26조에 따르면 추진위원회는 이 운영규정에서 특별히 정한 경우를 제외하고는 재적위원 과반수 출석으로 개의하고 출석위원 과반수의 찬성으로 의결하며 감사는 의결권을 행사할 수 없으므로 재적위원 수에는 포함하되, 출석위원의 수에는 포함하지 않는 것임(국토부 주택정비과 2010.3.23).

Q 1. 운영규정 제26조에 따르면 추진위원회의 의결은 재적위원 과반수 출석으로 개의하고 출석위원 과반수의 찬성으로 의결한다고 되어 있음.

이 경우 감사는 재적위원이므로 성원에 포함하여도 되는지?

총 재적위원 20명 중 11명이 참석한 추진위원회의에서 2명이 감사일 경우, 과반수 출석으로 성원이 된 것으로 보는지?

Q 2. 감사를 포함하여 성원이 된다고 가정할 때 의결은 출석위원 과반수의 찬성으로 의결한다고 되어 있는데, 운영규정 제26조제3항에는 감사는 의결권을 행사할 수 없다. 이 경우 출석위원 과반수의 찬성이란 의결권이 없는 감사를 제외하고 11명 중 감사 2명을 제외하고 출석을 9인으로 보고 과반수인 5인의 찬성으로 의결할 수 있는지?

A 추진위원회 운영규정 제26조에서 추진위원회는 이 운영규정에서 특별히 정한 경우를 제외하고는 재적위원 과반수 출석으로 개의하고 출석위원 과반수의 찬성으로 의결하고 감사는 의결권을 행사할 수 없음. 이 경우 의결권이 없는 감사 등을 제외하고 정족수를 산정할 수 있을 것임(건교부 고객만족센터 2007.11.3).

■ 제4항

주민총회는 운영규정 및 의사진행의 일반적 규칙에 따르도록 하고 있다. 또한 주민총회에서 토지등소유자가 아닌 추진위원회 사무국 직원 등이나 정비업체, 설계자 사무소나 그 밖에 총회 운영에 필요하다고 인정하는 자를 참석시켜 발언할 수 있도록 하고 있다.

또한, 의장은 질서를 유지하고 의사를 정리하기 위해 질서를 문란하게 하는 자의 발언 정지나, 퇴장을 명하도록 하고 있는데 이러한 주민총회 운영을 추진위원회의에서도 준용하게 하고 있다.

별표 운영규정 제27조

> 제27조(의사록의 작성 및 관리) ① 주민총회 및 추진위원회의 의사록에는 위원장·부위원장 및 감사가 기명날인하여야 한다.
> ② 위원의 선임과 관련된 의사록을 관할 시장·군수등에게 송부하고자 할 때에는 위원의 명부와 그 피선자격을 증명하는 서류를 첨부하여야 한다.

■ **제1항**
고칠 수 없는 조문이다.

추진위원장 또는 감사가 자신의 의사와 다르다는 이유로 추진위원회 의사록에 서명을 거부하거나 회피하는 사례가 있어 이에 대한 규정이 필요한 경우도 있다.

Q 추진위원회에서 감사가 공석인 상태에서 추진위원회의를 개최하여 해당 안건을 의결한 후, 의사록에 위원장과 부위원장만이 서명한 경우, 추진위원회 의결은 유효한지?
A 추진위원회 운영규정 별표 제27조제1항에서 추진위원회의 의사록에는 위원장, 부위원장 및 감사가 기명날인해야 한다고 규정하고 있으므로, 의사록의 작성 및 관리는 상기 규정을 따라야 할 것으로 사료되며,
운영규정 별표 제23조제4항 및 제26조제4항에 따르면 추진위원회는 주민총회 및 추진위원회의 의사규칙을 정하여 운영할 수 있다고 규정하고 있으므로, 질의의 경우의 추진위원회의 의결에 대한 유효여부는 해당 추진위원회의 운영규정 및 의사규칙 등을 종합적으로 검토하여 판단할 사항임(서울시 시민봉사담당관 2015.5.22).

Q 1. 추진위원회 감사가 민·형사상의 사건으로 제소되거나 운영규정 등 관계 법령을 위반하지 않았음에도 불구하고 추진위원회에서 해임할 수 있는지?
Q 2. 재개발추진위원회가 시공자를 선정하여 자금을 대여받아 정비사업비로 사용할 수 있는 것인지 및 시공자를 선정하여 자금을 받는 등의 행위는 향후 조합원(토지등소유자)의 부담이 되는 사항이므로 추진위원회 단계에서 토지등소유자의 동의를 받아야 하는지?
Q 3. 추진위원회 운영규정 제27조에 주민총회 및 추진위원회 의사록에는 위원장·부위원장 및 감사

가 날인하도록 규정되어 있으나, 고의적으로 감사의 날인을 회피하고 업무를 수행한 것이 적법한지?

A 1. 도시정비법 제15조제2항 및 추진위원회 운영규정 제17조제4항에 위원의 해임·교체는 토지등소유자의 1/3 이상 또는 위원 2/3 이상의 발의로 소집된 추진위원회에서 위원 과반수 출석과 출석위원 2/3 이상의 동의를 얻어 해임할 수 있음.

A 2. 재개발사업의 시공자 선정은 도시정비법 제24조에 의하여 조합이 총회 의결을 거쳐 선정하는 것이며, 조합설립인가 전 단계에서의 시공자 참여에 대해서는 도시정비법에 구체적으로 정하고 있지 않아 당사자 간 계약문제로 보아야 할 것임.

A3. 추진위원회 운영규정 제27조에 따라 주민총회 및 추진위원회 의사록에는 감사가 기명날인하여야 하나, 이를 고의적으로 회피하는 등의 행위에 대하여는 사실여부를 확인하여 처리하여야 할 것임(건교부 주환 2005.9.15).

- 별표 운영규정 제28조 삭제<2010.9.16>
- 별표 운영규정 제29조(용역업체의 선정 및 계약)
- 별표 운영규정 제30조(개략적인 사업시행계획서의 작성)

제5장 사업시행 등

별표 운영규정 제29조

> 제28조 삭제<2010.9.16>
> 제29조(용역업체의 선정 및 계약) 용역업체의 선정은 법 제29조에 따른다.

■ **제29조 용역업체의 선정 및 계약**

도시정비법 제29조(계약의 방법 및 시공자 선정 등), 동법 시행령 제24조
정비사업 계약업무 처리기준[시행 2024.9.5][국토부고시 제2024-465호, 2024.9.5 일부개정]

Q 정비계획 입안 전 계약(공사, 용역, 물품구매 및 제조 등 포함)을 체결할 수 있는지?

A 도시정비법 제29조제1항에 따르면 추진위원장 또는 사업시행자는 이 법 또는 다른 법령에 특별한 규정이 있는 경우를 제외하고는 계약(공사, 용역, 물품구매 및 제조 등 포함)을 체결하려면 일반경쟁에 부쳐야 하며, 계약규모, 재난의 발생 등 대통령령으로 정하는 경우에는 입찰 참가자를 지명하여 경쟁에 부치거나 수의계약으로 할 수 있다고 규정하고 있으나, 정비계획 입안 전 단계에서의 계약에 대해서는 별도로 규정되어 있지 아니함(서울시 주거정비과 2024.8.5).

Q 정비사업에서 수의계약이 가능한 5천만 원 기준은 부가가치세 포함인지? 정비사업에서의 모든 소송은 수의계약으로 할 수 있는지?
소송 위임 용역계약 시 추정가격은 착수금인지, 성공보수를 합산한 금액인지?

A 도시정비법 시행령 제24조제1항제2호에서 추정가격 5천만 원 이하인 물품의 제조·구매, 용역, 그 밖의 계약인 경우 수의계약으로 할 수 있다고 규정하고 있으며, 추정가격이란 「국가를 당사자로 하는 계약에 관한 법률 시행령(이하 '국가계약법 시행령')제2조에서 공사·물품·용역 등의 조달계약을 체결함에 있어서 법 제5조에 따른 국제입찰 대상 여부를 판단하는 기준 등으로 삼기 위하여 예정가격이 결정되기 전에 시행령 제7조에 따라 산정된 가격을 말한다고 규정하고 있으며,
「지방자치단체 입찰 및 계약집행기준」 제2절 제5호에서 예정가격에는 부가가치세, 개별소비세, 교육세, 관세 및 농어촌특별세 등을 포함해야 한다고 규정하고 있어, 추정가격에는 부

가가치세가 포함되지 않음

도시정비법 시행령 제24조제1항제2호 마목에서 소송, 재난복구 등 예측하지 못한 긴급한 상황에 대응하기 위하여 경쟁에 부칠 여유가 없는 경우 수의계약으로 할 수 있다고 규정하고 있는바,

해당 규정에 해당 여부는 소송 내용, 소송의 발생 경위 및 긴급성, 예산으로 정한 사항 외에 조합원에게 부담이 되는 계약인지 여부 등을 종합적으로 검토하여 판단할 사항으로 사료되고, 소송 위임 용역계약 시 추정가격은 소송에 소요되는 비용을 모두 합산한 금액으로 보는 것이 타당할 것으로 사료됨(서울시 주거정비과-17245호, 2023.11.10).

Q 정비사업의 협력업체 선정 관련 입찰참가자격을 제한할 수 있는지?

A 도시정비법 제29조에 따르면 추진위원장 또는 사업시행자는 이 법 또는 다른 법령에 특별한 규정이 있는 경우를 제외하고는 계약(공사, 용역, 물품구매 및 제조 등을 포함한다. 이하 같다)을 체결하려면 일반경쟁에 부쳐야 한다고 규정하고 있으며, 계약의 방법 및 절차 등에 필요한 사항은 「정비사업 계약업무 처리기준」에서 정하고 있음

「정비사업 계약업무 처리기준」 제12조에 따르면 입찰 참가자격 제한과 관련 다음 각 호의 어느 하나에 해당하는 자에 대하여 입찰참가자격을 제한할 수 있음을 정하고 있으나,

1. 금품, 향응 또는 그 밖의 재산상 이익을 제공하거나 제공의사를 표시하거나 제공을 약속하여 처벌을 받았거나, 입찰 또는 선정이 무효 또는 취소된 자
2. 입찰신청 서류가 거짓 또는 부정한 방법으로 작성되어 선정 또는 계약이 취소된 자

질의와 관련한 제한사항(지역제한 및 구비서류)은 따로 정하고 있지 않음. 따라서, 추진하는 입찰과 관련하여 관계 법·규정에서 따로 정하는 사항이 아니라면, 특정 제한은 적합하지 않음(서울시 주거정비과 2023.6.7).

Q 설계자 및 정비사업전문관리업자 선정을 위한 주민총회 시 최다득표자에 대한 동의가 과반수에 미달된 경우, 2차 투표 시 경우의 수를 정하여 과반수이상 작품을 당선작으로 선정하는 방법이 적정한지?

A 추진위원회 운영규정 별표 제22조제1항에 따르면, 주민총회는 도시정비법 및 추진위원회 운영규정에서 특별히 정한 경우를 제외하고 추진위원회 구성에 동의한 토지등소유자 과반수 출석으로 개의하고 출석한 토지등소유자(동의하지 않은 토지등소유자를 포함함)의 과반수 찬성으로 의결함.

한편, 추진위원회 운영규정 제29조에 따르면, 용역업체의 선정은 도시정비법 제29조에 따르도록 규정되어 있으며, 이와 관련 국토부고시 정비사업 계약업무 처리기준 제3조제2항에 따르면, "관계법령 등과 이 기준에서 정하지 않은 사항은 정관등(추진위원회 운영규정 포함)이 정하는 바에 따르며, 정관등으로 정하지 않은 구체적인 방법 및 절차는 대의원회(추진위원회 운영규정 제2조제2항에 따른 추진위원회 포함)가 정하는 바에 따르도록 규정"하고 있음. 따라서, 질의의 경우, 당해 추진위원회 운영규정에서 주민총회 시 용역업체를 선정하는 구체적인 방법 등을 별도로 정하지 않은 경우라면 추진위원회가 상기 규정에 적합하게 정하는 바에 따르는 것이 타당할 것으로 사료됨(서울시 재생협력과 2018.10.30).

Q 추진위원회와 컨설팅업체가 계약이 2017.5월에 진행되었음.
현재 개정된 법이 아닌 2017.5월 당시 기준법으로 봤을 때 추진위원회 운영규정 [별표]제29조에 보면 (용역업체의 선정 및 계약)이라고 되어 있는데, 내용은 설계자의 선정내용만 나와 있어서 질문함.
1) 추진위원회에서 용역업체 선정할 때도 운영규정[별표] 제29조에 따라 입찰의 방법으로 해야 하는지?
2) 추진위원회에서 컨설팅업체(정비계획 변경 자문, 동의서 징구, 총회 개최업무 등) 선정 시에도 운영규정[별표] 제29조에 따라 입찰해야 되는지?
A 구 추진위원회 운영규정 별표 제29조는 설계자의 선정 시 적용되는 규정으로 명시되어 있기 때문에, 질의의 용역업체 선정은 해당 조문은 적용하지 않는 것으로 판단됨.
다만, 2018.2.9 이전 정비사업전문관리업자를 선정을 위한 입찰공고를 한 경우에는 정비사업전문관리업자 선정기준에 명시된 규정에 따라야 함(국토부 주택정비과 2018.6.18).

Q 재개발추진위원회에서 협력업체 선정을 위하여 2개 이상의 업체를 후보로 하여 업체 선정 안건을 상정하였고, 각 업체별 계약서(안)를 총회자료로 첨부하였음.
주민총회 의결에 따라 1개 업체를 선정하고, 선정 이후 별도의 추진위원회 의결 없이 계약을 체결하였는데, 이 경우 하자가 있는 것으로 보아야 하는지?
A 추진위원회 운영규정(국토부고시 제2018-102호, 2018.2.9) 별표 제29조에 따라 추진위원회의 용역업체 선정은 도시정비법 제29조에 따르며, 운영규정 별표 제25조제1항제4호에 따라 주민총회 의결로 정한 예산의 범위 내에서의 용역계약 등은 추진위원회 의결사항이나 <u>주민총회 의결을 통하여 업체를 선정한 이후의 계약체결</u>에 관하여는 별도로 규정된 바 없으므로 해당 추진위원회 운영규정 검토가 필요할 것으로 사료됨(서울시 재생협력과 2018.3.27).

별표 운영규정 제30조

> 제30조(개략적인 사업시행계획서의 작성) 추진위원회는 다음 각 호의 사항을 포함하여 개략적인 사업시행계획서를 작성하여야 한다.
> 1. 용적률·건폐율 등 건축계획
> 2. 건설예정 세대수 등 주택건설계획
> 3. 철거 및 신축비 등 공사비와 부대경비
> 4. 사업비의 분담에 관한 사항
> 5. 사업완료 후 소유권의 귀속에 관한 사항

고칠 수 없는 조문이다.

■ 근거규정

도시정비법 제32조제1항제3호

법 제32조(추진위원회의 기능) ① 추진위원회는 다음 각 호의 업무를 수행할 수 있다.
1. 제102조에 따른 정비사업전문관리업자의 선정 및 변경
2. 설계자의 선정 및 변경
3. 개략적인 정비사업 시행계획서의 작성
4. 조합설립인가를 받기 위한 준비업무
5. 그 밖에 조합설립을 추진하기 위하여 대통령령으로 정하는 업무

조합 설립동의서는 추진위원회에서 개략적인 정비사업 시행계획서를 작성하지 않고는 동의서를 징구 할 수 없으며, 이와 관련 추진위원회에서 설계자를 선정할 수 있다.

Q 개략적인 사업시행계획서를 작성하지 않고 재건축조합 설립동의서를 징구하는 경우, 그 효력이 있는지?
A 추진위원회 운영규정 제30조에 따르면 추진위원회에서 작성하는 개략적인 사업시행계획서에는 용적률·건폐율 등 건축계획, 건설예정 세대수 등 주택건설계획, 철거 및 신축비 등

공사비와 부대경비, 사업비의 분담에 관한 사항 및 사업완료 후 소유권의 귀속에 관한 사항을 포함하도록 하고 있고, 개략적인 사업시행계획서 등은 ○○운영규정 제9조제1항에 토지등소유자가 쉽게 접할 수 있는 장소에 게시하거나 인터넷 등을 통하여 공개하고, 필요한 경우에는 토지등소유자에게 서면통지를 하는 등 토지등소유자가 그 내용을 충분히 알 수 있도록 하게 되어 있으며,

도시정비법 제16조제1항부터 제3항까지의 규정에 따른 조합설립을 위한 토지등소유자의 동의서에는 건설되는 건축물의 설계의 개요, 건물의 철거 및 신축에 소요되는 비용의 개략적인 금액과 그에 따른 비용의 분담기준, 사업 완료 후 소유권의 귀속에 관한 사항 및 조합정관을 포함하도록 영 제26조제2항에서 규정하고 있음. 재건축사업의 경우 도시정비법에 따른 조합설립동의는 규칙 제7조제3항에 따라 별지 제4호의3 서식에 받도록 하고 있으며, 위 서식에 따르면 동의 내용 중에 "(   )재건축추진위원회에서 작성한 정비사업 시행계획서와 같이 재건축사업을 한다"는 내용을 포함하고 있음. 따라서 재건축조합 설립동의서는 추진위원회에서 개략적인 정비사업 시행계획서를 작성하지 않는 경우에는 동의서를 징구 할 수 없는 것임(국토부 주택정비과 2011.12.16)

Q 추진위원회에서 건축사사무소와 용역계약 체결 시, 설계경기(일반공개)의 방법으로 건축사사무소를 선정할 수 있는지?
건축사사무소와 용역계약 체결하는 업무범위인 '개략적인 사업시행계획서 작성'이 건축사용역의 범위와 대가기준(건교부 공고, 2002-270호)에 의한 계획설계 수준으로 볼 수 있는지?

A 추진위원회에서 건축사사무소를 선정하고자 할 경우 운영규정 제29조에 의한 일반경쟁입찰 또는 제한경쟁입찰의 방법으로 선정해야 하고, 그 업무의 범위는 같은 규정 제30조에 정한 범위에 한정해야 할 것이며, 계약의 효력 또는 조합에 승계되지 않는바, 추진위원회에서 설계경기 방식에 의한 설계용역을 추진하고자 할 경우에는 일반공개경기 또는 제한공개경쟁의 방법에 의해야 하고,

그 업무의 범위는 개략적인 설계의 범위로 한정해야 하며, 설계용역의 권한이 부여되는 설계경기를 시행하고자 하는 경우에는 사업시행자인 조합을 설립한 이후 조합의 정관이 정하는 바에 따라 시행하는 것이 바람직함.

'개략적인 사업시행계획서의 작성'의 범위는 위 규정 제30조에 정한 업무를 의미하는 것이며, 그 대가기준은 추진위원회에서 정하는 바에 따라야 할 것임(건교부 주환 2006.11.7).

- 별표 운영규정 제31조(추진위원회의 회계)
- 별표 운영규정 제32조(재원)
- 별표 운영규정 제33조(운영경비의 부과 및 징수)

제6장 회계

별표 운영규정 제31조

> 제31조(추진위원회의 회계) ① 추진위원회의 회계는 매년 1월 1일(설립승인을 받은 당해연도의 경우에는 승인일)부터 12월 31일까지로 한다.
> ② 추진위원회의 예산·회계는 기업회계원칙에 따르되, 추진위원회는 필요하다고 인정하는 때에는 다음 각 호의 사항에 관하여 별도의 회계규정을 정하여 운영할 수 있다.
>   1. 예산의 편성과 집행기준에 관한 사항
>   2. 세입·세출예산서 및 결산보고서의 작성에 관한 사항
>   3. 수입의 관리·징수방법 및 수납기관 등에 관한 사항
>   4. 지출의 관리 및 지급 등에 관한 사항
>   5. 계약 및 채무관리에 관한 사항
>   6. 그 밖에 회계문서와 장부에 관한 사항

■ 제1항

고칠 수 없는 조문이지만, 공공관리를 시행하는 서울시는 「조합등 표준 예산·회계규정」을 고시하여 그 이행을 요구하고 있으므로, 일부 조항은 이에 따라 적용하면 될 것이다.

서울시는 2014.7.24 「조합등 표준 예산·회계규정」을 고시 후 2015.3.19 제1차 개정하였으며, 이 예산·회계규정 제2조에서는 다른 규정에 우선하여 적용하도록 하고 있다.

부칙에선 2014.7.24 시행하되 그 이전의 업무규정이 이와 위배된 경우를 예상하여 2014.7.24로부터 1년 이내에 주민총회를 거쳐 이를 시행하도록 강제하고 있다.

● 제2항 수정안

제31조(추진위원회의 회계) ② 추진위원회의 예산·회계는 당 추진위원회에서 정리한 별첨 「서울시 추진위원회 표준예산회계규정」에 따른다.

Q 추진위원회 승인일을 2017.10.1로 가정할 경우 최초 주민총회에서 예산(안)을 수립하고자 할

때 예산(안)을 2017.10.1부터 2017.12.31까지로 해야 하는지?

아니면 2017.1.1부터 2017.12.31까지로 수립해야 하는지?

🅐 추진위원회 운영규정 별표 제31조제1항에 추진위원회의 회계는 매년 1월 1일(설립승인을 받은 당해연도의 경우에는 승인일)부터 12월 31일까지로 하도록 규정하고 있으므로, 질의의 경우 예산(안)은 설립 승인일인 2017.10.1부터 2017.12.31까지로 해야 할 것으로 판단됨 (서울시 재생협력과 2017.9.11)

🅠 추진위원회 승인 전 재원조달에 관한 운영규정은 없는지?

🅐 도시정비법 및 추진위원회 운영규정에서는 시장·군수의 추진위원회 승인 전 (가칭)추진위원회의 운영 규정 및 재원 조달 방법에 대하여 규정하고 있지 않음(국토부 주택정비과 2012.12.21)

🅠 운영규정 제20조제2항제1호를 충족하여 동조 제3항에 따라 위원장에게 주민총회 개최를 요구하였으나 위원장과 감사가 이에 동의하지 아니하여 주민총회를 청구한 자의 대표가 구청장의 승인을 득하여 총회를 개최하였을 경우 주민총회 개최비용은 누가 부담하는지

🅐 운영규정 별표 제20조제2항 및 제3항에 따라 토지등소유자 1/5 이상이 주민총회의 목적사항을 제시하여 청구하였으나 위원장, 감사가 주민총회를 소집하지 아니하여 소집을 청구한 자의 대표가 시장·군수의 승인을 얻어 이를 소집한 경우 주민총회 개최비용 부담에 대하여는 별도로 규정하고 있지 않으므로 운영규정 제31조에 따라 추진위원회에서 정한 회계규정에 따르거나, 별도의 회계규정을 정하지 않은 경우에는 추진위원회의 운영자금으로 조달하는 것이 바람직할 것으로 사료됨(국토부 주택정비과 2012.7.6)

> 제31조(추진위원회의 회계) ③ 추진위원회는 추진위원회의 지출내역서를 매분기별로 게시판에 게시하거나 인터넷 등을 통하여 공개하고, 토지등소유자가 열람할 수 있도록 하여야 한다.
> ④ 추진위원회는 매 회계연도 종료일부터 30일 내 결산보고서를 작성한 후 감사의 의견서를 첨부하여 추진위원회에 제출하여 의결을 거쳐야 하며, 추진

위원회 의결을 거친 결산보고서를 주민총회 또는 토지등소유자에게 서면으로 보고하고 추진위원회 사무소에 3월 이상 비치하여 토지등소유자들이 열람할 수 있도록 하여야 한다.

⑤ 추진위원회는 납부 또는 지출된 금액의 총액이 3억5천만 원 이상인 경우에는 「주식회사 등의 외부감사에 관한 법률」 제2조제7호에 따른 감사인의 회계감사를 받는다. 제36조에 따라 중도 해산하는 경우에도 또한 같다.

⑥ 추진위원회는 제5항 따라 실시한 회계감사 결과를 회계감사 종료일부터 15일 이내 시장·군수등에게 보고하고, 추진위원회 사무소에 이를 비치하여 토지등소유자가 열람할 수 있도록 하여야 한다.

⑦ 추진위원회는 사업시행상 조력을 얻기 위하여 용역업자와 계약을 체결하고자 하는 경우에는 「국가를 당사자로 하는 계약에 관한 법률」을 적용할 수 있다.

■ 제3항

"지출내역서[27]"뿐만 아니라, 추진위원회 단계에서의 월별 자금의 입금, 출금 세부내역도 회계감사보고서 등과 같이 서류 작성 후 15일 이내에 공개하도록 하고 이를 토지등소유자에게 통지하여야 한다(법 제124조제1항, 영 제29조, 제94조 참조).

이를 위반하면 도시정비법 제138조제7호에 해당하는 범죄로 1년 이하의 징역 또는 1천만 원 이하의 벌금에 처하게 된다.

---

27 도시정비법 시행령
제29조(추진위원회의 운영) ① 추진위원회는 법 제34조제5항에 따라 다음 각 호의 사항을 토지등소유자가 쉽게 접할 수 있는 일정한 장소에 게시하거나 인터넷 등을 통하여 공개하고, 필요한 경우에는 토지등소유자에게 서면통지를 하는 등 토지등소유자가 그 내용을 충분히 알 수 있도록 하여야 한다. 다만, 제8호 및 제9호의 사항은 법제35조에 따른 조합설립인가 신청일 60일 전까지 추진위원회 구성에 동의한 토지등소유자에게 등기우편으로 통지하여야 한다.
1. 법 제12조에 따른 안전진단의 결과

Q1. 추진위원회 운영규정 제31조제3항에 의하여 "지출내역서"의 공개를 요구하였는데, 이를 거부하는 것이 같은 규정 제17조제2항의 내용과 위배되는지?

Q2. 추진위원회 운영규정 제17조제2항에 의하여 감사를 할 경우 시기 및 방법 및 추진위원 일부를 대상으로 별도의 심의기구(추진위원 대표회의)를 설치할 수 있는지?

Q3. 운영규정 제19조제2항에 추진위원회는 상근위원 및 유급직원에 대하여 별도의 보수규정을 정하여 보수를 지급하도록 규정되어 있으나, 업무추진비 및 수당지급을 별도로 운영규정에 정할 수 있는지?

A1. 추진위원회는 추진위원회 운영규정 제31조에 따라 추진위원회의 지출내역서를 매분기별로 게시판에 게시하거나 인터넷 등을 통하여 공개하고, 토지등소유자가 열람할 수 있도록 하여야 함.

A2. 운영규정 제19조제2항에 감사는 운영규정 제17조제2항에 의하여 추진위원회의 사무 및 재산 상태와 회계에 관하여 감사를 하며, 법에 규정된 것을 제외하고는 민법 중 사단법인에 관한 규정을 준용하여 판단하여야 할 것임.

A3. 추진위원회는 위원의 직무수행으로 발생되는 경비를 지급할 수 있으며, 상근위원 및 유급직원에 대하여 별도의 보수규정을 따로 정하여 보수를 지급하도록 규정되어 있음(건교부 주환 2005.9.7).

■ 제4항

이 조항에 의한 "감사의 의견서"와 추진위원회 운영규정 제17조의 "감사결과보고서"는 별개의 것으로, 각각 작성하여야 한다.

또한, 제4항 중 감사의 의견서를 첨부하여 추진위원회에 제출하여 의결을 받으라

---

2. 정비사업전문관리업자의 선정에 관한 사항
3. 토지등소유자의 부담액 범위를 포함한 개략적인 사업시행계획서
4. 추진위원회 위원의 선정에 관한 사항
5. 토지등소유자의 비용부담을 수반하거나 권리·의무에 변동을 일으킬 수 있는 사항
6. 법 제32조제1항에 따른 추진위원회의 업무에 관한 사항
7. 창립총회 개최의 방법 및 절차
8. 조합설립에 대한 동의철회(법 제31조제2항 단서에 따른 반대의 의사표시를 포함한다) 및 방법
9. 제30조제2항에 따른 조합설립 동의서에 포함되는 사항
② 추진위원회는 <u>추진위원회의 지출내역서를 매분기별로 토지등소유자가 쉽게 접할 수 있는 일정한 장소에 게시하거나 인터넷 등을 통하여 공개</u>하고, 토지등소유자가 열람할 수 있도록 하여야 한다.

는 내용을 "추진위원회가 아닌 주민총회"로 수정할 수 있는지는 고시문 제3조제2항 제2호에 따라 그대로 두는 것이 좋다.

Q 운영규정 제17조(위원의 직무 등) 제2항에는 "감사는 추진위원회의 사무 및 재산 상태와 회계에 관하여 감사하며, 주민총회 및 추진위원회에 감사결과보고서를 제출하여야 하고,"로 명시되어 있음. 그리고 운영규정 제31조(추진위원회의 회계) 제4항에는 "추진위원회는 매 회계년도 종료일부터 30일 내에 결산보고서를 작성한 후 감사의 의견서를 첨부하여 추진위원회에 제출하여 의결"이라 명시되어 있음.
그 중 상기 제17조 상 명시된 "감사결과보고서"와 제31조에 명시된 "감사의견서"의 의미가 별개의 보고서로 추진위원회에 제출하여야 하는지?
A 추진위원회의 감사는 추진위원회 운영규정 제31조제4항에 의한 감사의견서와 별도로 동 운영규정 제17조제2항에 따라 추진위원회의 사무 및 재산 상태와 회계에 관하여 감사하며, 주민총회 및 추진위원회에 감사결과보고서를 제출하여야 함(국토부 2009.1.22)

Q 추진위원회 운영규정 제31조(추진위원회의 회계)제4항과 관련, 궁금한 것은 회계년도 종료일 30일 이내에 결산보고서까지 작성하면 되는 것인지, 아니면 감사의견서 첨부하여 추진위원회에 제출하여 의결을 거쳐야 하는 과정까지 30일 이내에 마쳐야 하는 것인지?
A 추진위원회 운영규정 제31조제4항에 따라 추진위원회는 회계년도 종료일부터 30일 이내에 **감사의 의견서가 첨부된 결산보고서를 의결**하여야 함(국토부 2009.1.8)

Q 1. 추진위원회 운영규정안 제22조제5항을 삭제할 수 있는지 및 같은 규정 제31조제4항의 내용 중에 "추진위원회에 제출"을 "주민총회에 제출"로 변경할 수 있는지?
Q 2. 운영규정 제17조제6항 및 제19조제2항에 "주민총회의 인준을 받아야 한다"는 같은 규정 제8조에 의한 동의를 얻어야 하는지?
A 1. 운영규정은 추진위원회 운영규정 제3조에 따라 운영규정안을 기본으로 작성되어야 함.
A 2. 사무국의 운영규정 및 보수규정은 주민총회의 인준을 받도록 규정되어 있으며, 사업특성·지역상황을 고려하여 법에 위배되지 아니한 범위 안에서 수정 및 보완할 수 있음(건교부 주환 2005.12.12).

■ 제5항, 제6항
도시정비법 제112조, 제138조 및 동법 시행령 제88조제1항

이를 위반하면 형사처벌 규정까지 있다.

도시정비법

제112조(회계감사) ① 추진위원회는 다음 각 호의 어느 하나에 해당하는 경우에는 다음 각 호의 구분에 따른 기간 이내에 「주식회사 등의 외부감사에 관한 법률」 제2조제7호 및 제9조에 따른 감사인의 회계감사를 받기 위하여 시장·군수등에게 회계감사기관의 선정·계약을 요청하여야 하며, 그 감사결과를 회계감사가 종료된 날부터 15일 이내에 시장·군수등 및 해당 조합에 보고하고 조합원이 공람할 수 있도록 하여야 한다. 다만, 지정개발자가 사업시행자인 경우에는 제1호에 해당하는 경우는 제외한다. <개정 2017.10.31, 2021.1.5, 2021.3.16>

1. 추진위원회에서 사업시행자로 인계되기 전까지 납부 또는 지출된 금액과 계약 등으로 지출될 것이 확정된 금액의 합이 대통령령으로 정한 금액 이상인 경우: 추진위원회에서 사업시행자로 인계되기 전 7일 이내

4. 토지등소유자 또는 조합원 1/5 이상이 사업시행자에게 회계감사를 요청하는 경우: 제4항에 따른 절차를 고려한 상당한 기간 이내

법 제138조(벌칙) ① 다음 각 호의 어느 하나에 해당하는 자는 1년 이하의 징역 또는 1천만 원 이하의 벌금에 처한다. <개정 2018.6.12, 2020.6.9, 2021.1.5>

6. 제112조제1항에 따른 회계감사를 요청하지 아니한 추진위원장, 전문조합관리인 또는 조합임원(토지등소유자가 시행하는 재개발사업 또는 제27조에 따라 지정개발자가 시행하는 정비사업의 경우에는 그 대표자를 말한다).

도시정비법 시행령

제88조(회계감사) 법 제112조에 따라 시장·군수등 또는 토지주택공사등이 아닌 사업시행자 또는 추진위원회는 다음 각 호의 어느 하나에 해당하는 경우에는 회계감사를 받아야 한다.

1. 법 제112조제1항제1호의 경우에는 추진위원회에서 사업시행자로 인계되기 전까지 납부 또는 지출된 금액과 계약 등으로 지출될 것이 확정된 금액의 합이 3억 5천만 원 이상인 경우

2~3. 생략

Q 재개발추진위원회의 회계감사 보고서 공개시기는?

A 운영규정 별표(국토부고시 제2009-549호, 2009.8.13) 제31조제3항 내지 제6항에 따르면 추진위원회는 추진위원회의 지출내역서를 매분기별로 게시판에 게시하거나 인터넷 등을 통하여 공개하고, 토지등소유자가 열람할 수 있도록 해야 함

또한, 추진위원회는 매 회계연도 종료일부터 30일 내에 결산보고서를 작성한 후 감사의 의견서를 첨부하여 추진위원회에 제출하여 의결을 거쳐야 하며, 추진위원회의 의결을 거친 결산보고서를 주민총회 또는 토지등소유자에게 서면으로 보고하고 추진위원회 사무소에 3월 이상 비치하여 토지등소유자들이 열람할 수 있도록 하고 있음

그리고 추진위원회는 위 운영규정 별표 제31조제5항에 의하여 실시한 회계감사 결과를 회계감사 종료일부터 15일 이내 시장·군수에게 보고하고, 추진위원회 사무소에 이를 비치하여 토지등소유자가 열람할 수 있도록 해야 한다고 규정하고 있음(국토부 주택정비과 2012.12.21)

Q 재개발 추진위원회의 회계감사 보고서 공개 시기는?

A 추진위원회 운영규정(국토부고시 제2009-549호, 2009.8.13) 제31조제3항 내지 제6항에 따르면 추진위원회는 추진위원회의 지출내역서를 매분기별로 게시판에 게시하거나 인터넷 등을 통하여 공개하고, 토지등소유자가 열람할 수 있도록 하여야 함. 또한, 추진위원회는 매 회계연도 종료일부터 30일내에 결산보고서를 작성한 후 감사의 의견서를 첨부하여 추진위원회에 제출하여 의결을 거쳐야 하며,

추진위원회의 의결을 거친 결산보고서를 주민총회 또는 토지등소유자에게 서면으로 보고하고 추진위원회 사무소에 3월 이상 비치하여 토지등소유자들이 열람할 수 있도록 하고 있음.

그리고 추진위원회는 위 운영규정 제31조제5항에 의하여 실시한 회계감사 결과를 회계감사 종료일부터 15일 이내 시장 군수에게 보고하고, 추진위원회 사무소에 이를 비치하여 토지등소유가가 열람할 수 있도록 하여야 함(국토부 주택정비과 2009.11.30)

별표 운영규정 제32조

> 제32조(재원) 추진위원회의 운영 및 사업시행을 위한 자금은 다음 각 호에 따라 조달한다.
> 1. 토지등소유자가 납부하는 경비
> 2. 금융기관 및 정비사업전문관리업자 등으로부터의 차입금
> 3. 지방자치단체의 장이 융자하는 융자금

고칠 수 없는 조문이다.

■ 사업비의 융자 등(서울, 부산)

추진위원회에서는 주민총회 의결을 거쳐 시장에게 융자를 신청하게 된다.

1) 서울특별시
도시정비조례 제53조

추진위원회의 운영 및 사업시행을 위한 자금은 추진위원회의 운영자금 및 용역비 등으로, 이는 준공인가 신청 전에 융자금을 상환하여야 한다(도시정비조례 제53조제2항, 제3항 참조).

도시정비조례

제53조(사업비의 융자 등) ② 영 제79조제5항제5호[28]에서 "그 밖에 시·도조례로 정하는 사항"이란 추진위원회·조합의 운영자금 및 설계비 등 용역비를 말한다.

③ 융자는 영 제79조제5항에서 정하는 범위에서 다음 각 호의 기준에 따라 할 수 있다.

---

[28] 도시정비법 시행령
제79조(보조 및 융자 등) ⑤ 법 제95조제3항에 따라 국가 또는 지방자치단체는 다음 각 호의 사항에 필요한 비용의 각 80% 이내에서 융자하거나 융자를 알선할 수 있다.
1. 기초조사비, 2. 정비기반시설 및 임시거주시설의 사업비, 3. 세입자 보상비, 4. 주민 이주비
5. 그 밖에 시·도조례로 정하는 사항(지방자치단체가 융자하거나 융자를 알선하는 경우만 해당한다)

1. 융자금에 대한 대출이율은 한국은행의 기준금리를 고려하여 정책자금으로서의 기능을 유지하는 수준에서 시장이 정하되, 추진위원회 및 조합의 운영자금 및 용역비 등 융자 비목에 따라 대출이율을 차등 적용할 수 있다.
  2. 사업시행자는 정비사업의 준공인가 신청 전에 융자금을 상환하여야 한다.
  ④ 추진위원회 또는 조합은 총회의 의결을 거쳐 시장에게 융자를 신청할 수 있으며, 다음 각 호의 내용이 포함된 운영규정 또는 정관을 제출하여야 한다.
  1. 융자금액 상환에 관한 사항
  2. 융자 신청 당시 담보 등을 제공한 추진위원장 또는 조합장 등이 변경될 경우 채무 승계에 관한 사항
  ⑥ 제2항부터 제4항까지에서 정한 것 이외에 융자에 관하여 필요한 사항은 규칙으로 정한다.

2) 부산광역시
도시정비조례 제55조, 제59조

제55조(도시및주거환경정비기금의 설치 등) ⑤ 영 제79조제5항제5호에서 "시·도 조례로 정하는 사항"이란 추진위원회 또는 조합의 운영자금과 설계비 등의 용역비를 말한다.

제59조(융자금리 등) ① 법 제95조 및 영 제79조에 따라 시장은 사업시행자에게 제55조제4항제1호·제3호·제5호·제9호 및 같은 조 제5항의 비용 일부를 융자하거나 융자를 알선할 수 있다.
② 제1항에 따라 융자할 경우 금액의 범위, 대상 등은 기금심의회의 심의를 거쳐 세대별 또는 사업구역별로 시장이 따로 그 기준을 정할 수 있다.
③ 제1항에 따른 융자금리는「지방회계법」제38조제1항[29]에 따라 지정된 금고

---

[29] 지방회계법
제38조(금고의 설치) ① 지방자치단체의 장은 소관 현금과 그가 소유하거나 보관하는 유가증권의 출납, 보관 및 그 밖의 금고 업무를 취급하게 하기 위하여「은행법」에 따른 은행을 금고로 지정하여야 한다. 다만, 다

의 1년만기 정기예금 이자율을 기준으로 한다.

④ 융자금 상환은 5년 이내로 한다. 다만, 다음 각 호의 경우에는 2년의 범위에서 융자기간을 연장할 수 있다.

1. 시행인가를 받은 자 또는 조합의 귀책사유가 아닌 원인으로 사업시행 기간이 2년을 경과한 때
2. 천재지변 또는 불가항력적인 사유로 사업시행기간이 2년을 경과한 때
3. 그 밖에 시장이 인정하는 정당한 사유가 있을 때

⑤ 시장은 정비기금 융자대상으로 결정한 후 다음 각 호의 어느 하나에 해당되는 경우에는 융자결정을 취소한다.

1. 특별한 사유없이 착공계획일로부터 2개월 이내 사업을 착공하지 아니한 때
2. 거짓이나 그 밖에 부정한 방법으로 조합설립인가 또는 사업인가를 받은 것으로 확인되었을 때

⑥ 시장은 정비기금을 융자한 후 다음 각 호의 어느 하나에 해당하는 경우에는 융자원리금을 한꺼번에 회수한다.

1. 제5항에 해당하는 사실이 있는 때
2. 사업시행인가가 취소된 때
3. 시행자의 귀책사유로 인가받은 기간 내에 정비사업을 완료하지 못한 때
4. 융자금을 정비사업 이외의 목적에 사용한 때
5. 시장에 신고하지 않고 시행자의 명의가 변경된 때
6. 정비구역의 지정이 취소된 때
7. 추진위원회의 승인이 취소되거나 조합설립인가가 취소된 때
8. 업무대행자와 체결한 업무대행계약이 취소된 때

⑦ 시장은 제6항의 사유가 발생한 때에는 제55조제6항에 따른 기관 또는 융자

음 각 호의 어느 하나에 해당하는 금융기관이 대통령령으로 정하는 안정성 기준을 충족할 경우에는 특별회계 및 기금 업무만을 취급하는 금고로 지정할 수 있다.
1. 「농업협동조합법」 제2조제1호에 따른 조합 중 신용사업을 하는 조합
2. 「수산업협동조합법」 제2조제4호에 따른 조합 중 신용사업을 하는 조합
3. 「산림조합법」 제2조제1호에 따른 조합 중 신용사업을 하는 조합
4. 「새마을금고법」 제2조제1항에 따른 새마을금고
5. 「신용협동조합법」 제2조제1호에 따른 신용협동조합

를 알선한 기관에 통보하여 융자원리금 회수 등 필요한 조치를 취하여야 한다.

■ 추진위원회 승인 없이 업무수행과 형사처벌

도시정비법 제137조제3호

(가칭) 추진위원회 단계에서 정비사업전문관리업체로부터 운영비용을 차입하였다면 도시정비법 제137조제3호에 해당하는 범죄로 형사처벌을 받게 된다.

도시정비법

제137조(벌칙) 다음 각 호의 1에 해당하는 자는 2년 이하의 징역 또는 2천만 원 이하의 벌금에 처한다.

3. 제31조제1항 또는 제47조제3항을 위반하여 추진위원회 또는 주민대표회의의 승인을 받지 아니하고 제32조제1항 각 호의 업무를 수행하거나 주민대표회의를 구성·운영한 자.

■ 2호 관련

'정비사업전문관리업자등'의 범위[30]에 대하여 따로 정하고 있지 아니하며 금융기관 및 관련 업체로부터 차입하여 자금을 조달할 수 있다는 의미이다. 추진위원회 단계에서는 "시공자나 철거업체"는 포함되지 않지만, 도시정비법 시행 이전에 시공자를 선정하였거나 법 개정에 의해 추진위원회에서 시공자를 선정한 경우에는 시공자가 포함될 수 있어, 차입금을 대여받을 수 있을 것이다.

---

[30] 재개발사업 추진위원회 운영비 대여에 관한 질문(국토부 주택정비과 2009.3.20)
울산시 중구 관할 재개발사업에 관계되는 사람임. 지금 울산의 중구 관할에는 재개발구역은 추진위원회가 승인이 난 뒤인데도 울산 중구청 지침에 의하여 정비사업전문관리업체 선정이 불가함. 그러므로 인한 추진위원회 운영에 필요한 최소한의 자금을 대여 받을 곳이 없어, 건축사사무소에게 운영비를 대여 받았음. 건축사사무소는 정비구역지정을 위한 기초 계획설계와 구역지정에 필요한 설계도서를 작성하기 위하여 구역지정 고시일까지의 한시적인 협력업체로서 건축사사무소를 정하여 정비구역지정 업무를 진행하고 있음. 국토부고시 제2006-330호 추진위원회 운영규정 제32조에는 추진위원회의 운영 및 사업시행을 위한 자금은 다음 각 호에 의하여 조달한다.
1. 토지등소유자가 납부하는 경비
2. 금융기관 및 정비관리업자 등으로부터의 차입금
3. 특별시장, 광역시장 또는 시장이 융자하는 융자금이라고 되어 있는데,

서울시 도시정비조례 제53조제4항, 부산시 제55조제5항, 제56조가 있다.

Q 추진위원회 운영 및 사업시행을 위한 자금을 추진위원회 설립에 동의한 토지등소유자를 대상으로 한 공모(公募) 방법으로 차입하여 사용할 수 있는지?

A 추진위원회 운영규정 별표 제32조(재원)에 따르면 추진위원회 운영 및 사업시행을 위한 자금은 1. 토지등소유자가 납부하는 경비, 2. 금융기관 및 정비사업전문관리업자 등으로부터의 차입금, 3. 지방자치단체의 장이 융자하는 융자금으로 조달한다고 규정하고 있음(서울시 주거정비과 2020.1.15.).

Q 추진위원회 승인 전 토지등소유자로부터 모금받은 기부금으로 (가칭)재건축준비위원회가 사용한 경비 및 잔액에 대한 회계 처리 방법은?

A 추진위원회 구성 이전 정비사업 추진을 위해 토지등소유자가 사용한 경비의 승계에 대하여 도시정비법 관련 규정에서 별도로 정하고 있지 않으며, 추진위원회 운영규정[별표] 제32조에 따르면, 추진위원회의 운영 및 사업시행을 위한 자금은 "토지등소유자가 납부하는 경비", "금융기관 및 정비사업전문관리업자 등으로부터의 차입금" 및 "지방자치단체의 장이 융자하는 융자금"으로 조달한다고 규정함.

따라서, 추진위원회 승인 전 토지등소유자로부터 모금받은 기부금으로 사용한 경비 및 잔액에 대한 회계 처리 방법에 대하여는 법률 전문가의 자문 또는 당해 추진위원회 승인권자인 관할 자치구청장에게 문의바람(서울시 주거정비과 2019.3.28)

Q 1. 신탁업자가 주민총회의 중요한 의사결정 중 하나인 서면결의서를 직접 토지등소유자에게 받을 수 있는지?

> Q. 제32조제2호에 의한 정비사업전문관리업자는 울산시 중구청에서 업체 선정을 못하게 (정비구역 지정·고시일까지)지침을 내려진 상태이라, 자금을 차입할 정비사업전문관리업체도 없고, 제32조제2호에 의한 정비사업전문관리업자등으로 되어 있으면 정비구역 지정을 위한 도시계획엔지니어링업체나, 그 외 협력업체(건축사사무소)로부터 자금을 차입할 수 있는지?
> A. 관할관청으로부터 추진위원회의 정비업체선정을 금지당한 사유에 대하여는 알 수 없으나, 추진위원회 운영자금에 대하여는 추진위원회 운영규정 제32조제2호에 따라 금융기관 및 정비관리업자등으로부터의 차입할 수 있는 것으로 그 범위에 대하여 제한하고 있지 아니하나, 다만 부당한 목적을 위한 자금공여 등 관련 규정에 위반되어서는 안 될 것임.

Q2. 선정되지 않은 신탁업자가 총회에 필요한 경비 등을 직접 제공할 수 있는지?

Q3. 추진위원장 유고로 인하여 직무대행자 체제로 추진위원회가 운영되고 있는데 신탁업자 선정을 위한 주민대표로서 직무대행자가 그 역할을 수행할 수 있는지?

A1. 도시정비법 시행령 제22조제2호에 따라서 추진위원회는 토지등소유자의 동의서 청구 등의 업무를 수행할 수 있음. 따라서 주민총회의 의사결정을 위한 서면결의서 청구는 추진위원회에서 수행해야 할 것으로 판단됨.

A2. 추진위원회 운영규정 별표 제32조에 추진위원회의 운영 및 사업시행을 위한 자금과 관련하여 규정되어 있으니 질의하신 선정되지 않은 신탁업자가 제공하는 비용은 해당하지 않을 것으로 판단됨.

A3. 직무대행자의 업무 범위에 대하여는 동법에 별도로 정하고 있지 않으나, 추진위원회 운영규정 제18조제3항에 따르면 위원이 자의로 사임하거나 제1항에 의하여 해임되는 경우에는 지체 없이 새로운 위원을 선출해야 하도록 하고 있으므로 직무대행자는 동 규정에 따라 지체 없이 추진위원장을 새로 선출하는 등 해당 추진위원회를 정상화와 관련된 업무를 수행해야 할 것으로 판단되며, 다만 신탁업자 선정은 중요성 등을 고려하여 새로 선출된 추진위원장이 수행하는 것이 바람직할 것으로 판단됨(국토부 주택정비과 2017.9.8).

Q1. 정비업체가 선정되어 있음.
추진위원회 운영규정 제32조2항 금융기관 및 정비사업전문관리업자등으로부터 차입금, 항 중, 등 이란(예로 타 기관에서도 계약조건 없이 차임이 가능한지)?

Q2. 조합에서의 운영자금(입찰보증금)으로 조합이 취소되고 없는 상태인데, 현 추진위원회(계약서 없이)에서 운영자금으로 사용해도 법적 결격하자 사유가 없는지?

Q3. 자금운영에 관해서 추진위원회에서 결의하고 주민총회에서 추인받으면 하자가 결격사유 없는지?

A 추진위원회 운영규정 별표 제32조에 따르면 추진위원회의 운영 및 사업시행을 위한 자금은 토지등소유자가 납부하는 경비. 금융기관 및 정비사업전문관리업자 등으로 부터의 차입금, 특별시장, 광역시장 또는 시장이 융자하는 융자금에 의하여 조달하도록 하고 있고,

별표 운영규정 제25조제1항제1호 및 제4호에는 추진위원회 예산 및 결산의 승인에 관한 방법 및 주민총회 의결로 정한 예산 범위 내에서의 용역계약 등은 추진위원회에서 의결하도록 하고 있음

질의하신 추진위원회 운영경비의 차입금과 관련해서는 운영자금 대여 기관의 관계 및 입찰보증금의 성격, 해당 추진위원회의 의결 또는 주민총회 의결내용 등 현지 사정 및 사실관계 등을 고려하여 판단할 사항임(국토부 주택정비과 2014.2.27)

Q 추진준비위원회 해체 시 그동안 동의서 제출한 동의인들에게 그동안 사용비용을 부담할 수 있는지?
A 추진위원회의 운영 및 사업시행을 위한 자금은 토지등소유자가 납부하는 경비 등 추진위원회 운영규정 제32조 각 호에 의하여 조달하도록 규정하고 있고, 추진위원회는 조합설립을 추진하기 위한 비용을 충당하기 위하여 토지등소유자에게 운영경비를 부과·징수할 수 있다고 운용규정 제33조제1항에서 규정하고 있음
추진위원회에 관하여는 도시정비법에 규정된 것을 제외하고는 민법 규정 중 사단법인에 관한 규정을 준용한다고 ○○추진위원회 운영규정 제37조제1항에서 규정하고 있음(국토부 주택정비과 2011.6.1)

Q 재개발사업 추진위 재원조달에 관한 문의로 건교부에서 고시한 추진위 운영규정 제32조제2호의 '금융기관 및 정비사업전문관리업자 등으로부터의'에서 여기서 '등'이 의미하는지?
A 추진위원회의 운영규정 제32조에서 추진위원회의 운영 및 사업시행을 위한 자금은 토지등소유자가 납부하는 경비, 금융기관 및 정비사업전문관리업자 등으로부터의 차입금, 특별시장, 광역시장 또는 시장이 융자하는 융자금으로 조달하도록 하고, '정비사업전문관리업자 등'의 범위에 대하여 따로 정하고 있지 아니하며 금융기관 및 관련업체로부터 차입하여 자금을 조달할 수 있다는 의미임(건교부 고객만족센터 2007.12.30).

Q 주민총회에서 추진위원회의 운영 및 사업시행을 위한 자금을 의결하기 전에 추진위원장이 추진위원회에 보고하고 개인적으로 재원을 조달할 수 있는지?
A 추진위원회 운영규정 제32조에 추진위원회의 운영 및 사업시행을 위한 자금은 토지등소유자가 납부하는 경비 또는 금융기관 및 정비사업전문관리업자 등으로부터의 차입금으로 조달할 수 있도록 규정되어 있음(건교부 주환 2005.11.24).

Q 추진위원회나 정비조합에서 도시정비법에 의하여 선정된 시공자에게 자금지원을 받는 것이 합법적인지?

Ⓐ 추진위원회의 운영은 추진위원회 운영규정에 따라야 하며, 동 규정 제32조에 추진위원회의 운영자금은 토지등소유자가 납부하는 경비 및 금융기관 등으로부터 정비사업자가 알선할 수 있는 것이나, 정비사업자가 직접 대여하도록 하는 것은 아니며, 도시정비법 제20조 및 제24조에 자금의 차입과 그 방법·이율 및 상환방법 등에 대하여는 조합정관 및 총회의 의결사항으로 정하도록 규정되어 있음.

따라서 동법 시행 후 인정되지 않은 사항에 대하여 시공사 등으로부터의 운영비 등을 지원 받을 수 없음(건교부 주환 2004.7.12).

별표 운영규정 제33조

> 제33조(운영경비의 부과 및 징수) ① 추진위원회는 조합설립을 추진하기 위한 비용을 충당하기 위하여 토지등소유자에게 운영경비를 부과·징수 할 수 있다.
> ② 제1항에 따른 운영경비는 추진위원회의 의결을 거쳐 부과할 수 있으며, 토지등소유자의 토지 및 건축물 등의 위치·면적·이용상황·환경 등 제반여건을 종합적으로 고려하여 공평하게 부과하여야 한다.
> ③ 추진위원회는 납부기한 내 운영경비를 납부하지 아니한 토지등소유자(추진위원회 구성에 찬성한 자에 한한다)에 대하여는 금융기관에서 적용하는 연체금리의 범위에서 연체료를 부과할 수 있다.

수정, 보완할 수 있는 조문이다.

■ 제2항, 제3항

서초구 ○○아파트 재건축추진위원회의 주민총회에서 다음과 같은 조문을 두고 있다. 이는 서울시로부터 공공자금을 융자받기 위한 필요한 조문이다.

● 추가안

제33조(운영경비의 부과 및 징수) ④ 추진위원회의 운영 및 사업시행을 위한 자금을 추진위원회가 제32조제3호에 따라 서울시장으로부터 융자받을 경우 이에 동의하며 사업이 추진되지 못하는 사유가 발생하여 추진위원회가 융자금을 상환하지 못할 경우 토지등소유자가 지분에 비례하여 채무를 인수한다.

Q 공동주택 관리로 인한 잡수익이나 장기수선충당금, 기타 예비비등을 입주자대표회의 의결 또는 소유자총회 의결로 재건축추진을 위한 준비위원회 운영비 재원으로 사용할 수 있는지?

A 위원회 운영비 재원과 관련해 추진위원회 운영규정 제31조제2항에 따라서 예산의 편성과 집행기준에 관한 사항, 지출의 관리 및 지급 등 추진위원회의 예산·회계는 기업회계원칙에 따르되, 추진위원회는 필요하다고 인정하는 때에는 다음 각 호의 사항에 관하여 별도의 회계규정을 정하여 운영할 수 있음. 재건축 추진을 위한 준비위원회 운영비 재원과 관련해 도시정비

법에 별도 규정되어 있지 않음(국토부 주택정비과 2014.6.26).

Q1. 추진위원회 변경동의서 징구 시에 토지등소유자 과반수 미확보 시, 추진위원회 승인이 불가하여 추진위원회가 해산될 경우 그때까지 발생한 운영경비의 처리가 문제가 될 것인데, 운영경비가 토지등소유자에게 부과가 가능한지?

Q2. 추진위원회 승인 후 변경지정으로 변경동의서 징구가 부결되어 추진위가 해산할 경우의 기발생 운영비용의 처리는 어떻게 해야 하는지(예전의 추진위 승인은 국토부고시 2009-549의 운영규정이 없는 경우임)?

A 추진위원회 운영규정 제33조제1항 및 제2항에 따르면 추진위원회는 조합설립을 추진하기 위한 비용을 충당하기 위하여 토지등소유자에게 운영경비를 부과, 징수할 수 있고, 동 운영경비는 추진위원회의 의결을 거쳐 부과할 수 있으며, 토지등소유자의 토지 및 건축물 등의 위치, 면적, 이용상황, 환경 등 제반여건을 종합적으로 고려하여 공평하게 부과하여야 하며, 관련 법령 등을 종합적으로 검토하여 판단할 사항임(국토부 주택정비과 2010.6.17).

- 별표 운영규정 제34조(조합설립 동의서)
- 별표 운영규정 제35조(관련자료의 공개와 보존)
- 별표 운영규정 제36조(승계)
- 별표 운영규정 제37조(민법의 준용 등)
- 별표 운영규정 부칙

제7장 보칙

별표 운영규정 제34조

> 제34조(조합설립 동의서) ① 추진위원회가 법 제35조제2항부터 제4항까지의 규정에 따라 조합설립을 위한 토지등소유자의 동의를 받는 경우 도시정비법 시행규칙 별지 제6호서식의 조합설립동의서에 동의를 받아야 한다. 이 경우 다음 각 호의 사항에 동의한 것으로 본다.
> 1. 건설되는 건축물의 설계의 개요
> 2. 공사비 등 정비사업에 드는 비용
> 3. 제2호의 비용의 분담에 관한 기준(제1호의 설계개요가 변경되는 경우 비용의 분담기준을 포함한다)
> 4. 사업완료 후 소유권의 귀속에 관한 사항
> 5. 조합정관
> ② 추진위원회는 조합설립에 필요한 동의를 받기 전에 다음 각 호의 정보를 토지등소유자에게 제공하여야 한다.
> 1. 토지등소유자별 분담금 추산액 및 산출근거
> 2. 그 밖에 추정분담금의 산출등과 관련하여 시·도 조례로 정하는 정보

■ **제1항**

도시정비법 제35조제1항 내지 제3항, 동법 시행령 제30조제1항, 제2항
도시정비법 시행규칙 별지 제6호 서식

도시정비법 시행령

제30조(조합설립인가신청의 방법 등) ① 법 제35조제2항부터 제4항까지의 규정에 따른 토지등소유자의 동의는 국토부령으로 정하는 동의서에 동의를 받는 방법에 따른다.

② 제1항에 따른 동의서에는 다음 각 호의 사항이 포함되어야 한다.
1. 건설되는 건축물의 설계의 개요
2. 공사비 등 정비사업비용에 드는 비용(이하 "정비사업비")
3. 정비사업비의 분담기준

4. 사업 완료 후 소유권의 귀속에 관한 사항
5. 조합 정관

재개발사업의 조합설립동의율은 개정되지 않았지만, 재건축사업의 경우에는 2025.5.1 부터 복리시설 및 전체 동의율이 완화되었다.

개정 도시정비법(2025.5.1부터 시행)
제35조(조합설립인가 등) ③ 재건축사업의 추진위원회(추진위원회를 구성하지 아니하는 경우에는 토지등소유자를 말한다)가 조합을 설립하려는 때에는 주택단지의 공동주택의 각 동(복리시설의 경우에는 주택단지의 복리시설 전체를 하나의 동으로 본다)별 구분소유자의 과반수(복리시설로서 대통령령으로 정하는 경우에는 1/3 이상으로 한다) 동의(공동주택의 각 동별 구분소유자가 5 이하인 경우는 제외한다)와 주택단지의 전체 구분소유자의 70/100 이상 및 토지면적의 70/100 이상의 토지소유자의 동의를 받아 정비구역 지정·고시 후 시장·군수등의 인가를 받아야 한다. <개정 2024. 12. 3, 2025.1.31>

복리시설인 상가동의율은 "재건축사업 고의 지연행위 등 복리시설로서 대통령령으로 정하는 경우, 동의요건을 1/3 이상"으로 완화하였다.

법 개정에 따라 2025.6.4부터 정비구역 지정·고시 이전이라도 추진위원회 구성 승인이 가능하여, 조합설립동의서 징구도 가능하게 되었다.
또한, 정비구역 지정·고시 즉시 조합설립인가 신청이 가능하게 되었으므로, 앞당겨진 추진위원회에서 동의서 징구 여부가 사업을 앞당길 수 있게 되었다.

■ 도시정비법 시행규칙[별지 제6호서식]

조합설립 동의서
[☐재개발사업, ☐재건축사업]

※ 색상이 어두운 란은 동의자가 적지 않습니다.　　　　　　　　　　(3쪽 중 제1쪽)

행정기관에서 부여한 연번범위		연번	/

Ⅰ. 동의자 현황

인적사항	성 명		생년월일	
	주민등록상 주 소		전화번호	

소유권 현황 ※ 재개발사업인 경우	토지 (총필지)	소재지 (공유여부)		면적(㎡)
		( )		
		( )		
		( )		
	건축물	소재지 (허가유무)		동수
		( )		
		( )		
		( )		
	지상권 (건축물 외 수목 또는 공작물의 소유목적)	설정 토지		지상권의 내용

소유권 현황 ※ 재건축사업인 경우	소유권 위치 (주소)	(단독주택)		
		(아파트·연립주택)		
		(상가)		
	등기상 건축물지분 (면적, ㎡)		등기상 대지지분 (면적, ㎡)	

Ⅱ. 동의사항

1. 조합설립 및 정비사업 내용

가. 신축건축물의 설계개요	대지 면적 (공부상 면적)	건축 연면적	규모	비고
	㎡	㎡		

	나. 공사비 등 정비사업에 드는 비용	철거비	신축비	그 밖의 비용	합계

다. 나목에 따른 비용의 분담	1) 조합정관에 따라 경비를 부과·징수하고, 관리처분 시 임시청산하며, 조합청산 시 청산금을 최종 확정합니다. 2) 조합원 소유 자산의 가치를 조합정관이 정하는 바에 따라 산정하여 그 비율에 따라 비용을 부담합니다. 3) 분양대상자별 분담금 추산방법(예시) 분양대상자별 분담금 추산액 = 분양예정인 대지 및 건축물의 추산액 - (분양대상자별 종전의 토지 및 건축물의 가격 × 비례율*) *비례율 = (사업완료 후의 대지 및 건축물의 총 수입 - 총사업비) / 종전의 토지 및 건축물의 총 가액	
라. 신축건축물 구분소유권의 귀속에 관한 사항	※ 개별 정비사업의 특성에 맞게 정합니다. 다만, 신축 건축물의 배정은 토지소유자의 의사가 최대한 반영되도록 하되, 같은 면적의 주택 분양에 경합이 있는 경우에는 종전 토지 및 건축물의 가격 등을 고려하여 우선 순위를 정하거나 추첨에 따르는 등 구체적인 배정방법을 정하여 향후 관리처분계획을 수립할 때 분양면적별 배분의 기준이 되도록 합니다. (예시) 1) 사업시행 후 분양받을 주택 등의 면적은 분양면적(전용면적+공용면적)을 기준으로 하고, 대지는 분양받은 주택 등의 면적 비례에 따라 공유지분으로 분양합니다. 2) 조합정관에서 정하는 관리처분계획에 관한 기준에 따라 주택을 소유한 조합원의 신축 건축물에 대한 분양면적 결정은 조합원의 신청규모를 우선적으로 고려하되, 같은 규모에서 경합이 있는 경우에는 종전 토지 및 건축물의 가격이 높은 순서에 따르고, 동·호수는 전산추첨으로 결정합니다. 3) 조합원에게 우선분양하고 남는 잔여주택 및 상가 등 복리시설은 관계법령과 조합정관이 정하는 바에 따라 일반분양합니다. 4) 토지는 사업완료 후 지분등기하며 건축물은 입주조합원 각자 보존등기합니다.	

2. 조합장 선정동의

조합의 대표자(조합장)는 조합원총회에서 조합정관에 따라 선출된 자로 합니다.

3. 조합정관 승인

도시정비법 제35조에 따라 정비사업 조합을 설립할 때 그 조합정관을 신의성실의 원칙에 따라 준수하며, 조합정관이 정하는 바에 따라 조합정관이 변경되는 경우 이의 없이 따릅니다.

*조합정관 간인은 임원 및 감사 날인으로 대체합니다.

4. 정비사업 시행계획서

(　　　　　)재개발사업·재건축사업 조합설립추진위원회에서 작성한 정비사업 시행계획서와 같이 재개발사업·재건축사업을 합니다.

※본 동의서를 제출한 경우에도 조합설립에 반대하고자 할 경우 도시정비법 시행령 제33조제2항에 따라 조합설립인가를 신청하기 전까지 동의를 철회할 수 있습니다. 다만, 동의 후 도시정비법 시행령 제30조제2항 각 호의 사항이 변경되지 아니한 경우에는 최초로 동의한 날부터 30일까지만 철회할 수 있으며, 30일이 지나지 아니한 경우에도 조합설립을 위한 창립총회 후에는 철회할 수 없습니다.

위와 같이 본인은 (　　　　)재개발사업·재건축사업 시행구역의 토지등소유자로서 위의 동의 내용을 숙지하고 동의하며, 도시정비법 제35조에 따른 조합의 설립에 동의합니다. 또한, 위의 조합 설립 및 정비사업 내용은 사업시행계획인가내용, 시공자 등과의 계약내용 및 제반 사업비의 지출내용에 따라 변경될 수 있으며, 그 내용이 변경됨에 따라 조합원 청산금 등의 조정이 필요할 경우 도시정비법 및 같은 법 시행령에서 정하는 변경절차를 거쳐 사업을 계속 추진하는 것에 동의합니다.

년　월　일

위 동의자 :　(자필로 이름을 써넣음) 지장날인

(　　　) 재개발사업
(　　　) 재건축사업　　조합설립추진위원회 귀중

신청인 제출서류	1. 토지등소유자 신분증명서 사본 1부.	수수료 없음

■ 제2항

도시정비법 제9조제1항, 동법 시행령 제13조제4항
서울시 도시정비조례 제80조(조합설립 등의 업무지원)
부산시 도시정비조례 제65조(공공지원에 따른 조합설립 방법 및 절차 등)

법 제9조(정비계획의 내용) ① 정비계획에는 다음 각 호의 사항이 포함되어야 한다.
2의2. 토지등소유자 <u>유형별</u> 분담금 추산액 및 산출근거

법 개정으로 25.5.1 "토지등소유자별이 아닌 토지등소유자 유형별"로 정비계획 분담금 추산방법이 완화, 시행되었다.

88 부동산대책의 영향으로 개정된 도시정비법에서 지자체가 정비계획 수립 시, 토지등소유자 각각 분담금을 추산하던 것을 대표 유형에 대해 추산액만 산출하여 정비계획에 포함하도록 하였다.

* 예시: 주택 유형(단독주택/다세대주택/아파트 등), 주요 평형 등(하위지침에서 규정 예정)

● **개정안**

제34조(조합설립 동의서) ② 추진위원회는 조합설립에 필요한 동의를 받기 전에 다음 각 호의 정보를 토지등소유자에게 제공하여야 한다.
　1. 토지등소유자 유형별 분담금 추산액 및 산출근거
　2. 그 밖에 추정분담금의 산출등과 관련하여 시·도조례로 정하는 정보

운영규정 제34조제2항제2호인 "그 밖에 추정분담금의 산출등과 관련하여 시·도조례로 정하는 정보"에 대해 서울시는 조례 제80조에서 다음과 같이 규정하고 있다.

서울시 도시정비조례

제80조(조합설립 등의 업무지원) ① 추진위원장 또는 조합임원은 조합설립 동의시부터 최초로 관리처분계획을 수립하는 때까지 사업비에 관한 주민 동의를 받고자 하는 경우에는 분담금 추정 프로그램에 정비계획 등 필요한 사항을 입력하고, 토지등소유자가 개략적인 분담금 등을 확인할 수 있도록 하여야 하며, 토지등소유자에게 개별 통보하여야 한다.
　② 추진위원장 또는 조합임원은 토지등소유자에게 동의를 받고자 하는 사업비의 내용과 부합하게 자료를 입력하여야 한다.
　③ 법 제27조제3항제2호에서 "그 밖에 추정분담금의 산출 등과 관련하여 시·도조례로 정하는 사항"과 영 제32조제2호에서 "그 밖에 추정 분담금의 산출 등과 관련하여 시·도조례로 정하는 정보"란 제2항에 따라 산출된 정보를 말한다.

부산시 도시정비조례

제65조(공공지원에 따른 조합설립 방법 및 절차 등) ① 구청장은 토지등소유자 과

반수가 원하는 경우 법 제31조제4항에 따라 추진위원회 구성을 생략할 수 있다.

② 제1항에 따라 추진위원회 구성을 생략하는 경우 토지등소유자는 시장이 정하는 방법과 절차 등에 따라 조합을 설립하여야 하며, 시장은 다음 각 호의 내용을 포함한 기준을 정하여 고시하여야 한다.

1. 토지등소유자의 대표자 등 주민협의체 구성을 위한 선출방법
2. 참여주체별 역할
3. 조합설립 단계별 업무처리 기준
4. 그 밖에 조합설립 업무 지원에 필요한 사항

별표 운영규정 제35조

제35조(관련자료의 공개와 보존) ① 추진위원장은 정비사업 시행에 관하여 다음 각 호(제1호부터 제9호까지를 말한다)의 서류 및 관련 자료가 작성되거나 변경된 후 15일 이내에 토지등소유자가 알 수 있도록 인터넷(인터넷에 공개하기 어려운 사항은 그 개략적인 내용만 공개할 수 있다)과 그 밖의 방법을 병행하여 토지등소유자의 주민등록번호를 제외하고 공개하여야 하며, 토지등소유자의 열람·복사 요청이 있는 경우 15일 이내에 그 요청에 따라야 한다. 이 경우 복사에 필요한 비용은 실비의 범위 안에서 청구인의 부담으로 한다.
1. 추진위원회 운영규정 등
2. 정비사업전문관리업자 및 설계자 등 용역업체의 선정계약서
3. 추진위원회·주민총회 의사록
4. 사업시행계획서
5. 해당 정비사업의 시행에 관한 공문서
6. 회계감사보고서
7. 월별 자금 입금·출금 세부내역
8. 연간 자금운용 계획에 관한 사항
9. 정비사업전문관리업자·설계자 등 용역업체와의 세부 계약 변경에 관한 사항
10. 토지등소유자 명부

② 추진위원회 또는 정비사업전문관리업자는 주민총회 또는 추진위원회가 있은 때에는 제1항에 따른 서류 및 관련 자료와 속기록·녹음 또는 영상자료를 만들어 이를 조합설립 인가일부터 30일 이내에 조합에 인계하여야 하고, 중도해산의 경우 청산업무가 종료할 때까지 이를 보관하여야 한다.

③ 토지등소유자가 제1항 각 호의 사항을 열람·복사하고자 하는 때에는 서면으로 요청하여야 하며, 청구인은 제공받은 서류와 자료를 사용목적 외의 용도로 이용·활용하여서는 아니된다.

④ 추진위원회는 제1항에 따라 공개의 대상이 되는 서류 및 관련 자료의 경우 매 분기가 끝나는 달의 다음 달 15일까지 다음 각 호의 사항을 토지등소유자에게 서면으로 통지하여야 한다.

1. 공개 대상의 목록
2. 공개 자료의 개략적인 내용
3. 공개 장소
4. 대상자별 정보공개의 범위
5. 열람·복사 방법
6. 등사에 필요한 비용

■ **근거규정**

도시정비법 제124조, 동법 시행령 제94조제2항
서울시 공공지원 재건축 표준정관 제62조, 재개발 표준정관 제66조
부산시 재건축 표준정관 제79조/재개발 표준정관 제91조

도시정비법

제124조(관련 자료의 공개 등) ① 추진위원장 또는 사업시행자(조합의 경우 청산인을 포함한 조합임원, 토지등소유자가 단독으로 시행하는 재개발사업의 경우에는 그 대표자를 말한다)는 정비사업의 시행에 관한 다음 각 호의 서류 및 관련 자료가 작성되거나 변경된 후 15일 이내에 이를 조합원, 토지등소유자 또는 세입자가 알 수 있도록 인터넷과 그 밖의 방법을 병행하여 공개하여야 한다. <개정 2022.6.10>

1. 제34조제1항에 따른 추진위원회 운영규정 및 정관등
2. 설계자·시공자·철거업자 및 정비사업전문관리업자 등 용역업체의 선정계약서
3. 추진위원회·주민총회·조합총회 및 조합의 이사회·대의원회의 의사록
4. 사업시행계획서
5. 관리처분계획서
6. 해당 정비사업의 시행에 관한 공문서
7. 회계감사보고서
8. 월별 자금의 입금·출금 세부내역
8의2. 제111조의2에 따라 신고한 자금차입에 관한 사항
9. 결산보고서
10. 청산인의 업무 처리 현황

11. 그 밖에 정비사업 시행에 관하여 대통령령으로 정하는 서류 및 관련 자료 ② 제1항에 따라 공개의 대상이 되는 서류 및 관련 자료의 경우 분기별로 공개대상의 목록, 개략적인 내용, 공개장소, 열람·복사 방법 등을 대통령령으로 정하는 방법과 절차에 따라 조합원 또는 토지등소유자에게 서면으로 통지하여야 한다.

③ 추진위원장 또는 사업시행자는 제1항 및 제4항에 따라 공개 및 열람·복사 등을 하는 경우에는 주민등록번호를 제외하고 국토교통부령으로 정하는 방법 및 절차에 따라 공개하여야 한다.

④ 조합원, 토지등소유자가 제1항에 따른 서류 및 다음 각 호를 포함하여 정비사업 시행에 관한 서류와 관련 자료에 대하여 열람·복사 요청을 한 경우 추진위원장이나 사업시행자는 15일 이내에 그 요청에 따라야 한다.

1. 토지등소유자 명부
2. 조합원 명부
3. 그 밖에 대통령령으로 정하는 서류 및 관련 자료

⑤ 제4항의 복사에 필요한 비용은 실비의 범위에서 청구인이 부담한다. 이 경우 비용납부의 방법, 시기 및 금액 등에 필요한 사항은 시·도조례로 정한다.

⑥ 제4항에 따라 열람·복사를 요청한 사람은 제공받은 서류와 자료를 사용목적 외의 용도로 이용·활용하여서는 아니 된다.

도시정비법 시행령

제94조(자료의 공개 및 통지 등) ② 추진위원장 또는 사업시행자(조합의 경우 조합임원, 재개발사업을 토지등소유자가 시행하는 경우 그 대표자를 말한다)는 법 제124조제2항에 따라 매 분기가 끝나는 달의 다음 달 15일까지 다음 각 호의 사항을 조합원 또는 토지등소유자에게 서면으로 통지하여야 한다.

1. 공개 대상의 목록
2. 공개 자료의 개략적인 내용
3. 공개 장소
4. 대상자별 정보공개의 범위
5. 열람·복사 방법
6. 등사에 필요한 비용

■ 제1항

도시정비법 제124조제1항제1호, 제138조제7호, 동법 시행령 제94조제1항, 제2항제1호.

고칠 수 없는 조문이다.

법 제138조(벌칙) ① 다음 각 호의 어느 하나에 해당하는 자는 1년 이하의 징역 또는 1천만 원 이하의 벌금에 처한다. <개정 2018.6.12, 2020.6.9, 2021.1.5>
7. 제124조제1항을 위반하여 정비사업시행과 관련한 서류 및 자료를 인터넷과 그 밖의 방법을 병행하여 공개하지 아니하거나 같은 조 제4항을 위반하여 조합원 또는 토지등소유자의 열람·복사 요청을 따르지 아니하는 추진위원장, 전문조합관리인 또는 조합임원.
8. 제125조제1항을 위반하여 속기록 등을 만들지 아니하거나 관련 자료를 청산 시까지 보관하지 아니한 추진위원장, 전문조합관리인 또는 조합임원.

■ 제2항

법 제34조제4항, 제138조제1항제2호

추진위원회는 사용경비를 기재한 회계장부 및 관계 서류를 조합설립인가일부터 30일 이내에 조합에 인계하여야 한다(법 제34조제4항).
제1항의 서류(추진위원회의 회계장부 및 관계서류)의 인계규정 위반 시 1년 이하의 징역 또는 1천만 원 이하의 벌금에 처한다.

법 제138조(벌칙) ① 다음 각 호의 어느 하나에 해당하는 자는 1년 이하의 징역 또는 1천만 원 이하의 벌금에 처한다. <개정 2018.6.12, 2020.6.9, 2021.1.5>
2. 제34조제4항을 위반하여 추진위원회의 회계장부 및 관계 서류를 조합에 인계하지 아니한 추진위원장(전문조합관리인을 포함한다)

■ 제3항

법 제124조제6항

위반 시 처벌규정은 없다.

■ 제4항

법 제124조제2항

Q 도시정비법 제124조에 따르면 추진위원장 또는 사업시행자(각주: 이 조에서는 조합의 경우 청산인을 포함한 조합임원, 토지등소유자가 단독으로 시행하는 재개발사업의 경우에는 그 대표자를 말하며, 이하 같음)는 정비사업의 시행에 관한 제1항 각 호의 서류 및 관련 자료가 작성되거나 변경된 후 15일 이내에 이를 조합원, 토지등소유자(각주: 도시정비법 제2조제9호에 따른 토지등소유자를 말하며, 이하 같음) 또는 세입자가 알 수 있도록 인터넷과 그 밖의 방법을 병행하여 공개하여야 한다고 규정하고 있고(제1항),

조합원, 토지등소유자가 같은 조 제1항에 따른 서류 및 같은 조 제4항 각 호를 포함하여 정비사업 시행에 관한 서류와 관련 자료에 대하여 열람·복사 요청을 한 경우 추진위원장이나 사업시행자는 15일 이내에 그 요청에 따라야 한다고 규정하고 있으며(제4항),

같은 법 제125조제1항에서는 추진위원장·정비사업전문관리업자 또는 사업시행자(각주: 조합의 경우 청산인을 포함한 조합임원, 토지등소유자가 단독으로 시행하는 재개발사업의 경우에는 그 대표자를 말함)(이하 "추진위원장등")는 같은 법 제124조제1항에 따른 서류 및 관련 자료와 총회 또는 중요한 회의(각주: 조합원 또는 토지등소유자의 비용부담을 수반하거나 권리·의무의 변동을 발생시키는 경우로서 대통령령으로 정하는 회의를 말함)가 있은 때에는 속기록·녹음 또는 영상자료(이하 "속기록 등 자료")를 만들어 청산 시까지 보관하여야 한다고 규정하고 있는바,

도시정비법 제125조제1항에 따라 보관하여야 하는 속기록등 자료가 법 제124조제4항에 따른 열람·복사의 대상이 되는 서류 및 관련 자료에 해당하는지?

A 도시정비법 제125조제1항에 따른 속기록 등 자료는 같은 법 제124조제4항에 따른 열람·복사의 대상이 되는 서류 및 관련 자료에 해당하지 않음(법제처 2024.7.2 민원인).

Q 세입자의 계약서 사본 및 영업보상자의 계약서 사본이 정보공개 대상인지?

🅐 도시정비법 제124조제1항에 따르면 추진위원장 또는 사업시행자(조합의 경우 청산인을 포함한 조합임원, 토지등소유자가 단독으로 시행하는 재개발사업 경우 그 대표자를 말함)는 정비사업 시행에 관한 각 호 서류(제1호 ~ 제11호) 및 관련 자료가 작성·변경된 후 15일 이내에 이를 조합원, 토지등소유자 또는 세입자가 알 수 있도록 인터넷과 그 밖의 방법을 병행하여 공개하여야 한다고 규정하고 있으며,

또한, 같은 조 제4항에서는 조합원, 토지등소유자가 제1항에 따른 서류 및 토지등소유자 명부, 조합원 명부 등을 포함하여 정비사업 시행에 관한 서류와 관련 자료에 대하여 열람·복사 요청을 한 경우 추진위원장이나 사업시행자는 15일 이내에 그 요청에 따라야 한다고 규정하고 있음.

따라서, 세입자 및 영업보상자의 계약서가 상기 규정에서 정하는 각 호 서류 및 관련 자료에 해당하는지를 판단하여야 할 사항임(서울시 주거정비과 2023.4.12)

🅠 정비구역 지정 전 토지등소유자들이 구성한 준비위원회에서 행한 행위의 자료가 서울시 도시정비조례 제85조 및 제86조에 따라 공개 또는 제출되어야 하는 자료인지?

🅐 정비구역 지정 전 준비위원회 등이 행한 자료의 공개 및 제출은 서울시 도시정비조례 제85조 및 제86조에 규정된 바가 없음. 다만 사안에 따라 향후 공개가 필요한 경우 등 관련 사항의 검토가 필요할 수 있음(서울시 주거정비과 2022.12.21)

🅠 총회, 대의원회, 이사회의 회의자료를 같은 회의 의사록과 같이 인터넷에 공개해야 하는지? 아니면 법규정에 명시된 대로 회의자료 공개는 안 하고 의사록만 공개해도 되는지?

🅐 도시정비법 제124조제1항제3호에 따라 추진위원회·주민총회·조합총회 및 조합의 이사회·대의원회의 의사록을 공개하고 있음. 또한, 조합장은 의사록과 함께 조합총회는 회의내용 안내책자(예 총회책자 등), 이사회와 대의원회는 회의내용 안내자료 등을 첨부자료로 등록할 수 있음. 조합원은 등록된 자료가 미비하거나 잘못된 정보가 있을 경우 보완요청을 하실 수 있음(서울시 주거정비과 2022.9.8).

🅠 조합에서 제공받은 조합원명부의 사용범위는?

🅐 도시정비법 제124조제1항에 따르면 사업시행자는 정비사업의 시행에 관한 제1호부터 제11호까지의 서류 및 관련 자료가 작성되거나 변경된 후 15일 이내에 이를 조합원, 토지등소유자 또는 세입자가 알 수 있도록 인터넷과 그 밖의 방법을 병행하여 공개하여야 한다고 규정

하고 있고,

조합원 또는 토지등소유자가 도시정비법 시행규칙 제22조에 따라 사용목적 등을 기재하여 서면으로 정비사업 시행 서류와 관련 자료에 대하여 열람·복사를 사업시행자(조합) 요청할 경우 사업시행자(조합)는 같은 법 제124조제3항 및 제4항에 따라 주민등록번호를 제외하고 15일 이내에 그 요청에 따라야 한다고 규정하고 있음.

제6항에는 제4항에 따라 열람·복사를 요청한 사람은 제공받은 서류와 자료를 사용목적 외의 용도로 이용·활용하여서는 아니 된다고 규정하고 있음(서울시 주거정비과 2021.5.14)

ⓠ 분담금 추정프로그램 작성 시 토지등소유자 또는 조합원 본인의 감정평가 추정액이 아닌 전체 토지등소유자 감정평가 금액을 정보공개 요청하는 경우, 공개대상인지?

ⓐ 도시정비법 제124조제3항 및 제4항에 따르면 사업 시행에 관한 서류와 그 관련 자료를 조합원 또는 토지등소유자가 열람·복사 요청을 한 경우 추진위원장이나 사업시행자는 15일 이내에 주민등록번호를 제외하고 공개하도록 규정하고 있음(서울시 주거정비과 2021.1.22)

별표 운영규정 제36조

> 제36조(승계) ① 추진위원회는 조합설립인가일까지 업무를 수행할 수 있으며, 조합이 설립되면 모든 업무와 자산을 조합에 인계하고 해산한다.
> ② 추진위원회는 자신이 행한 업무를 조합의 총회에 보고하여야 하며, 추진위원회가 그 업무범위 내에서 행한 업무와 관련된 권리와 의무는 조합이 포괄승계한다.

■ 제1항
도시정비법 제34조제4항

제34조(추진위원회의 운영) ④ 추진위원회는 사용경비를 기재한 회계장부 및 관계 서류를 조합설립인가일부터 30일 이내에 조합에 인계하여야 한다.

<실태점검 실제 사례>
◇ 조합설립인가 된 사실은 있으나 조합설립 후 30일 이내에 추진위원회는 사용경비를 기재한 회계장부 및 관련 서류를 조합에 인계하지 않음.
◇ 추진위원회가 체결한 사업약정서 관련 입찰공고문 등 각종 계약 및 지출에 관한 증빙문서가 인수인계되지 아니하거나 보관 미흡으로 일부 유실.

도시정비법에 의거 설립된 조합설립 추진위원회가 해산할 경우(어떠한 법을 적용하여 해산하더라도) 반드시 정비구역까지 해제해야 하는지 문의함.

Q1. 도시정비법 제16조의2제1항제1호에 따라 추진위원회를 해산할 경우에는 같은 법 제4조의3제1항제5호에 의거 정비구역을 해제해야 하는 것으로 알고 있음. 그러나 정비구역을 해제하고 다시 정비구역으로 재지정받는 데는 상당한 소요시간이 필요하여 정비구역 해제 없이 추진위원회만 해산하고자 할 경우에는 관련 법에 규정된 것이 없기 때문에, 추진위원회 운영규정 중 제37조(민법의 준용 등)제1항 "추진위원회에 관하여는 법에 규정된 것을 제외하고는 민법의 규정 중 사단법인에 관한 규정을 준용한다."는 원칙을 적용할 수 있는지?

Q2. 민법 제77조제2항 "사단법인은 사원이 없게 되거나 총회의 결의로도 해산한다."고 규정하고

있으므로 총회 결의로 추진위원회 해산이 가능한지, 이를 적용하여 추진위원회를 해산할 경우 정비예정구역까지 해제해야 하는지?

A 추진위원회 운영규정 별표 제36조제1항 단서에 따르면 조합설립인가 전에 추진위원회를 해산하고자 하는 경우에는 도시정비법 제16조의2제1항제1호에 따라 해산할 수 있다고 규정하고 있기 때문에 제37조의 '추진위원회에 규정된 것을 제외하고는 민법의 규정 중 사단법인에 관한 규정을 준용한다'는 규정은 적용할 수 없을 것으로 판단됨(국토부 주택정비과 2015.8.11.)

Q 법원의 판결에 의해 조합설립인가 취소 및 무효된 경우, 추진위원회 운영규정 제36조에 따라 이미 조합이 포괄승계 후 해산된 추진위원회가 존속하는지?

A 추진위원회가 조합설립인가 후 해산되었더라도 조합설립인가가 무효로 판명되었다면 해당 조합이 포괄 승계하였던 권리·의무는 여전히 추진위원회에 남을 수밖에 없으므로, 그 범위 안에서는 아직 소멸하지 않고 존속한다고 보아야 할 것이고(부산고등법원 2010.7.23.선고 2010누1996판결례 및 대법원 2010.12.23선고 2010두18611판결 참조),

추진위원회가 조합설립인가 이전에 수립한 사업추진계획에 대한 승인의 효력 역시 유지되는 것이므로, 기존의 추진위원회는 다시 조합을 설립하여 정비사업을 시행할 수 있다는 법제처 해석[31](11-0104, 2011.6.2)이 있었음.(국토부 주택정비과 2012.6.11)

---

31 시장정비사업을 추진하던 중 조합설립(변경)인가 및 사업시행인가에 대하여 무효판결을 받은 경우, 새로이 시장정비사업추진위원회를 설립하여야 하는지(「전통시장 및 상점가 육성을 위한 특별법」 제38조제2항 등)법제처 2011.6.4., 중소기업청)「전통시장 및 상점가 육성을 위한 특별법」에 따른 시장정비사업을 하기 위하여 도시정비법 제16조에 따른 조합설립인가 및 「전통시장 및 상점가 육성을 위한 특별법」 제39조에 따른 사업시행인가를 받아 사업을 추진하던 시장정비사업조합이 조합설립(변경)인가 및 사업시행인가에 대하여 무효판결을 받은 경우,
Q1. 조합설립인가 이전 단계인 기존의 시장정비사업추진위원회 및 해당 시장정비사업추진위원회가 수립하여 승인을 받은 시장정비사업추진계획은 그대로 인정하여 다시 시장정비사업추진위원회를 설립하거나 시장정비사업추진계획을 수립·승인받는 절차를 거치지 않고 조합설립인가 신청 등의 후속 단계를 진행하는 것이 가능한지?
Q2. 사업시행인가에 대한 무효판결로 인하여 결과적으로 시장정비사업추진계획의 승인이 고시된 날부터 3년 이내에 유효한 사업시행인가를 받지 못한 경우에는 「전통시장 및 상점가 육성을 위한 특별법」 제38조제2항에 따라 시장정비사업추진계획 승인의 효력이 상실되고 같은 조 제5항에 따라 2년 이내에 다시 시장정비사업추진계획의 승인 신청을 할 수 없는지?
A1. 조합설립인가 이전 단계인 기존의 시장정비사업추진위원회 및 해당 시장정비사업추진위원회가 수립하여 승인을 받은 시장정비사업추진계획은 그대로 인정하여 다시 시장정비사업추진위원회를 설립하거나 시장정비사업추진계획을 수립·승인받는 절차를 거치지 않고 조합설립인가 신청 등의 후속 단계를 진행하는 것이 가능함.
A2. 사업시행인가에 대한 무효판결로 인하여 결과적으로 사업추진계획의 승인이 고시된 날부터 3년 이내

Q 추진위원회 승인 전 2개의 (가칭)추진위원회에서 사용한 회계를 조합설립 후에 총회에서 포함하여 의결한 경우 도시정비법에 적합한지?

A 별표 추진위원회 운영규정 제36조에 따르면 추진위원회는 조합설립인가일까지의 업무를 수행할 수 있고, 조합이 설립되면 모든 업무와 자산을 조합에 인계하고 해산토록 하고 있으며, 도시정비법 제20조제1항제8호에 따르면 조합의 비용부담 및 조합의 회계는 정관에서 정하도록 하고 있으나, (가칭)추진위원회에 대하여는 도시정비법령상 이를 인정하는 명문의 규정을 두고 있지 않음(국토부 주택정비과 2010.4.6)

에 유효한 사업시행인가를 받지 못한 경우에는「전통시장 및 상점가 육성을 위한 특별법」제38조제2항에 따라 시장정비사업추진계획 승인의 효력이 상실되고 같은 조 제5항에 따라 2년 이내에 다시 시장정비사업 추진계획의 승인 신청을 할 수 없음.

별표 운영규정 제37조

제37조(민법의 준용 등) ① 추진위원회에 관하여는 법에 규정된 것을 제외하고는 민법의 규정 중 사단법인에 관한 규정을 준용한다.
② 법·민법 기타 다른 법률과 이 운영규정에서 정하는 사항 외에 추진위원회 운영과 사업시행 등에 관하여 필요한 사항은 관계법령 및 관련 행정기관의 지침·지시 또는 유권해석 등에 따른다.
③ 이 운영규정이 법령의 개정으로 변경되어야 할 경우 운영규정의 개정절차에 관계 없이 변경되는 것으로 본다. 다만, 관계법령의 내용이 임의규정인 경우에는 그러하지 아니하다.

■ **유사규정**

서울시 공공지원 재건축조합 표준정관 제67조, 서울시 공공지원 재개발조합 표준정관 제71조
부산시 재건축 표준정관 제86조/재개발 표준정관 제88조

서울시 공공지원 재건축조합 표준정관
　제67조(민법의 준용 등) ① 조합에 관하여는 법에 규정된 것을 제외하고는 「민법」 중 사단법인에 관한 규정을 준용한다.
　② 법, 「민법」, 이 정관에서 정하는 사항 외에 조합의 운영과 사업시행 등에 관하여 필요한 사항은 관계법령 및 관련 행정기관의 지침·고시 또는 유권해석 등에 따른다.
　③ 이 정관이 법 기타 관계법령 및 법 제118조에 따라 서울특별시가 제정하여 운용중인 공공지원 관련 규정의 개정으로 변경되어야 할 경우, 정관의 변경절차에 관계없이 변경되는 것으로 본다. 그러나 관계법령의 내용이 임의규정인 경우에는 그러하지 아니하다.
　【주】이 표준정관은 법·시행령·규칙 및 조례에 규정되어 있는 조합의 의무, 업무처리방법의 근거 조문 및 그 내용을 필요에 따라 최대한 상세히 기재하였으나, 오늘날 법령 등의 개정이 잦은 점을 고려하여 적법한 사업추진을

위해 조합은 법 원문을 수시로 확인해야 함

서울시 공공지원 재개발조합 표준정관 제71조와 같다.

■ 제1항

준용되는 사단법인 규정으로 "법인의 권리능력과 불법행위능력, 법인의 등기, 이사의 대표권 제한과 이사의 사무집행 및 직무대행 등 임원 관련 규정, 총회규정과 해산규정" 등이 있다.

■ 제2항

도시정비법령, 서울특별시, 국토부, 법제처 유권해석 및 서울특별시 공공지원 관련 규정, 고시문, 국토부 고시문, 유권해석 등에 따르도록 하였다.

■ 제3항

관계 법령 및 도시정비법 제118조에 따라 서울시 공공지원 관련 규정의 개정에 따라 추진위원회 운영규정을 변경해야 할 경우, 운영규정의 변경절차와 관계 없이 변경되는 것으로 간주된다.
다만, 임의규정인 경우에는 예외로 한다.

Q 기존 추진위원장과 추진위원을 해임하고자 토지등소유자의 우편물(등기)을 기존 추진위원회에서 서면결의서(우편물)를 다른 우편봉투에 담아 해임발의자에게 전달한 서면결의서가 유효한지?
A 도시정비법 제33조제4항에 따르면 제3항에 따른 추진위원의 교체·해임 절차 등에 필요한 사항은 제34조제1항에 따른 운영규정에 따른다고 규정하고 있음.
추진위원회 운영규정 제18조제1항에 의거 위원이 직무유지 및 태만 또는 관계법령 및 이 운영규정에 위반하여 토지등소유자에게 부당한 손실을 초래한 경우에는 해임할 수 있다고 정하고 있으며,
추진위원회의 구성 및 운영 등에 관한 사항은 운영규정 제37조제2항에 의거 법·민법 기타 다른 법률과 이 운영규정에서 정하는 사항 외에 추진위원회 운영과 사업시행 등에 관하여 필요한 구체적인 사항은 추진위원회승인권자인 자치구청장에게 문의바람(서울시 주거정비과 2019.7.30).

Q 도시정비법 제16조의2제1항제1호가 부칙 제2조에 의거 2016.1.31까지 유효함에 따라 효력이 없으나, 제15조제2항에 따라 고시된 추진위원회 운영규정은 제5조제3항 및 별표 운영규정 제36조에 추진위원회 해산에 관한 규정을 명시하고 있는데 이에 따라 동의요건 충족 시 추진위원회의 해산이 가능한지?

또한, 운영규정은 고시한 날부터 시행한다고 부칙조항에 명시되어 있어 운영규정에 대한 총회 의결 없이도 효력이 있는지?

A 추진위원회 운영규정 제5조제3항에서는 추진위원회는 조합설립인가 전에 추진위원회를 해산하고자 하는 경우 도시정비법 제16조의2제1항제1호에 따라 해산할 수 있다고 규정하고 있으나, 해당 규정은 유효기간이 만료된 규정으로 적용할 수 없음. 또한, 동 운영규정 부칙 제37조제3항에서는 이 운영규정이 법령의 개정으로 변경되어야 할 경우 운영규정의 개정절차에 관계 없이 변경되는 것으로 본다고 규정하고 있음(국토부 주택정비과 2017.4.28).

※ 구 도시정비법 제16조의2제1항은 2018.2.9 도시정비법 전부개정 시행으로 삭제되었으며, 서울시 도시정비조례 제15조의2(조합 설립인가등의 취소)도 2018.7.19 전부개정 시행으로 폐지되었다.

Q 도시정비법 제16조의2제1항제1호에 따른 추진위원회 해산은 2016.1.31.까지 유효함에 따라 현재 추진위원회를 해산할 수 있는 법적 근거가 없는 상태에서 추진위원회 해산방법에 관하여 문의함.

도시정비법 및 추진위원회 운영규정(국토부고시 제2012-890호, 2012.12.20)상 추진위원회를 해산할 수 있는 근거 법령이 현재는 없는 상황이나,

운영규정 별표 제37조제1항에는 추진위원회에 관하여는 도시정비법에 규정된 것을 제외하고는 민법의 규정 중 사단법인에 관한 규정을 준용하도록 되어 있으며, 현재 도시정비법상 추진위원회 해산과 관련하여 규정된 바가 없으므로 민법에 따라 추진위원회 해산이 가능한지?

A 문의하신 추진위원회의 해산방법에 대하여는 도시정비법에 별도로 규정된 바가 없으며, 민법에 따라 추진위원회 해산이 가능함(국토부 주택정비과 2016.4.20)

Q 도시정비법에 의거 설립된 추진위원회가 해산할 경우(어떠한 법을 적용하여 해산하더라도) 반드시 정비구역까지 해제해야 하는지에 대한 질의임.

도시정비법 제16조의2제1항제1호에 따라 추진위원회를 해산할 경우에는 같은 법 제4조의3제1항제5호에 의거 정비구역을 해제해야 하는 것으로 알고 있음.

그러나 정비구역 해제를 하고 다시 정비구역으로 재지정받는데 상당한 소요시간이 필요하여 정비구역 해제 없이 추진위원회만 해산하고자 할 경우, 관련 법에 규정된 것이 없기 때문에,
추진위원회 운영규정 중 제37조(민법의 준용 등)제1항 "추진위원회에 관하여는 법에 규정된 것을 제외하고는 민법의 규정 중 사단법인에 관한 규정을 준용한다."는 원칙을 적용할 수 있는지 문의함.
그리고 '민법' 제77조제2항 "사단법인은 사원이 없게 되거나 총회의 결의로도 해산한다."고 규정하고 있으므로 총회 결의로 추진위원회 해산이 가능한지와 더불어 이를 적용하여 추진위원회를 해산할 경우 정비예정구역까지 해제해야 하는지?

A 추진위원회 운영규정 별표 제36조제1항 단서에 따르면 조합설립인가 전에 추진위원회를 해산하고자 하는 경우에는 도시정비법 제16조의2제1항제1호에 따라 해산할 수 있다고 규정하고 있기 때문에 제37조의 '추진위원회에 규정된 것을 제외하고는 민법의 규정 중 사단법인에 관한 규정을 준용한다'는 규정은 적용할 수 없을 것으로 판단됨(국토부 주택정비과 2015.8.13)

별표 운영규정 부칙

> **부칙**
> 이 운영규정은 ○○시장·군수·구청장으로부터 ○○주택재건축/주택재개발/도시환경정비사업조합설립추진위원회로 승인을 받은 날부터 시행한다.

구 도시정비법상 주택재개발사업, 주택재건축사업, 도시환경정비사업은 2018.2.9 도시정비법 전부개정되면서, 이 중에서 주택재개발사업과 도시환경정비사업은 재개발사업으로 통합되었다.

2018.2.9 전부개정 시행으로 정비사업의 "주택"이 삭제된 재개발사업, 재건축사업으로 그 명칭이 바뀌었다. 다만 서울시는 도시정비조례를 개정하여 재개발사업을 주택정비형 재개발사업과 도시정비형 재개발사업으로 분류하였다.

● **수정안**
■ **재건축사업의 경우**
이 운영규정은 ○○구청장으로부터 ○○재건축정비사업조합설립추진위원회로 승인을 받은 날부터 시행한다.

■ **재개발사업의 경우**
① 도시정비형 재개발사업
이 운영규정은 ○○구청장으로부터 ○○도시정비형 재개발정비사업조합설립추진위원회로 승인을 받은 날부터 시행한다.

② 주택정비형 재개발사업
이 운영규정은 ○○구청장으로부터 ○○주택정비형 재개발정비사업조합설립추진위원회로 승인을 받은 날부터 시행한다.

<별지 : 대표소유자 선임동의서>

대표소유자 선임동의서

2. 1. 소유권 현황

※ 재건축정비사업인 경우

소유권 위치	동 호,	번지 상가	동	아파트 호
등기상 건축물지분(면적)		㎡	등기상 대지지분(면적)	㎡

※ 주택정비형 재개발정비사업/도시정비형 재개발정비사업

권리 내역	토지	④ 소재지 (공유여부)	⑤ 면적(㎡)
		(계 필지)	
		( )	
		( )	
		( )	
권리 내역	건축물	⑥ 소재지 (허가유무)	⑦ 동수
		( )	
		( )	
		( )	

상기 소유 물건의 공동소유자는 ○○○을 대표소유자로 선임하고 ○○재건축/주택정비형 재개발/도시정비형 재개발정비조합설립추진위원회와 관련한 소유자로서의 법률행위는 대표소유자가 행하는데 동의합니다.

년   월   일

○ 대표자(선임수락자)
　성　　명 :　　　　　　　　　　　　　(서명) 지장날인
　주민등록번호 :
　전 화 번 호 :
○ 위임자(동의자)

① 성   명 :   (서명) 지장
   날인
   주민등록번호 :
   전 화 번 호 :

② 성   명 :   (서명) 지장
   날인
   주민등록번호 :
   전 화 번 호 :

③ 성   명 :   (서명) 지장
   날인
   주민등록번호 :
   전 화 번 호 :

첨부 : 주민등록증, 여권 등 신원을 확인할 수 있는 신분증명서 사본 각 1부

○○주택재건축/주택재개발/도시환경정비사업 조합설립추진위원회 귀중

넷. 추진위원회 관련 하위규정

- 서울시 정비사업 표준선거관리규정
- 서울시 정비조합등 표준예산·회계규정
- 서울시 정비조합등 표준행정업무규정
- 서울시 정비사업 의사진행 표준운영규정
- 조합설립 지원을 위한 업무기준
- 공공관리(지원) 추진위원회 구성 선거관리기준

서울시 재생협력과-5582(2015.19)호와 관련, 서울시 정비사업 표준선거관리규정의 확정(강행), 재량(임의)조항 및 절차도는 다음과 같다.

□ 표준선거관리규정에 따른 확정(강행) 및 재량(임의) 조항

확정(강행)이 필요한 조항	강행	조합의 재량(임의) 조항
제1장 총 칙		
제1조(목적)		
제2조(용어의 정의)		
제3조(적용범위)	○	
제4조(선거인)	○	
제5조(선거권 등)	○	
제6조(피선거권 등)	○	제1항 - 거주요건 확대 및 삭제(이주단계)
제7조(선거관리위원회 구성)	○	제3항 - 조합 여건에 따라 선관위원회의 수 결정
제8조(선거관리위원회 조직 등)	○	
제9조(선거관리위원회 직무 등)	○	
제10조(선거관리위원회 의결 등)	○	제3항 - 선관위 의결방법(과반수, 2/3) 결정
제11조(보수 등)	○	
제12조(선거관련 조합의 지위 등)	○	
제13조(선거관리계획 작성)	○	
제14조(공정선거지원단)		제2항 - 조합 여건에 따라 구성 및 인원수 결정
제15조(부정선거의 단속·조사 등)	○	
제16조(후보자등록취소 및 당선무효)	○	
제17조(선거관리 경비)	○	

제18조(선거관리 경비)		
제19조(선거관리 경비)		
제2장 선거인명부 등		
제20조(선거인 명부의 작성)	○	
제21조(선거인 명부 열람 및 정정)	○	제1항 - 조합 여건에 따라 열람기간 결정
제22조(선거인 명부 확정)	○	
제3장 후보자 등		
제23조(후보자등록 기간)	○	제1항 - 조합 여건에 따라 등록기간 결정
제24조(후보자 추천)		- 후보자 등록과 관련된 선거인 추천여부 결정
제25조(후보자 등록공고 등)	○	
제26조(기호배정 및 후보자확정 공고 등)	○	
제4장 선거일 및 선거기간·선거운동		
제27조(선거일 등 공고)	○	
제28조(선거운동 등)	○	
제29조(기부행위의 제한)	○	
제30조(선거공보)	○	제1항 - 조합 여건에 따라 선거공보 제출기한 결정
제31조(선거벽보)	○	
제32조(합동연설회)		
제33조(후보자 지지의 방법 등)	○	
제5장 투·개표 등		
제34조(선거방법)	○	제2~5항 - 선출요건(결선, 무투표) 결정
제35조(투표)	○	
제36조(투·개표 참관인)	○	
제37조(개표)	○	
제38조(무효투표)	○	
제6장 사전투표		
제39조(사전투표)		- 조합 여건에 따라 사전투표 시행여부 결정
제40조(사전투표 방법)	○	
제41조(사전투표 기간)	○	
제42조(사전투표 장소)	○	
제43조(사전투표 절차 등)	○	
제44조(사전투표함의 봉인)	○	
제7장 서면결의·전자투표		
제45조(서면결의에 의한 투표)	○	
제46조(전자투표)		- 전자투표 방식에 의한 선출방법 선택
제8장 당선인 등		
제47조(당선자)	○	
제9장 보궐선거 등		

제48조(보궐선거 등)	○	
제49조(추진위원회에서의 선거)	○	
제50조(창립총회에서의 선거)	○	
제10장 보칙		
제51조(선거관련 자료의 보관)	○	
제52조(선거관련 자료의 공개)	○	
제53조(유권해석 등)	○	
제54조(민법의 준용 등)	○	

□ **표준선거관리규정(안) 절차도**

선거관리 절차	주체	세부일정 및 업무내용
선관위원 후보자 등록공고 (D-60까지)	조합장 (추진위원장)	• 임기만료 60일 전까지 조합 선관위원 후보자 등록공고 • 구청장 등으로부터 선관위원 추천/관할선관위 위탁결정
조합 선관위 구성	대위원회 (추진위원회)	• 선관위원 선출(대의원회) 및 최초 조합 선관위 회의소집 • 선관위원장은 선관위원 중 호선 또는 투표로 선정
선거관리계획 수립 (D-30까지)	조합(추진위) 선관위	• 선거일 등 선거일정, 선관위 업무 및 선거비용 집행계 등 • 선관위원별 업무 및 역할 부여
후보자 등록 및 확정공고	조합(추진위) 선관위	• 후보자 등록공고(5일간). 피선거권 증빙서류 심사 • 공정선거지원단 모집(후보자 확정공고전까지)
선거인명부 확정공고 (선거공고일 전까지)	조합(추진위) 선관위	• 선거인명부 작성. 선거인명부 렬람 및 이의신청(3일간) • 이의신청 심사 및 결과통보 → 명부반영
선거운동 (후보자 확정공고~D-0)	후보자	• 공명선거지원단 운영(조합 선관위)
선거및 사전투표 공고 (D-14까지)	조합(추진위) 선관위	• 선거인명부 작성. 선거인명부 렬람 및 이의신청(3일간) • 이의신청 심사 및 결과통보 → 명부반영
합동연설회 개최	조합(추진위) 선관위	• 입후보자 수, 조합 제반 여건에 따라 개최여부 결정 • 사전투표일 또는 총회일 개최가능
사전투표 개시	조합(추진위) 선관위	• 사전투표일은 휴일을 우선 설정, 평일의 경우 06~20시
투표실시(총회) (D-0)	조합(추진위) 선관위	• 전반적인 투표관리 지도·감독 (조합 선관위) • 후보자 참관인
개표실시 (즉시)	조합(추진위) 선관위	• 투표종료 후 즉시. 전반적인 개표관리 지도·감독 • 개표결과 공표(조합 선관위)
당선인 결정·공고 (즉시)	조합(추진위) 선관위	• 당선인 확정 후 지체없이 (조합 선관위) (조합 홈페이지 및 클린업시스템)
선거회의록 공개 및 선거 관계서류 보관	선관위 (조합)	• 선거 관계서류 인계 (조합선관위 → 조합) • 선거일로부터 6개월까지 보관, 선관위 회의록 공개

서울시 정비사업 표준선거관리규정

서울시 고시 제2015-120호(제정 2015.5.7)
서울시 고시 제2017-243호(개정 2017.7.6)

제1조(목적) 「서울시 정비사업 표준선거관리규정」(이하 "규정")은 도시정비법(이하 "법") 제77조의4 및 서울시 도시정비조례(이하 "조례") 제47조 및 조합정관 또는 「추진위원회 운영규정」(이하 "정관 등")에 따라 정비사업조합 또는 추진위원회(이하 "조합 등")의 조합임원·대의원 또는 추진위원장·감사·추진위원(이하 "임원 등")의 민주적인 선출 방법 및 절차에 관한 사항을 정하여 부정선거를 방지하고 공정하고 투명한 정비사업 추진을 목적으로 한다.

부산광역시 정비사업 표준선거관리규정(고시 제2016-349호, 2016.10.25)을 기준으로 비교하였다.

제2조(성격) 이 규정은 조례 제47조에 따라 조합 등이 임원 등을 선출하기 위한 선거관리규정을 정함에 있어 관계 법령·조례·정관 등의 규정을 종합적으로 검토하고 실정에 맞게 작성·보급한 규정으로서 다른 기준에 우선하여 적용함을 원칙으로 한다.

cf 부산광역시
제2조(성격) 이 규정은 부산시 도시정비조례(이하 "조례") 제44조에 따라 정비사업 조합 또는 추진위원회(이하 "조합등")이 조합임원 또는 추진위원장·감사(이하 "임원등")을 선출하기 위한 선거관리규정을 정함에 있어 관계법령, 조례, 조합 정관 또는 조합설립추진위원회 운영규정(이하 "정관등")의 규정을 종합적으로 검토하고 실정에 맞게 작성한 최소 기준으로서 다른 기준에 우선하여 적용함을 원칙으로 한다.

제3조(기본원칙) 조합은 임원 등 선출의 민주적이고 투명한 선거관리업무를 위하여 아래 각 호의 원칙에 따라 처리해야 한다.
1. 공정한 선거의 관리 및 사무를 처리하기 위하여 선거관리위원회를 둔다.

2. 선거는 직접, 보통, 비밀, 평등의 원칙에 의한다.
3. 조합원(또는 토지등소유자)은 제2호의 원칙 범위 내에서 자유로운 의사를 표현할 수 있다.
4. 조합 등 및 선거관리위원회의 선거관리사무는 제2호의 원칙에 따라야 하며, 그 성질에 반하지 아니하는 범위 내에서 조합원등의 의사를 충분히 반영하여야 한다.

제4조(선거관리규정 등의 작성) ① 조합 등은 이 규정에 따라 [별표]의 정비사업조합(추진위원회) 선거관리규정(안)을 기본으로 하여 다음 각 호에서 정하는 바에 따라 선거관리규정을 작성한다.
1. 제3조 내지 제5조, 제6조제2항, 제7조제1항·제2항·제4항 내지 제7항, 제8조, 제9조, 제10조제1항·제2항, 제11조 내지 제13조, 제14조제1항, 제15조 내지 제17조, 제20조, 제21조제2항 내지 제5항, 제22조, 제23조 제2항·제3항, 제25조 내지 제29조, 제30조제2항 내지 제6항, 제31조, 제33조제2항·제3항, 제34조제1항·제6항, 제35조 내지 제38조, 제40조 내지 제54조, 제56조를 확정할 것.

Q 1. 「서울시 정비사업 표준선거관리규정」 제4조제1항제1호에 해당하는 조항을 수정 및 보완할 수 있는지?
Q 2. 도시정비법 개정으로 선거관리규정에 열거된 조항이 현행법과 맞지 않을 경우, 실제 규정 적용은?

A 「서울시 정비사업 표준선거관리규정」 제4조제1항제1호에 따라 확정된 조항은 임의로 수정·삭제할 수 없으나, 같은 항 제3호에 따라 당해 사업 여건상 필요한 경우 선거관리규정 안에 조·항·호·목·별지 등을 추가할 수 있도록 규정하고 있음.
다만, 제4조제2항에 따르면 "제1항 각 호에 의하여 확정·수정·보완 또는 추가하는 사항이 법·관계법령·조례, 이 운영규정 및 국토부장관, 서울시장, 관할 구청장 등 관련 행정기관의 처분에 위배되는 경우에는 효력을 갖지 아니한다."고 규정하고 있으니 참고바람.
아울러, 같은 규정 제5조제3항에는 이 규정이 법령의 개정으로 변경되어야 할 경우 규정의 개정절차에 관계 없이 변경된 것으로 본다고 정하고 있음(서울시 주거정비과 2022.3.16)

Q 「서울시 정비사업 표준선거관리규정」 제4조제1항제1호에 해당하는 조항에 일부 항을 추가 또

는 삽입이 가능한지?

❹ 「서울시 정비사업 표준선거관리규정」 제4조제1항제1호에 따라 확정된 조항은 임의로 수정·삭제할 수 없으나, 같은 항 제3호에 따라 당해 사업 여건상 필요한 경우 선거관리규정 안에 조·항·호·목·별지 등을 추가 할 수 있도록 규정하고 있으므로, <u>제4조제1항제1호에 따른 조항에 대하여 일부 항을 추가 가능할 것으로 사료됨.</u>

다만, 제4조제2항에 따르면 "제1항 각 호에 의하여 확정·수정·보완 또는 추가하는 사항이 법·관계법령·조례, 이 운영규정 및 국토부장관, 서울시장, 관할 구청장 등 관련 행정기관의 처분에 위배되는 경우에는 효력을 갖지 아니한다."고 규정함(서울시 주거정비과 2019.3.11)

2. 제6조제1항, 제7조제3항, 제10조제3항, 제14조제2항, 제18조, 제19조, 제21조제1항, 제23조제1항, 제24조, 제30조제1항, 제32조, 제33조제1항, 제34조제2항 내지 제5항, 제39조, 제55조는 당해 사업의 특성, 지역의 상황 등을 고려하여 관계 법령과 이 규정에 위배되지 아니하는 범위안에서 수정 및 보완할 수 있다.

3. 당해 사업 여건상 필요한 경우 선거관리규정 안에 조·항·호·목·별지 등을 추가할 수 있다.

❓ 선거관리규정에 조항 추가 가능여부 및 절차는?

❹ 「서울시 정비사업 표준선거관리규정」 제4조제1항제3호에 따르면 "당해 사업 여건상 필요한 경우 선거관리규정 안에 조·항·호·목·별지 등을 추가할 수 있다."고 규정하며,

표준선거관리규정[별표] 제56조제1항에 따르면 "이 규정은 법령 및 조합정관(조합설립추진위원회 운영규정)이 정하는 바에 따라 임원 등을 선출하기 위하여 시행하는 선거관리에 필요한 운영규정으로서 총회(주민총회) 의결로 제정 또는 개정한다."고 규정함(서울시 주거정비과 2020.1.7).

② 제1항 각 호에 의하여 확정·수정·보완 또는 추가하는 사항이 법·관계법령· 조례, 이 운영규정 및 국토부장관, 서울시장, 관할 구청장 등 관련 행정기관의 처분에 위배되는 경우에는 효력을 갖지 아니 한다.

제5조(민법 등의 준용) ① 본 운영규정과 관련하여 법에서 규정된 것을 제외하고

는 민법의 규정 중 사단법인에 관한 규정을 준용한다.

② 법·민법 등 관계 법률과 이 규정에서 정하는 사항 외에 조합 등의 선거관리에 관하여 필요한 사항은 관계법령 및 제4조제2항에 따른 관련 행정기관의 지침·지시 또는 유권해석 등에 따른다.

③ 이 규정이 법령의 개정으로 변경되어야 할 경우, 규정의 개정절차에 관계 없이 변경된 것으로 본다. 다만, 관계법령의 내용이 임의규정인 경우에는 그러하지 아니하다.

부 칙<제정 2015.5.7>
제1조(시행일) 이 규정은 고시한 날부터 시행한다.
제2조(경과조치) 이 규정 시행일 이전에 인가·승인된 조합 등의 선거관리규정 등이 이규정에 위배되는 사항에 대하여는 이 규정 시행일로부터 1년 이내에 총회를 거쳐 이규정에 적합하게 선거관리규정을 제·개정하여야 한다.

부 칙<개정 2017.7.6>
제1조(시행일) 이 규정은 고시한 날부터 시행한다.
제2조(경과조치) 이 규정 전에 인가·승인된 조합 등의 선거관리규정은 제1조의 시행일로부터 1년 이내에 추진위원회, 대의원회 또는 총회를 거쳐 개정된 규정에 적합하게 선거관리규정을 개정하여야 한다.

Q 서울시 표준선거관리규정에 적합하게 개정하지 않고, 기존 선거관리규정에 따라 선거관리위원을 구성하는 것이 유효한지?

A 「서울시 정비사업 표준선거관리규정」부칙 제2조에 따르면 "이 규정 전에 인가·승인된 조합 등의 선거관리규정은 제1조의 시행일로부터 1년 이내에 추진위원회, 대의원회 또는 총회를 거쳐 개정된 규정에 적합하게 선거관리규정을 개정하여야 한다."고 규정하고 있음
따라서, 사업에 지장이 없도록 조속히 표준선거관리규정에 적합하게 선거관리규정을 개정해야 할 것으로 사료됨(서울시 주거정비과 2021.6.30)

Q 1. 「표준선거관리규정」을 따르지 않고 자체 추진위원회 선거운영규정을 통해 진행하는 것이 효력이 있는지?

Q 2. 「표준선거관리규정」에 없는 규정을 제정하여 운영하는 것이 효력이 있는지?

A 2017.7.6자 개정 고시된 「서울시 정비사업 표준선거관리규정」 부칙 제2조에 따라 개정 시행일로부터 1년 이내에 추진위원회를 거쳐 개정된 규정에 적합하게 선거관리규정을 개정하여야 함.

표준선거관리규정에 적정하지 않은 내용으로 추진위원회 선거관리규정을 제·개정하는 경우 정비사업 인가권자인 구청장은 법 제77조(감독)에 따라 정비사업의 시행이 이 법 또는 이법에 의한 명령·처분 등에 위반되었다고 인정되는 때에는 정비사업의 적정한 시행을 위하여 필요한 조치 등을 취할 수 있음.

표준선거관리규정 제4조(선거관리규정 등의 작성)제1항제2호에 정하고 있는 [별표]표준안 조문을 당해 사업의 특성, 지역의 상황 등을 고려하여 관계법령과 이 규정에 위배되지 아니하는 범위 안에서 수정 및 보완할 수 있음

추진위원회 운영과 관련한 구체적인 사항에 대해서는 정비사업 인·허가권자이며 공공지원자인 관할 자치구청장에게 문의바람.(서울시 재생협력과 2018.8.14)

[별표] ○○정비사업조합(조합설립추진위원회) 선거관리규정

제1장 총 칙

제1조(목적) 「○○정비사업조합 선거관리규정」(이하 "규정")은 도시정비법(이하 "법"), 「서울시 도시정비조례」(이하 "조례") 및 조합정관에 따라 <u>○○(주택재건축, 주택재개발, 도시환경)</u> 정비사업조합의 임원·대의원을 조합원의 자유로운 의사와 민주적인 선출 방법 및 절차에 따라 선출하기 위해 필요한 사항을 정하여 부정선거를 방지하고 공정하고 투명하게 정비사업을 추진함을 목적으로 한다.

○○(주택재건축, 주택재개발, 도시환경)은 2018.2.9 도시정비법 전부개정 시행으로 "주택"이란 접두어를 뺀 "○○재건축, 주택정비형 재개발, 도시정비형 재개발 정비사업조합"으로 고쳐써야 할 것이다.

제2조(용어의 정의) 이 규정에서 사용하는 용어의 정의는 다음 각 호와 같다.

조합을 기준으로 한 것으로 추진위원회의 경우, 정관은 추진위원회 운영규정, 임원이란 추진위원장, 부위원장, 감사, 추진위원, 조합장은 추진위원장, 대의원은 추진위원으로 대체할 수 있다.

1. "선거"란 조합총회에서 조합임원 및 대의원을 선출하는 선거를 말한다.
2. "정관"이란 법에서 정하는 바에 따라 조합의 운영에 필요한 사항을 규정한 것을 말한다.
3. "임원"이란 정관이 정하는 바에 따라 조합장 및 이사, 감사를 총칭하여 부르는 지위를 말한다.(부조합장이 있는 경우 부조합장을 포함한다.)
4. "조합장"이란 법에서 정하는 바에 따라 조합을 대표하는 자를 말한다.
5. "대의원"이란 법 제25조에 따라 조합원 중에서 선출된 자를 말한다.

구 도시정비법 제25조는 제46조(대의원회)로 바뀌었다.

6. "조합원"이란 당해 정비사업(주택재개발, 재건축, 도시환경) 시행구역 안의 토지 또는 건축물의 소유자 및 지상권자로서 법 제19조에 적합한 자를 말한다.

구 도시정비법 제19조는 제39조(조합원의 자격 등)로 바뀌었다.
추진위원회의 경우, 조합원은 토지등소유자로 대체할 수 있다(다만 재건축사업의 경우에는 추진위원회 구성에 동의한 토지등소유자)

7. "대의원회"란 제5호에 의한 대의원으로 구성된 의결기구를 말한다.
【주】조합장이 아닌 조합임원은 대의원이 될 수 없으며(법 제25조제3항/현행법 제46조제3항), 조합장은 대의원회의장이 되도록(영 제36조제1항/현행 시행령 제44조제6항) 규정하고 있으므로 조합장은 당연직 대의원에 해당함

8. "총회"란 법 제24조에 따라 조합원으로 구성되는 총회로서 정비사업조합의 최고 의결기구를 말한다.

구 도시정비법 제24조는 제44조로 바뀌었다.

제3조(적용범위) 이 규정은 <u>조합 임원, 대의원의 선거</u>(변경, 연임, 보궐선거를 포함한다.)에 관하여 정관에서 따로 정하는 사항 외에는 본 규정을 적용하되, 그 기준에 반하지 아니하는 범위 내에서 당해 조합 선거관리위원회(이하 "조합 선관위")에서 필요한 사항을 정할 수 있다.

서울특별시는 그 적용범위를 조합 임원, 대의원으로 하고 있지만, 부산광역시는 조합임원으로 한정하고 있다.

cf 부산광역시
제3조(적용범위) 이 규정은 **조합 임원의 선거**(변경, 연임, 보궐선거를 포함한다.)에 관하여 정관에서 따로 정하는 사항 외에는 이 규정을 적용하되, 그 기준에 반하지 아니하는 범위에서 해당 조합 선거관리위원회(이하 "조합 선관위"라 한다)에서 필요

한 사항을 정할 수 있다.

Q 당해 추진위원회는 선거관리규정을 제정하지 못하였는바, 추진위원 선거(보궐)를 「정비사업 조합설립추진위원회 운영규정」에 따라 실시할 수 있는지?

A 「서울시 정비사업 표준선거관리규정」은 도시정비법·조례 및 조합정관(추진위원회 운영규정)에 따라 정비사업조합(추진위원회)의 임원 등을 조합원(토지등소유자)의 자유로운 의사와 민주적인 선출 방법 및 절차에 따라 선출하기 위해 필요한 사항을 정한 것으로, [별표]제3조에 따르면 이 규정은 선거에 관하여 정관(추진위원회 운영규정)에서 따로 정하는 사항 외에는 본 규정을 적용하되, 그 기준에 반하지 아니하는 범위 내에서 당해 조합 선거관리위원회에서 필요한 사항을 정할 수 있다고 규정하고 있으며, [별표] 제56조에는 이 규정은 총회(주민총회) 의결로 제정 또는 개정한다고 규정하고 있음.

따라서, 표준선거관리규정은 선거와 관련하여 「추진위원회 운영규정」에서 정하는 사항 외에 추진위원 선출 방법 및 절차 등의 구체적인 사항을 정하고 있음(서울시 주거정비과 2022.12.6)

제4조(선거인) "선거인"이란 선거가 실시되는 사업시행구역 내 조합원을 말한다.
【주】 "조합원"의 자격은 토지등소유자 중에서 주택재건축정비사업의 경우 조합설립인가에 동의하지 아니한 자를 제외하며, 법 제47조에 의거 분양신청을 하지 아니하거나 분양신청을 철회한 자는 조합원으로 인정하지 아니함.

제5조(선거권 등) ① 선거권은 선거인명부 확정일 기준 당해 사업시행구역의 조합원으로서 선거인명부에 등재된 자에게 있다.

Q 선거인 본인이 아닌 대리인을 통해 선거권 행사가 가능한지?

A 「서울시 정비사업 표준선거관리규정」[별표] 제5조제1항에 따르면 선거권은 선거인명부 확정일 기준 당해 사업 시행구역의 조합원(토지등소유자)으로서 선거인명부에 등재된 자에게 있다고 규정하며, 같은 조 제4항에 따르면 제4항 각 호에 해당하는 자는 선거인명부 열람기간 내에 위임장·지정서를 제출하도록 규정함.

또한, 국토부에서 고시한 「추진위원회 운영규정」[별표] 제22조제2항 및 제4항에 따르면 서면에 의한 의결권 행사는 제1항에 따른 출석으로 보고, 토지등소유자는 제2항에 따라 출석을 대리인으로 하고자 하는 경우에는 위임장 및 대리인 관계를 증명하는 서류를 추진위원회에 제출해야 한다고 규정하는바,
대리인을 통한 선거권 행사 가능여부 및 출석 인정여부 등은 해당 추진위원회 운영규정 및 선거관리규정을 검토하여 결정해야 할 사항으로 사료됨(서울시 주거정비과 2021.7.29)

② 제1항에도 불구하고 미성년자의 경우에는 선거권을 위임하는 경우를 제외하고는 직접 선거권을 행사할 수 없다.
③ 제1항 내지 제2항에 따른 선거권이 법 제19조제1항 각 호 및 영 제28조제1항제1호 및 제2호에 해당할 경우에는 그 대표자 1인에게 선거권이 있다. 이 경우 선거인명부 열람 기간 내 대표자선임동의서를 작성하여 제출하여야 하며, 조합 선관위는 선거인명부에 등재하여야 한다.
【주】제3항에도 불구하고, 영 제28조제1항 1호 내지 2호 각 목에 따른 다물건 소유자 등에 대하여는 조합원 또는 동의자 수로 산정되는 토지등소유자에게 선거권이 있을 것임.

도시정비법 제39조제1항 각 호의 경우 대표하는 1인만이 조합원이 될 수 있다(공유하거나, 여럿의 토지등소유자가 1세대인 경우, 1인의 다주택자의 경우).
도시정비법 시행령 제33조제1항제1호에서는 다음과 같이 대표하는 1인을 산정하여야 한다.
① 1필지의 토지 또는 하나의 건축물을 여럿에서 공유하는 경우에는 해당 토지 또는 건축물의 토지등소유자의 3/4 이상의 동의를 받아 이를 대표하는 1인을 토지등소유자로 산정할 것,
② 토지에 지상권이 설정되어 있는 경우 토지의 소유자와 해당 토지의 지상권자를 대표하는 1인을 토지등소유자로 산정할 것,
③ 1인이 다수 필지의 토지 또는 다수의 건축물을 소유하고 있는 경우에는 필지나 건축물의 수에 관계 없이 토지등소유자를 1인으로 산정할 것,
④ 둘 이상의 토지 또는 건축물을 소유한 공유자가 동일한 경우에는 그 공유자 여럿을 대표하는 1인을 토지등소유자로 산정할 것
2. 재건축사업의 경우에는 다음 각 목의 기준에 따를 것

① 소유권 또는 구분소유권을 여럿이서 공유하는 경우에는 그 여럿을 대표하는 1인을 토지등소유자로 산정할 것
　② 1인이 둘 이상의 소유권 또는 구분소유권을 소유하고 있는 경우에는 소유권 또는 구분소유권의 수에 관계없이 토지등소유자를 1인으로 산정할 것
　③ 둘 이상의 소유권 또는 구분소유권을 소유한 공유자가 동일한 경우에는 그 공유자 여럿을 대표하는 1인을 토지등소유자로 할 것

　④ 제1항 내지 제3항에도 불구하고 다음 각 호에 해당하는 자는 선거인명부 열람 기간 내에 위임장·지정서를 제출하여야 한다. 이 경우 조합 선관위는 위임자 등을 선거인명부에 등재하여야 한다.
　1. 선거인이 권한을 행사할 수 없어 배우자·직계존·비속·형제자매 중에서 성년자를 대리인으로 정하여 위임장을 제출하는 경우
　2. 해외거주자가 대리인을 지정하는 경우
　3. 법인인 조합원 또는 토지등소유자가 대리인을 지정한 경우
　【주】제3항 내지 제4항에 따른 대표자 또는 대리인을 선정하여 종전에 이미 선임동의서 및 위임장·지정서를 제출한 경우, 이해관계자의 권리변동이 없어 별도로 제출하기 전까지는 종전에 제출한 선임동의서 등으로 갈음할 수 있음.

제6조(피선거권 등) ① 임원 및 대의원 선거에 입후보자는 당해 사업시행구역의 조합원으로서 다음 각 호의 기준에 적합한 선거인은 피선거권이 있다.
　1. 재개발사업 또는 도시환경정비사업의 경우 조합설립인가일 현재 사업시행구역 안에서 1년 이상 거주하고 있는 자.
　2. 재건축사업의 경우 조합설립에 동의한 자로서 피선출일 현재 사업시행구역 안에서 최근 3년 이내에 1년 이상 거주하고 있는 자(다만, 거주의 목적이 아닌 상가등의 건축물에서 영업 등을 하고 있는 경우 영업 등은 거주로 본다) 또는 피선출일 현재 사업시행구역안에서 5년 이상 건축물 및 그 부속토지를 소유한 자.
　【주】제1호 내지 제2호에도 불구하고, 조합정관에 따라 거주조건을 삭제 또는 확대하거나, 정비사업 추진단계가 이주개시 이후인 경우 거주기간을 적용하지 아니할 수 있음. 또한, 조합원이 법인인 경우에는 그 대표자에게 피선

거권이 있음을 사전에 정할 수 있음.

Q 사업시행구역 내에 최근 3년 동안 1년 이상 거주는 하였지만 중간에 사업시행구역 안이 아닌 다른 곳에 거주하였다가 현재는 다시 사업구역 내의 토지등소유자가 된 경우도 「서울시 정비사업 표준선거관리규정」 제6조제1항2호에 따른 피선거권이 있는지?

A 「서울시 정비사업 표준선거관리규정」[별표] 제6조제1항2호는 '2. 주택재건축사업의 경우 조합설립에 동의한 자로서 피선출일 현재 사업시행구역 안에서 최근 3년 이내에 1년 이상 거주하고 있는 자(다만, 거주의 목적이 아닌 상가 등의 건축물에서 영업 등을 하고 있는 경우 영업 등은 거주로 본다) 또는 피선출일 현재 사업시행구역 안에서 5년 이상 건축물 및 그 부속토지를 소유한 자.'를 피선거권의 요건으로 정하고 있음.

따라서 정비구역에 토지등소유자로 거주하고 있으며 최근 3년 이내에 1년 이상 거주한 사람의 경우 다른 지역에 거주한 기간이 있더라도 피선거권이 있을 것으로 사료되나, 제6조제1항 하단 주석에는 조합정관에서 정하는 바에 따라 거주조건을 삭제 또는 확대할 수 있도록 정하고 있음(서울시 주거정비과 2021.12.14)

Q 재건축조합 창립총회 시 조합설립동의서를 제출하지 않은 토지등소유자의 조합임원 피선거권이 있는지?

A 도시정비법」 제31조제2항에 따르면 추진위원회 구성에 동의한 토지등소유자는 동법 제35조제1항부터 제5항까지의 규정에 따른 조합설립에 동의한 것으로 본다. 다만, 조합설립인가를 신청하기 전에 시장·군수 등 및 추진위원회에 조합설립에 대한 반대의 의사표시를 한 추진위원회 동의자의 경우에는 그러하지 아니하다고 규정함.

또한, 서울시 정비사업 표준선거관리규정[별표] 제6조 및 제51조에 따르면 추진위원회가 도시정비법 시행령 제27조에서 정한 창립총회에서 확정된 정관에서 정하는 바에 따라 임원·대의원을 선출하고자 할 경우, 임원 및 대의원 선거에 입후보자는 당해 사업시행구역의 토지등소유자로서 동 규정 제6조제1항 각 호의 기준에 적합한 선거인은 피선거권이 있다고 규정함.

따라서, 재건축조합 창립총회에서 선거 시 임원·대의원의 입후보자는 당해 사업시행구역 추진위원회 구성에 동의한 토지등소유자로서 선거관리규정[별표] 제6조제1항 각 호의 기준에 적합하여야 함(서울시 주거정비과 2019.6.25)

② 제1항에도 불구하고 다음 각 호의 1에 해당하는 경우에는 피선거권이 없다.

1. 미성년자·피성년후견인·피한정후견인
2. 파산선고를 받고 복권되지 아니한 자
3. 금고 이상의 실형의 선고를 받고 그 집행이 종료(종료된 것으로 보는 경우를 포함한다)되거나 집행이 면제된 날부터 2년이 경과되지 아니한 자
4. 금고 이상의 형의 집행유예를 받고 그 유예기간 중에 있는 자
5. 법 또는 관련 법률에 의한 징계에 의하여 면직의 처분을 받은 날부터 2년이 경과되지 아니한 자
6. 법을 위반하여 벌금 100만 원 이상의 형을 선고받고 그 형이 확정된 날로부터 5년이 지나지 아니한 자
7. 같은 목적의 사업을 시행하는 다른 조합·추진위원회·청산인 또는 당해 사업과 관련한 시공자·설계자·정비사업전문관리업자 등에 해당하는 법인 또는 단체의 임원·위원·직원으로 소속된 자. <u>이 경우 피선거권을 얻기 위하여 현직에서 사퇴하여야 하는 시점은 후보자등록 전까지로 함</u>.

부산광역시와 달리 서울특별시는 제7호에서 후단(이 경우 피선거권을 얻기 위하여 현직에서 사퇴하여야 하는 시점은 후보자등록 전까지로 함)을 첨부하였다.

cf 부산광역시

제6조(피선거권 등) ② 제1항에도 불구하고 다음 각 호의 어느 하나에 해당하는 경우에는 피선거권이 없다
1호 내지 제5호: 서울시와 같음
7. 같은 목적의 사업을 시행하는 다른 조합·추진위원회 또는 해당 사업과 관련한 시공자·설계자·정비사업전문관리업자 등 관련 단체의 임원·위원·직원으로 소속된 자

Q 추진위원장이 창립총회 시 당해 구역의 조합장 후보로 출마하는 경우, 현직에서 사퇴 후 출마하여야 하는지?
A 「서울시 정비사업 표준선거관리규정」[별표] 제6조제2항 제7호에 따르면 같은 목적의 사업을 시행하는 다른 조합의 임원·위원·직원으로 소속된 자에 해당하는 경우 피선거권이 없

도록 규정하고 있으나, 현직 추진위원장이 해당 구역의 조합장 후보로 출마하기 위해 현직 사퇴여부는 별도로 규정되어 있지 않으므로, 당해 추진위원회 운영규정, 선거관리규정 및 선거관리계획 등을 종합적으로 검토하여 결정해야 할 사항으로 사료됨(서울시 주거정비과 2019.6.25).

제7조(선거관리위원회 구성) ① 이 규정에 따라 선거를 관리하고 집행하기 위하여 조합 선관위를 구성하여야 하며, 조합 선관위는 조합 조직 및 업무와 독립적으로 선거관리에 관한 총회등의 업무를 총괄한다.

② 조합장은 임원·대의원 임기만료 60일 전까지 조합 선관위 구성을 위해 다음 각 호를 포함한 선거관리위원(이하 "선관위원") 후보자등록을 조합 홈페이지에 공고하고 클린업시스템에 게시하여야 한다.

【주】조합임원의 임기는 3년 이하의 범위 내에서 조합정관에서 정하는 바에 따라 명문화하고, 임기만료 이후 임원이 처리한 업무의 효력에 대한 법률적 분쟁방지를 위해 임기만료 60일 전까지 후임자 선임업무를 개시하여야 함. 해당 조합 정관 등으로 대의원의 임기를 정한 경우는 같은 기준 적용

1. 선관위원 등록기간 및 장소
2. 선관위원 신청자격
【주】선관위원 등록자격은 조합장이 사전 대의원회와 협의하여 ○인 이상의 선거인의 추천을 받은 자, 범죄경력이 없는 자로 정할 수 있음.
3. 모집 인원 초과등록 시 선관위원 선정방법등
【주】정수 이상의 선관위원이 등록하였을 경우 공정선거 사무를 수행할 학식과 사회 경험이 풍부한 자를 대의원회에서 비밀투표 또는 공개추첨 방식 등으로 선임할수 있음.

Ⓠ 서울시 정비사업 표준선거관리규정 관련,
1) 추진위원장, 부위원장 등이 해임되어 인계, 인수가 이루어질 수 없는 부득이한 사정 등이 발생하여 선거관리위원 후보자등록을 클린업시스템에 게시하지 못한 채, 추진위 사무실에 게시 및 문자전송 등의 행위만 하였을 경우 선거관리위원 후보자 등록에 하자가 없는지?
2) 선거관리위원회 구성 모집방법은?

ⓐ **1.** 규정 제7조제2항에 따라 조합장은 임원·대의원 임기만료 60일 전까지 조합 선관위 구성을 위해 다음 각 호를 포함한 선거관리위원 후보자 등록을 조합 홈페이지에 공고하고 클린업시스템에 게시하여야 함.

ⓐ **2.** 선거관리위원회 구성 위한 모집방법은 규정 제7조제2항에 따라 조합장은 임원·대의원 임기만료 60일 전까지 조합 선관위 구성을 위해 선관위원 등록기간 및 장소, 선관위원 신청자를 포함한 선거관리위원 후보자등록을 조합 홈페이지에 공고하고 클린업시스템에 게시하여야 함(서울시 주거정비과 2024.1.11).

③ 조합선관위는 5인 이상 9인 이내의 선관위원으로 구성하며, 선관위원은 선거인 중에서 당해 정비사업의 조합설립에 동의한 자 중 대의원회에서 후보자를 등록받아 대의원회 의결을 통해 선임 및 구성한다. 다만, 선관위원 후보자가 정수 이상 등록된 경우로서 대의원회 또는 선거인의 1/10 이상의 요청이 있는 경우 선관위원의 선임을 구청장에게 의뢰할 수 있다.

【주】 선관위원의 수는 당해 정비사업의 규모 및 조합원 수 등을 고려하여 5인 이상 9인 이내에서 정할 수 있으며, 선관위원 후보자가 정수 이상 등록된 경우 공정선거 사무를 수행할 학식과 사회경험이 풍부한 자를 우선하여 대의원회에서 비밀투표 또는 공개추첨 방식 등으로 선임할 수 있음.

ⓠ 보궐선거를 위한 선관위원 후보자등록은 어떻게 하는지?

ⓐ 「서울시 정비사업 표준선거관리규정」[별표] 제7조제3항에 따르면 선관위원은 선거인 중에서 당해 정비사업의 조합설립에 동의한 자 중 대의원회에서 후보자를 등록받아 대의원회 의결을 통해 선임 및 구성한다고 규정하고 있음. 다만, 보궐선거의 경우, 제48조제2항에 따라 제7조제3항에 따른 선관위원은 대의원 중 후보자를 등록받아 대의원회 의결을 통해 3인 이상 7인 이하로 선임하여 선관위를 구성토록 규정하고 있음(서울시 주거정비과 2022.10.4).

ⓠ 토지등소유자 1/10 이상이 요건을 갖추어 구청장에게 선관위원 선임을 의뢰할 수 있는지, 구청을 통해 연번이 기재된 투표용지를 제공받아 사용할 수 있는지?

ⓐ 「서울시 정비사업 표준선거관리규정」[별표] 제7조제3항에 따르면 "선관위원 후보자가 정수 이상 등록된 경우로서 대의원회(추진위원회) 또는 선거인의 1/10 이상의 요청이 있는 경우

선관위원의 선임을 구청장에게 의뢰할 수 있다."고 규정함.

따라서, 선관위원 선임은 상기 규정에 따라 대의원회(추진위원회) 요청 또는 선거인의 1/10 이상 요청으로 구청장에게 요청할 수 있을 것으로 사료되며, 후보자등록 공고 시 우편투표용지의 연번 기재 등에 관하여는 당해 선거관리규정 및 선거관리계획 등을 종합적으로 검토하여 조합 선관위에서 판단해야 할 사항임(서울시 주거정비과 2021.7.29)

Q 추진위원회에서 선거관리위원회를 구성하고자 할 경우, 선관위원은 추진위원회에 동의한 자 중 선임 및 구성하여야 하는지?

A 선거관리규정 제49조제2항에 의하면 추진위원장, 감사, 추진위원 선출을 위한 선거관리를 시행할 경우 제2조 내지 제48조를 준용한다고 되어 있고, 제7조제3항에서 선관위원은 선거인 중에서 당해 정비사업의 조합설립에 동의한 자 중에서 대의원회에서 후보자를 등록받아 대의원회 의결을 통해 선임 및 구성한다고 규정하고 있음

따라서, 추진위원회에 동의한 자 중에 선관위원을 선임 및 구성하여야 함(서울시 주거정비과 2019.1.18).

Q 서울시 정비사업 표준선거관리규정과 관련, 선거관리위원회 구성과 선거관리계획(안)을 한 번에 추진위원회에서 의결하고 추진위원장에게 위임하는 행위가 적법한지?

A 「서울시 정비사업 표준선거관리규정」[별표] 제7조제3항에 의하면 추진위원회는 선관위원 후보자를 등록받아 추진위원회 의결을 통해 선임 및 구성하고, 제13조에 따라 선관위원장은 조합 선관위를 소집하여 선거관리계획서를 작성하여 추진위원회 의결을 받아야 함

선거관리위원회는 추진위원회의 조직과 업무로부터 독립성을 보장하여 부정선거를 방지할 수 있는 선거관리계획을 수립하여야 함에 따라 선거관리위원회 <u>선임 및 구성과 선거관리계획을 동시에 추진위원회에서 의결할 수 없음</u>(서울시 재생협력과 2018.10.2).

④ 제3항에도 불구하고 선거관리의 공정성과 전문성 확보를 위하여 대의원회 의결을 통하여 필요하다고 인정할 경우 구청장 또는 관할 선거관리위원회(해당 조합의 소재지를 관할하는 구 선거관리위원회를 말한다. 이하 "관할 선관위")의 추천을 받아 선거인이 아닌 자를 선관위원으로 선임할 수 있다. 이 경우 수당 등 보수 및 실비는 조합 선관위가 부담한다.

【주】선거 관련 전문적인 지식, 경험과 학식이 풍부한 자가 필요하다고 인정될 경우 구청장 등으로부터 추천받아 선관위원을 선임할 수 있음.

Q 토지등소유자가 선거위원장, 선거위원을 맡으면 수준 낮은 행동, 비리 등이 많이 발생함으로 추진위원회 추진단계에서부터 공공지원자가 선거위원을 맡아 선거를 관리해 줄 수 있는지?

A 우리 시는 추진위원회 구성단계인 사업초기 부조리 방지와 주민 부담 경감을 위하여 공공지원자인 자치구청장이 직접 시행하여 추진위원회를 구성하여 승인하는 공공지원제도를 운영하고 있으며,

또한, 추진위원회 구성 이후에는 서울시 표준선거관리규정 [별표]제7조제4항에 의거 선거관리의 공정성과 전문성 확보를 위하여 추진위원회 의결을 통하여 필요하다고 인정할 경우 구청장 또는 관할 선거관리위원회의 추천을 받아 선관위원으로 선임할 수 있음(서울시 재생협력과 2018.8.30).

⑤ 선관위원의 임기는 총회의 임원·대의원 선출과 관련하여 제47조제1항에 따른 당선자 공고와 동시에 종료된다.
  【주】선관위원의 임기는 제47조제1항에 의한 당선자 공고까지로 한다. 단, 선관위원장 및 간사는 선거관리 업무가 종료된 이후에도 제52조에 따른 선거관련 자료의 인계의 업무를 수행하여야 함.

Q 창립총회 개최일 통지기간 위반으로 조합설립인가 신청서 반려 시 선관위원의 임기(창립총회의 유효여부)?

A 「서울시 정비사업 표준선거관리규정」[별표]제7조제5항에 따르면 "선관위원의 임기는 총회의 임원·대의원 선출과 관련하여 제47조제1항에 따른 당선자 공고와 동시에 종료된다"고 규정함.

또한, 동 규정 제54조에 따르면 "본 규정의 운용과 관련하여 유권해석이 필요한 경우 조합 선관위에서 선관위원의 의견을 취합하여 의결토록 하며, 조합 선관위의 유권해석에 대한 이견이나 본 규정의 적용 및 운용 등에 대하여 구청장에게 유권해석을 요청할 수 있다"고 규정함.

따라서, 창립총회 유효여부 등 총회 및 선거절차에 관하여는 당해 사업구역의 정관(운영규정) 및 선거 진행과정을 면밀히 검토하여 법률전문가의 자문 등을 통해 도움을 받는 것이 바람직하다고 사료됨(서울시 주거정비과 2019.9.26)

⑥ 조합장은 조합 선관위가 구성되고 선거사무가 개시되기 전에 선거사무에 필요한 사무실 및 사무용집기와 조합원명부등 선거사무에 필요한 정보를 조합선관위에 제공하여 선거관리를 지원하여야 한다.

【주】조합 선관위 사무실은 공명선거를 위하여 필요할 경우 조합사무실 또는 입후보자 소유 및 임차건물과 별도로 둘 수 있음.

⑦ 조합의 임원·대의원과 그 직계존·비속, 조합과 계약된 업체 또는 단체의 임·위원 또는 직원, 입후보자 또는 그 직계존·비속은 선관위원이 될 수 없다.

◎ 서울시 정비사업 표준선거관리규정 관련, 추진위원은 선거관리위원이 될 수 없는데, 이 규정을 변경 가능한지?

Ⓐ [별표] 규정 제7조제7항에는 '조합의 임원·대의원 등'은 선관위원이 될 수 없다고 정하고 있으며, 제49조제2항에는 "임원·대의원"을 "추진위원장·감사·추진위원"으로 한다고 규정하고 있는바, 추진위원장은 선거관리위원이 될 수 없음.

질의하신 사항에서, 서울시 정비사업 표준선거관리규정 제4조제1항에는 제1호의 선거관리규정 등의 작성에서 [별표] 제7조제7항, 제49조를 확정하여 정비조합(추진위원회) 선거관리규정을 작성하도록 하는바, 상기 조항은 조합(추진위) 선거관리규정으로 변경할 수 없음(서울시 주거정비과 2024.1.11).

◎ 정비사업 표준선거규정 제7조제7항에 의거 추진위원회와 금전소비대차계약을 체결한 토지등소유자가 선거관리위원이 될 수 있는지?

Ⓐ 정비사업 표준선거규정 제7조제7항에 의하면 조합과 계약된 업체 또는 단체의 임·위원 또는 직원은 선관위원이 될 수 없다고 규정하고 있음.

따라서, 추진위원회와 금전소비대차계약을 체결한 토지등소유자는 추진위원회와 계약된 업체 또는 단체로 볼 수 없지만 추진위원회와 채권·채무 관계로 인하여 공정한 선거에 지장이 있다고 판단할 경우, 제한할 수 있을 것으로 사료됨(서울시 재생협력과-17147, 2018.11.22)

◎ 창립총회에서 임원, 대의원 선출을 위한 선거관리위원회 구성 시 임원 또는 대의원으로 입후보하지 않은 추진위원회 위원의 경우 선거관리위원이 될 수 있는지?

Ⓐ 「정비사업 표준선거관리규정」[별표]제7조제7항에 의하면 조합의 임원·대의원과 그 직계

존·비속, 조합과 계약된 업체 또는 단체의 임·위원 또는 직원, 입후보자 또는 그 직계존·비속은 선관위원이 될 수 없음

또한, 제51조제2항에 따르면 창립총회에서 임원·대의원 선출을 위한 선거관리를 시행할 경우에는 제2조 내지 제55조를 준용하고, "조합"을 "추진위원회"로, "정관"을 "정관(안)"으로, "총회"를 "창립총회"로, "조합원"을 "토지등소유자"로, "대의원회"를 "추진위원회"로 한다고 규정하고 있음

따라서, 추진위원은 같은 규정 [별표] 제7조제7항에 의거 선관위원이 될 수 없음(서울시 재생협력과 2018.10.10)

⑧ 조합원의 수가 100인 미만인 조합으로서 법 제25조제1항에 따라 대의원회가 구성되지 않은 경우, 제3항에 따른 "대의원회"는 "이사회"로 한다(이하 같다).

【주】조합원의 수가 100인 미만으로 도시정비법상 대의원회 구성 대상에서 제외되는 조합의 경우, 이사회에서 선관위원 후보자를 등록받아 이사회 의결을 통해 선임 및 구성할 수 있음(이하, 본 규정에서 공통 적용).

cf 부산광역시

서울특별시 제7조제8항에 대해 부산광역시는 제7조(선거관리위원회 구성)에선 제8항을 두지 않았다.

제8조(선거관리위원회의 조직 등) ① 조합 선관위에는 선관위원 중에서 선거관리위원장(이하 "선관위원장") 1인, 간사 1인을 둔다.

② 선관위원장과 간사는 선관위원 중에서 호선에 의하여 선정한다.

③ 제2항에 따른 선관위원장 및 간사 선정을 위한 최초 회의소집은 조합장이 하며, 제7조제3항에 의하여 조합선관위가 구성된 날로부터 7일 이내에 조합장이 최초 회의 소집을 아니할 경우에는 선출된 선관위원 중 연장자, 직무대행자, 구청장 순으로 회의 소집 및 의장의 직무를 대행할 수 있다. 조합선관위는 조합선관위가 구성되는 즉시 조합 홈페이지에 공고하고 클린업시스템에 게시하여야 한다.

④ 선관위원장은 조합 선관위를 대표하고, 총회(임원선출 총회에 한한다.) 등의 임시의장이 된다. 조합선관위는 정관에서 정하는 총회 등 기간에 대하여 그 지위를 가진다.

⑤ 선관위원이 임기 내 사망 또는 사퇴 등 궐위된 경우에는 조합선관위는 제7조 제3항 내지 제4항에 따른 후보자등록 또는 선관위원의 추천을 받아 조합선관위 의결로서 즉시 선임해야 한다.

Q 추진위원회 부재로 공공지원자가 선관위원 선임 후 선관위원 중 1인이 결격사유로 인해 선임취소 된 경우, 선관위원 추가 선임 방법은?

A 서울시 정비사업 표준선거관리규정[별표] 제8조제5항에 따르면 "선관위원이 임기 내 사망 또는 사퇴 등 궐위된 경우에는 조합 선관위는 제7조제3항 내지 제4항에 따른 후보자 등록 또는 선관위원의 추천을 받아 조합 선관위 의결로서 즉시 선임해야 한다."고 규정하나, 결격사유로 인해 선임 취소된 경우 선임방법에 관하여는 별도로 규정되어 있지 않으며,

같은 규정 제54조제2항에 따르면 "조합 선관위의 유권해석에 대한 이견이나 본 규정의 적용 및 운용 등에 대하여 구청장에게 유권해석을 요청할 수 있다."고 규정함.

따라서, 선관위원이 결격사유로 선임취소된 경우 선관위원 추가 선임 방법에 관하여는 추진위원회 운영규정, 선거관리규정, 당해 구역 현황 등을 종합적으로 검토하여 결정해야 할 사항으로 사료됨(서울시 주거정비과 2020.6.25)

⑥ 조합선관위는 선거관리계획에 정한 바에 따라 선거관리에 필요한 사무를 보조하는 선거사무보조원을 둘 수 있다.
  【주】선거관리에 필요한 선거사무보조원은 선관위원의 수 범위 내에서 조합 선관위에서 별도로 정할 수 있음.

제9조(선거관리위원회의 직무 등) 조합 선관위는 다음 각 호에 관한 직무를 수행한다.
  1. 선거관리계획의 수립
  2. 선거와 관련한 안내 및 홍보와 각종 공고
  3. 선거인 명부 작성·확정 및 선거인 신원확인
  4. 후보자 등록 접수·자격심사 및 확정공고
  5. 투표용지 작성 및 관리
  6. 투표 및 개표 관리

7. 투표지의 유·무효 심사 및 판정
8. 당선자 공포·공고
9. 선거 위반사항에 대한 조사, 심사 및 판정
10. 선거일(총회 등의 개최일) 확정
11. 기타 이 규정에서 정하지 아니한 선거에 관련 사항의 결정

Q 일반안건에 대한 서면결의서와 투표(용지)를 동일 일련번호로 인쇄하여 토지등소유자에게 교부하여 비교·대조 시 선거인의 식별과 입·후보자에 대한 투표권 행사 확인 등에 따른 비밀투표에 위배되는지?

A 서울시 정비사업 표준선거관리규정[별표] 제9조에 따르면 투표용지 작성 및 관리, 투표지의 유·무효 심사 및 판정은 추진위원회 선거관리위원회의 직무이며, 제45조제3항에 따라 우편투표용지의 송부·기표·회송 방법에 대하여는 추진위원회 선관위가 따로 정하도록 규정함(서울시 주거정비과 2019.4.12).

따라서, 당해 추진위원회 선거의 투표방법 적정여부 등에 대하여는 추진위 선거관리규정 및 선거과정 등을 면밀히 검토하여 정비사업의 인가권자이며 공공지원자인 귀 구에서 자체 판단바람.

제10조(선거관리위원회의 의결 등) ① 선관위원장은 선거와 관련하여 조합 선관위를 소집할 수 있다.
② 선관위원 1/3 이상의 소집요구가 있을 경우 선관위원장은 조합 선관위를 소집해야 하며, 위원장이 회의소집을 거부할 때에는 소집을 요구한 대표자가 직접 회의를 소집할 수 있다.
③ 조합선관위는 재적위원 과반수 찬성으로 의결한다.
【주】조합 선관위는 선관위원의 수 등을 고려하여 의결 방법을 제3항에서 정하는 범위 내에서 재적위원 2/3 이상의 찬성 등으로 별도로 정할 수 있음.

Q 선거관리위원회의 의결을 선거관리위원장의 사실 확인서로 갈음할 수 있는지?
A 표준선거관리규정 [별표] 제10조제3항에 따르면 추진위원회 선관위는 재적위원 과반수 찬성으로 의결하도록 규정되어 있으나, 표준선거 관리규정 제4조제1항에 따라 이 조항은 당

해 사업의 특성, 지역의 상황 등을 고려하여 관계법령과 이 규정에 위배되지 아니하는 범위 안에서 수정 및 보완할 수 있으니, 의결방법 등에 대해서는 당해 추진위원회 선거관리규정에서 정한 바에 따라 판단할 사항으로 사료됨(서울시 주거정비과 2019.4.12).

제11조(보수 등) ① 조합은 다음 각 호의 선거관리에 소요되는 비용에 대해 실비의 범위 내에서 지급하여야 한다.
  1. 선관위원의 수당 등 보수 및 실비
  2. 공정선거지원단 소속원의 수당 및 실비
  3. 선거사무보조원을 두는 경우 그 수당 및 실비
  4. 사무실의 임차료
  5. 그 밖의 선거사무에 소요되는 경비등
② 제1항에 의한 선거관리에 소요되는 비용의 지급 방법과 시기에 대하여는 선거관리계획으로 확정한다.
  【주】선관위원·공정선거지원단원의 수당 등 보수는 시간·일 단위 또는 당해 선거사무 전체를 1식으로 보수를 결정할 수 있음.

제12조(선거관련 조합의 지위 등) ① 조합 또는 조합과 계약된 모든 업체관계자는 조합 선관위가 구성되어 선거업무를 개시함과 동시에 선거와 관련된 일체의 업무를 할수 없다. 다만, <u>선거에 미치는 영향이 없다고 인정되는 범위 안에서 조합 선관위 요청에 따라 대의원회 의결을 거친 사항에 한하여 조합사무국 및 정비업체등에 업무지원을 요청할 수 있다.</u>
  【주】법령 및 기준에 적합하도록 정비사업 관련자료 작성·제공 등 업무 지원이 필요한 경우에 한해 제한적으로 허용하여야 하며(OS 홍보요원 등 불공정한 개입 불허), 선거관리계획 수립 시 또는 필요 시 대의원회 의결을 거친 사항에 대하여만 업무 지원을 요청할 수 있음.

서울특별시는 부산광역시와 달리 제12조제1항에서 단서(선거에 미치는 영향이 없다고 인정되는 범위 안에서 조합 선관위 요청에 따라 대의원회 의결을 거친 사항에 한하여 조합사무국 및 정비업체등에 업무지원을 요청할 수 있다.) 규정을 두었다.

cf 부산광역시

제12조(선거관련 조합의 지위 등) ① 조합 또는 조합과 계약된 모든 업체 관계자는 조합 선관위가 구성되어 선거업무를 개시함과 동시에 선거와 관련된 일체의 업무를 할 수 없다.

Q 선거업무 관련 서면(투표용지) 징구를 위하여 OS요원을 채용할 수 있는지?
A 「서울시 (별표)정비사업 표준선거관리규정」 제12조에 의하면 조합 또는 조합과 계약된 모든 업체 관계자는 조합 선관위가 구성되어 선거업무를 개시함과 동시에 선거와 관련된 일체의 업무를 할 수 없음.

또한, 「서울시 정비사업 표준선거관리규정」[별표] 제28조제3항에 따르면 누구든지 선거기간 내 선거인을 호별로 방문할 수 없도록 규정하고 있음(서울시 주거정비과 2021.7.29).

Q 추진위원회 선관위가 구성되어 선거업무 개시 이후에 추진위원회 위원(추진위원장, 감사, 추진위원)이 선거 업무가 가능한지?
A 「서울시 정비사업 표준선거관리규정」[별표] 제12조제1항에 따르면 "조합 또는 조합과 계약된 모든 업체 관계자는 조합 선관위가 구성되어 선거업무를 개시함과 동시에 선거와 관련된 일체의 업무를 할 수 없다. 다만, 선거에 미치는 영향이 없다고 인정되는 범위 안에서 조합 선관위 요청에 따라 대의원회 의결을 거친 사항에 한하여 조합사무국 및 정비업체 등에 업무지원을 요청할 수 있다."고 규정함.

또한, 같은 규정 제54조에 따르면 "본 규정의 운영과 관련하여 유권해석이 필요한 경우 조합 선관위에서 선관위원의 의견을 취합하여 의결토록 하고, 조합 선관위의 유권해석에 대한 이견이나 본 규정의 적용 및 운용 등에 대하여 구청장에게 유권해석을 요청할 수 있다."라고 규정함.

따라서, 추진위원회 위원의 선거업무 가능여부 등에 관하여는 상기 규정을 참고하시어 해당 추진위원회 운영규정, 선거관리규정 등을 종합적으로 검토하여 결정해야 할 사항으로 사료됨(서울시 주거정비과 2020.6.25)

② 조합의 임원·대의원 등은 이 규정에서 정하는 업무 이외에 조합 선관위의 선거업무에 일체 개입하지 않는다는 공명선거 이행각서를 제출해야 한다.

③ 제7조제3항, 제8조제6항, 제14조제2항 및 제36조제2항에 따라 선임된 선관위원, 선거사무보조원, 공정선거지원단 및 투·개표 참관인 등은 제2항에 따른 공명선거이행각서를 제출하고 엄정한 중립의 입장에서 이 규정에 의한 선거관리 사무를 수행하여야 하며, 이를 위반하였을 경우 조합선관위 의결로 그 자격을 상실한다.

제13조(선거관리계획 작성) ① 제10조제1항에 따라 선관위원장은 조합 선관위를 소집하여 조합임원 임기만료 30일 전까지 선거관리계획을 작성해야 한다.
② 선거관리계획에는 다음 각 호의 사항을 포함되어야 한다.
 1. 개략적인 선거일 및 선거일정
 2. 선거해야 할 임원·대의원 수
 3. 조합 선관위 업무 등(각종 양식 작성등)
 4. 선거비용 등의 지급방법 및시기
 5. 그 밖에 선거에 필요한 사항
【주】선거관리계획에 포함되어야 할 그 밖에 필요한 사항(예시)
  예) 선거사무보조원 선임, 공정선거지원단 구성·업무·조치결과 공개방법, 신고 포상금, 후보자 추천 및 등록기간 연장·재설정, 선거운동 방법 및 선거벽보·현수막의 규격·수량, 어깨띠의 크기 및 내용, 선거사무원의 수, 선거공보의 원고 작성방법, 투표관리관, 투·개표 사무원 및 참관인, 사전투표 장소·기간·운영 및 투표함 보관소, 우편 투표용지 송부·기표·회송방법, 우편 투표자의 선거인명부 표시 방법 등과 기타 선거에 필요한 사항
③ 조합선관위가 선거관리계획을 작성한 때에는 대의원회의 의결을 받아야 한다.

제14조(공정선거지원단) ① 조합 선관위는 선거와 관련한 정관 및 본 규정에 위반되는 선거부정을 감시하기 위하여 공정선거지원단을 둘 수 있다.
② 공정선거지원단은 선거인 중에서 신청·추천 등 조합선관위가 정하는 바에 따라 5인 이상 15인 이하의 범위 내에서 후보자 확정공고 전까지 구성한다.
【주】당해 정비사업의 규모, 조합원 및 입후보자의 수 등 여건에 따라 선거부정 감시 단원의 수를 조합 선관위에서 별도로 정할 수 있음.

제15조(부정선거의 단속·조사 등) ① 조합 선관위와 공정선거지원단은 선거부정 등의행위에 대하여 감시·조사·단속할 수 있다.

② 제1항에 따른 감시·조사·단속에 적발된 경우 조합 선관위는 의결로 그 위반 정도에 따라 중지·경고 또는 시정명령을 할 수 있다. 이 경우 관련자에게 충분한 소명의 기회를 제공하여야 하며, 조치는 서면에 의하여야 한다.

③ 제1항 및 제2항에 따른 위반행위에 대한 조치결과는 선거인이 알 수 있도록 공개하여야 한다. 이 경우 공개방법 및 범위는 조합선관위가 따로 정할 수 있다.

④ 누구든지 이 규정을 위반한 행위에 대하여 조합 선관위에 신고할 수 있다. 이 경우 위반사실을 확인할 수 있는 증빙자료 구비하고 위반자를 지명하여 신고해야 한다.

⑤ 조합 선관위는 선거관리계획으로 제4항에 따른 신고자에 대한 포상금의 지급, 지급금의 상한, 횟수, 절차를 정할 수 있다. 이 경우 지급결정은 조합 선관위의 의결에 따른다.

제16조(후보자등록취소 및 당선무효) ① 후보자 등록 후 피선거권이 없는 것이 발견된 때에는 후보자 등록취소 또는 당선을 무효로 한다.

② 후보자가 사퇴하고자 하는 경우에는 본인이 직접 조합 선관위에 서면으로 신고하여야 한다.

【주】후보자가 등록기간 이후 임의·고의로 사퇴하는 경우 추가 선거비용을 부담하게 할 수 있으며, 입후보 등록 시 사전에 이행각서 등을 제출하게 하거나, 조합설립등기 필요서류(취임 승낙서, 인감증명서)를 사전에 제출하도록 할 수 있음

③ 후보자등록 이후 다음 각 호의 행위를 한 자는 후보자 등록취소 또는 당선을 무효로 한다.

1. 후보자 등록 시 제출서류의 허위·변조·위조 등이 발견된 경우
2. 후보자서약서의 서약내용을 위반한 행위
3. 추천서가 금품제공 등으로 부정하게 이루어진 경우
4. 정관 및 이 규정에서 정한 선출요건에 하자가 있는 경우
5. 사전 선거운동을 하는 행위
6. 기타 조합 선관위가 정한 사항을 위반하는 경우

④ 제1항 내지 제3항에 의한 후보자 등록취소 및 당선무효는 5일 이하의 기간 내에 조합 선관위의 의결을 통하여 결정한다. 다만, 타 기관·업체 등의 법률자문을 받는 기간은 산입하지 아니한다.

부산광역시는 서울특별시가 규정하고 있는 "타 기관·업체 등의 법률자문을 받는 기간" 외에도 "후보자에게 부여하는 사전 소명기간"도 산입에서 제외하도록 하고 있다.

cf 부산광역시

제12조(제16조(후보자등록취소 및 당선무효) ④ 제1항부터 제3항까지에 따른 후보자등록취소 및 당선무효는 사유발생일 혹은 조합선관위가 그 사유를 인지한 때로부터 5일 이하의 기간 내에 조합 선관위의 의결을 통하여 결정한다. 다만, 타 기관·업체 등의 법률자문을 받는 기간 및 <u>제5항에 따라 후보자에게 부여하는 사전 소명기간</u>은 산입하지 아니한다.

⑤ 조합 선관위는 제4항에 따라 후보자 등록취소 및 당선무효를 결정한 경우에는 그 사유를 명시하여 해당 후보자에게 지체 없이 통지하고 조합 홈페이지에 공고 및 클린업시스템에 게시하여야 한다. 이 경우 후보자에게 3일의 범위 내에서 사전 소명기회를 부여하여야 한다.

제17조(선거관리 경비) ① 선거에 관하여 조합 선관위에서 부담하여야 할 필요한 일체의 경비는 조합이 부담하며, 조합은 사전에 예산으로 반영하여야 한다.
② 조합선관위는 선거관리에 사용된 경비에 대하여 비용지출내역을 작성하여야 하며, 이 경우 증빙자료를 첨부해야 한다.

제18조(선거관리의 위탁 등) ① 조합 또는 조합 선관위는 선거를 관할 선관위에 위탁하여 관리할 수 있다.
② 제1항에 따라 선거를 위탁하여 관리하는 경우에는 그 선거사무의 위탁범위는 제9조에 따른 조합 선관위의 직무범위 내에서 「공공단체 등 위탁선거에 관한 법률」에서 정하는 방법및절차에 따라 관할선관위와 협의하여 정한다.

제19조(선거관리 지원 등) 조합 선관위는 다음 각 호에 대한 선거관리에 대한 지원업무가 필요할 경우 구청장에게 요청할 수 있다.

1. 선관위원 구성(정수 이상으로 선관위원이 등록된 경우에 한한다.)
2. 조합원이 아닌 선관위원의 위촉에 관한 사항. 이 경우 구청장 또는 관할 선관위는 전·현직 공무원, 변호사 또는 학식과 사회경험이 풍부한 자를 추천하여야 한다.
3. 사전투표소, 합동연설회 및 총회장소의 지원에 관한 사항. 이 경우 소요되는 비용은 조합선관위가 부담한다.
4. 사전투표함 보관 장소의 지원에 관한 사항
5. 선거관련 분쟁의 조정의 지원에 관한 사항
6. 위반행위 단속·조사결과 판정의 지원에 관한 사항
7. 투표의 유·무효 판정의 지원에 관한 사항
8. 기타 조합 선관위와 구청장 또는 관할선관위가 상호협의하여 결정한 사항

제2장 선거인명부등

제20조(선거인명부의 작성) ① 조합 선관위는 해당 사업시행구역 내 선거인에 대한 선거인명부를 작성해야 한다. 이 경우 선거인명부는 조합이 작성·제출한 조합원명부를이기하여 작성할 수 있으며, 제5조제2항 내지 제4항에 따른 대표소유자 및 대리인 등을 등재하여야 한다.

서울특별시는 대표소유자 및 대리인 등을 등재하도록 하고 있다.

cf 부산광역시

제20조(선거인명부의 작성) ② 선거인명부는 다음 각 호에 따라 작성하여야 하며, 해당 구역 선거 이외의 목적으로 사용할 수 없다.

1. 선거인명부에는 등재번호, 선거권자의 성명, 주소(선거공보 및 우편투표 등을 수령할 수 있는 현주소지), 성별, 생년월일, 휴대전화번호(전자투표 시행 시) 등 필요한 사항을 기재한다.
2. 선거인명부는 후보자 등록기간 종료 다음날까지 작성하여야 한다.
3. 선거인명부는 해당 선거의 열람용 2부 및 확정 선거인명부(사전투표), 우편(서

면)투표자는 선거인 명부 비고란에 표시) 2부을 작성한다.

4. 개인정보 유출에 따른 피해가 발생되지 않도록 작성된 선거인명부를 철저히 관리하여야 한다.

제21조(선거인명부 열람 및 정정) ① 조합 선관위는 선거인명부가 작성된 경우에는 3일 이상 열람할 수 있도록 해야 하며, 이 경우 다음각 호의 사항을 조합 홈페이지에 공고하고 클린업시스템에 게시하여야 한다.

1. 열람기간
2. 열람장소
3. 열람방법
4. 열람내용
5. 이의신청방법
6. 그 밖에 조합 선관위가 따로 정하는 사항

【주】당해 정비사업의 규모, 조합원의 수, 정비사업 단계가 이주인 경우 등 여건에 따라 조합원의 열람과 이의신청 기간을 조합 선관위에서 별도로 정할 수 있음.

② 조합원이 선거인명부를 열람할 경우에는 자신의 정보에 한하여 열람할 수 있다.

③ 조합원이 선거인명부의 기재사항에 누락·오기 또는 명의이전 등 변경사항이 있을경우에는 열람 기간 내 증빙자료를 첨부하여 이의신청하여야 한다.

④ 제3항에 의한 이의신청이 있는 경우 조합 선관위는 이를 확인하여 즉시 선거인명부를 정정하여야 한다.

⑤ 제4항에도 불구하고 선거인의 소유물이 양도·양수 및 증여에 따라 명의변경된 경우에는 등기부등본 등 권리변동 증빙서류를 지참하고 선거일 투표시간 내에 조합선관위에 제출하여야 한다.

【주】선거인명부 열람 및 확정공고 이후에 소유권 변경 등 권리변동으로 선거인의 권리를 취득한 자에 대한 선거권 보호를 위함.

제22조(선거인명부 확정) ① 조합 선관위는 선거인명부를 선거공보 발송일전까지 확정해야 하며, 이 경우 선거인명부가 확정되었음을 조합 홈페이지에 공고하고

클린업시스템에 게시하여야 한다.

② 조합 선관위가 확정공고한 선거인명부는 사업시행구역의 당해 선거에 한하여 효력을 가진다.

③ 조합 선관위는 확정된 선거인명부를 선거의 후보자에게 제공할 수 있으며, 선거인명부를 교부받은 후보자는 타인에게 양도·대여하거나 선거 이외의 목적에 사용할 수 없다.

제3장 후보자등

제23조(후보자등록 기간) ① 후보자등록 기간은 후보자등록 공고일 다음 날부터 5일 이상(공휴일은 제외한다.)으로 하며, 등록시간은 오전 9시부터 오후 8시까지로 한다.

【주】당해 정비사업의 규모, 조합원 수, 제24조제1항에 따른 후보자 추천요건 등에 따라 제23조제1항에서 정한 범위 내에서 후보자 등록기간과 시간을 조합 선관위에서 별도로 정할 수 있으며, 선거 일정에 따라 후보자 등록공고를 포함하여 선거일 공고를 하거나, 사전에 후보자 등록공고를 선행할 수 있음.

② 제1항에 의한 후보자 등록 기간에 등록한 후보자가 정수에 미달한 경우 조합 선관위는 선거관리계획에 따라 등록기간을 연장 또는 재설정할 수 있다.

③ 제2항에 따라 조합 선관위가 후보자 등록기간을 연장한 경우에는 그 사실을 즉시 조합 홈페이지에 공고하고 클린업시스템에 게시하여야 한다.

제24조(후보자 추천) ① 선거에 입후보하고자 하는 자는 조합 선관위에서 정하는 기준에 따라 선거인의 추천을 받아야 한다. 이 경우 조합선관위가 정한 추천서양식에 따른다.

1. 조합장 : 선거인 ○○인 이상의 추천
2. 감사 : 선거인 ○○인 이상의 추천
3. 이사 : 선거인 ○○인 이상의 추천
4. 대의원 : 선거인 ○○인 이상의 추천
5. 부조합장 : 선거인 ○○인 이상의 추천

【주】조합원 수 등 조합 여건에 따라 선거인 1인의 중복추천 허용 여부를 결정할 수 있을 것임.

Q 창립총회 선거 시 선거인 추천 수는?

A 「서울시 정비사업 표준선거관리규정」[별표] 제24조제1항에 따르면 "선거에 입후보하고자 하는 자는 조합 선관위에서 정하는 기준에 따라 선거인의 추천을 받아야 한다. 이 경우 조합 선관위가 정하는 추천서 양식에 따른다."고 규정함.

또한, 표준선거관리규정 [별표] 제51조제2항에 따르면 "제1항에 의하여 창립총회에서 임원·대의원 선출을 위한 선거관리를 시행할 경우에는 제2조 내지 제55조 규정을 준용한다. 이 경우 "조합"을 "추진위원회"로 "정관"을 "정관(안)"으로 "총회"를 "창립총회"로 "조합원"을 "토지등소유자"로 "대의원회"를 "추진위원회"로 한다."고 규정함.

따라서, 창립총회 선거 시 선거인 추천 수는 당해 선거 선관위에서 결정해야 할 사항으로 사료됨(서울시 주거정비과 2020.3.2.).

② 대의원 후보자는 동별·통별·가구별 세대수 및 시설의 종류·토지면적 등을 고려하여 구역 내 소수의견을 대표할 수 있는 자로 추천되어야 한다.

서울특별시 제24조(후보자추천)제2항에 대해 부산광역시에서는 이를 두지 않았다.

제25조(후보자등록 공고 등) ① 조합 선관위는 다음 각 호의 사항을 포함한 후보자등록에 관한 사항을 조합홈페이지에 공고하고 클린업시스템에 게시하여야 한다.
  1. 후보자등록 기간
  2. 등록 장소
  3. 선출(또는 연임)해야 할 임원·대의원의 수
  4. 등록 시 제출서류
  5. 후보자등록 요건
  6. 후보자 자격심사 기간
  7. 그 밖에 조합 선관위가 따로 정하는 사항
② 선거에 입후보하고자 하는 자는 다음 각 호의 서류를 갖추어 제23조에 따른 후보

자등록 공고에 따른 기간 내에 조합선관위에게 후보자등록 신청을 하여야 한다.
  1. 후보자 등록 신청서(규정 서식) 1부
  2. 추천서(규정 서식) 1부
  3. 주민등록증, 여권 등 신분증명서 사본 1부(후보자등록신청서에 후보자의 지장을 날인하고 자필로 서명)
  4. 가족관계증명서 1부(필요한 경우에 한한다.)
  5. 반명함판 사진 2매
  6. 주민등록등·초본 각1부(거주 목적이 아닌 상가소유자의 경우 영업 등을 하고 있음을 증명하는 서류)
  7. 토지 및 건축물등기부등본 등 조합원임을 증명하는 서류
  8. 학력 및 경력을 증명하는 서류
  【주】근무처 폐업, 해외법인 등 경력증명서 발급이 불가한 경우 고용보험가입 증명서 등 이를 대체할 수 있는 서류 인정
  9. 범죄사실조회 동의서 및 선거관련 정보제공 동의서 각 1부
  10. 선거관리규정 준수와 법 제23조 및 규정 제6조제2항에 따른 결격사유가 없음을 확약하는 서약서

cf 부산광역시

제25조(후보자등록 공고 등)② 선거에 입후보하고자 하는 자는 다음 각 호의 서류를 갖추어 제23조에 따른 후보자등록 공고 기간 내에 조합 선관위에 후보자 등록 신청을 하여야 한다.
  1. 후보자 등록 신청서(규정 서식) 1부
  2. 추천서(규정 서식) 1부
  3. 인감증명서 1부
  4. 가족관계증명서 1부(필요한 경우에 한한다.)
  5. 반명함판사진 2매
  6. 주민등록등·초본 각1부(거주 목적이 아닌 상가소유자의 경우 영업 등을 하고 있음을 증명하는 서류)
  7. 토지 및 건축물 등기부등본 등 조합원임을 증명하는 서류

8. 범죄사실증명서 1부
9. 선거관리규정 준수 및 정관 제17조의 결격사유가 없음을 확약하는 서약서

Q 조합장 후보자 등록 신청서에 반드시 학력과 경력을 표기해야 하는지, 미표기 시 후보등록을 거부할 수 있는지?

A 「서울시 정비사업 표준선거관리규정」 [별표] 제25조제2항에 따르면 조합 선관위에 후보자 등록신청을 할 때에는 후보자 등록 신청서와 학력 및 경력을 증명하는 서류 등을 갖추도록 규정하고 있으며,

표준선거관리규정 [별표] 제25조제3항에 따르면 "조합 선관위는 후보자등록 신청이 있을 때에는 이를 수리하되, 피선거권이 없거나 제2항의 서류를 갖추지 아니한 등록 신청은 수리하지 않는다."고 규정함.

따라서, 후보자 등록 신청서에 학력과 경력을 표기하는 경우, 이를 증명하는 서류를 첨부해야 하며, 첨부하지 않을 경우 등록 신청을 수리하지 않을 수 있을 것으로 사료됨(서울시 주거정비과 2021.5.20)

③ 조합 선관위는 후보자등록 신청이 있을 때에는 이를 수리하되, 피선거권이 없거나 제2항의 서류를 갖추지 아니한 등록신청은 수리하지 않는다.

④ 조합 선관위는 제2항에 따라 후보자의 등록신청 또는 사퇴신청·사망 등의 상황이 발생할 경우 즉시 조합홈페이지에 공고하고 클린업시스템에 게시하여야 한다.

⑤ 후보자등록 마감 후 조합 선관위가 후보자의 피선거권에 대한 사실 확인이 필요하다고 인정되는 경우 후보자는 해당 사실을 적극 소명하여야 한다.

Q 재건축조합 창립총회 시 선거인명부 확정 공고 이후 조합설립동의서를 제출하는 토지등소유자에게 선거권 부여를 할 수 있는지?

A 「서울시 정비사업 표준선거관리규정」 [별표] 제5조제1항에 따르면 "선거권은 선거인명부 확정일 기준 당해 사업시행구역의 조합원으로서 선거인명부에 등재된 자에게 있다."고 규정함.

또한, 표준선거관리규정[별표] 제21조제3항 및 제4항에 따르면 조합원이 선거인명부의 기재사항에 누락·오기 또는 명의이전 등 변경사항이 있을 경우에는 열람 기간 내 증빙자료를 첨

부하여 이의신청토록 하고, 이의신청이 있는 경우 조합 선관위는 이를 확인하여 즉시 선거인명부를 정정토록 함.

한편, 표준선거관리규정[별표] 제21조제5항에 따르면 "제4항에도 불구하고 선거인의 소유물이 양도·양수 및 증여에 따라 명의 변경된 경우에는 등기부등본 등 권리변동 증빙서류를 지참하고 선거일 투표시간 내에 조합 선관위에 제출하여야 한다."고 규정함.

따라서, 선거권은 선거인명부 확정일 기준 당해 사업시행구역의 조합원으로서 선거인명부에 등재된 자에게 있으나, 소유권 변경 등 권리변동으로 인해 증빙서류를 선거일 투표시간 내에 조합 선관위에 제출하는 경우에는 선거인명부 확정공고 이후에도 선거권을 부여할 수 있을 것으로 사료됨(서울시 주거정비과 2020.1.16)

⑥ 조합 선관위는 제2항제9호에 따라 후보자가 제출한 동의서를 첨부하여 공공지원자에게 관할 경찰관서로 범죄사실조회를 요청하여야 하며, 공공지원자는 법 제23조 및 규정 제6조제2항제1호 내지 제5호에 따른 결격사유 해당 여부를 확인하여 조합 선관위에 회신하여야 한다.

제26조(기호배정 및 후보자확정 공고 등) ① 조합 선관위는 후보자가 피선거권자로서 결격사유가 없을 경우에는 후보자 등록기간 만료일로부터 3일 이내에 후보자의 기호를 배정한다. 이 경우 기호배정은 공개된 장소에서 후보자 또는 대리인이 참석한 가운데 추첨에 의하여 배정한다.
② 후보자의 기호가 배정된 경우에는 후보자 확정 및 기호배정 사실을 조합 홈페이지에 공고하고 클린업시스템에 게시하여야 한다.

제4장 선거일등
제27조(선거일 등 공고) ① 선거일은 총회개최일로 하되, 다음 각 호의 경우 조합 선관위가 총회개최 일을 따로 정할 수 있다.
 1. 등록한 후보자가 정수에 미달될 경우 또는 장소의 확보 등 조합 총회 개최 준비가 미흡하다고 인정되는 경우
 2. 선거일 공고 이후에 천재지변 기타 명백하고도 불가피한 사유가 발생하여 선

거를 실시할 수 없는경우

3. 제18조에 따라 선거를 위탁하는 경우 위탁받은 자의 사정에 따라 불가피한 사유가 발생한 경우

② 조합 선관위는 선거일정 등을 선거일 14일 전까지에 조합 홈페이지에 공고하고 클린업시스템에 게시하여야 한다. 이 경우 총회 개최 공고와 같이 할 수 있으며, 다음각 호의 사항을 포함하여야 한다.

1. 선거명
2. 선거인
3. 선거일
4. 투표 및 개표장소의 명칭 및 소재지
5. 제25조제1항에 의한 후보자등록에 관한 사항(동시에 공고하는 경우에 한함.)
6. 그 밖에 선거 또는 조합총회 개최에 관하여 필요한 사항

Q 선거관리규정 [별표] 제27조제2항에 따른 총회 개최 시 선관위에서 선거일정 등을 공고하도록 함에도 불구하고, 추진위원장 명의로 공고 시 유효한지?

A 선거관리규정[별표] 제27조제2항에 따르면 조합 선관위는 선거일정 등을 선거일 14일 전까지에 조합 홈페이지에 공고하고 클린업시스템에 게시하여야 한다고 규정함.
다만, 선거관리규정[별표] 제3조에 따르면 이 규정은 정관(운영규정)에 따로 정하는 사항 외에는 본 규정을 적용하도록 규정하는바, 공고의 유효여부 등 추진위원회 운영의 세부사항에 관하여는 추진위원회 승인권자이며 공공지원자인 귀 구에서 종합적으로 검토 적의 판단바람 (서울시 주거정비과 2019.10.8.).

③ 선거기간은 후보자확정 공고 다음 날부터 선거일까지로 한다.

제28조(선거운동 등) ① 선거운동이란 임원 등으로 당선되거나 당선되게 하거나 당선되지 못하게 하기 위한 행위를 말한다. 다만, 다음 각 호의 어느 하나에 해당하는 행위는 선거운동으로 보지 아니한다.

1. 선거에 관한 단순한 의견개진 및 의사의표시
2. 입후보와 선거운동을 위한 준비행위

3. 통상적인 업무행위

② 누구든지 임원등으로 당선되게 하거나 못하게 할 목적으로 다음 각 호의 1에 해당하는 행위를 하거나 그 행위를 약속·지시·권유·알선 또는 요구할 수 없다.

1. 선거인이나 그 가족(선거인의 배우자, 선거인 또는 그 배우자의 직계 존·비속과 형제자매, 선거인의 직계 존·비속 및 형제자매의 배우자를 말한다.) 등 관련자에게 금품·향응, 기타 재산상의 이익을 제공하거나 제공의 의사표시 등을 하는 행위
2. 제1호에 의한 이익을 제공받거나 그 제공의 의사표시를 승낙하는 행위
3. 제1호에 의한 이익이나 직의 제공을 요구하거나 알선하는 행위

③ 누구든지 선거기간 내 선거인을 호별로 방문하거나 특정 장소에 모이게 할 수 없다.

Q 서울시 표준선거관리규정을 채택하지 않고 자체 선거관리규정에 따라 홍보요원이 투표용지 징구 가능한지?

A 「서울시 정비사업 표준선거관리규정」[별표]제28조제3항에 따르면 "누구든지 선거 기간 내 선거인을 호별로 방문하거나 특정장소에 모이게 할 수 없다."고 규정함. 또한, 표준선거관리규정 [별표]제56조에 따르면 "이 규정은 법령 및 조합정관(추진위원회 운영규정)이 정하는 바에 따라 임원 등을 선출하기 위하여 시행하는 선거관리에 필요한 운영규정으로서 총회(주민총회) 의결로 제정 또는 개정한다."고 규정함.
따라서, 선거관리규정 적용 및 홍보요원의 투표용지 징구 가능여부 등은 상기 규정에 적합해야 함 (서울시 주거정비과 2020.1.14)

Q 서울시 정비사업 표준선거관리규정[별표] 제28조제3항에 따라 누구든지 선거기간 내 선거인을 호별로 방문할 수 없도록 하는 규정은 일반안건의 서면결의서 징구 시에도 적용되는지?

A 표준선거관리규정[별표]제28조제3항은 선거와 관련하여 선거인 호별 방문을 금지하는 규정으로 총회 개최일에 선거와 일반안건을 함께 상정하는 경우에 도시정비법 상 일반안건 처리를 위한 선거인 호별 방문을 금지하는 규정은 없으나,
표준선거관리규정[별표]제12조제1항에서 추진위원회 또는 추진위원회와 계약된 모든 업체 관계자는 선거관리위원회가 구성되어 선거업무를 개시함과 동시에 선거와 관련된 일체의 업무를 할 수 없도록 정하고 있어, 일반안건의 호별 방문 시 선거와 관련된 홍보 등 일체의 업무를 처리할 수 없음 (서울시 주거정비과 2019.4.12).

❓ 추진위원회 임원선거와 관련하여 서면결의서에 후보자를 선택하도록 하고 홍보요원(OS)을 통하여 제출한 경우, 적법한 선거인지?

🅰 「서울시 정비사업 표준선거관리규정」[별표]에 따른 투표방법은 투표용지를 통하여 총회·사전투표·우편(서면)투표·전자투표 방식만 가능하며, 또한 부정선거를 방지하고 공정한 선거를 위하여 동 규정 제28조제3항에 따라 누구든지 선거기간 내 선거인을 호별로 방문할 수 없음(서울시 재생협력과 2018.9.5)

④ 누구든지 선거와 관련하여 연설·벽보, 기타의 방법으로 허위의 사실을 공표하거나 유포하여 후보자를 비방할 수 없다.
⑤ 누구든지 조합 선관위가 정하는 선거운동방법 외의 방법으로 선거운동을 할 수 없다.
⑥ 선거운동은 후보자확정공고 다음 날부터 선거일 전일까지에 한하여 할 수 있다. 단, 총회에서 합동연설회를 개최하는 경우 후보자의 연설에 한하여 허용한다.

제29조(기부행위의 제한) ① 후보자나 그 배우자의 직계존·비속(이하 "후보자의 가족") 및 후보자의 가족관계 있는 회사 그 밖의 법인, 단체는 선거인이나 그 가족 또는 선거인이나 그 가족이 설립·운영하고 있는 기관·단체·시설에 대하여 금전·물품 그 밖의 재산상 이익의 제공, 이익제공의 의사표시 또는 그 제공을 약속하는 행위(이하 "기부행위")를 할 수 없다.

cf 부산광역시

제29조(기부행위의 제한) ① 후보자(후보자가 되려는 사람을 포함한다. 이하 같다), 후보자의 배우자와 후보자 또는 그 배우자의 직계존비속(이하 "후보자의 가족") 및 후보자 또는 후보자의 가족이 있는 회사 그 밖의 법인, 단체는 선거인이나 그 가족 또는 선거인이나 그 가족이 설립·운영하고 있는 기관·단체·시설에 대하여 금전·물품 그 밖의 재산상 이익의 제공, 이익제공의 의사표시 또는 그 제공을 약속하는 행위(이하 "기부행위")를 할 수 없다.

② 제1항에 불구하고 후보자 또는 후보자의 가족이 하는 다음 각 호의 어느 하나에 해당하는 행위는 기부행위로 보지 아니 한다.

1. 직무상의 행위
 가. 소속된 기관·단체·시설의 자체사업계획과 예산으로 행하는 의례적인 금전·물품 제공행위(포상을 포함하되, 화환·화분을 제공하는 행위는 제외한다)
 나. 사업계획 및 수지예산에 따라 집행하는 금전·물품제공행위(포상을 포함하되, 화환·화분을 제공하는 행위는 제외한다)
 다. 물품구매·공사·역무의 제공 등에 대한 대가의 제공 또는 부담금의 납부 등 채무를 이행하는 행위
 라. 가목 내지 다목의 행위 외에 법령 또는 본 규정에 따라 물품등을 찬조·출연 또는 제공하는행위
 2. 의례적 행위
 가. 민법에서 규정하는 친족의 관혼상제 의식 그 밖의 경조사에 축의·부의금품을 제공하는 행위
 나. 민법에서 규정하는 친족외의 자의 관혼상제 의식에 통상적인 범위 안에서 축의·부의금품(화환·화분을 제외한다)을 제공하거나 주례를 서는 행위
 다. 관혼상제 의식 그 밖의 경조사에 참석한 하객이나 조객 등에게 통상적인 범위안에서 음식물 또는 답례품을 제공하는 행위
 라. 그 소속기관·단체·시설의 유급 사무직원 또는 민법에서 규정하는 친족에게 연말·설 또는 추석에 의례적인 선물을 제공하는 행위
 마. 친목회·향우회·종친회·동창회 등 각종 사교·친목단체 및 사회단체의 구성원으로서 해당 단체의 정관·규약 또는 운영관례상의 의무에 기하여 종전의 범위 안에서 회비를납부하는 행위
 바. 평소 자신이 다니는 교회·성당·사찰 등에 통상의 예에 따라 헌금(물품의 제공을 포함한다)하는 행위
 3. 「공직선거법」에서 규정하고 있는 구호적·자선적 행위에 준하는 행위
 ③ 제2항에 의하여 통상적인 범위 안에서 1인에게 제공할 수 있는 축의·부의금품, 음식물, 답례품 및 의례적인 선물의 금액범위는 공직선거법을 준용한다.
 ④ 후보자 또는 후보자의 가족은 제1항의 행위를 약속·지시·권유·알선 또는 요구할 수 없다.

제30조(선거공보) ① 후보자는 조합 선관위가 정하는 바에 따라 선거공보의 원고를 작성하여 후보자 등록마감일 또는 후보자확정공고일 3일 이내 제출하여야 하며, 후보자 모두 동일하게 정한다.

【주】선거공보 원고의 제출기한은 제1항에서 정하는 범위 내에서 후보자 등록기간, 선거공보의 검토 및 발송기간 등 선거일정을 고려하여 조합 선관위에서 별도로 정할 수 있음.

② 제1항에 의하여 작성하는 선거공보의 원고에는 허위사실이나 다른 후보자를 비방하는 내용을 기재할 수 없다.

③ 조합 선관위는 제1항에 따라 선거공보의 원고가 제출된 경우에는 이를 심사하여 제2항의 위반여부를 확인하여야 한다.

④ 제1항에 따라 제출된 선거공보의 원고는 조합 선관위가 인쇄하여 선거일 14일 전까지 선거인에게 등기 발송하되, 총회 등 개최 안내문, 우편 투표용지 등과 동봉 또는 제본하여 발송할 수 있으며, 조합 홈페이지와 클린업시스템에 게시하여야 한다. 다만, 후보자가 제출마감일까지 선거공보의 원고를 제출하지 아니하거나 규격 등이 상이한 선거공보의 원고를 제출하는 경우에는 그러하지 아니할 수 있다.

⑤ 제2항에 따라 위반되는 내용이 게재되었을 경우에는 조합 선관위의 명령에 따라 제출마감일까지 당해 후보자가 정정 또는 철회해야 하며, 이를 따르지 아니할 경우 선거공보는 발송하지 아니하며, 이 경우 해당 후보자에게 이를 통지하여야 한다.

⑥ 제1항에 의한 선거공보의 원고작성 비용은 후보자가 부담하고, 인쇄 및 발송비용은 조합 선관위가 부담한다.

제31조(선거벽보) ① 선거벽보 및 현수막을 통한 선거운동을 하고자 하는 경우에는 조합 선관위가 사전에 선거관리계획에 포함하여 대의원회와 협의하여 게시할 수 있다. 이 경우 규격과 수량은 조합선관위가 따로 정한다.

② 선거벽보의 제출기한, 기재사항 및 위반내용 등에 대한 조치는 제30조제1항 내지 제3항 및 제5항을 준용한다.

【주】선거벽보에는 후보자의 기호·사진·성명·학력·경력 그 밖에 자신의 홍보에 필요한 사항을 게재할 수 있으며, 정규학력이 아닌 유사학력을 경력란에 게재하게 할 수 있음.

Q 정규학력이 아닌 유사학력을 경력란에 게재할 수 있도록 한 사항에 대하여 유사학력과 허위학력을 구분하는 기준이 있는지?

A 「서울시 정비사업 표준선거관리규정」[별표] 제31조제2항 주석에 따르면 정규학력이 아닌 유사학력을 경력란에 게재할 수 있다고 명시되어 있고, 같은 규정 제25조에 따르면 조합 선관위에게 후보자 등록신청 시 학력을 증명하는 서류를 제출토록 하고 있으므로, 유사 학력과 허위학력의 구분 기준은 증빙자료의 유무로써 가늠할 수 있을 것으로 사료됨.
또한, 선거관리규정 제4조제1항제3호에 따라 당해 사업 여건상 필요한 경우 선거관리규정안에 조·항·호·목·별지 등을 추가할 수 있으며, 같은 조에 의거 제1항 각 호에 확정·수정·보완 또는 추가하는 사항이 법·관계법령·조례, 이 운영규정 및 국토부장관, 서울시장, 관할 구청장 등 관련 행정기관의 처분에 위배되는 경우에는 효력을 갖지 아니함(서울시 주거정비과 2019.5.16)

③ 제1항에 따라 선거벽보를 게시하는 경우 조합 선관위는 선거 종료 즉시 선거와 관련된 모든 선거벽보 및 현수막을 철거해야 한다.
【주】관할 구청과 사전에 광고물에 관한 협의 등 허용여부 선행검토 필요.

제32조(합동연설회) ① 조합 선관위는 선거인에게 후보자를 충분히 알릴 수 있도록 선거일 전 또는 선거 당일 합동연설회를 개최하여 각 후보자별 소견발표의 기회를 부여할 수 있다.
② 조합 선관위는 입후보자 및 조합원 수 등 제반 여건을 고려하여 제1항에 의한 합동연설회 개최 횟수와 생략 여부를 결정할 수 있으며, 이 경우 사전에 입후보자의 의견을 들어야 한다.
③ 제1항에 따른 합동연설회발표 순서는 기호순으로 한다.

제33조(후보자 지지의 방법 등) ① 후보자는 선거 기간 중 다음 각 호의 방법으로 지지를 호소할 수 있다. 이 경우 조합선관위는 야간에 할 수 없도록 정할 수 있다.
【주】과열 선거운동을 예방하고 주민들의 안면 등의 보호를 위하여 오후 10시부터 다음날 오전7시까지 등 시간을 정하여지지 활동을 금지할 수 있음.
1. 전화를 통한 선거운동을 하는 행위. 단 후보자 본인에 한하여 허용하되, 오후 10시부터 다음날 오전 7시까지는 할 수 없다.

2. 인터넷상 게시판·대화방 등에 선거운동을 위한 정보를 게시하는 행위.

3. 후보자는 관혼상제의 의식이 거행되는 장소와 도로·시장·점포·다방·대합실 그 밖에 다수인이 왕래하는 공개된 장소에서 지지를 호소할 수 있다.

4. 후보자임을 표시하는 어깨띠를 착용하고 구역 내 거리홍보를 할 수 있다. 이 경우 어깨띠의 크기, 내용은 조합선관위가 정하는 바에 따른다.

5. 후보자는 홍보를 위해 명함을 배포할 수 있다.

6. 후보자는 제4호의 방법으로 홍보를 하고자 하는 경우에는 선거운동원을 둘 수 있다. 이 경우 후보자는 선거사무원을 선정하여 후보자 등록마감일 전까지 조합 선관위에 선거사무원 등록신청서를 제출하여야 하며, 사무원의 수는 5인을 넘지 않는 범위에서 조합선관위가 따로 정한다.

【주】 선거사무원의 수는 당해 정비사업의 규모, 조합원 및 후보자의 수 등을 고려하여 조합 선관위에서 별도로 정할 수 있음.

② 조합 선관위는 제1항에 따른 지지행위가 이 규정상의 기준을 위반한 경우에는 지체 없이 이를 삭제하거나 삭제를 요구할 수 있으며, 그 밖에 필요한 제재를 할 수 있다.

【주】 제2항에 따른 제재조치에 대하여 이의신청 기간(예, 3일 이내)을 정하여 서면으로 이의신청을 할 수 있도록 하고, 이의신청 기간이 경과한 이의신청은 각하하는 것으로 정할 수 있음. 또한 이의신청이 이유 있다고 인정될 경우 제재조치를 철회하고 그 결과를 신청인에게 통지하여야 할 것임.

③ 후보자등은 과열 선거운동을 방지하고 선거비용의 절감을 위하여 제1항 각 호의 방법 및 제28조 내지 제32조의 방법 이외의 방법으로 지지를 호소할 수 없다.

Q 후보자가 선거운동 기간 중에 토지등소유자에게 우편물, 문자 메시지를 보내도 되는지?
A 후보자는 선거기간 중 표준선거규정 제33조에 의한 전화, 인터넷상 게시판·대화방 게시, 명함 배포 등 방법으로 선거인에게 지지를 호소할 수 있음(서울시 재생협력과 2018.10.29).

제5장 투·개표 등
제34조(선거방법) ① 선거는 기표방법으로 하며, 무기명 비밀투표로 한다.

cf 부산광역시

제34조(선거방법) ① 선거는 기표방법 또는 전자투표(PC, 스마트폰, 일반휴대폰 등을 활용한 온라인투표시스템 혹은 터치스크린투표시스템)의 방법으로 하며, 무기명 비밀투표로 한다.

② 선거인명부에 기재된 선거인 1인이 1표로 직접선거한다.
③ 투표소 투표관리를 위해 투표관리관을 둘 수 있다.
④ 조합의 임원·대의원의 선출은 정관에서 정하는 바에 따라 조합총회에서 선출한다.
다만, 조합정관에서 정하는 바에 따라 결선투표를 통하여 선출할 수 있다.
【주】다수 후보자등록으로 조합 총회 동의요건에 충족되지 못할 경우를 대비하여 결 선투표를 통하여 당선자로 선출토록 사전에 결정할 수 있음.
예) 결선투표 시 결선투표 대상인 후보자에게 투표한 우편 투표권은 결선투표를 한 것으로 인정하며, 기타 후보자에게 투표한 우편 투표권은 기권표로 한다. 이 경우 결선투표 개시 전 총회 성원여부를 확인하여야 함.

◎ 추진위원장 직무대행이 선거관리규정 제34조제4항(결선투표) 조항 내용을 변경하여 주민총회에 상정하는 것이 적정한지?
❹ 선거관리규정 제49조 및 제34조제4항에 따르면 추진위원회의 추진위원장·감사·추진위원의 선출은 운영규정에서 정하는 바에 따라 주민총회에서 선출한다. 다만, 운영규정에서 정하는 바에 따라 결선투표를 통하여 선출할 수 있다고 규정함.
따라서, 당해 구역의 추진위원장·감사·추진위원의 결선투표 시 결정방법 등에 관하여는 운영규정 및 선거관리규정에서 따로 정할 수 있으며, 당해 추진위원회 선거관리규정은 최초 제정 시 주민총회에서 의결하는 것이 타당할 것으로 사료됨(서울시 주거정비과 2019.9.5)

◎1. 추진위원회 위원장 선거와 관련 당초 3인 후보자 중 1인의 후보자가 후보 취소로 인해 총회 당일 투표를 2인 후보만을 대상으로 진행한 경우 2차(결선) 투표로 볼 수 있는지?
◎2. 볼 수 없다면 추후 주민총회를 통하여 2차(결선) 투표를 해야 하는지?
❹1. 정비사업 표준선거관리규정[별표]제34조(선거방법)에 의하면 추진위원회 임원 선출은 운영규정에 정하는 바에 따라 주민총회에서 선출하고, 다만 운영규정에 정하는 바에 따라 결

선투표를 통하여 선출할 수 있음

A2. 결선투표는 다수 후보자 등록으로 주민총회 동의요건에 충족되지 못할 경우를 대비하여 결선투표를 통하여 당선자를 선출하기 위한 것으로 추진위원회 운영규정 및 선거관리규정으로 따로 정할 수 있음(서울시 재생협력과-13161, 2018.9.10)

⑤ 후보자의 수가 정수와 같은 경우에는 무투표당선으로 결정한다. 다만, 조합장의 경우 총회에서 가·부투표로 결정하여야 한다.
【주】후보자의 수가 정수와 같을 경우 무투표 당선, 가'부 투표 또는 최소득표수 이상으로 사전에 당선인 결정기준을 정할 수 있음.(단, 추진위원 또는 대의원의 경우에는 법정 정족수 충족을 위한 후보자 수 이상으로서 정수 미만인 경우에도 정수와 같은 경우로 볼 수 있음)
⑥ 조합 선관위는 투·개표사무를 보조할 투·개표사무원을 둘 수 있으며, 수당과 실비를 지급해야 한다.

제35조(투표) ① 투표소는 선거인 수를 고려하여 당해 사업시행구역 내 일정한 장소나 인접 지역의 적당한 장소에 비밀투표가 보장되도록 설치한다.
② 투표는 조합 선관위가 감독하며, 투표소의 질서유지를 위하여 관할경찰서에 경찰공무원의 배치를 요청할 수 있다.
③ 투표소에는 투표를 위한 선거권자, 투표관리관, 투표사무원, 투표참관인을 제외하고는 누구도 출입할 수 없다. 단, 구청 및 관할 선관위 관계자등 조합선관위가 인정하는 자는 제외한다.
【주】투표시간은 투표일(공휴일, 연휴), 투표소, 기상 등의 여건을 고려하여 정할 수 있음.
④ 투표를 하고자 하는 선거권자는 본인을 증명하는 신분증을 제시하여 선거인명부와 대조·확인을 받아야 한다. 이 경우 신분증의 종류는 「공직선거법」 제157조 제1항을 준용한다.

제36조(투·개표 참관인) ① 조합 선관위는 투·개표참관인(이하 "참관인")으로 하여금 투표용지의 교부상황과 투표상황, 개표상황을 참관하게 하여야 한다.

② 후보자는 2인 이상 5인 이하의 참관인을 선정하여 후보자 등록마감일 전까지 조합선관위에 참관인 등록신청서를 제출하여야 한다. 이 경우 참관인의 수는 후보자별로동일하게 조합 선관위가 따로 정한다.

③ 참관인은 투·개표에 영향을 미치는 행위를 할 수 없다.

제37조(개표) ① 개표는 조합 선관위가 감독하며, 개표소의 질서유지를 위하여 관할경찰서에 경찰공무원의 배치를 요청할 수 있다.

② 개표소는 투표소와 같은 장소로 한다. 단, 장소협소 등 동일 장소에서 개표하기가어려울 경우 인접한 장소에 별도로 설치할 수 있다.

③ 개표소에는 선관위원, 개표사무원, 개표 참관인을 제외하고는 누구도 출입할 수 없다. 단, 구청 또는 관할선관위 관계자등 조합선관위가 인정하는 자는 제외한다.

④ 개표는 투표종료 후 즉시 실시하는 것을 원칙으로 한다.

⑤ 개표는 입후보 직위별로 구분하여 집계하며 후보자별 득표수는 조합 선관위에서 발표한다.

제38조(무효투표) 다음 각 호의 투표는 무효로 한다.
1. 투표관리관의 사인(날인)이 없거나 소정의 투표용지가 아닌 경우
2. 기표가 안 된 경우
3. 기표가 불확실한 경우
4. 소정의 기표용구 이외의 것으로 기표한 경우
5. 우편 투표용지가 제출기한을 경과하여 조합 선관위에 도착한 경우
6. 우편 투표용지의 회송용 봉투에 우체국소인이 없는 경우

cf 부산광역시

제38조(무효투표) 다음 각 호의 어느 하나에 해당하는 투표는 무효로 한다.
1. 투표관리관의 사인(날인)이 없거나 소정의 투표용지가 아닌 경우
2. 어느 란에도 표를 하지 아니한 것
3. 2란에 걸쳐서 표를 하거나 2 이상의 란에 표를 한 것
4. 어느 란에 표를 한 것인지 식별할 수 없는 것

5. 우편 투표용지가 제출기한을 경과하여 조합선관위에 도착한 경우

6. 우편 투표용지의 회송용 봉투에 우체국 소인이 없는 경우

7. ㉠표를 하지 아니하고 문자 또는 물형을 기입한 것(위탁시)

8. ㉠표 외에 다른 사항을 기입한 것(위탁시)

9. 선거관리위원회의 기표용구가 아닌 용구로 표를 한 것(위탁시)

Q 조합 선거관리위원회에서 「서울시 정비사업 표준선거관리규정」 제45조(우편에 의한 투표)제3항 '투표용지 송부·기표·회송 방법에 대하여는 조합 선관위가 따로 정한다.'를 근거로 하여 우편투표용지(서면결의서)를 우체국 소인 없이 인편으로 제출받은 것이 유효한지?

A 선거관리규정 [별표] 제38조에 우편 투표용지의 회송용 봉투에 우체국 소인이 없는 투표는 무효로 하며, 제28조제3항에는 누구든지 선거기간 내 선거인을 호별로 방문하거나 특정장소에 모이는 것을 금지토록 규정함.

공공지원 대상 조합(추진위원회)의 경우 표준선거관리규정 본칙 제4조제1항제1호에 따라 제38조 및 제28조를 임의로 수정·삭제할 수 없고 표준안 내용과 같이 확정하여야 함(서울시 주거정비과 2021.11.17.).

제6장 사전투표

제39조(사전투표) 조합 선관위는 선거인의 투표율 제고를 위해 선거일 이전 사전투표를 할 수 있다. 이 경우 선거일 14일 전까지 사전투표의 방법과 장소·시기·절차 등 필요한 사항을 공고해야 한다.

제40조(사전투표 방법) ① 사전투표 장소는 당해 사업시행구역 내 일정한 장소나 인접 지역의 적당한 장소에 투표소를 설치하여 운영하여야 한다.

② 사전투표 기간 중후보자를 대신하는 사전투표참관인을 선거인 중에서 둘 수 있다. 이 경우 사전투표 참관인의 수당은 조합선관위가 부담한다.

제41조(사전투표 기간) 사전투표 기간은 조합 총회 개최 공고일(선거일 공고)부터 선거일 7일 전까지 1일 이상의 기간을 따로 정하여 시행하되, 투표율 제고를 위해 다음각 호를 참고하여 조합선관위가 따로 정한다.

1. 사전투표일은 직장인 등의 투표여건을 고려하여 가급적 공휴일로 지정한다.
2. 사전투표일을 평일로 정할 경우 투표시작 시간은 오전 6시, 마감 시간은 오후 8시까지로 한다.

제42조(사전투표 장소) 사전투표 장소는 공정선거에 지장이 없는 장소로 선정하여야하며 조합 선관위가 따로 정한다. 이 경우 제32조에 따른 선거일 전에 합동설명회를개최할 경우 합동설명회 장소에 설치할 수 있다.
【주】사전투표 장소는 선거의 중립성 확보를 위해 후보자 소유 및 임차건물 등 오해의 소지가 없는 장소로 선정할 수 있다.

제43조(사전투표 절차 등) ① 사전투표한 선거인은 선거인명부에 사전투표자로 표시한다. 이 경우 표시는 조합선관위가 따로 정한다.
② 사전투표는 직접투표 절차에 준하여 시행한다.
③ 이 규정에서 정하지 아니한 사전투표의 세부적인 절차나 방법 등은 조합 선관위가따로 정할 수 있다.

제44조(사전투표함의 봉인) ① 사전투표함은 조합 선관위가 제작한 투표함으로 하되, 후보자 또는 참관인들이 확인한 후 시건·봉인한다.
② 사전투표함의 보관장소는 조합 선관위가 따로 정하며, 공정한 투표함 보관을 위하여 필요할 경우 개표개시 전까지 구청장에게 투표함의 보관을 의뢰할 수 있다. 이 경우 관할구청장은 특별한 사유가 없는 경우에는 이에 응하여야 한다.
③ 사전투표함을 보관장소에 보관 또는 반출, 투표소에 설치 할 경우에는 사전투표참관인의 입회하에 해야 한다.
④ 사전투표함은 투표개시 전 투·개표 장소로 조합 선관위가 이송한다. 이 경우 후보자의 요청이 있을 경우 개표참관인과 동행한다.
⑤ 사전투표함의 개봉은 투표일 선거시간이 종료되고 개표가 개시된 이후 개봉한다.

제7장 우편투표·전자투표
제45조(우편에 의한 투표) ① 조합 선관위는 조합 정관에서 정하는 바에 따라 총

회 등에 직접참석할 수 없는 선거인의 선거권보장을 위해 우편(서면)에 의한 방식으로 투표하게 할 수 있다.

② 선거인이 제1항에 따라 우편에 의한 방식으로 투표하고자 할 경우 조합선관위에서송부받은 우편 투표용지에 기표한 후 선거인이 직접 우편발송 하여야 하며, 이 경우선거일 총회개최 전까지 조합선관위에 도착되도록 하여야 한다.

【주】 우편 투표용지가 포함된 선거공보의 발송기한은 선거인이 회송용 봉투를 발송하여 선거일 전에 조합 선관위에 도착되어야 할 기한을 고려하여 결정하여야 함.

<서울시 보도자료 2025.2.24>
"총회 전자투표 해보니 편리하고 만족 97% 이상"
서울시, 정비사업 전자투표 시범사업 통한 활성화 촉진
- 10개 조합 시범사업 참여…총회 전자투표 만족도는 98%, 편의성은 97.1%
- 전자투표 활용 시 총회 사전준비 기간 단축, 개표 인력 및 시간 절감 효과

□ 최근 정부에서 총회에 전자적 방법으로 의결 가능토록 도시정비법 시행령 개정안을 발표함에 따라 올해 6.4(수) 시행 후에는 ICT 규제 샌드박스 제도[32]를 활용하지 않고도 총회에서 전자적 의결이 가능해져 조합에서는 중요 의사결정에 대한 조합원 참여율을 제고할 수 있을 것으로 기대하고 있다.

□ 서울시는 지난해 정부의 「8.8 대책」 이후 재개발·재건축 선제적 지원하고자 ICT 규제 샌드박스 제도를 활용하여 정비사업 전자투표 활성화 시범사업을 추진하였다.

□ 지난해 10월 미성동 건영아파트 재건축조합을 시작으로 올해 1월 서초신동 아아파트 재건축조합까지 총 10개 조합에 대한 전자투표 서비스를 제공하고, 14일(금) 서소문청사 1동 대회의실에서 성과를 나누는 자리를 가졌다. 이

---

[32] ICT 규제 샌드박스 제도(실증을 위한 규제특례)
다양한 신기술·서비스의 시장출시 및 테스트가 가능하도록 일정 조건 하에 기존 규제를 면제하거나 유예하는 제도를 말하며, 이번 시범사업의 경우「주거정비 총회 전자적 의결서비스」실증을 위한 규제특례 지정 및 서비스 개시 업체와 계약하여 도시정비법 및 하위법령에도 불구하고 조합 총회에 전자적 의결 사용이 가능했던 사항이다.

자리에는 시범사업 선정 조합 관계자와 자치구 담당자 등 약 50명이 참석해 전자투표 도입 효과와 참여 조합별 소감을 공유하고, 활성화 방안에 대하여 의견을 청취했다.

□ 청년층과 중장년층의 경우 전자투표 이용이 어렵다는 편견에도 불구하고 전자투표 절차 안내와 지원을 통해 참여 호응도를 이끌어냈으나, 고령층은 전자투표 튜토리얼 영상, 별도 홍보요원의 안내 등을 통한 참여 제고 방안이 필요한 것으로 나타났다.

○ 선정된 10개 조합의 전자투표 평균 참여율은 48.2%이며, 특히 서초신동아아파트 재건축조합의 경우 최대 64.5%의 전자투표율을 보였고, 연령대별 전자투표율은 전체 조합원 수 대비 20대 이하~40대 23.7%, 50~60대 34.6%, 70~80대 6.2%로 나타났다.

□ 통상 3주 이상 소요되던 총회 사전 투표기간도 3~12일 이상 단축되어 필요 인력과 시간이 절감되었고, 총회 시 서면결의서 개표에 필요한 시간도 단축되는 효과가 있었다.

○ 전자투표율이 높을수록 서면결의서에 대한 조합원별 등기우편 수·발신, 재발송 등의 번거로운 작업에 필요한 인력과 시간이 절감하게 된다.

○ 미성동 건영아파트 재건축조합의 경우 '23.10월 총회 서면결의서 개표에 약 1시간 이상 소요되었으나, '24.10월 총회에 전자투표를 병행함에 따라 서면결의서가 감소하여 개표 시간이 15분으로 대폭 단축되었다.

cf 부산광역시

제45조(우편에 의한 투표) ② 선거인이 제1항에 따라 우편에 의한 방식으로 투표하고자 할 경우 조합 선관위에서 송부 받은 우편 투표용지에 기표한 후 선거인이 직접 우편발송 하여야 하며, 이 경우 <u>선거일 전일 18시까지</u> 조합 선관위에 도착되도록 하여야 한다.

③ 제2항에 의한 우편 투표용지 송부·기표·회송 방법에 대하여는 조합 선관위가 따로 정한다.

④ 우편으로 투표한 선거인은 선거인명부에 우편 투표자로 표시한다. 이 경우

표시는 조합 선관위가 따로 정한다.

　⑤ 조합선관위는 제2항에 의하여 제출된 우편투표용지를 훼손하지 아니 하고 즉시 봉인된 투표함에 보관하여야 한다. 이 경우 투표함의 봉인·보관·입회·이송에 대하여는 제44조를 준용한다.

Q 조합 선거관리위원회에서 우편투표 접수 및 직접방문하여 제출된 우편 투표용지의 회송용 중봉투를 미리 개봉하여 안건별 소봉투로 분류하여 투표함에 넣은 행위가 선거관리규정에 위배되는지?
A 선거관리규정 [별표] 제45조제5항에 조합 선관위는 제2항(우편에 의한 방식)에 의하여 제출된 우편 투표용지를 훼손하지 아니하고 즉시 봉인된 투표함에 보관하여야 하며, 이 경우 투표함의 봉인·보관·입회·이송에 대하여는 제44조를 준용토록 규정하고 있으니 참고바람
선거관리규정 [별표] 제34조제4항에 따르면 "조합의 임원·대의원의 선출은 정관에서 정하는 바에 따라 조합 총회에서 선출한다."고 규정하며, 같은 조 제5항에서 "후보자의 수가 정수와 같은 경우에는 무투표 당선으로 결정한다."고 규정함(서울시 주거정비과 2021.11.17)

Q 우편투표의 개봉시기는?
A 표준선거관리규정[별표] 제45조제5항에 따르면 "조합 선관위는 제2항에 의하여 제출된 우편 투표용지를 훼손하지 아니하고 즉시 봉인된 투표함에 보관하여야 하며, 이 경우 투표함의 봉인·보관·입회·이송에 대하여는 제44조를 준용한다."고 규정하나, 우편투표용지의 개봉시기에 대하여는 별도로 규정된 바 없음.
참고로, 사전투표의 경우 표준선거관리규정[별표] 제44조제5항에서 "사전투표함의 개봉은 투표일 선거시간이 종료되고 개표가 개시된 이후 개봉한다."고 규정함.
따라서, 총회(주민총회)의 의결에 따라 표준선거관리규정에 조·항·호·목·별지 등을 추가할 수 있고, 우편 투표용지의 개봉 시기에 대하여는 당해 선거관리규정 및 선거관리계획 등을 종합적으로 검토하여 판단해야 할 사항으로 사료됨(서울시 주거정비과 2020.1.7)

제46조(전자투표) ① 조합 선관위는 조합정관에서 정하는 바에 따라 전자적 방법(전자정보처리조직을 사용하거나 그 밖에 정보통신기술을 이용하여 의결권을 행사하는 방법을 말한다. 이하 '전자투표')에 의한 방식으로 투표하게 할 수 있으며, 전자투표의 세부적인 절차나 방법등을 따로 정할 수 있다.

② 제1항에 따른 전자투표에 의한 방식은 다음 각 호의 방법을 말한다.

1. 「전자서명법」제2조제3호에 따른 공인전자서명 또는 같은 조 제8호에 따른 공인인증서를 통하여 본인확인을 거쳐 의결권을 행사하는 방법

2. 조합 선관위는 「전자서명법」제2조제1호에 따른 전자문서를 제출하는 방법 등 본인 확인절차를 완화한 방법으로 의결권을 행사할 수 있도록 제1호와 달리 정하고 있는경우에는 그에 따른 방법

③ 제2항에 따른 전자투표 방식으로 선거권을 행사할 수 있도록 하는 경우에는 선거공고에 다음 각 호의 사항을 구체적으로 밝혀야 한다.

1. 전자투표를 할 인터넷 주소
2. 전자투표를 할 기간
3. 그 밖에 전자투표에 필요한 기술적인 사항

제8장 당선인등

제47조(당선자) ① 조합 선관위는 개표완료 즉시 개표결과 및 당선자를 조합 홈페이지 및 클린업시스템에 공고한다.

② 당선자는 당선자 공고로서 그 지위를 득한다.

【주】임기개시일 : 아래 예시를 참조하여 정관 등으로 반드시 정할 필요 있음.

    예) 임원 : 최초·변경선임은 선임된 날로부터, 연임은 연임총회일로부터, 보궐선임은 변경등기일로부터 개시(임기는 전임자의 잔임기간)

    대의원: 선임된 날로부터 개시

    추진위원: 선임된 날로부터 개시

제9장 보궐선거등

제48조(보궐선거 등) ① 임원, 대의원 등의 임기 중 궐위된 자의 선거관리를 하고자 할 경우에는 이 규정에 의한다. 단, 조합장은 제외한다.

Q 서울시 정비사업 표준선거관리규정 관련, 주민총회에서 추진위원장, 부위원장이 해임되어 새로 선임할 경우, 보궐선거 가능한지?

A [별표] 제48조(보궐선거)제1항에는 임원, 대의원 등의 임기 중 궐위된 자의 선거관리를 하

고자 할 경우에 이 규정에 의한다. 단, 조합장(추진위원장)은 제외한다고 규정하는바, 추진위원장은 제49조에 따라 새로이 선출하여야 함(서울시 주거정비과 2024.1.11).

② 제1항에 따라 보궐선거를 위한 선거관리를 시행할 경우, "선거인"은 "대의원"으로 "총회"는 "대의원회"로 본다. 이 경우 제7조제3항에 따른 선관위원은 대의원 중 후보자를 등록받아 대의원회 의결을 통해 3인 이상 7인 이하로 선임하여 선관위를 구성하며, 제7조제2항·제4항 내지 제6항, 제8조 내지 제22조 및 제39조 내지 제46조의 일부 또는 전체를 적용하지 아니 하거나 별도로 정할 수 있다.

【주】궐위된 대의원의 후보자는 대의원 5인 이상의 추천을 받은 자로 한다. 이 경우 대의원의 수가 5인 미만인 경우 선거인 ○○인 이상으로 한다.

Q 보궐선거 관련 선관위가 선거관리계획 작성 없이 선거를 진행하거나 선거관리계획을 선관위가 아닌 조합이 작성할 수 있는지 및 선관위 구성과 선거관리계획을 동시에 대의원회에서 의결을 받을 수 있는지?
A 「서울시 정비사업 표준선거관리규정」[별표]제48조제2항에 따르면 보궐선거의 경우 제7조제2항·제4항 내지 제6항, 제8조 내지 제22조 및 제39조 내지 제46조의 일부 또는 전체를 적용하지 아니 하거나 별도로 정할 수 있다고 규정하고 있음.
다만, 보궐선거 시에도 선관위를 구성토록 정하고 있고 선거관리계획의 수립은 선관위원회의 직무로 규정하고 있는바, 선거관리계획은 선거관리위원회에서 수립하여야 함.
아울러, 선관위가 구성되어야 선거관리계획을 수립할 수 있으므로, 선관위 구성과 선거관리계획을 동시에 대의원회에서 의결 받기는 곤란할 것으로 사료됨(서울시 주거정비과 2022.10.4.).

③ 임원, 대의원 중 궐위된 자가 발생할 경우 조합장은 즉시 제2항에 따른 보궐선거를 위한 대의원회 소집을 하여야 한다. 다만, 대의원이 임기 중 궐위되어 대의원의 수가 법 제25조제2항에 따른 대의원의 수에 미달되게 된 경우에는 제2항에도 불구하고 총회에서 보궐선임하여야 한다.

cf 부산광역시
제48조(보궐선거 등) ③ 임원 중 궐위된 자가 발생할 경우 조합장은 즉시 제2항

에 따른 보궐선거를 위한 대의원회 소집을 하여야 한다.

제49조(추진위원회에서의 선거) ① 최초 추진위원회 구성 이후 정비사업 조합설립추진위원회 운영규정(이하 "운영규정")에 따라 임기만료 또는 궐위된 추진위원장, 감사, 추진위원을 선출하고자 할 경우에는 이 규정에 의한다.
② 제1항에 의하여 추진위원장, 감사, 추진위원 선출을 위한 선거관리를 시행할 경우, 제2조 내지 제48조를 준용한다. 이 경우 "조합"을 "조합설립추진위원회"로 "정관"을 "운영규정"으로 "조합원"을 "토지등소유자"로 "임원·대의원"을 "추진위원장·감사·추진위원"으로 "조합장"을 "추진위원장"으로 "총회"를 "주민총회"로 하며, 제7조제3항, 제13조제3항, 제31조제1항 및 제48조제2항의 "대의원회"를 "추진위원회"로, 제20조제1항의 "조합원명부"를 "추진위원회명부"로 제34조제5항 단서 및 제48조제1항 단서의 "조합장"은 "추진위원장·감사"로 한다.
③ <u>추진위원(추진위원장, 감사는 제외한다) 중 궐위된 자가 발생할 경우 추진위원장은 즉시 제2항에 따른 보궐선거를 위한 추진위원회를 소집하여야 한다. 다만, 추진위원이 임기 중 궐위되어 추진위원의 수가 운영규정 본문 제2조제2항에서 정한 최소 위원의 수에 미달되게 된 경우에는 제2항에도 불구하고 주민총회에서 보궐선임을 하여야 한다.</u>

부산광역시에서는 제49조제3항을 두지 않았다.

제50조(권한의 대행 등) ① 제48조에 따른 조합의 보궐선거에 대하여 조합장이 해임, 사임, 당연퇴임 등으로 궐위된 경우 부조합장, 상근이사 중 연장자(궐위 등으로 상근이사가 없는 경우 이사 중 연장자), 법원에서 파견된 직무대행자, 구청장 순으로 그 직무를 대행한다.
② 제49조에 따른 추진위원회의 보궐선거에 대하여 추진위원장이 해임, 사임, 당연퇴임 등으로 궐위된 경우 부위원장, 추진위원 중 연장자, 법원에서 파견된 직무대행자, 구청장 순으로 그 직무를 대행한다.
③ <u>대의원의 수가 법 제25조제2항에 따른 대의원의 수에 미달되게 된 경우에는 제7조제3항·제13조제3항·제31조제1항에 따른 "대의원회"는 "이사회"로 하며,</u>

이 경우 선관위원 후보자가 정수 이상 등록된 경우의 선관위원 선임은 구청장이 한다.

④ 추진위원의 수가 운영규정 본문 제2조제2항에 따른 추진위원의 수에 미달되게 된 경우에는 제7조제3항·제13조제3항·제31조제1항에 따른 "대의원회"는 "추진위원장"으로 하며, 이 경우 선관위원 후보자가 정수 이상 등록된 경우의 선관위원 선임은 구청장이 한다.

부산광역시에서는 제50조제3항, 제4항을 두지 않았다.

Q 표준선거관리규정 제50조제4항(권한의 대행 등)의 적용범위(보궐선거에만 국한되는지)?

A 「서울시 정비사업 표준선거관리규정」[별표] 제49조제1항에 따르면 최초 추진위원회 구성 이후 정비사업 조합설립추진위원회 운영규정에 따라 임기만료 또는 궐위된 추진위원장, 감사, 추진위원을 선출하고자 할 경우에는 이 규정에 의한다고 규정하면서, 제2항에는 제1항에 의하여 추진위원장, 감사, 추진위원 선출을 위한 선거관리를 시행할 경우, 제2조 내지 제48조를 준용한다고 정하고 있음

같은 규정 [별표] 제48조에는 임원, 대의원 등의 임기 중 궐위된 자의 선거관리를 위한 방법을 제시하고 있으며, 추진위원회에서 궐위된 자의 선거관리를 하고자 할 경우 제48조제1항의 "조합장"은 "추진위원장·감사"로 제48조제2항의 "대의원회"를 "추진위원회"로 한다고 정하고 있음

또한, 제49조제3항에 따라 추진위원(추진위원장, 감사는 제외함) 중 궐위된 자가 발생할 경우 추진위원장은 즉시 제2항에 따른 보궐선거를 위한 추진위원회를 소집을 하여야 한다. 다만, 추진위원이 임기 중 궐위되어 추진위원의 수가 운영규정 본문 제2조제2항에서 정한 최소 위원의 수에 미달되게 된 경우에는 제2항에도 불구하고 주민총회에서 보궐선임을 하여야 하며, 이 경우 제50조제4항에 따라 제7조제3항·제13조제3항·제31조제1항에 따른 "대의원회"는 "추진위원장"으로 한다고 규정하고 있음. 이와 관련하여 제2017-945호 서울시 정비사업 표준선거관리규정 개정 행정예고(개정사유)를 붙임과 같이 보내드리오니 참고바람.

아울러, 서울시 정비사업 표준선거관리규정은 조례 제76조에 따라 조합등이 임원 등을 선출하기 위한 선거관리규정을 정함에 있어 관계법령·조례·운영규정 등의 규정을 종합적으로 검토하여 작성한 규정으로, [별표] 제54조에 따르면 본 규정의 적용 및 운용 등에 대하여 구청

장에게 유권해석을 요청할 수 있다고 규정하고 있음(서울시 주거정비과 2022.5.13).

Q 선거관리규정 제50조제4항에 따라 구청장이 선관위원 선임 후, 추진위원 부존재 시 선거관리계획 의결 방법은?

A 「서울시 정비사업 표준선거관리규정」[별표] 제50조제4항에 따르면 "추진위원의 수가 운영규정 본문 제2조제2항에 따른 추진위원의 수에 미달되게 된 경우에는 제7조제3항·제13조제3항·제31조제1항에 따른 "대의원회"는 "추진위원장"으로 하며, 이 경우 선관위원 후보자가 정수 이상 등록된 경우의 선관위원 선임은 구청장이 한다."고 규정함.

또한, 같은 조 제5항 및 제6항에 따르면 "제3항 및 제4항에도 불구하고 이사회의 의결 정족수가 부족하거나 추진위원장(직무대행자 포함)의 직무 수행이 불가하여 선관위원 선임이 어려운 경우에는 선거인 1/10 이상의 요청에 따라 공공지원자가 선관위원 후보자 등록을 받아 제7조제3항 및 제48조제2항 단서에 규정된 선관위원을 선임할 수 있고,

제5항에 따라 공공지원자가 선관위원을 선임하는 경우에는 제13조제3항의 "대의원회의 의결"을 "공공지원자 승인"으로, 제31조제1항의 "대의원회"를 "공공지원자"로 한다."고 규정함.

아울러, 제54조제2항에 따르면 "조합 선관위의 유권해석에 대한 이견이나 본 규정의 적용 및 운용 등에 대하여 구청장에게 유권해석을 요청할 수 있다."고 규정함.

따라서, 선관위원 선임 후 추진위원회 부재 시 선거관리계획 의결방법은 공공지원자 승인으로 진행하는 것이 바람직할 것으로 사료됨(서울시 주거정비과 2020.6.26).

⑤ 제3항 및 제4항에도 불구하고 이사회의 의결 정족수가 부족하거나 추진위원장(직무대행자 포함)의 직무수행이 불가하여 선관위원 선임이 어려운 경우에는 선거인 1/10 이상의 요청에 따라 공공지원자가 선관위원 후보자 등록을 받아 제7조제3항 및 제48조제2항 단서에 규정된 선관위원을 선임할 수 있다.

⑥ 제5항에 따라 공공지원자가 선관위원을 선임하는 경우에는 제13조제3항의 "대의원회의 의결"을 "공공지원자 승인"으로, 제31조제1항의 "대의원회"를 "공공지원자"로 한다.

부산광역시 제50조제5항, 제6항을 두지 않았다.

Q 1. 구청장이 추진위원장 직무대행이 가능한지?

Q 2. 추진위원회 부존재 시 선거관리규정 적용 조항은?

A 「서울시 정비사업 표준선거관리규정」[별표] 제50조제2항에 따르면 "제49조에 따른 추진위원회의 보궐 선거에 대하여 추진위원장이 해임, 사임, 당연퇴임 등으로 궐위된 경우 부위원장, 추진위원 중 연장자, 법원에서 파견된 직무대행자, 구청장 순으로 그 직무를 대행한다."고 규정함.

또한, 같은 규정 제50조제5항 및 제6항에서 "추진위원장의 직무 수행이 불가하여 선관위원 선임이 어려운 경우에는 선거인 1/10 이상의 요청에 따라 공공지원자가 선관위원 후보자 등록을 받아 제7조제3항 및 제48조제2항 단서에 규정된 선관위원을 선임할 수 있고, 제5항에 따라 공공지원자가 선관위원을 선임하는 경우에는 제13조제3항의 "대의원회의 의결"을 "공공지원자 승인"으로, 제31조제1항의 "대의원회"를 "공공지원자"로 한다."고 규정함.

한편, 같은 규정 제54조에서 본 규정의 운용과 관련하여 유권해석이 필요한 경우 조합 선관위에서 선관위원의 의견을 취합하여 의결토록 하고, 조합 선관위의 유권해석에 대한 이견이나 본 규정의 적용 및 운용 등에 대하여 구청장에게 유권해석을 요청할 수 있다고 규정하는 바,

구청장의 추진위원장 직무대행 가능여부 및 추진위원회 부존재 시 선거관리규정 적용 등에 관하여는 해당 추진위원회 운영규정, 선거관리규정 및 당해 구역 현황 등을 면밀히 검토하여 판단해야 할 사항으로 사료됨(서울시 주거정비과 2020.6.30)

제51조(창립총회에서의 선거) ① 조합설립 추진위원회가 영 제22조의2에서 정한 창립총회에서 확정된 정관에서 정하는 바에 따라 임원·대의원을 선출하고자 할 경우에는 이 규정에 의한다.

Q 창립총회 시 선거관리규정을 적용하여야 하는지?

A 「서울시 정비사업 표준선거관리규정」[별표] 제51조제1항에 따르면 "추진위원회가 도시정비법 시행령 제27조에서 정한 창립총회에서 확정된 정관에서 정하는 바에 따라 임원·대의원을 선출하고자 할 경우에는 이 규정에 의한다고 정하고 있고,

제1항에 의하여 창립총회에서 임원·대의원 선출을 위한 선거관리를 시행할 경우에는 제2조 내지 제55조를 준용한다. 이 경우 "조합"을 "조합설립추진위원회"로 "정관"을 "정관(안)"으로 "총회"를 "창립총회"로 "조합원"을 "토지등소유자"로 "대의원회"를 "추진위원회"로 한다."고 규정함(서울시 주거정비과 2020.8.24).

Q 창립총회를 위한 선관위 구성 시 선관위원은 추진위원회 설립에 동의한 자 중 선임하여야 하는지, 조합설립에 동의한 자 중 선임하여야 하는지?

A 「서울시 정비사업 표준선거관리규정」[별표] 제51조제1항 및 제2항에 따르면 "추진위원회가 창립총회에서 확정된 정관에서 정하는 바에 따라 임원·대의원을 선출하고자 할 경우에는 이 규정에 의하며, 창립총회에서 임원·대의원 선출을 위한 선거관리를 시행할 경우에는 제2조 내지 제55조 규정을 준용한다. 이 경우 "조합"을 "조합설립 추진위원회"로 "정관"을 "정관(안)"으로 "총회"를 "창립총회"로 "조합원"을 "토지등소유자"로 "대의원회"를 "추진위원회"로 한다."고 규정함.

또한, 같은 규정 제7조제3항에 따르면 "조합 선관위는 5인 이상 9인 이내의 선관위원으로 구성하며, 선관위원은 선거인 중에서 당해 정비사업의 조합설립에 동의한 자 중 대의원회에서 후보자를 등록받아 대의원회 의결을 통해 선임 및 구성한다. 다만, 선관위원 후보자가 정수 이상 등록된 경우로서 대의원회 또는 선거인의 1/10이상의 요청이 있는 경우 선관위원의 선임을 구청장에게 의뢰할 수 있다."고 규정함.

따라서, 창립총회 시 선관위원은 당해 정비사업의 추진위원회 설립에 동의한 자 중 선임할 수 있을 것으로 사료됨(서울시 주거정비과 2020.7.20).

② 제1항에 의하여 창립총회에서 임원·대의원 선출을 위한 선거관리를 시행할 경우에는 제2조 내지 제55조를 준용한다. 이 경우 "조합"을 "추진위원회"로 "정관"을 "정관(안)"으로 "총회"를 "창립총회"로 "조합원"을 "토지등소유자"로 "대의원회"를 "추진위원회"로 한다.

Q 창립총회에서 일반안건과 임원선거의 전자투표가 가능한지?

A 도시정비법 제40조제1항10호에 따르면 조합정관에 포함되어야 할 사항에 "총회의 소집 절차·시기 및 의결방법"을 규정하고, 「서울시 정비사업 표준선거관리규정」[별표] 제46조에 따르면 "조합 선관위는 조합정관에서 정하는 바에 따라 전자적 방법(전자정보처리조직을 사용하거나 그 밖에 정보통신기술을 이용하여 의결권을 행사하는 방법을 말함. 이하 '전자투표')에 의한 방식으로 투표하게 할 수 있으며,

전자투표의 세부적인 절차나 방법 등을 따로 정할 수 있다."고 규정하고, 표준선거관리규정 [별표] 제51조제2항에서 "제1항에 의하여 창립총회에서 임원·대의원 선출을 위한 선거관리

를 시행할 경우에는 제2조 내지 제55조 규정을 준용한다. 이 경우 "조합"을 "조합설립 추진위원회"로 "정관"을 "정관(안)"으로 "총회"를 "창립총회"로 "조합원"을 "토지등소유자"로 "대의원회"를 "추진위원회"로 한다."고 규정함.

따라서, 당해 조합정관(안)에 의결방법으로 전자투표가 가능하도록 규정하고 있다면, 창립총회에서 일반안건과 임원선거를 조합정관(안)에서 정하는 바에 따라 전자투표를 할 수 있을 것으로 사료됨(서울시 주거정비과 2021.5.31)

제10장 보 칙

제52조(선거관련 자료의 보관) 조합 선관위는 선거관리가 종료된 후 모든 선거관계 일체의 서류를 선관위원장 및 간사가 봉인 후 조합에 인계하여 보관하며, 보관기간은 6개월 이상의 범위에서 조합정관 또는 선거관리규정으로 정한다.

제53조(선거관련 자료의 공개) 조합 및 조합 선관위는 선거관리와 관련된 자료, 조합선관위 회의록을 조합홈페이지 및 클린업시스템을 통하여 즉시 공개하여야 한다. 다만, 개인비밀의 보호 등 인터넷에 공개하기 어려운 사항은 개략적인 내용만 공개할 수 있다.

부산광역시 제53조에는 서울특별시 단서인 "개인비밀의 보호 등 인터넷에 공개하기 어려운 사항은 개략적인 내용만 공개할 수 있다"는 내용을 두지 않았다.

Q 조합임원 선출 총회와 관련하여 후보자추천서, 회의록 등의 공개가능 여부와 정보공개 요구 조건 및 공개범위는?

A 「서울시 정비사업 표준선거관리규정」[별표] 제53조에 따르면 "조합 및 조합 선관위는 선거관리와 관련된 자료, 조합 선관위 회의록을 조합홈페이지 및 클린업시스템을 통하여 즉시 공개하여야 한다. 다만, 개인비밀의 보호 등 인터넷에 공개하기 어려운 사항은 개략적인 내용만 공개할 수 있다"고 규정함.

아울러, 도시정비법 제124조제4항에 조합원, 토지등소유자가 제1항에 따른 서류 및 다음 각 호를 포함하여 정비사업 시행에 관한 서류와 자료에 대하여 열람·복사 요청을 한 경우 추진위원장이나 사업시행자는 15일 이내에 그 요청에 따라야 한다고 규정하고 있으며,

같은 조 제3항에 추진위원장 또는 사업시행자는 제1항 및 제4항에 따라 공개 및 열람·복사 등을 하는 경우에는 주민등록번호를 제외하고 국토부령으로 정하는 방법 및 절차에 따라 공개하여야 한다고 규정하고 있음(서울시 주거정비과 2022.1.17)

제54조(유권해석 등) ① 본 규정의 운용과 관련하여 유권해석이 필요한 경우 조합 선관위에서 선관위원의 의견을 취합하여 의결한다.
② 조합 선관위의 유권해석에 대한 이견이나 본 규정의 적용 및 운용 등에 대하여 구청장에게 유권해석을 요청할 수 있다.

제55조(민법의 준용 등) ① 본 운영규정과 관련하여 법에서 규정된 것을 제외하고는 민법의 규정 중 사단법인에 관한 규정을 준용한다.
② 법·민법 등 관계 법률과 이 규정에서 정하는 사항 외에 조합 선거관리에 관하여 필요한 사항은 관계법령 및 관련 행정기관의 지침·지시 또는 유권해석등에 따른다.
③ 이 규정이 법령의 개정으로 변경되어야 할 경우, 규정의 개정 절차에 관계 없이 변경된 것으로 본다. 다만, 관계법령의 내용이 임의규정인 경우에는 그러하지 아니하다.

Q 창립총회 시 선거관리규정 적용여부 및 조합임원의 피선거권 관련 규정은?
A 서울시 정비사업 표준선거관리규정」[별표] 55조제3항에 따르면 "이 규정이 법령의 개정으로 변경되어야 할 경우 규정의 개정절차에 관계없이 변경된 것으로 본다. 다만, 관계법령의 내용이 임의규정인 경우에는 그러하지 아니하다"고 규정함.
아울러, 「서울시 정비사업 표준선거관리규정」[별표] 제51조제1항에 따르면 "조합설립 추진위원회가 도시정비법 시행령 제27조에서 정한 창립 총회에서 확정된 정관에서 정하는 바에 따라 임원·대의원을 선출하고자 할 경우에는 이 규정에 의하며, 제1항에 의하여 창립총회에서 임원·대의원 선출을 위한 선거관리를 시행할 경우에는 제2조 내지 제55조 규정을 준용한다."고 규정함. 따라서, 창립총회 선거 및 조합임원의 피선거권에 관하여는 상기 규정에 적합해야 함(서울시 주거정비과 2020.1.3)

제56조(선거관리규정의 제·개정) ① 이 규정은 법령 및 조합정관(추진위원회 운영규정)이 정하는 바에 따라 임원 등을 선출하기 위하여 시행하는 선거관리에 필

요한 운영규정으로서 총회(주민총회) 의결로 제정 또는 개정한다. 다만, 「서울시 도시정비조례」 제47조에 따른 「서울시 정비사업 표준선거관리규정」에 적합하게 최초로 제·개정하는 경우를 제외하고 표준안의 개정으로 이 규정이 변경되어야 하는 사항은 조합 정관(추진위원회 운영규정)에서 정하는 바에 따라 대의원회(추진위원회) 의결로 개정할 수 있다.

【주】선거관리규정에 포함된 내용 중 법령 및 정관 등에서 정한 임원 및 대의원 선임 방법 등에 위배되는 사항이 없도록 하여야 함.

부산광역시는 서울특별시 제56조와 같은 규정을 두지 않았다.

Q 2019.6.18과 2020.3.6에 주민총회 개최 및 의결을 통해 선거관리규정을 제정하고자 하였으나, 정족수 부족 등으로 총회가 무산됨
선거관리규정에 2019.6.18 제정, 2020.2.5 개정으로 명기하였으나, 실제 주민총회 의결에 따른 선거관리규정의 제정은 2020.6.16에 되었으므로, 2020.6.16 제정과 금번 개최되는 주민총회에서의 의결사항을 개정으로 봐도 되는지?

A 서울시 정비사업 표준선거관리규정 제56조(선거관리규정의 제,개정)에 따르면, 주민총회 의결로 선거관리규정을 제정 또는 개정한다고 명시되어 있는바, 실제 개최된 2020.6.16. 주민총회에서 의결권 선거관리규정을 '제정된 선거관리규정'으로 보아야 할 것이며, 제정 이후에 개정을 위해 개최되는 주민총회에서 의결되는 선거관리규정을 '개정된 선거관리규정'으로 보아야 함.
다만, 토지등소유자가 이해할 수 있도록 이후 개최되는 주민총회에서 책자 등을 통해 충분할 설명을 하시기 바람(서울시 강남구 재건축사업과 2020.10.19).

Q 추진위원회 선거관리규정을 제정하지 않은 상황에서 추진위원장 보궐선임 시 「서울시 정비사업 표준선거관리규정」을 적용해야 하는지?

A 선거관리규정 [별표] 제56조에 따르면 이 규정은 법령 및 조합정관(추진위원회 운영규정)이 정하는 바에 따라 임원 등을 선출하기 위하여 시행하는 선거관리에 필요한 운영규정으로서 총회(주민총회) 의결로 제정 또는 개정하도록 규정함(서울시 주거정비과 2019.10.8).

Q 추진위원회 의결로 개정한 선거관리규정에 따라 임원 선거를 실시하고 선거 관리규정을 조합 창립총회에서 추인받을 경우, 절차적 하자 보완이 가능한지?

A 「서울시 정비사업 표준선거관리규정」[별표] 제56조에 따라 이 규정은 법령 및 조합정관(추진위원회 운영규정)이 정하는 바에 따라 임원 등을 선출하기 위하여 시행하는 선거 관리에 필요한 운영규정으로서 총회(주민총회) 의결로 제정 또는 개정하며,

다만, 서울시 도시정비조례 제76조에 따른 「서울시 정비사업 표준선거관리규정」에 적합하게 최초로 제·개정하는 경우를 제외하고 표준안의 개정으로 이 규정이 변경되어야 하는 사항은 조합정관(추진위원회 운영규정)에서 정하는 바에 따라 대의원회(추진위원회) 의결로 개정할 수 있다고 규정함.

따라서, 당해 추진위원회에서 의결하여 개정한 선거관리규정의 적정여부 및 임원선거의 절차적 하자 여부 등은 선거관리규정의 개정내용과 선거과정 등을 종합적으로 검토 및 법률자문 등을 통해 추진위원회 승인권자이며 공공지원자인 귀 구에서 판단바람(서울시 주거정비과 2019.4.29.).

부 칙(`OO. OO. OO)

이 선거관리규정은 조합정관 또는 조합설립추진위원회 운영규정이 정하는 방법에 따라 조합총회 또는 주민총회(제56조 단서에 의한 경우는 대의원회 또는 추진위원회)에서 의결한 날로부터 시행한다.

서울특별시 고시 제2018-248호

도시정비법 제118조제6항에 따라 서울시 정비사업조합 등 표준예산·회계규정을 다음과 같이 개정 고시합니다.

2018년 8월 9일
서울특별시장

정비조합등 예산회계규정 해설서(개정판, 2015.4, 서울시 도시재생본부)가 출간되어 있으므로, 이를 참고하면 그 이해가 빠를 것이다.

부산광역시 예산회계규정(고시 제2021-287호, 2021.7.14)과 비교하였다.

서울시 정비조합등 표준예산·회계규정

제1조(목적) 이 규정은 도시정비법에 따라 시행되는 정비사업추진위원회·조합 등 운영과정에서 낭비적 자금처리 요인을 제거하고 효율적인 자금통제 장치를 마련하기 위하여 예산 및 회계업무처리에 대한 기본원칙과 작성기준을 정함으로서 투명하고 공정한 정비사업 추진에 이바지함을 목적으로 한다.

제2조(적용기준) 이 규정은 「서울시 도시정비조례」 제83조제1항에 따라 추진위원회·조합이 예산·회계처리에 관한 운영규정을 정함에 있어 관련 법령·세법, 클린업시스템, 기업회계기준 등을 종합적으로 검토하고 실정에 맞게 작성한 최소기준으로서 다른 규정에 우선하여 적용함을 원칙으로 한다.

서울시 도시정비조례
제83조(정비사업의 예산회계기준 작성 등) ① 추진위원회 또는 조합은 예산회계처리 및 행정업무에 대하여 정관등이 정한 방법과 절차에 따라 다음 각 호의 내용이 포함된 관련 규정을 정하여 운영하여야 한다.
 1. 예산회계처리규정
  가. 예산의 편성과 집행

나. 세입·세출예산서 및 결산보고서 작성

다. 수입의 관리·징수방법 및 수납 기관 등

라. 지출의 관리 및 지급 등

마. 계약 및 채무관리

바. 그 밖에 회계문서와 장부에 관한 사항

2. 행정업무처리규정: 생략

② 시장은 제1항 각 호의 내용이 포함된 표준규정을 작성하여 고시할 수 있다.

제3조(기본원칙) 추진위원회·조합은 투명하고 공정한 정비사업 예산·회계 업무를 위해서 아래 각 호의 원칙에 따라 처리해야 한다.

1. [자금차입의 원칙] 조합 등은 도시정비법 및 하위규정에서 정한 적법한 절차와 방법에 따라야 하며, 사전 총회승인을 통해 차입대상, 금액, 이자, 상환시기 등 구체적인 사항까지 정해야 한다.

2. [자금관리의 원칙] 조합장 또는 추진위원장은 주민들의 정비사업 업무를 대표하는책임자로서 조합 등 예산회계업무에 관한 책임감을 갖고 공정하게 성실한 자세로 엄정하게 자금을 관리하여야 한다.

3. [예산통제의 원칙] 정비사업비는 예산목적에 맞게 편성 및 집행되어야 하고, 예산지출에 따른 실적비교, 차이에 따른 개선조치 등 예산의 효율적인 집행을 위한 예산의 통제활동을 하여야 한다.

4. [예산결산보고 원칙] 모든 수입과 지출은 사전에 예산으로 정하고, 집행 후에는 모든 거래에 대한 객관적인 자료와 근거에 따라 적기에 결산보고가 이루어져야 한다.

5. [정보공개의 원칙] 조합 등의 정비사업비 사용 내역을 정비사업비와 관련하여 예산·지출내역·결산 등 조합원 등의 알권리를 충족시키기 위하여 관련 법령등에서 정한 절차와 방법에 따라 투명하게 공개하여야 한다.

6. [자금운용의 원칙] 조합장 등은 주민들의 권익을 보호하고 정비사업 목적달성을 위하여 관련 법과 규정을 준수하고 최소의 비용으로 최대의 효과를 창출되도록 노력해야 한다.

제4조(예산·회계규정 등의 작성) ① 추진위원회·조합은 「서울시 도시정비조례」

제83조제1항에 따라 예산·회계규정을 작성하는 경우 [별표]의 「00정비사업조합(조합설립추진위원회) 예산·회계규정」을 기본으로 하여 다음 각 호의 방법에 따라 작성한다.

1. 제11조~13조, 15조~19조, 21조, 23조, 25조, 32조, 35조~36조, 33조, 38조~43조 및 45조를 확정할 것.
2. 제1호 이외의 규정은 사업특성·지역상황을 고려하여 법에 위배되지 아니하는 범위 안에서 수정 및 보완할 수 있음

예산전용 등 중요조항은 임의로 수정·삭제할 수 없도록 함
확정사항: 제10조~12조, 제14조~18조, 제20조, 제22조, 제24조, 제34조, 제37조~38조, 제40조~45조 및 제47조 등 20개 주요조항(세부 항목 별첨)
수정가능: 상기 확정사항을 제외한 조항(사업특성·지역상황을 고려하여 법에 위배되지 않는 범위안에서 수정 및 보완 가능하나 신중한 검토가 필요함)

② [별표2]의 「○○정비사업조합(조합설립추진위원회) 회계처리규정 세칙」을 기본으로 적용함을 원칙으로 한다.

부 칙 <2015.3.19>
1. (시행일) 이 규정은 고시한 날부터 시행하며, 추진위원회 또는 조합에서는 이 규정 시행한 날로부터 1년 이내 정관 등이 정하는 절차와 방법에 따라 이 규정에 적합하게 제정 또는 개정하여야 한다.
2. (경과조치) 이 규정 시행 당시 이 규정에 적합하게 제정 또는 개정한 경우에는 종전의 규정에 따른다

추진위원회 운영규정의 하위규정으로 예산회계규정 등이 있었지만 통일된 규정이나 양식이 없었다. 그러나 통일된 규정이나 양식이 없어 일부 추진위원회의 경우 자의적으로 정하는 경우가 있어 업무상 횡령이나 배임 관련 형사사건으로 이어지기도 했다.

이에 서울시는 2014.6.19 「정비사업조합 예산·회계규정」을 고시하여 통일을 꾀하였다. 이 규정 부칙 2(제 규정에 관한 경과조치)에 따라 조합은 1년 이내에 총회를 거쳐 제정 또는 개정해야 됨에 따라, 조합은 총회를 거쳐 별도의 규정을 두거나 서울시 규정을 그대로 사용하고 있는 경우도 있다. 그 후 이를 정착시키기 위해 2015.1.2 조례를 개정하여 이를 시행하도록 하였다.

부 칙
1. (시행일) 이 규정은 고시한 날부터 시행한다.
2. (경과조치) 시행일 이전에 종전 규정에 따라 입찰 공고한 계약은 종전 규정에 따라 계약을 체결한다.

[별표] ○○ 정비사업 조합(조합설립추진위원회) 예산·회계규정

제1장 총 칙

제1조(명칭) 이 규정의 명칭은 「○○구역 (주택재개발/주택재건축)정비사업(조합/조합설립추진위원회) 예산·회계규정」(이하 '규정')이라 한다.

제2조(목적) 이 규정은 「정비사업 조합설립추진위원회 운영규정」(이하 "운영규정"), 「정비사업조합 표준정관」(이하 "정관") 등을 기준으로 도시정비법에 따라 설립된 정비사업 조합과 승인받은 추진위원회(이하 "조합 등")의 이해관계자에게 유용한 재무정보를 제공할 수 있도록 회계처리와 재무보고의 통일성과 객관성을 높이고, 내부통제 기능을 강화하여 효율적이며 공정하고 투명한 운영이 될 수 있도록 기여하고자 하는 데 목적이 있다.

제3조(용어의 정의) 이 규정에서 사용하는 용어 외에는 도시정비법, 같은 법 시행령 및 시행규칙(이하 "도시정비법령"), 「서울시 도시정비조례」(이하 "조례") 및 법무부가 고시한 "중소기업회계기준", 국토교통부가 고시한 "정비사업 계약업무 처리기준", 조합등의 정관 또는 운영규정(이하 "정관등")에서 정하는 용어와 같다.

제4조(적용원칙) ① 이 규정은 조합 등이 토지등소유자, 조합원, 감독기관 등 정보이용자에게 유용한 재무정보를 제공하기 위하여 예산·자금·계약(조합 등이 정비사업을 추진하기 위하여 체결하는 공사, 용역, 물품구매 및 제조 등 계약을 말한다. 이하 같다)·수입·지출·결산·회계·정보제공 등 업무를 처리하거나 도시정비법 제112조의 회계감사를 위한 재무제표를 작성하는 경우에 적용한다.
② 이 규정은 도시정비법 제31조에 따른 조합설립추진위원회(이하 "추진위원회")에도 적용하며, 도시정비법 제34조제3항에 따라 추진위원회의 자산, 부채, 자본은 조합이 포괄승계하는 것으로 회계처리한다.

Q 정비사업을 신탁시행자 방식으로 진행하는 경우 「서울시 정비조합등 표준 예산회계규정」의 예비비 규정을 준용하여야 하는지?

🅐 「서울시 도시정비조례」 제73조는 공공지원 대상사업을 도시정비법 제25조에 따른 조합이 시행하는 정비사업(조합이 건설업자 또는 등록사업자와 공동으로 시행하는 사업을 포함함)으로 규정하고 있음.

도시정비법 제27조에 따라 신탁업자가 사업시행자로 지정된 경우 공공지원규정 의무 적용 대상은 아니나, 예산의 운용은 도시정비법 및 관련 법령에 저촉되지 않아야 함(서울시 주거정비과 2023.4.11)

서울특별시와 달리, 부산광역시는 아래와 같이 제3항과 제4항을 추가하고 있다.

㏄ 부산광역시

제4조(적용원칙) ③ 「○○정비사업조합(추진위원회)예산·회계규정」제2조 내지 제6조, 제11조 내지 제13조, 제15조 내지 제9조, 제21조, 제23조, 제25조, 제32조내지 제33조, 제35조 내지 제36조, 제38조 내지 제43조의 관련내용은 '부산광역시 정비조합등 표준 예산·회계 규정(개정을 포함한다)'을 적용한다.

④ 별표2의「○○정비사업조합(조합설립추진위원회) 회계처리규정 세칙」(이하 '회계규정세칙')을 기본으로 적용함을 원칙으로 한다.

제5조(관련 법령의 준용 등) ① 조합 등의 예산·자금·계약·회계 등에 관한 업무는 관계법령, 정관 등에 특별히 정한 경우를 제외하고는 이 규정이 정하는 바에 따른다.
② 조합 등의회계처리에 관하여 이 규정에서 정하지 아니한 사항은 "중소기업회계기준"을 준용한다.

🅠 정비조합의 회계는 기업회계기준, 발생주의 등 어떤 원칙에 근거하여 처리하는지?
🅐 정비사업조합의 회계는 조합의 정관 및 예산·회계규정에 따라야 하며, 서울시 정비조합 등 표준예산·회계규정」[별표] 제5조제2항에 따르면 "조합 등의 회계처리에 관하여 이 규정에서 정하지 아니한 사항은 "중소기업회계기준"을 준용한다."고 규정하고 있고, 같은 규정[별표] 제13조에 따르면 "조합 등은 자금수지계산서는 현금주의로 하고, 자금수지계산서 이외에는 발생주의 회계원칙을 적용하여 재무제표를 작성한다."고 규정하고 있음(서울시 주거정비과 2022.10.14)

③ 계약과 관련하여 이 규정에서 정하지 아니한 사항에 대하여는 "정비사업 계약업무처리기준"에 따른다. 다만, 정비사업전문관리업자, 설계자, 시공자 및 도시정비법 제118조제7항제1호에 따른 건설업자의 선정방법 등에 대하여는 조례 제77조에 따른 시공자 등의 선정기준에 따르며, 관계 법령 등에 별도 정하여진 경우 해당 법령에 따른다.

부산광역시는 도시정비법 제118조제7항제1호에 따른 건설업자의 선정방법 등에 대하여는 도시정비조례 제62조제3항에 따른 부산광역시 공공지원 시공자 등의 선정기준에 따르며, 관계 법령 등에 별도 정하여진 경우 해당 법령에 따르도록 규정하였다.

부산광역시 도시정비조례
제62조(공공지원의 업무범위) ③ 시장은 법 제118조제6항에 따라 법 제118조제2항 각 호의 업무 시행을 위한 방법과 절차, 기준을 정할 수 있으며, 정비사업전문관리업자·설계자·시공자의 선정방법에 대한 기준을 정할 경우에는 다음 각 호의 내용을 포함하여야 한다.
  1. 업체 선정에 관한 세부절차
  2. 업체 선정 단계별 공공지원자 등의 기능 및 역할
  3. 그 밖에 업체 선정방법 등 지원을 위하여 필요한 사항

④ 이 규정이 법령개정으로 변경되어야 할 경우, 규정의 개정절차와 관계 없이 변경되는 것으로 본다. 다만, 관계 법령의 내용이 임의규정인 경우에는 그러하지 아니하다.

제6조(회계연도) ① 조합 등의 회계연도는 매년 1월 1일부터 12월 31일까지로 하되, 설립인가 또는 승인을 받은 당해 연도는 인가(승인)일로부터 12월 31일까지로 하고, 사업 마지막 연도는 1월 1일부터 사업종료일까지로 한다. 단, 추진위원회의 사업 마지막 연도는 조합설립인가일까지로 한다.

ⓠ 추진위원회에서 창립총회 시 조합의 사업비 및 운영비 의결 가능한지, 조합설립인가 후 의결해야 하는지?

ⓐ 서울시 정비조합등 표준 예산·회계규정[별표] 제6조제1항에 따르면 "조합 등의 회계연도는 매년 1월 1일부터 12월 31일까지로 하되, 설립인가 또는 승인을 받은 당해 연도는 인가(승인)일로부터 12월 31일까지로 하고,
제15조제2항에 따르면 "조합장 등은 매 회계연도 예산을 편성하여 회계연도개시일로부터 3월 이내에 총회 의결을 거쳐 최종 확정한다."고 규정하는바,
창립총회 시 선거관리규정 적용 및 조합의 예산 편성에 관하여는 상기 규정에 적합해야 함
(서울시 주거정비과 2020.8.24)

② 회계연도에 속하는 수입 및 지출의 결산은 회계연도 종료일부터 3개월 이내에 완료하여야 한다.

🅲🅵 **부산광역시**
제6조(회계연도) ② 회계연도 수입 및 지출의 결산은 회계연도 종료일 이후 총회 의결로써 완료되며 결산 세부 절차에 관하여는 [별표2]회계처리규정 세칙을 따른다.

제7조(회계책임자의 임명통보) ① 조합장 및 추진위원장(이하 "조합장 등")은 회계책임자로서 자금관리와 회계업무를 총괄한다. 조합 등은 회계책임자가 새로이 임명 또는 변경되었을 경우 이를 감사와 금융기관에 통보하여야 한다.
② 제1항에 따른 조합장 등 회계책임자는 상근임원 또는 직원을 '회계담당자'로 지정하여 제1항의 사무를 위임할 수 있다. 회계담당자가 수행한 위임사무에 대한 최종결정은 회계책임자가 한다.

제8조(회계업무의 인계인수) 자금관리 및 회계업무의 인계인수를 할 때에는 인계자가 작성한 문서의 내용을 감사의 입회하에 인계자·인수자가 확인하고 기명날인 하여야 한다.

제9조(회계담당자 등 책임) ① 회계담당자는 도시정비법령, 조례, 및 운영규정 또

는 정관과 이 규정에서 정하는 바에 따라 책임 있고 성실하게 그 직분에 따른 회계처리를 하여야 한다.

② 회계담당자 등은 고의 또는 중대한 과실로 인하여 조합 등에 손해를 끼친 때에는 손해를 배상할 책임이 있다.

③ 현금 또는 물품을 출납 보관하는 자가 그 보관에 속하는 현금 또는 물품을 망실훼손하였을 경우에 선량한 관리자의 주의를 다하였음을 증명하지 못하였을 때에는 변상의 책임을 진다.

제10조(회계업무처리와 직인관리) ① 조합장 등이 자금·회계업무를 처리할 때에는 도시정비법 제38조에 따라 등기할 때 신고된 직인 또는 직인대장에 등록한 인장을 사용한다.

② 회계담당자가 회계업무를 처리할 때에는 내부의 직인대장에 등록한 그 직무를 표시하는 인장을 사용한다.

③ 조합장 등은 자금의 부당 인출을 방지하기 위하여 예금통장과 직인을 직접 관리함을 원칙으로 한다.

제11조 (재무제표 및 부속명세서) ① 조합 등 기본 재무제표는 자금수지계산서, 재무상태표, 운영계산서 및 이에 대한 주석으로 하며, 서식은 「○○ 정비사업조합(조합설립추진위원회) 회계처리규정 세칙」에 예시된 별지서식 제1호 내지 제3호와 같다. 다만, 도시정비법 제112조에 따른 회계감사를 위한 재무제표가 아닌 경우에는 주석을 생략할 수 있다.

② 재무제표는 기간별 비교 가능성을 위하여 전기와 당기를 비교하는 방식으로 표시한다.

③ 재무제표의 부속명세서는 공사원가명세서, 자산부채명세서, 사업비명세서, 사업비예산결산대비표, 운영비 예산결산대비표 및 예비비명세서로 하며, 서식은 「○○ 정비사업 조합(조합설립추진위원회) 회계처리규정 세칙」에 예시된 별지서식 제4호 내지 제9호와 같으며, 결산보고서로 재무제표 및 부속명세서를 작성하고 감사의 의견서를 첨부하여 대의원회에 보고하고 정관 및 운영규정에 따른 승인을 득하여야 한다.

④ 장부의 종류, 증빙서류, 재무제표 및 부속명세서의 작성 원칙은 「○○ 정비사업조합(조합설립추진위원회) 회계처리규정 세칙」에 정하는 바에 따른다.

제12조(계정과목) ① 조합 등이 사업계획서, 관리처분계획서, 전표 또는 결의서 작성,예산 및 결산서 등 작성 시 적용하는 계정과목은 조례 제69조에 의한 클린업시스템 또는 e-조합시스템 월별자금입출금내역 및 연간자금운영계획 서식의 과목에 의하되,열거되지 아니한 과목은 "중소기업회계기준"에 의한다.
② 제1항에 따른 계정과목 중 업무추진비, 판공비 등은 업무추진비로 일원화하며 기밀비등 유사한 용도의 계정과목을 따로 구분하지 아니 한다.
③ 지출 예산과목은 제1항에 의한 클린업시스템 또는 e-조합시스템을 참고하여 별지서식 제2호 및 3호와 같이 관, 항, 목으로 단계적으로 구분하며, 지출금액은 상대처에 지급하는 총액인 공급대가(부가가치세 포함 금액)로 편성한다.

제13조(회계처리의 원칙) 조합 등은 자금수지계산서는 현금주의로 하고, 자금수지계산서 이외에는 발생주의 회계원칙을 적용하여 재무제표를 작성한다.

제14조(자료의 보관) 조합장 등은 도시정비법 제34조에 따라 인계받은 추진위원회의 회계장부 및 관계서류와 조합설립인가일부터 사업종료일까지의 회계장부 및 관계서류를 도시정비법 제125조에 따라 시장·군수에게 인계하기 전까지 보관하여야 한다.

제2장 예산
제15조(예산편성 및 성립) ① 예산은 다음 각 호에 의하여 편성하여야 한다.
1. 모든 수입과 지출은 예산에 편성하여야 하며, 수입예산과 지출예산을 상계하거나그 일부를 예산에서 제외하여서는 안 되며, 거래처에 지급하거나 수입하는 총액(부가가치세 포함 금액)에 의한다.
2. 수입예산 중 차입금은 차입 방법, 이율 및 상환방법을 반드시 명시하여 편성한다.
3. 지출예산은 매 회계연도마다 조합장 등이 정비사업의 예상 추진일정을 고려

하여 사업비와 운영비로 구분하여 예산을 편성하며, 예산과목은 제12조 계정과목에 따라 관, 항, 목으로 단계별로 구분한다.

Q 정비사업 추진일정을 고려하지 않고 사업비 편성 시 구청 행정지도가 가능한지?
A 「서울시 정비조합등 표준예산·회계규정」 제15조제1항에 따르면 "제3호에 의거, 지출예산은 매 회계연도마다 조합장 등이 정비사업의 예상 추진일정을 고려하여 사업비와 운영비로 구분하여 예산을 편성하며, 예산과목은 제12조 계정과목에 따라 관, 항, 목으로 단계별로 구분한다."고 정하고 있으나, 해당 조항 위반 시 벌칙 등에 관하여는 별도로 규정되지 않음(서울시 주거정비과 2020.8.6).

② 조합장등은 매 회계연도 예산을 편성하여 회계연도 개시일로부터 3월 이내에 총회의결을 거쳐 최종 확정한다. 단, 부득이하게 회계연도개시일로부터 3월 이내에 총회를 개최할 수 없을 경우에는 제19조에 따른다.

제16조(예산서의 첨부서류) 예산서에는 다음 서류를 첨부하여야 한다.
1. 수입 예산서는 양식사례 별지 1호 서식과 같다.
2. 운영비 예산서는 양식사례 별지 2호 서식과 같다.
3. 사업비 예산서는 양식사례 별지 3호 서식과 같다.
4. 사업비 예산계획서는 양식사례 별지 4호 서식과 같다.
5. 기타 필요한 예산과 관련된 계획서 및 자료.

Q 1. 주민총회에서 결의한 예산을 추진위원회 승인 없이 추진위원장이 임의로 집행 가능한지?
Q 2. 세부 내역 없이 총회안건 상정한 총회비 예산 승인 적정 여부?
A 1. 추진위원회 운영규정 제25조제1항제4호에 따르면, "주민총회 의결로 정한 예산의 범위 내에서 용역계약 등"에 대하여 "추진위원회"에서 의결토록 규정하고 있으며,
A 2. 서울시 정비사업 조합등 예산·회계 규정에서는 총회비를 사업비로 편성하여 제16조 제4호에 따라 "사업비 예산계획서"를 예산서에 첨부토록 하고 있으므로, 총회비 항목별(인쇄비, 대관료, 발송비, 접수요원 일당 등) 산출근거를 기재한 예상액을 첨부하여 예산서를 작성하는 것이 타당할 것임.

Ⓐ 3. 또한, 도시정비법 제81조제1항제8호에 따르면 "월별자금의 입금·출금 세부 내역"을 조합원, 토지등소유자 또는 세입자가 알 수 있도록 인터넷과 그 밖의 방법을 병행하여 공개토록 규정되어 있으므로 참고하시고,

다만, 당해 추진위원회의 예산집행 적정여부 및 정보공개 업무 미이행 여부 등 자세한 사항은 세부 증빙내역 등을 지참하시어 해당 추진위원회 운영의 지도·감독 및 승인권자인 관할 자치구청장에 문의바람(서울시 재생협력과 2017.7.18.).

제17조(예비비) ① 예측할 수 없는 예산외의 지출 또는 예산의 초과지출에 충당하기 위하여 예비비를 지출예산에 계상할 수 있다. 단, 업무추진비, 상근임·직원 인건비, 복리후생비 항목으로 지출할 수 없다.

② 예비비는 본 예비비를 제외한 사업비 및 운영비 각 총지출예산의 10% 범위 내에서 편성할 수 있고, 매 회계연도예산(안)에 포함하여 총회 의결을 거쳐야 한다.

Ⓠ 예비비 편성 및 사용은?

Ⓐ 도시정비법 제45조제1항제3호에 따라 정비사업비의 세부항목별 사용계획이 포함된 예산안 및 예산의 사용내역에 관한 사항은 총회의 의결을 거쳐 편성하여야 하며, 「서울시 정비조합등 표예산·회계규정」[별표]제17조에 따르면 "예측할 수 없는 예산외의 지출 또는 예산의 초과 지출에 충당하기 위하여 예비비를 지출예산에 계상할 수 있다. 단, 업무추진비, 상근 임·직원 인건비, 복리후생비 항목으로 지출할 수 없다."고 규정하고

예비비는 본 예비비를 제외한 사업비 및 운영비 각 총 지출예산의 10% 범위 내에서 편성할 수 있고, 매 회계연도 예산(안)에 포함하여 총회 의결을 거쳐 편성하도록 되어 있으며

예비비를 사용한 경우에는 같은 규정 제11조에 따라 "결산보고서로 예비비명세서를 포함한 부속명세서를 작성하고 감사의 의견서를 첨부하여 대의원회에 보고하고 정관 및 운영규정에 따른 승인을 득하여야 한다."고 규정하는 바, 총회의 의결을 거쳐 편성된 예비비 집행은 위 규정 등에 적합해야 함(서울시 주거정비과 2024.2.29).

③ 예비비를 사용한 경우에는 제11조에 따른 예비비명세서를 작성하여야 한다.

제18조(예산의 목적 외 사용금지) ① 사업비 및 운영비 지출은 예산을 초과하여

지출하거나 예산으로 정한 목적 외에 이를 사용할 수 없다.

② 제1항에도 불구하고 지출예산의 전용이 필요할 경우 총회에서 승인된 총지출예산 범위 내에서 대의원회의 의결을 거쳐 사용할 수 있다. 다만, 운영비 예산은 부득이한 경우 동일 항 내의 목간에 예산의 과부족이 있을 때에는 상호전용할 수 있다.

Q 예산 전용이란 무엇인지?
A 「서울시 정비조합등 표준 예산·회계규정」[별표] 제18조제2항의 '전용'은 예산집행을 탄력적으로 운용함으로써 집행과정에서 부분적인 계획의 변동이나 여건이 바뀔 시 재량에 따라 융통할 수 있다는 의미의 '전용(轉用)'임.(서울시 주거정비과 2024.3.7)
※기획재정부 시사경제 용어사전 참고

③ 제2항의 단서에 의하여 예산을 전용할 때에는 회계책임자는 그 사유를 기재하여 추진위원회 또는 이사회에 전용한 예산을 보고하여야 한다.

Q 예산의 항·목간 전용 시 절차?
A 표준 예산·회계규정 [별표] 제18조에 따르면 "제1항 및 제2항에 의거, 사업비 및 운영비 지출은 예산을 초과하여 지출하거나 예산으로 정한 목적 외에 이를 사용할 수 없으나, 제1항에도 불구하고 지출예산의 전용이 필요할 경우 총회에서 승인된 총 지출예산 범위 내에서 대의원회의 의결을 거쳐 사용할 수 있다. 다만, 운영비 예산은 부득이한 경우 동일 항 내의 목간에 예산의 과부족이 있을 때에는 상호 전용할 수 있다."고 규정함.
또한, 같은 조 제3항에 따르면 "제2항의 단서에 의하여 예산을 전용할 때에는 회계책임자는 그 사유를 기재하여 추진위원회 또는 이사회에 전용한 예산을 보고하여야 한다."고 규정함.
따라서, 예산의 항·목간 전용 시 절차에 관하여는 상기 규정에 적합해야 하며, 정비사업 추진일정을 고려하지 않고 사업비 편성 시 행정지도 가능여부 등에 관하여는 당해 조합정관, 예산·회계 규정 등을 종합적으로 검토하여 결정해야 할 사항으로 사료됨(서울시 주거정비과 2020.8.6)

제19조(예산 불성립시의 예산집행) ① 조합 등은 부득이한 사유로 회계연도 개시 전까지 당해 연도 예산이 성립되지 아니 한 때에는 전년도 동기간 예산에 준하여

집행할 수 있다. 다만, 준예산 적용기간은 1년으로 한정하며 이 기간을 초과하여 예산을 집행할 수 없다.

Q 당해연도 예산 수립 전 비용집행이 가능한지?
A 「서울시 정비조합등 표준 예산·회계규정」[별표] 제19조제1항에 따르면 "조합등은 부득이한 사유로 회계연도 개시 전까지 당해 연도 예산이 성립되지 아니한 때에는 전년도 동기간 예산에 준하여 집행할 수 있다."고 규정하고 동 규정 제19조제4항에 따라 전년도 예산에 준하여 집행할 사유가 생긴 때에는 사전에 추진위원회 또는 대의원회 의결을 거쳐 집행하여야 하는 바, 준예산 집행은 위 규정에 적합해야 함.(서울시 주거정비과 2024.3.7)

Q 1. 추진위원회 단계에서 자금을 차입하는 방법·이자율 및 상환방법에 대해 추진위원회 의결을 받아야 하는지 주민총회 의결을 받아야 하는지?
Q 2. 2018년 주민총회 의결사항으로 2019년 준예산 사용할 수 있는지?
A 질의하신 사항은 해당 정비사업 구역 '추진위원회 운영규정'의 추진위원회 또는 주민총회의 의결사항 등에 따라야 하나, 운영규정에서 정한 바가 없다면 도시정비법 제45조(총회의 의결)에 의거 자금의 차입과 그 방법·이자율 및 상환방법에 대해서는 조합총회의 의결을 거쳐야 하므로, 추진위원회 단계에서도 이를 준용하여 주민총회의 의결을 받아야 할 것으로 판단되고,
「서울시 정비조합등 표준 예산·회계규정」 제19조(예산 불성립시의 예산집행)제1항에 '조합 등은 부득이한 사유로 회계연도 개시 전까지 당해 연도 예산이 성립되지 아니한 때에는 전년도 동기간 예산에 준하여 집행 할 수 있다. 다만, 준예산 적용기간은 1년으로 한정하며 이 기간을 초과하여 예산을 집행 할 수 없다'고 명시하고 있음(서울시 주거정비과 2019.5.23)

Q 2018년도 총회에서 당해 연도 예산을 확정하면서 2019년도 예산확정 전까지 2018년도 예산으로 준예산을 편성하겠다고 의결한 경우,
2019년도 준예산 확정을 위한 추진위원회 또는 대의원 개최를 생략할 수 있는지?
A 예산·회계규정[별표] 제19조에 의하면 조합 등은 부득이한 사유로 회계연도 개시 전까지 당해 연도 예산이 성립되지 아니한 때에는 전년도 동기간 예산에 준하여 집행 할 수 있음
2018년도 예산확정 총회에서 2019년도 예산확정 전까지 2018년도 확정된 예산을 준예산으로 편성하겠다고 의결한 경우라면 추진위원회 또는 대의원회 개최 없이 2019년도 준예산이

확정된 것으로 볼 수 있음

2019년도 본예산(준예산) 편성 및 확정 철자와 방법을 첨부와 같이 알려드리오니 참고바라며, 아울러 예산편성 및 지출(전표), 문서 접수 및 생산은 정비사업 e-조합 시스템을 통한 전자결재로 업무를 처리하여야 함(서울시 재생협력과 2018.12.10)

② 제1항 단서에도 불구하고, 준예산 적용기간을 초과하여 예산을 집행하는 경우 사무실 운영을 위한 제세·공과금, 임차료, 수도광열비 등 불가피한 경비와 예산편성을 위한 총회비용의 집행은 그러지 아니할 수 있다. 다만, 예산편성을 위한 총회비용 중 총회 전에 소요된 비용은 당해 총회에서 추인을, 총회 이후에 소요될 비용은 당해 총회에서 승인을 받아야 한다.
③ 제1항에 의하여 집행된 예산은 당해 연도 예산이 성립되면, 그 성립한 예산에 의하여 집행된 것으로 본다.
④ 조합등은 제1항에 따라 전년도 예산에 준하여 집행할 사유가 생긴 때에는 사전에 추진위원회 또는 대의원회 의결을 거쳐 집행하여야 한다.

Q1. 조합이 자금을 차입한 때에는 도시정비법 시행령 제87조의2에 따른 자금차입계약서의 사본이 아닌 자금차입확인서를 제출해도 무방한지?
Q2. 차입된 자금을 지출하고자 하는 경우 지출 절차는 무엇인지?
Q3. 예산이 불성립된 경우「서울시 정비조합등 표준예산회계규정」[별표]제19조제4항에 따라 대의원회 의결을 거쳐 차입된 자금을 집행하여야 하는지?
A 1. 조합이 자금을 차입한 때에는 도시정비법 시행령 제87조의2에 명시된 대로 자금차입계약서의 사본을 제출하여야 함.
A 2. 차입된 자금을 지출하고자 하는 경우 도시정비법 제40조제1항제8호에 따라 정관에 기재된 대로 집행하여야 하며 정관에 규정한 대로 당해 조합에서 적의 처리바람.
A 3.「서울시 정비조합등 표준예산회계규정」[별표]제19조에 따라 차입된 자금을 통해 형성한 준예산의 집행은 추진위원회 또는 대의원회 의결을 거쳐 집행하여야 함. 문의하신 조합의 자금 차입 및 지출 관련 사항은 상기 규정을 준용해야 함(서울시 주거정비과 2023.10.18)
Q 2016년 주민총회 시 "창립총회 비용과 동의서 징구비용"을 2017년 사업비 예산에 포함하여 승인받았으나, 2018년에 창립총회를 개최하게 된 경우,

예산회계규정 제18조제4항에 따라 사전에 추진위원회 의결을 받아 2018년도에 집행할 수 있는지?

Ⓐ 「서울시 정비조합등 표준예산·회계규정」제19조제1항 및 제4항에 따르면, 조합등은 부득이한 사유로 회계연도 개시 전까지 당해 연도 예산이 성립되지 아니한 때에는 사전에 추진위원회 결의를 거쳐 1년에 한해 전년도 동 기간 예산에 준하여 집행할 수 있으므로 전년도 예산으로 승인받은 총회 예산을 추진위원회 의결을 받아 집행할 수 있을 것으로 사료됨(서울시 재생협력과 2017.11.29).

제20조(예산집행 실적 보고) 조합 등은 사업비 및 운영비 예산 집행 내용을 명확하게 보고하기 위하여 당해 회계기간에 발생한 예산집행내용을 적정하게 표시하여야 하며, 사업비 및 운영비 집행에 대한 결산 부속명세서는 제11조제3항에 의한 사업비 예산 결산대비표, 운영비 예산결산대비표로 하며, 결산보고를 할 때 정관 등에 따라 조합원 등에게 보고하여야 한다.

제3장 자금 및 계약

제21조(자금관리 원칙) ① 조합 등의 모든 자금관리는 은행 등 금융기관통장으로 하여야 하며, 추진위원회는 관련 세법에 따라 관할 세무서장에게 사업자등록을 하고 조합 등의 명의로 개설한 통장으로 관리한다.

Ⓠ 「서울시 정비조합등 표준예산·회계규정」을 적용하는 추진위원회의 경우 해당 규정 [별표] 제21조에 따라 사업자 등록을 해야 하는지?

Ⓐ 「서울시 정비조합등 표준예산·회계규정」[별표] 제21조제1항은 "조합 등의 모든 자금관리는 은행 등 금융기관통장으로 하여야 하며, 추진위원회는 관련 세법에 따라 관할 세무서장에게 사업자등록을 하고 조합 등의 명의로 개설한 통장으로 관리한다."고 규정하고 있음(서울시 주거정비과 2022.1.21). 따라서, 승인받은 추진위원회의 경우 사업자 등록을 하여 자금관리를 하는 것이 원칙임.

② 조합 등의 임·직원은 정비사업 목적인 경우에도 총회 사전결의 없이 조합자금을 개인통장으로 이체·대여·가지급 등을 할 수 없다.

제22조(용도별 자금관리) 조합 등은 사업비, 운영비, 퇴직적립금, 조합원분양금,

일반분양금, 이주비, 국공유지 매입비, 조합원 이주공과금, 기타수입(세금환급금, 임대수입 등 기타수입) 등 사용 목적별로 자금을 분리하여 금융거래하고 그 통장과 기록을 구분 관리한다.

제23조(현금의 보유한도) 현금의 보유는 원칙적으로 없는 것으로 하되 경조사비 등 현금으로 지출되어야 하는 비용으로써 조합장 등이 부득이하다고 인정되는 경우에는 50만 원 범위 내에서 보유할 수 있다.

제24조(계약의 원칙) 조합 등은 당해 연도의 예산으로 정하지 아니한 공사·용역의 계약을 하고자 하는 경우에는 총회의 사전결의를 거쳐야 한다.

Q 협력업체 계약 변경 시, 계약을 체결한 후 총회에서 예산변경하면 되는지 예산변경 후 계약을 체결해야 하는지?

A 「서울시 정비조합등 표준예산·회계규정」 [별표] 제24조에 따르면 "조합 등은 당해 연도의 예산으로 정하지 아니한 공사·용역의 계약을 하고자 하는 경우에는 총회의 사전 결의를 거쳐야 한다."고 규정함

따라서, 협력업체 계약 변경 시 총회에서 예산변경 사전 결의을 거친 후 계약을 해야 할 것으로 사료됨

제25조(계약의 방법) 조합 등이 공사·용역 등 계약을 체결하고자 할 때에는 "정비사업 계약업무처리기준" 제6조 및 제3장에 의한 방법으로 계약하여야 한다.

정비사업 계약업무 처리기준
[시행 2024.9.5.] [국토부고시 제2024-465호, 2024.9.5 일부개정]
제6조(입찰의 방법) ① 사업시행자등이 정비사업 과정에서 계약을 체결하는 경우 일반경쟁입찰에 부쳐야 한다. 다만, 도시정비법 시행령 제24조제1항에 해당하는 경우에는 지명경쟁이나 수의계약으로 할 수 있다.
② 제1항에 따라 일반경쟁입찰 또는 지명경쟁입찰(이하 "경쟁입찰")을 하는 경우 2인 이상의 유효한 입찰참가 신청이 있어야 한다.

제7조(지명경쟁에 의한 입찰) ① 사업시행자등이 제6조제1항에 따라 지명경쟁에 의한 입찰을 하고자 할 때에는 같은 조 제2항에도 불구하고 4인 이상의 입찰대상자를 지명하여야 하고, 3인 이상의 입찰참가 신청이 있어야 한다.
② 조합등은 제1항에 따라 입찰대상자를 지명하고자 하는 경우에는 대의원회의 의결을 거쳐야 한다.

제26조(지명경쟁) 조합 등이 "정비사업 계약업무 처리기준" 제7조에 의한 입찰대상자를 지명하고자 하는 경우에는 추진위원회 또는 대의원회 의결을 거쳐야 한다.

제27조(견적서 징구에 의한 가격결정 등) ① 조합등이 "정비사업 계약업무 처리기준" 제6조제1항에 따라 수의계약을 체결하고자 할 때에는 2인 이상으로부터 견적서를 받아야 한다. 다만, 계약금액이 2천만 원 이하의 경우에는 단일견적에 의할 수 있다.
② 300만 원 이상의 비용지출 또는 제1항 단서 및 도시정비법 시행령 제24조제1항제2호 바목에 따라 수의계약을 체결하고자 하는 경우 견적서를 제출받아 제출된 견적가격이 거래실례가격, 통계작성 승인을 받은 기관이 조사·공표한 가격, 감정가격, 유사거래 실례가격, 용역수행의 전문성 등을 비교 검토하여 가장 합리적인 가격으로 최종계약금액을 결정한다.
③ 제1항 내지 제2항에 따른 견적서는 조달청이 제공하는 전자적 방법에 의한 조달시스템을 통해 견적 요청 및 견적 비교자료를 활용할 수 있다.

도시정비법 시행령
제24조(계약의 방법 및 시공자의 선정) ① 법 제29조제1항 단서에서 "계약규모, 재난의 발생 등 대통령령으로 정하는 경우"란 다음 각 호의 구분에 따른 경우를 말한다.
1. 입찰 참가자를 지명(指名)하여 경쟁에 부치려는 경우: 다음 각 목의 어느 하나에 해당하여야 한다.(각 목 생략)
2. 수의계약을 하려는 경우: 다음 각 목의 어느 하나에 해당하여야 한다.
가. 「건설산업기본법」에 따른 건설공사로서 추정가격이 2억 원 이하인 공사인 경우
나. 「건설산업기본법」에 따른 전문공사로서 추정가격이 1억 원 이하인 공사인 경우
다. 공사 관련 법령(「건설산업기본법」은 제외한다)에 따른 공사로서 추정가격이 8천

만 원 이하인 공사인 경우

　라. 추정가격 5천만 원 이하인 물품의 제조·구매, 용역, 그 밖의 계약인 경우

　마. 소송, 재난복구 등 예측하지 못한 긴급한 상황에 대응하기 위하여 경쟁에 부칠 여유가 없는 경우

　<u>바. 일반경쟁입찰이 입찰자가 없거나 단독 응찰의 사유로 2회 이상 유찰된 경우</u>

서울특별시의 명칭과 달리, 부산광역시는 제27조(수의계약)을 규정을 두고 있다.

cf 부산광역시

제27조(수의계약) ① 조합 등은 도시정비법 시행령 제24조제1항제2호 및 정관 제12조제6항에 의한 공사 물품, 용역 등 계약의 경우 수의계약을 할 수 있다.

② 제1항의 따른 수의계약을 체결하고자 할 때에는 2인 이상으로부터 견적서를 받아야 한다. 다만, 추정가격(부가세 제외금액)이 2천만 원 이하인 공사(물품, 용역의 경우는 5백만 원 이하, 비용의 경우 3백만 원이하)이거나「지방자치단체를 당사자로 하는 계약에 관한 법률」에서 정한 1인 견적 요건에 해당하는 경우 또는 도시정비법 시행령 제24조제1항제2호 마, 바목의 경우에는 1인으로부터 견적서를 받을 수 있다.

③ 제1항 내지 제2항에 따른 견적서는 조달청이 제공하는 전자적 방법에 의한 조달시스템을 통해 견적요청 및 견적비교 자료를 활용할 수 있다.

④ 제2항내지 제3항의 견적서에 의하여 계약을 체결하는 경우 경제성, 효율성 등을 비교 검토하여 가장 합리적인 가격으로 최종 계약금액을 결정한다.

제28조(계약담당자) ① 계약담당자는 각각 조합장 및 추진위원장으로 한다.

② 제1항의 계약담당자는 계약규모에 따라 그 계약체결에 관한 사무를 소속직원에게위임할 수 있다.

제29조(계약서의 작성) ① 모든 계약은 계약서를 작성하여야 한다.

② 제1항의 계약서에는 계약의 목적, 이행기간, 계약위반의 경우에 있어서 보증금의처분위험의 부담, 지체상금, 실비정산방법, 기타 필요한 사유 등를 기재한 계약서를작성하여 계약담당자가 기명날인하여야 한다.

③ 계약서에는 용역 완료에 따른 용역결과물을 제출하도록 명기하여야 한다.

제30조(감독 및 검수) ① 조합장 등은 공사, 용역, 물품, 기타 도급계약을 체결한 경우에 그 계약의 적정한 이행을 확보하기 위하여 스스로 이를 감독하거나, 상근 임원 및 직원에게 그 사무를 위임하여 필요한 감독을 하게 하여야 한다.
② 조합장 등은 계약대상자가 계약의 전부 또는 일부의 이행을 완료한 때에는 그 이행을 확인하기 위하여 계약서, 설계서, 기타 관계 서류에 의하여 필요한 검수를 하게 하여야 한다.
③ 제2항의 검수에 있어서 계약상대자의 계약이행 내용의 전부 또는 일부 가계약에 위반되거나 부당함을 발견할 때에는 지체 없이 필요한 조치를 하여야 한다.

제31조(계약대가의 지급) ① 계약의 대가는 검수 후 지급을 원칙으로 한다.
② 조합등은 계약의 대가를 지급하거나 또는 청구를 받은 경우에는 반드시 세금계산서 등 관련 세법에서 정한 적격증빙서류를 수취하여 보관하여야 한다.

제4장 수입 및 지출

제32조(수입·지출업무의 관리) ① 조합장 등은 정비사업의 수입·지출에 관한 업무를 총괄적으로 관리한다.
② 조합장 등은 수입·지출에 관한 업무를 각각 그 사무국의 상근 임·직원에게 위임할 수 있다.
③ 조합등은 수입·지출의 효율적 관리를 위해 금전출납부를 기록하고 비치하여야 한다. 필요에 따라 금전출납부는 현금출납부와 예금출납부로 구분하여 관리할 수 있다.

제33조(수입금의 관리) ① 모든 수입금의 수납은 이를 금융기관에 취급시키는 경우를 제외하고는 제32조제2항에 따라 위임받은 임·직원이 아니면 현금으로 수납하지 못한다.

cf 부산광역시
제33조(수입금의 관리) ① 모든 수입금의 수납은 이를 금융기관에 취급시키는 경

우를 제외하고는 제7조제2항에 따라 지정된 회계담당자가 아니면 현금으로 수납하지 못한다.

② 수입금이 발생할 때에는 수입결의서(전표)를 작성하여 통장, 이체확인서 등 증빙자료를 첨부하여 결재를 받아야 하며, 즉시 이를 금전출납부에 기록하여 관리하여야 한다.

제34조(분양금의 취급 및 기장) ① 모든 분양금은 금융기관에서만 대행 수납하도록 하되 조합 명의 또는 조합과 시공자의 공동명의로 된 예금계좌(공동명의)에 입금되도록 하여야 한다. 다만, 사업비나 운영비를 시공자, 금융기관, 공공기관 등으로부터 대여 받은 차입금은 조합등 단독명의로 된 예금계좌를 개설하여 입금하도록 한다.
② 분양금은 이사회의 승인에 의하여 인출하는 것을 원칙으로 한다.
③ 모든 분양금은 총액으로 기장하여야 하며, 분양금을 다른 비용과 상계하거나 그 일부를 기장에서 제외하여서는 안 된다.

제35조(지출의 원칙 및 감사) ① 조합 등은 사업비·운영비 등 정비사업비의 모든 지출은 예산의 계정과목별로 사전에 승인받은 금액 범위 내에서 지출함을 원칙으로 한다.
② 지출의 방법은 계좌이체, 무통장입금, 또는 법인·사업자 명의의 신용·체크카드로 한다. 다만, 각 호의 방법으로 지출하는 경우에는 그러하지 아니할 수 있다.
1. 여비 및 교통비를 지출하는 경우
2. 1건당 1만 원 미만을 지출하는 경우
3. 경조사비, 우편 반송료, 등본 발급료, 인감증명서 발급료 등 소액금액

부산광역시는 "우편 반송료, 등본 발급료, 인감증명서 발급료 등 소액금액을 지출하는 경우"를 추가하였다.

③ 제2항 단서에 따른 현금을 지출하는 경우 거래상대방의 영수증 등 증빙자료

를 첨부하여야 한다. 다만, 증빙자료를 받을 수 없거나 부적절한 경우에는 지급목적, 일시, 장소, 금액, 대상 등을 나타내는 확인서로 갈음할 수 있다.
④ 조합등의 감사는 지출업무의 적정을 유지하기 위하여 수시로 지출에 관한 내용과증빙서류를 감사할 수 있다.

제36조(지출증빙서류의 수취 및 보관) ① 조합 등의 지출 증빙서류는 공급받는 재화 또는 용역의 건당 거래금액(부가가치세를 포함한다)과 접대에 지출한 업무추진비가 「법인세법 시행령」 제41조제1항제2호와 제158조제2항제1호의 금액을 초과하는 경우에는 다음 각 호의 1에 해당하는 증빙서류를 수취하여 이를 보관하여야 한다.
 1. 「여신전문금융업법」에 의한 신용카드매출전표(신용카드와 유사한 것으로서 「법인세법 시행령」 제41조에서 정하는 것을 사용하여 거래하는 경우에는 그 증빙서류를 포함한다)
 2. 「부가가치세법」 제32조에 따른 세금계산서
 3. 「법인세법」 제121조 및 「소득세법」 제163조에 의한 계산서
② 공사·용역 계약에 따른 기성금 지급 시 과업내용 이행여부를 확인할 수 있는 증빙서류를 수취 보관해야 한다.

제37조(수입·지출의 처리) ① 수입·지출행위를 할 때에는 전표 또는 수입·지출결의서를 작성한 후에 금전출납부, 총계정원장에 기록한다. 다만, 전표 또는 수입·지출결의서를 작성하기 어려운 경우에는 내부결재문서로서 이에 갈음할 수 있다.
③ 자금을 지출하였을 때에는 거래처로부터 제36조와 같이 세법에서 인정하는 적격증빙 영수증을 받아야 한다.
④ 제1항의 첨부서류를 첨부할 수 없거나 제2항의 영수증을 받을 수 없을 때에는 그거래처의 사유서 또는 조합장등 관리자의 확인서를 첨부하여야 한다.
⑤ 계약에 따른 용역이 완료된 경우에는 용역결과물을 제출받아 증빙서류로 보관해야한다.

제38조(용역비 지급의 제한) ① 사업진행을 예상하여 이미 계약이 체결되고 예산에 편성된 사업비라도 당해 공사·용역 등이 개시되지 않았을 경우 집행할 수 없고, 용역 계약금은 용역개시 30일 전에는 지급할 수 없다.

② 정비사업 추진단계별 용역수행의 예상 시기는 별표1 예시를 참고한다. 다만, 특별한 사유가 있는 경우에는 그러하지 아니 할 수 있다

제39조(업무추진비 집행대금 결제의 특례) ① 조합장 등에게 지급되는 업무추진비는 수당 형태의 월정액으로 지급할 수 없다.
② 업무추진을 위한 접대성 경비집행 또는 물품의 구입은 법인카드 또는 현금영수증 사용을 원칙으로 한다.
③ 현금지출은 격려금·축의금·조의금 등 현금지출이 불가피한 경우에 한하여 지출할 수 있다. 이 경우 지출대상의 범위· 금액·방법 등에 대하여는 정관 또는 운영규정으로 따로 정할 수 있다.
④ 업무추진비는 집행목적, 일시, 장소, 집행대상(회의참석자의 소속 및 회의 인원 등)을 증빙서류에 기재하여 사용용도를 명확히 하여야 하며, 집행금액이 건당 50만 원 이상인 경우 주된 상대방의 소속 및 성명을 증빙서류에 기재하여야 한다.
⑤ 업무추진비 집행의 적정성 및 예산집행의 투명성 확보를 위하여 업무추진비 사용 내역을 조례 제69조에 의한 클린업시스템에 익월 15일까지 별지 9호 서식에 의거 공개하거나 e-조합시스템에 공개하여야 한다.

제40조(카드사용 및 관리) ① 카드는 예산편성목적 수행에 필요한 범위 내에서 본 규정 및 별도로 정관이나 운영규정 등에 정한 절차에 따라 사용하여야 한다.
② 동일 장소에서 동일시간 대에 사용한 카드대금을 분할하여 결제하여서는 아니 된다. 다만, 여러 건의 회의가 동일 장소 및 시간 내에 있은 것이 명확할 경우에는 그러하지 아니하다.
③ 담당업무 특성상 카드를 빈발하게 사용하여야 하거나, 사용기간이 일정하지 않은경우에는 조합장 등의 승인을 받아 카드를 일정기간 소지할 수 있다.
④ 대금지급 결제수단으로 활용하기 위해 조합 등의 명의의 법인카드(단체카드)를 발급받아 사용하며 "법인(단체)카드 출납(인수인계)대장"을 비치하여 관리하여야 한다.

제41조(카드사용의 제한) ① 카드사용자가 주된 사용지역과 상이한 지역에서 식비등을 지출하는 경우에는 사유를 지출결의서등 증빙서류에 기재하여야 한다.

② 카드사용자가 업무상 필요에 의해 비근무일에 사용하는 경우에는 주된 상대방의 소속 및 성명 및 사유를 지출결의서 등 증빙서류에 기재하여야 한다.
③ 카드를 어떠한 경우라도 개인적인 용도로 사용하여서는 아니 된다.
④ 카드를 가족을 포함한 타인에게 대여하여서는 아니 된다.
⑤ 카드사용자는 조합 등의 법인카드를 대신하여 개인결제(개인카드, 현금 등) 할 수없으며 불가피하게 개인결제를 한 경우 사용경위 및 사유를 지출결의서 등 증빙서류에 기재하여야 한다.

제42조(확인의무 등) ① 감사는 조합 등 카드의 위법·부당한 사용을 막기 위하여 사용내용을 주기적으로 점검하여야 한다. 이 경우 다음 각호의 사항을 확인하여야 한다.
1. 심야, 휴일, 자택 인근 등 업무와 무관한 시간 및 장소에서 사용여부
2. 휴가기간 중 법인카드 사용 여부
3. 동일 일자 동일 거래처 반복사용(분할 결제여부를 확인하기 위한 것을 말한다)
4. 법인카드를 이용한 상품권 구매 등 조합업무와 관련 없는 지출여부
② 제1항에 따라 감사는 점검결과를 작성일로부터 15일 이내에 조례 제69조에 의한 클린업시스템 또는 e-조합시스템에 공개해야 하고, 이를 추진위원회 또는 대의원회에 보고하여야 한다.

제5장 결산 및 회계
제43조(회계처리방법) 조합 등의 장부작성, 증빙관리 및 재무제표 작성 등 결산·회계처리에 관한 사항은 별첨2의 「○○ 정비사업 조합(조합설립추진위원회) 회계처리규정 세칙」에 따른다.

제6장 정보공개
제44조(관련자료의 공개 및 보존) ① 조합장 등은 도시정비법 제124조에 따른 용역업체 선정계약서, 회계감사보고서, 월별 자금의 입·출금 세부내역, 연간 자금운용계획서, 정비사업비 변경에 관한 사항 등 관련 서류 및 자료가 작성되거나 변경된 후 15일 내에 조례 제39조에 의한 클린업시스템 또는 e-조합시스템에 공개하여야 한다.
② 추진위원회는 도시정비법 시행령 제29조에 따른 추진위원회의 지출내역서

를 매분기별로 토지등소유자가 쉽게 접할 수 있는 일정한 장소에 게시하거나 클린업시스템 등을 통하여 공개하고, 토지등소유자가 열람할 수 있도록 하여야 한다.제

제45조(분기별 자금수지 보고) ① 조합장등은 매 분기 말일을 기준으로 하여 총수입, 사업비 지출, 운영비 지출, 현금과 예금의 잔액 및 차입금 증감 내역 작성하여야 한다.

② 조합장 등은 제1항에 따라 작성된 당해 분기별 자금수지 내역을 다음 분기 만료일 이내에 조합원 또는 토지등소유자에게 서면으로 통보하고 작성일로부터 15일 이내 조례 제69조에 의한 클린업시스템 또는 e-조합시스템에 공개하여야 한다.

③ 제1항의 자금수지보고서 양식사례는 별지 제5호 서식과 같다.

부 칙 <2014.6.19>

1. (시행일) 이 규정은 2014.7.1부터 시행한다. 다만, 제41조 제5항, 제47조의 규정은 2015.1.1부터 시행한다.

2. (제 규정에 관한 경과조치) 이 규정 시행일 이전에 별도의 회계규정을 정하여 운영한 경우 이 규정 시행한 날로부터 1년 이내에 총회를 거쳐 이 규정에 적합하도록 제정 또는 개정하여야 한다.

3. (예산편성에 관한 경과조치) 이 규정 시행일 이전에 종전규정에 따라 당해연도 예산편성이 성립된 경우에는 제11조, 제14조 내지 제16조를 적용하지 아니할 수 있으며, 이 규정 시행한 날로부터 1년 이내에 총회를 거쳐 이 규정에 적합하도록 예산을 편성해야 한다.

부 칙 <2015.3.19>

1. (시행일) 이 예산·회계규정은 조합정관이 정하는 절차와 방법에 의해 총회 등에서 의결한 날로부터 시행한다.

부 칙(2018. ○○. ○○)

이 규정은 운영규정 또는 정관이 정하는 절차와 방법에 의해 총회 등에서 의결한 날로 부터 시행한다.

[별표2] ○○정비사업조합(조합설립추진위원회) 회계처리규정 세칙

Q&A 도시정비법에 따라 시행되는 추진위원회 및 조합의 효율적이고 공정한 자금운용을 위하여 「서울시 정비조합등 예산회계규정」 및 「서울시 정비사업 회계처리규정 세칙」을 제정·고시하고 2014.7.1자로 시행 예정임

한편, 이 규정은 추진위원회 운영규정 제31조(추진위원회의 회계) 제2항 각 호 및 조합 표준정관 제32조(조합의 회계) 제2항 각 호의 사항인 예산 및 회계업무 처리에 관하여 구체적이고 통일된 기준을 정한 것으로서,

이 규정 시행일 이전에 별도의 회계규정을 정하여 운영한 경우 이 규정 시행한 날로부터 1년 이내에 총회를 거쳐 이 규정에 적합하도록 제정, 개정이 요구되는바,

귀 구에서는 관내 조합추진위원회·조합에 대해 위 내용을 안내하여 서울시 예산회계규정 및 회계처리규정 세칙이 적용될 수 있도록 차기 총회에 안건에 반영토록 하는 등 적극적인 행정 지도 바람(서울시 재생지원과 2014.6.20).

제1장 총 칙

제1조(목적) 이 세칙은 「○○ 정비사업조합(조합설립추진위원회) 예산·회계규정」 제11조 및 제43조에 따라 조합 등의 장부종류 및 작성, 증빙 관리 일반 및 재무제표 작성기준을 정하고자 함을 목적으로 한다.

제2장 장부 및 증빙서류

제2조(기장의 원칙) ① 모든 거래는 거래전표에 의하여 처리하여야 한다.
② 보조부는 소정의 결재를 필한 전표에 의하여 지체 없이 기장하여야 한다.

제3조(전표의 종류) ① 조합 등이 사용할 전표는 입금전표, 출금전표, 대체전표로 구분하여 조합의 실정에 따라 조합장등이 결정하여 사용한다.
② 결의서 또는 증거서류는 전표로 대응할 수 있다. 이 경우 결의서 및 증빙서의 서식에는 전표의 기능이 포함되어야 한다.

제4조(전표의 작성) ① 전표는 계정과목, 관·항·목별로 구분하여 작성한다.

② 전표에는 거래를 입증할 수 있는 증빙서류를 첨부하여야 한다.
③ 제2항의 증빙서류란 수입·지출 결의서, 영수증서, 청구서, 계약서 사본, 견적서(사양서 등 포함), 간이영수증 이외의 세금계산서, 계산서, 신용카드 매출전표, 현금영수증, 근로소득원천징수영수증, 이체확인서 등을 말한다.

제5조(전표의 정리) ① 전표는 매일 분을 취합하여 일자별 입금전표와 출금전표, 대체전표의 순으로 정리한다.
② 전표는 매월 분을 일별 순서로 취합하여 조합장등이 날인하여야 한다.

제6조(장부의 종류) 조합장 등은 다음 각호의 장부를 비치하여 회계사실을 명확하게 기록유지 및 보관하여야 한다.
 1. 금전출납부
 2. 전표 또는 결의서(증빙서류 첨부)
 3. 총계정원장, 계정별원장
 4. 물품관리대장
 5. 그밖에 증빙자료

제7조(장부의 마감) 회계장부의 마감은 다음과 같이 한다.
 1. 금전출납부는 매일 마감한다.
 2. 총계정원장, 계정별원장, 기타 명세서는 매 월말에 마감한다.
 3. 장부를 마감할 때에는 미리 그 마감잔액을 관계장부와 대조하여 확인하여야 한다.

제8조(총계정원장의 기장) ① 총계정원장은 일별 또는 월별로 전표 또는 지출결의서등 증빙서류에 의하여 기장한다.
② 외부 전문가에게 기장을 위임하는 경우 제1항 서류를 인계하여 작성하게 할 수 있다.

제9조(현금 및 예금의 대사) 조합 등의 회계담당자는 매일의 현금 및 예금 잔액을 장부와 통장을 통하여 대조확인하여야 한다.

제10조(장부의 대사) 조합장 등은 매월 말에 각 계정 보조부의 잔액을 총계정원장과 대사 확인하여야 한다. 단, 조합의 인력 구성상 직접 장부를 기장하지 않고 외부 전문가에게 의뢰하는 경우에는 금전출납부 및 통장 잔액과 제6조와 같이 현금 및 예금이 상호 일치하는지 대조확인하여야 한다.

제3장 결산

제1절 재무제표

제11조(재무제표의 표시) ① 제12조의 재무제표는 기간별 비교 가능성을 높이기 위하여 전기재무제표의 모든 계량정보를 당기와 비교하는 방식으로 표시한다.

제12조(재무제표 및 부속명세서) ① 조합 등의 기본 재무제표는 자금수지계산서, 재무상태표, 운영계산서 및 이에 대한 주석으로 한다.

② 재무제표는 기간별 비교가능성을 위하여 전기와 당기를 비교하는 방식으로 표시한다.

③ 재무제표의 부속명세서는 공사원가명세서, 자산부채명세서, 사업비명세서, 사업비 예산결산대비표, 운영비 예산결산대비표 및 예비비명세서로 한다.

제13조(자금수지계산서) ① 조합은 수입과 지출을 명확하게 보고할 수 있도록 당해 회계기간에 속하는 현금(현금과 예금, 장기성 예금을 포함한다)의 유입과 유출내용을 현금기준에 따라 자금수지계산서에 표시하여야 한다.

② 자금수지계산서는 다음 각 호의 방법에 따라 작성한다.

1. 현금의 유입과 유출내용에 대하여는 기중 증가 또는 기중 감소를 상계하지 아니하고 각각 총액으로 기재한다.

2. 자금수지계산서는 수입, 지출, 수지차액으로 구분하여 표시하며, 수지차액은 현금및 현금성자산의 수입과 지출의 차액을 말한다.

3. 제2호의 "수입"은 분양금수입, 차입금차입, 기타수입으로 구분하여 표시한다.

4. 제2호의 "지출"은 사업비, 운영비, 차입금 상환, 기타 지출로 구분하여 표시한다.

5. 자금수지계산서의 "사업비"와 "운영비"의 구성항목은 「○○정비조합(조합설립추진위원회) 예산·회계규정」 제12조 계정과목의 구성항목과 명칭이 동일하여야 한다.

③ 자금수지계산서 양식사례는 별지1호 서식과 같다.

제14조(재무상태표) ① 재무상태표는 중요 항목별로 구분하여 표시하되 조합의 재무상태표를 이해하는 데 적합하다면, 재무상태표에는 대항목, 중간항목을 추가하여 표시할 수 있다. 이 경우 다음 각 호의 사항을 고려한다.
  1. 자산의 성격 및 유동성
  2. 조합 내에서의 자산의 기능
  3. 부채의 금액, 성격 및 시기
② 분양미수금은 조합원 분양미수금과 일반 분양미수금으로 구분한다.
③ 선급비용은 지출된 비용으로서 해당 기간에 속하지 않는 금액을 말한다.
④ 재고자산은 건설용지, 미완성건물, 완성건물 등으로 구분한다.
  1. 건설용지는 사업과 관련하여 취득한 정비구역 내의 토지와 철거예정인 건물을 말한다.
  2. 미완성건물은 건설과정 중의 공사원가를 말한다. 공사원가는 추진위원회의 설립부터 공사의 최종 완료까지의 기간동안 당해 공사에 귀속되는 원가를 말한다.
  3. 완성건물은 사업을 완료하여 준공인가를 받은 경우, 미완성건물 금액의 대체액을 말한다.
⑤ 분양선수금은 조합원 분양선수금과 일반 분양선수금을 말한다.
  1. 조합원 분양선수금은 조합원 권리가액과 조합원분담금을 말한다. 조합원 권리가액이란 조합원 종전재산평가액에 비례율을 적용한 금액을 말하며, 조합원 종전재산평가액은 조합원이 소유하고 있던 토지, 건물의 관리처분계획에 따른 평가액을 말한다.
  2. 일반분양선수금은 조합원 외의 자가 일반분양계약에 따라 납입한 금액을 말한다.
⑥ 순자산은 조합원에 귀속되는 자산과 부채의 순액을 말한다.
⑦ 재무상태표 양식사례는 별지2호 서식과 같다.

제15조(운영계산서) ① 수익은 일반분양금 수익, 조합원분양금 수익, 상가분양금 수익, 정비사업외 수익 등으로 구성된다. 일반분양금 수익은 조합과 조합원 외의 자와 의 분양계약에 따른 분양수익을 말하며, 조합원분양금수익은 조합과 조합원

간의 분양계약에 따른 분양수익을 말한다. 상가분양금 수익은 조합이 상가분양사업을 수행할 때 발생하는 분양수익을 말한다. 정비사업외 수익은 이자수익, 잡이익 등 분양금수익외 기타의 수익을 말한다.

② 조합원분양금수익은 조합원 총분양계약대금을 제3항에서 정하는 수익인식기준에 따라 매기에 수익으로 인식한다. 조합원 총분양계약대금은 법령에서 정하는 권리가액과 조합원 청산금 납부액에서 조합원청산 환불금을 차감한 금액을 말한다.

③ 공사결과를 신뢰성 있게 추정할 수 있을 경우, 공사수익은 진행기준을 적용하여 인식한다. 진행기준을 적용하여 수익을 인식할 때는 당기 공사수익은 공사계약금액에 재무상태표일 현재의 누적공사 진행률에 따른 누적 공사수익에서 전기말까지 계상한 누적공사수익을 차감하여 산출한다. 다만, 공사수익은 완성기준을 적용하여 인식하거나 총분양금액 중 분양대금납입 기일이 도래한 금액의 비율에 따라서도 인식할 수 있다.

④ 공사수익과 공사원가를 신뢰성 있게 추정하기 위해서는 공사계약 대상자산에 대한각 당사자의 구속력 있는 권리, 교환되는 대가, 결제의 방법과 조건 등이 명시된 계약이 있어야 한다.

⑤ 비용은 자산의 유출이나 소멸 또는 부채의 증가에 따라 순자산의 감소를 초래하는특정회계기간 동안에 발생한 경제적 효익의 감소를 말한다. 다만, 조합원에 대한 분배와 관련된 것은 이에 포함되지 아니 한다.

⑥ 비용은 사업비와 운영비, 정비사업외 비용으로 구성된다.

⑦ 사업비 및 조합운영비는 「00정비조합(조합설립추진위원회) 예산·회계규정」 제12조에 규정된 클린업시스템 운영지침에 정의된 과목을 말한다.

⑧ 정비사업외 비용은 사업비와 조합운영비에 포함되지 아니하는 잡손실 등 기타 항목을 말한다.

⑨ 운영계산서 양식사례는 별지제3호 서식과 같다.

제2절 자산과 부채의 평가

제16조(자산과 부채의 평가) ① 재무상태표에 표시하는 자산의 금액은 해당 자산의 취득원가를 기초로 하여 계상한다. 다만, 조합원 종전재산평가액은 관계 법령에서 정하는 가액을 취득원가로 하며, 관계 법령 간의 차이에 의하여 발생하는 금액

은 자본조정으로 한다.

② 재무상태표에 기재하는 부채의 가액은 조합이 부담하는 채무액으로 함을 원칙으로 한다.

제3절 주석 및 부속명세서

제17조(주석) ① 조합이 관계 법규의 특별한 규정에 따라 이 기준의 내용과 다르게 적용한 경우에는 그 차이 내역, 순자산과 당기운영차액에 미치는 영향을 주석으로 표시한다.

② 이 기준의 각 문단에서 요구된 사항 외에, 다음 각 호의 내용은 주석으로 표시한다.

1. 조합의 개요(건축예정 내용을 포함한다)
2. 중요한 회계처리 방법
3. 차입금 상환계획, 차입금 내역, 차입처 내역
4. 우발사항 및 약정사항(지급보증, 담보제공자산 명세를 포함한다)
5. 전기오류수정 및 회계처리 방법의 변경
6. 소송 중인 사건(소송비 지출관련 소송내용, 원고와 피고, 소송비용, 소송결과 등)
7. 관리처분 계획 중 자금운용계획서 등 주요 인가내용
8. 자금수지계산서와 재무상태표 및 운영계산서의 차이 조정
9. 재무상태표의 자산, 부채 중 중요한 사항의 세부내역
10. 설계, 감리, 철거 등 각종 공사계약내용(시공회사와의 계약내용을 포함한다) 및 행정용역, 감정평가 등 중요 계약내용
11. 사업시행인가서상 주요 인가내용
12. 학교시설부담금, 교통시설부담금 등 각종 부담금에 대한 내용
13. 재무상태표일 (보고기간 종료일) 후 발생한 후속사건
14. 상기 사항 외에 재무제표에 중대한 영향을 미치는 내용

③ 조합은 재무제표의 이해를 위해 필요하다면 제1항과 제2항 외의 기타 사항을 주석으로 기재할 수 있다.

제18조(부속명세서) ① 부속명세서는 재무제표에 표시된 과목의 세부내역을 제

공하기 위하여 필요에 따라 작성하는 공사원가명세서 등을 말한다. 부속명세서는 자금수지계산서, 재무상태표, 운영계산서 및 주석을 구성하거나 이를 대체하지 아니 한다.

　② 조합이 작성하여야 할 부속명세서의 종류와 서식은 다음과 같다.
　1. 공사원가명세서(양식 사례는 별지 제4호 서식과 같다.)
　2. 자산부채명세서(양식 사례는 별지 제5호 서식과 같다.)
　3. 사업비명세서(양식 사례는 별지 제6호 서식과 같다.)

Q 전산화를 위한 별지6호 서식(사업비명세서) 양식을 변경해 줄 수 있는지?
A 우리 시에서는 구역별 조합 홈페이지를 개설하여 정비사업조합 사업비에 대하여 일자별, 거래처별 금액에 대한 집행액, 발생액을 확인할 수 있도록 "정비사업 정보몽땅 홈페이지"를 통해 전자적 방법으로 「서울시 정비조합등 표준예산회계규정」[별표2][별지 제6호 서식]에 따라 표준 사업비명세서 양식을 제공하고 있음.
요청하신 내용은 "정비사업 정보몽땅 홈페이지"에 기 시행중임. 이용방법에 대한 자세한 내용은 "정비사업 정보몽땅 홈페이지"의 헬프데스크로 문의바람(서울시 주거정비과 2023.8.16).

　4. 사업비 예산실적 대비표(양식 사례는 별지 제7호 서식과 같다.)
　5. 조합운영비 예산실적 대비표(양식 사례는 별지 제8호 서식과 같다.)
　6. 예비비명세서(양식 사례는 별지 제9호 서식과 같다.)
　③ 사업비명세서는 현금주의와 발생주의 차이에 의하여 자금수지계산서와 운영계산서 및 공사원가명세서 간의 차이를 조정하는 내역이 나타나도록 작성되어야 한다.

　제4절 사업단계별 재무제표 및 결산보고
　제19조(사업단계별 재무제표) 조합 등은 도시정비법 제112조에 따른 회계감사를 수감하기 위하여 정관에서 정한 결산기와 관계없이 조합의 설립, 사업승인, 관리처분, 준공, 청산 등 사업의 진행단계를 기준으로 별도의 재무제표를 작성할 수 있다. 이 경우에도 재무제표의 기간별 비교가능성을 높이기 위하여 직전 사업기간 재무제표의 모든 계량정보를 이번 사업기간과 비교하는 형식으로 표시한다. 다만, 주

석의 경우에는 비교표시 되는 이전 사업기간 재무제표에 대한 해당 정보의 산출이 곤란한 경우에는 비교표시하지 않을 수 있다.

도시정비법

제112조(회계감사) ① 추진위원회는 다음 각 호의 어느 하나에 해당하는 경우에는 다음 각 호의 구분에 따른 기간 이내에「주식회사 등의 외부감사에 관한 법률」제2조제7호 및 제9조에 따른 감사인의 회계감사를 받기 위하여 시장·군수등에게 회계감사기관의 선정·계약을 요청하여야 하며, 그 감사결과를 회계감사가 종료된 날부터 15일 이내에 시장·군수등 및 해당 조합에 보고하고 조합원이 공람할 수 있도록 하여야 한다. <개정 2017.10.31, 2021.1.5, 2021.3.16>

1. 제34조제4항에 따라 추진위원회에서 사업시행자로 인계되기 전까지 납부 또는 지출된 금액과 계약 등으로 지출될 것이 확정된 금액의 합이 대통령령으로 정한 금액 이상인 경우: 추진위원회에서 사업시행자로 인계되기 전 7일 이내

2~3: 생략

4. 토지등소유자 또는 조합원 1/5 이상이 사업시행자에게 회계감사를 요청하는 경우: 제4항에 따른 절차를 고려한 상당한 기간 이내

④ 추진위원회는 제1항에 따라 회계감사기관의 선정·계약을 요청하려는 경우 시장·군수등에게 회계감사에 필요한 비용을 미리 예치하여야 한다. 시장·군수등은 회계감사가 끝난 경우 예치된 금액에서 회계감사비용을 직접 지급한 후 나머지 비용은 사업시행자와 정산하여야 한다. <개정 2021.1.5, 2021.7.27>

제20조(결산보고) ① 조합장 등은 회계연도 종료일로부터 3월 이내에 제12조에 의한재무제표 및 부속명세서를 작성하고 감사의 의견서를 첨부하여 대의원회에 보고하여 표준정관에 따른 승인을 득해야 한다. 다만, 제19조에 의한 재무제표를 제외하고는 재무제표에 대한 주석은 생략할 수 있다.

Q 추진위원회 회계 결산 시 주민총회 의결을 받아야 하는지?
A 도시정비법(이하 "법") 제34조제1항제7호 및 시행령 제28조제1호에 따르면 추진위원회 운영경비의 회계에 관한 사항은 운영규정에서 정하도록 규정하고,

추진위원회 운영규[별표] 제31조제2항에 따르면 "추진위원회의 예산·회계는 기업회계원칙에 따르되, 추진위원회는 필요하다고 인정하는 때에는 별도의 회계규정을 정하여 운영할 수 있다."고 규정함.

또한, 「서울시 정비사업 조합등 표준예산·회계규정」[별표2] 제20조제1항에 따르면 "조합장 등은 회계연도 종료일로부터 3월 이내에 제12조에 의한 재무제표 및 부속명세서를 작성하고 감사의 의견서를 첨부하여 대의원회에 보고하여 표준정관에 따른 승인을 득해야 한다."고 규정함.

따라서, 추진위원회 회계 결산 시 주민총회 의결여부에 관하여는 당해 추진위원회 운영규정 및 예산·회계규정 등을 종합적으로 검토하여 판단해야 할 사항으로 사료됨(서울시 주거정비과 2020.3.31)

② 조합원 1/10 이상의 감사 요청이 있을 때에는 정관의 감사규정에 따르며, 이 때에는 제1항의 결산보고서 제출기한을 1개월 범위 내에서 연장할 수 있다.

③ 조합장 등은 대의원회의 승인 후 3개월 이내에 정기총회를 개최하지 못할 경우 제1항에 의한 재무제표 및 부속명세서를 조합원에게 서면으로 보고하여야 한다.

강남구 ○○아파트재건축추진위원회의 경우, 기존의 추진위원회 업무규칙을 폐지하고 이 세칙을 적용함에 따른 재개정 절차 조문을 신설하였다.

제21조(제개정 절차등) 이 세칙을 제·개정하고자 하는 경우 추진위원회 의결을 거쳐 제개절하고, 주민총회에서 의결된 날부터 시행한다. 단, 서울시 표준예산회계 처리규정 세칙의 변경으로 개정하는 경우에는 추진위원회 의결을 거쳐 시행하고, 주민총회에 보고하여야 한다.

부 칙 <2014.6.19>
1. (시행일) 이 규정은 2014.7.1부터 시행한다.
2. (제 규정에 관한 경과조치) 이 규정 시행일 이전에 별도의 회계규정을 정하여 운영한 경우 이 규정 시행한 날로부터 1년 이내에 총회를 거쳐 이 규정에 적합하도록 제정 또는 개정하여야 한다.

부 칙 <2015.3.19>

1. (시행일) 이 회계처리규정 세칙은 추진위원회 운영규정이 정하는 절차와 방법에 의해 총회 등에서 의결한 날로부터 시행한다.

강남구 ○○아파트재건축추진위원회의 경우 다음과 같은 부칙 개정을 하였다.

부칙<2015.12.27>

제1조(시행일) 이 세칙은 주민총회에서 의결된 날부터 시행한다.

제2조(경과조치) 이 세칙 시행 당시 종전의 추진위원회 업무규칙에 의한 처분, 절차 그 밖의 행위는 이 세칙에 의해 행하여진 것으로 본다.

부 칙(2018. ○○. ○○)

이 회계처리규정 세칙은 운영규정 또는 정관이 정하는 절차와 방법에 의해 총회 등에서 의결한 날로부터 시행한다.

서울시 정비조합등 표준행정업무규정

서울시고시 제2015-163호[개정 2015.6.18]

　도시정비법 및 「도시재정비법」에 따라 시행하는 정비(촉진)사업의 조합설립추진위원, 조합에 대해 도시정비법 제77조의4 및 「서울시 도시정비조례」 제50조의4제2항에 의거 서울시 정비사업 조합등 표준행정업무규정을 다음과 같이 개정 고시합니다.

2015년 6월 18일
서 울 특 별 시 장

　도시정비법 제77조의4→제118(정비사업의 공공지원), 「서울시 도시정비조례」 제50조의4제2항(정비사업의 예산회계기준 작성 등)→제83조(정비사업의 예산회계기준 작성 등)[33]로 바뀌었다.
　부산광역시 정비사업 조합 행정업무규정(고시 제2021-302호, 2021.7.21)과 비교하였다.

　제1조(목적) 이 규정은 도시정비법에 따라 시행되는 정비사업조합설립추진위원회, 조합의 운영과정에서 방만한 행정운영을 방지하고 내부 통제 기능 강화 등 명확하고 체계적인 운영기준을 마련하고 행정업무 전반에 관한 처리기준을 정함으로서 공정한 조합 등 운영을 도모하고 원활한 정비사업 추진에 이바지함을 목적으로 한다.

---

[33] 서울시 도시정비조례[시행 2025.1.3] [조례 제9487호, 2025.1.3 타법개정]
제83조(정비사업의 예산회계기준 작성 등) ① 추진위원회 또는 조합은 예산회계처리 및 행정업무에 대하여 정관등이 정한 방법과 절차에 따라 다음 각 호의 내용이 포함된 관련 규정을 정하여 운영하여야 한다.
1. 예산회계처리규정 : 생략
2. 행정업무처리규정
　가. 상근임(위)·직원의 내부인사
　나. 보수 및 회의수당 등 지급기준
　다. 내무업무 및 물품처리 등
　라. 문서의 보존 및 관리 등
　마. 상근임(위)·직원의 복무기준
　바. 그 밖에 행정업무 처리에 필요한 사항
② 시장은 제1항 각 호의 내용이 포함된 표준규정을 작성하여 고시할 수 있다.

제2조(성격) 이 규정은 「서울시 도시정비조례」 제50조의4 제1항에 따라 정비사업조합설립추진위원, 조합이 행정업무처리에 관한 운영규정을 정함에 있어 관련 법령, 정관 및 운영규정 등을 고려하여 실정에 맞게 작성한 최소 기준으로서 다른 규정에 우선하여 적용함을 원칙으로 한다.

제3조(행정업무규정의 작성) 정비사업 조합설립추진위원회·조합은 「서울시 도시정비조례」 제50조의4제1항에 따라 행정업무처리규정을 작성하는 경우 [별표]의 행정업무규정안을 기본으로 적용함을 원칙으로 하되 다음 각 호의 방법에 따라 작성한다.
　1. 제4조 내지 제7조, 제12조, 제14조, 제16조 내지 제21조, 제23조, 제26조 내지 제51조, 제53조를 확정할 것.
　2. 제1호에도 불구하고 제12조제2항, 제19조제2항, 제6항 및 제7항, 제20조제4항(단서 조항 제외) 내지 제6항(단서 조항 제외), 제27조제3항 및 제4항, 제50조제2항 및 제3항, 제51조제3항 및 그 외의 규정은 당해 사업의 특성, 지역의 상황 등을 고려하여 관계 법령과 이 규정에 위배되지 아니하는 범위 안에서 추가 또는 수정 및 보완할 수 있다.

Q 표준행정업무규정 위반사항에 대해 조합인가권자는 행정처벌을 할 수 있는지?
A 표준행정업무규정은 조합의 운영기준을 마련하고 행정업무 전반에 관한 처리기준을 정함으로서 공정한 조합 등 운영을 도모하고 원활한 정비사업 추진에 이바지함을 목적으로 하고 있음. 서울시고시 제2015-163호(2015.6.18)로 고시된 "정비조합등 표준행정업무규정 고시" 제3조(행정업무규정의 작성)에 따르면 [별표]의 행정업무규정안을 기본으로 적용함을 원칙으로 하고 있음(서울시 주거사업과 2017.6.29).

조합이 창립총회 당시 행정업무, 회계 내용이 포함된 조합 운영규정 및 선거관리규정을 승인받아 운영하고 있는 경우,
Q1. 서울시에서 고시한 표준행정업무규정 및 표준선거관리규정을 정해진 기한(시행일로부터 1년 이내)에 반드시 총회에서 의결하여 시행하여야 하는지?
Q2. 기존 운영규정을 유지하되 서울시 규정과 상충되는 부분만 반영하여 운영하여도 되는지?
Q3. 조합 사정에 의해 각 규정 시행일로부터 1년 이내 제·개정을 못하거나 제·개정 없이 기존 규

정으로 조합 운영 시 벌칙은?

A 서울시 도시정비조례 제47조 및 제50조의4에 따라 추진위원회 및 조합은 시장이 작성하여 고시한 당해 규정들을 반드시 적용하여 운영하여야 하며, 표준행정업무규정 고시문 제3조 및 표준선거관리규정 고시문 제4조를 통해 확정하여야 하는 조항과 사업의 상황 등을 고려하여 법령과 기준에 위배되지 않는 범위 안에서 수정 및 보완이 가능한 조항이 명시되어 있음 또한, 1년 이내 제·개정하지 않을 경우에는 도시정비법 제77조(감독)에 따라 이행토록 명령 등 행정조치를 취할 수 있으며, 이후에도 불이행할 경우 동법 제85조(벌칙)에 따라 고발 등 조치할 수 있음(서울시 재생협력과 2016.4.14)

부 칙(2015.6.18)

제1조(시행일) 이 규정은 고시한 날부터 시행한다.

제2조(경과조치) ① 이 규정 시행 당시 종전 규정에 의하여 행하여진 처분·절차 그 밖의 행위는 이 규정에 의하여 행하여진 것으로 본다.

② 추진위원회 또는 조합에서는 이 규정 시행일로부터 1년 이내에 운영규정 또는 정관이 정하는 절차와 방법에 따라 이 규정에 적합하게 행정업무규정을 제정 또는 개정하여야 한다.

[별표] 서울특별시 정비조합등 표준행정업무규정

제1장 총 칙

제1조(명칭) 이 규정의 명칭은 ○○구역(주택재개발/주택재건축/도시환경)정비사업(조합설립추진위원회(이하 "추진위원회")/조합)의 행정업무규정(이하 '규정')이라 한다.

제2조(목적) 이 규정은 도시정비법, 「정비사업조합설립추진위원회 운영규정」(이하 "운영규정"), 「정비사업조합 표준정관」(이하 "정관") 등을 기준으로 법에 따라 승인을 받은 추진위원회와 설립 인가받은 정비사업 조합에 대하여 운영규정 및 정관으로 정한 사항 이외 조합등의 내부 운영 및 통제기능 강화에 필요한 인사관리, 문서관리 등 행정처리 절차 등을 규정하는데 목적이 있다.

제3조(용어의 정의) 이 규정에서 사용하는 용어 외에는 도시정비법, 같은 법 시행령 및 시행규칙(이하 "도시정비법령") 및 정관, 운영규정에서 정하는 용어와 같다.
1. "상근임원(위원)"이란 다음 각 목의 자를 말한다.
가. 조합정관이 정한 조합장, 이사 중 조합에 상근하는 자
나. 추진위원회 운영규정이 정한 추진위원장, 부위원장, 추진위원 중 추진위원회 사무국 ("사무국"이란 추진위원회의 운영을 위하여 추진위원장, 상근위원 등으로 구성된 운영조직을 말한다)에 상근하는 자

Q 추진위원장은 상근 의무가 있는지?

A 서울시 정비조합등 표준행정업무규정[별표] 제3호제1호 나목에 따르면, 추진위원회 운영규정이 정한 추진위원장, 부위원장, 추진위원 중 추진위원회 사무국에 상근하는 자를 상근위원이라 하며, 제8조에서 상근위원 수를 "추진위원장 1인, 상근위원 ○명 이내"로 정하고 있으나,
동 규정 제3조에 따라, 사업의 특성, 지역의 상황 등을 고려하여 관계법령과 이 규정에서 위배되지 않는 범위 안에서 상근위원 수를 추가 또는 수정 및 보완할 수 있음.
따라서, 추진위원장의 상근 의무 여부는 당해 추진위원회 행정업무규정에서 정한 바에 따라 판단할 사항임(서울시 주거정비과 2019.1.23)

2. "조합등"이란 추진위원회와 조합을 말한다.
3. "조합장등"이란 추진위원장과 조합장을 말한다.
4. "대의원회등"이란 추진위원회와 대의원회를 말한다.
5. "대의원등"이란 추진위원과 대의원을 말한다.
6. "문서"란 업무상 공문서, 결의서, 계약서, 회계서류, 인허가서 및 공고문, 각종 회의록, 보고서, 일지, 관계서류 및 자료 등 내부 또는 대외적으로 작성 또는 시행되는 일체의 서류등을 말한다.

Q 「서울시 정비조합등 표준행정업무규정[별표] 제3조제6호 "문서"의 정의에서 "일체의 서류 등"을 "공문서"와 동일하게 볼 수 있는지?

A 「표준행정업무규정」[별표] 제3조제6호에 따르면, 이 규정에서 "문서"는 "업무상 공문서, 결의서, 계약서, 회계서류, 인·허가서 및 공고문, 각종 회의록, 보고서, 일지, 관계서류 및 자료 등 내부 또는 대외적으로 작성 또는 시행되는 일체의 서류 등"을 말하며, 제8호에서 "공문서"를 "조합장등과 관공서 인장이 날인된 수·발신 문서"로 정의함.
따라서, 표준행정업무규정에서는 "공문서"는 "문서(내부 또는 대외적으로 작성 또는 시행되는 일체의 서류 등)"의 일부로서 이를 동일시 하지 않음(서울시 주거정비과 2019.7.1)

7. "기타기록물"이란 도면, 카드, 대장 및 책자 등 계속 비치활용하여야 하는 기록물을 말한다.
8. "공문서"란 조합장등과 관공서 인장이 날인된 수발신문서를 말한다.
9. "물품"이란 일반적으로 1년 이상 지속적으로 사용할 수 있는 것으로서 관리가 필요한 것을 말한다. 다만 일회용품과 같이 계속사용이 불가능한 다음 각 호에 해당하는 것을 제외한다.
  가. 한 번 사용하면 원래의 목적에 다시 사용할 수 없는 물품
  나. 단기간에 쉽게 소모되거나 파손되기 쉬운 사무용 소모품등
  다. 다른 물품의 수리·조립·제작에 사용되는 물품
10. "휴면조합(추진위원회)"이란 조합등이 일상적인 운영비 집행에 관한 업무외에 6개월 동안 정비사업 추진에 관한 업무활동(문서, 정보 생산 등)이 없어 사실상 사업추진이 정체·중지되어 있는 조합등을 말한다. 다만, 정비계획 변경등 사업관

련인허가의 진행 또는 지연등으로 인한 경우에는 제외한다.

cf 부산광역시

제3조(용어의 정의) 이 규정에서 사용하는 용어의 뜻은 다음과 같다.

4. "정비사업 통합홈페이지"란 「부산광역시 도시정비조례」 제66조제1항에 따른 부산광역시 정비사업 통합홈페이지를 말한다.

5. "e-조합시스템"이란 「부산광역시 도시정비조례」 제66조에 따른 부산광역시 정비사업 통합홈페이지에 포함된 e-조합시스템을 말한다.

제4조(적용원칙) ① 이 규정은 조합등이 해당업무를 보다 명확하고 체계적으로 관리하기 위하여 인사, 보수, 업무, 복무, 문서관리 등에 필요한 규정에 적용하며 총회 의결로 제정 또는 개정할 수 있다. 다만, 제정 또는 최초 개정 이후에는 정관 및 운영규정에서 정하는 바에 따라 대의원회등의 의결로 개정할 수 있다.

② 도시정비법 제15조 제4항에 따라 추진위원회가 행한 업무와 관련된 권리와 의무는 조합이 포괄승계 한다.

③ 조합원 수 100인 미만의 조합으로서 대의원회가 구성되지 않은 경우에는 이 규정에서 정한 대의원회는 이사회 또는 총회로 할 수 있다.

제5조(적용범위) 조합등의 행정업무처리에 필요한 사항은 관계법령, 정관 및 운영규정에서 별도로 정한 경우를 제외하고는 이 규정이 정하는 바에 따른다.

제2장 인사규정

제6조(목적) 이 규정은 조합등의 상근임원(위원)직원의 인사관리에 필요한 사항을 규정함으로써 인사업무 처리의 공정성과 능률을 제고함을 목적으로 한다.

제7조(상근직원의 정의) 직원이란 조합등에 근무하기 위해 채용한 자를 말한다.

제8조(상근임원(위원), 직원의 수) 조합등의 상근임원(위원), 직원의 수는 다음 각 호와 같다.

1. 조합장(또는 추진위원장) 1인
2. 상근임원(위원) ○인 이내
3. 직원 ○인 이내

강남구 대치 ○○아파트 재건축조합
조합장(또는 추진위원장) 1인
상근임원(위원) 1인
직원 1인

강남구 ○○아파트 재건축 추진위원회
추진위원장 1인
상근위원 1인 이내
직원 5인 이내

추진위원회에서는 상근위원이 없거나 1명을 두기도 하며, 직원은 없는 것이 일반적이지만 사업장의 규모가 큰 경우에는 2~3인을 두기도 한다. 신반포○차 추진위원회의 경우 직원 2인을 두고 있다.

Q 상근이 불가능한 사람이 조합장 선거 출마가 가능한지?
A 「서울시 정비조합등 표준행정업무규정[별표]제8조는 조합장이 상근하여야 함을 규정하고 있으며,「서울시 정비사업 표준선거관리규정[별표]제6조는 임원선거 입후보자의 피선거권을 규정하고 있고, 같은 규정 제9조제4호는 입후보자의 자격심사 및 확정공고가 조합 선거관리위원회의 직무임을 규정하고 있음.
선거 입후보자 확정여부는 위 규정과 정관을 포함한 관련 법령의 범위에서 선거관리위원회 의결에 따라 결정하는 사안임(서울시 주거정비과 2023.5.23)

Q1. 재개발·재건축 조합정관에 조합장의 상근규정이 없을 경우, 조합장은 비상근으로 근무가 가능한지?
Q2. 전문조합관리인은 조합임원인지 및 비상근으로 근무가 가능한지?

🅐 우리 시는 서울시 도시정비조례 제83조에 따라 정비조합등 표준행정업무처리규정을 고시하였고, 행정업무처리규정 [별표] 제2장 인사규정 제8조에서는 상근임원 수를 정하도록 하고 있으며, 해당 조항은 본칙 제3조에 따라 당해 사업의 특성, 지역의 상황 등을 고려하여 관계법령과 이 규정에 위배되지 아니하는 범위 안에서 추가 또는 수정 및 보완할 수 있다고 정하고 있음.

따라서, 조합임원의 상근여부는 상기규정에 따라 우선적으로 정해야 할 것으로 사료됨.

아울러, 전문조합관리인 선정 및 절차와 관련하여 우리 시에서는 서울시 도시정비조례 제24조에 따라 정비사업 전문조합관리인 선정기준을 고시한 바 있으며, 해당 기준 제11조제2항에 따르면 전문조합관리인의 보수 등 근로조건은 선정공고 및 해당 조합 또는 추진위원회에서 정하는 규정에 따른다고 정하고 있음(서울시 주거정비과 2023.4.13)

제9조(채용원칙) 상근임원(위원) 임명 및 직원 채용은 소정의 자격을 구비한 자 중에서 다음 각 호와 같은 방법을 원칙으로 하되 별도 선거관리규정으로 따로 정할 수 있다.

강남구 ○○아파트 재건축 추진위원회 사례

상근임원 임명 및 직원 채용은 소정의 자격을 구비한 자 중에서 다음 각 호와 같은 방법을 원칙으로 하되 별도 선거관리규정으로 따로 정할 수 있다. <u>단 상근직원을 채용하는 경우 토지등소유자의 직계존·비속 및 형제·자매 등을 상근직원으로 채용할 수 없다.</u>

1. 상근임원은 총회에서 상근이사를 선출하거나, 선출된 이사 중에서 조합장이 추천하여 이사회 또는 대의원회 의결을 통하여 임명한다.
2. 상근위원은 추진위원 중에서 추진위원장이 추천하여 추진위원회의 의결을 통하여 임명한다.

강남 ○○아파트재건축 추진위원회에서는 다음과 같이 별도의 단서를 두었다.
"다만, 추진위원장은 업무의 과중 등으로 직원의 채용이 즉시 필요하다고 판단되는 경우 예산의 범위 내에서 우선 직원을 채용하고 추진위원회의 사후 인준을 받아야 한다."

3. 직원은 조합장등이 추천하여 이사회 또는 추진위원회의 결의에 의해 채용할 수 있다. 다만, 채용결과에 대한 사후 인준절차 등을 정관 등에서 따로 정한 경우에는 그에 따른다.

강남 ○○아파트재건축 추진위원회
직원은 추진위원장이 추천하여 추진위원회의 결의에 의해 채용할 수 있다. 다만, 추진위원장은 업무의 과중 등으로 직원의 채용이 즉시 필요하다고 판단되는 경우, 예산의 범위 내에서 우선 직원을 채용하고 추진위원회의 사후 인준을 받아야 한다.

제10조(결격사유 등) ① 상근임원(위원)의 결격사유는 정관 및 운영규정에서 정한 결격사유 및 자격상실사유 등을 준용한다.
② 다음 각 호에 해당하는 자는 직원으로 채용할 수 없다.
1. 금치산자(피성년후견인)와 한정치산자(피한정후견인) 및 파산자로서 복권이 되지 아니한 자
2. 금고 이상의 형을 받고 그 집행이 종료되거나 집행을 받지 아니하기로 확정된 후 2년을 경과하지 아니한 자 또는 집행유예의 기간 중에 있는 자
3. 조합등의 직무와 관련한 업무로 인하여 파면, 면직, 해임의 처분을 받고 2년 이상 경과하지 아니한 자
4. 조합등의 정비사업과 관련한 시공자 등 협력업체의 임직원
5. 기타 채용이 부적절하다고 객관적으로 인정될 수 있는 자

제1항 상근임원은 추진위원회에 맞게 상근위원으로, 정관 및 운영규정은 운영규정으로 대체해서 용어를 사용한다.
제2항제1호인 금치산자는 피성년후견인, 한정치산자는 피한정후견인으로 하며, 제3호와 제4호의 조합은 추진위원회로 한다.

제11조(구비서류) 상근임원(위원) 임명 및 직원을 채용할 때에는 다음 각 호의 서류를 제출하여야 한다. 다만, 상근임원(위원)일 경우 제1호 및 제2호의 서류를 생략할 수 있다.
　1. 이력서 1통
　2. 주민등록등본 1통
　3. 경력증명서 1통(경력자에 한함)
　4. 자격증 사본 1통(자격증이 있는 자에 한함)
　5. 기타 필요하다고 인정되는 서류- 413

제12조(계약직) ① 조합등은 필요에 따라 직위, 급여, 직무, 근무시간 및 기타 근무조건을 개별계약으로 정하는 계약직 임원·위원·직원을 둘 수 있으나, 예산범위를 초과하지 않은 범위 내에서 6개월 이내로 계약한다.

Q 6개월 계약직으로 근무한 자가 계약을 종료한 후 다시 계약직으로 근무할 수 있는지?
A 「서울시 정비조합등 표준행정업무규정[별표] 제12조제1항에 따르면 "조합등은 필요에 따라 직위, 급여, 직무, 근무시간 및 기타 근무조건을 개별계약으로 정하는 계약직 임원·위원·직원을 둘 수 있으나,
예산범위를 초과하지 않은 범위 내에서 6개월 이내로 계약한다."고 규정하고 있으며, 재계약 관련한 사항은 규정하고 있지 않음(서울시 주거정비과 2021.7.27)

② 제1항의 계약직 임원, 위원, 직원은 조합장등이 추천하여 이사회 또는 추진위원회의 결의에 의해 채용할 수 있다.

제13조(보직 및 관리) ① 상근임원(위원)·직원의 보직은 제27조에 따라 조합장등이 별도로 정할 수 있다.
② 직원의 결원이 생겼을 경우 결원된 직무의 중요성 여부를 감안하여 제12조에 의한 계약직으로 대체할 수 있다.
③ 상근임원(위원), 직원은 별지 제1호서식의 근로자명부를 작성하되 서식은 조합등이 변경하여 사용할 수 있다.

제14조(휴직 및 복직) 상근임원(위원)·직원이 휴직 또는 복직하고자 할 때에는 해당 사유가 발생한 날부터 1주일 이내에 다음 각 호의 사항을 포함한 휴직(복직)원을 조합장등에게 제출하여야 한다.
  1. 성명
  2. 해직(복직) 사유
  3. 해직(복직) 희망일

제15조(퇴직 등) ① 상근임원(위원), 직원의 퇴직은 의원면직, 당연퇴직, 직권면직으로 구분한다.
  1. 의원면직은 본인의 형편에 의하여 사직을 청원하였을 경우를 말한다.
  2. 당연퇴직은 다음 각 목의 경우를 말한다.
   가. 임원(위원)의 경우 정관 및 운영규정에 따른 자격의 결격사유가 발생된 때
   나. 직원의 경우 제9조에 따른 결격사유가 발생된 때
   다. 법원 판결에 의해 자격상실 또는 정지된 자
  3. 직권면직: 상근임원(위원) 및 직원이 다음 각 목에 해당할 때는 대의원회등 결의에 따라 면직시킬 수 있다.
   가. 신체 등의 이상으로 직무를 감당하지 못할 만한 지장이 있을 때
   나. 직제개편, 예산의 감소 등에 의하여 폐직 또는 과원이 되었을 때
   다. 부정한 방법으로 임명된 것이 발견되거나 관련업무로 인하여 조합등에 손해를 발생시켰을 때
   라. 3일 이상 무단결근하거나 동일 사안으로 3회 이상 조합장등으로부터 주의를 받았음에도 불구하고 같은 비위행위 등을 다시 저질렀을 때
   마. 휴직의 명을 받은 자가 허가 없이 당해 사업과 관련된 업무에 종사하였을 때
  ② 조합장등은 상근임원(위원), 직원이 직무를 수행하는 것이 적합하지 않다고 판단될 경우 이사회 또는 대의원회등의 의결에 따라 그 직무를 정지하고 제1항에 따른 퇴직등을 시킬 수 있다

제16조(퇴직절차) 상근임원(위원) 및 직원이 퇴직하고자 할 때에는 사직원을 조합장등에게 제출하여야 한다. 단, 직권면직의 경우 그러하지 아니하다.

제3장 보수규정

제17조(목적) 이 규정은 조합등 업무와 관련하여 지급하는 임금과 기타 수당 등의 지급 기준을 규정하는 데 목적이 있다.

제18조(적용 범위) 이 규정은 상근임원(위원)직원, 대의원등 보수지급 및 각종 회의비 지급에 대하여 적용한다.

제19조(보수지급 기준 등) ① 상근임원(위원), 직원의 임금은 매년 총회의 예산(안) 의결을 거쳐 확정한 금액을 지급한다.

Q 창립총회에서 조합장 및 감사 선출 후 조합장의 급여 및 감사의 감사비 지급 시점
(조합설립인가일, 실제 근무 시작일, 조합 등기일 등)은?

A 「서울시 정비사업조합 등 표준행정업무규정[별표] 제19조제1항에 따르면 상근임원(위원)·직원의 임금은 매년 총회의 예산(안) 의결을 거쳐 확정한 금액을 지급토록 하며, 같은 조 제4항에 따르면 근무기간이 1개월 미만인 자의 보수는 일할 계산한다고 규정하고,

같은 규정 제20조제3항에 따르면 감사의 감사업무 수당은 감사가 조합등 업무와 관련하여 감사를 시행할 때 매년 총회에서 예산(안)의 의결을 거쳐 확정된 감사수당을 무통장입금 및 계좌이체를 통해 지급토록 규정함.

또한, 같은 규정 제23조에 따르면 "조합설립 창립총회에서 수립·의결된 조합 예산은 조합설립인가 후부터 적용한다."라고 규정함.

따라서, 조합장 급여 및 감사비 지급 시기에 관하여는 총회에서 의결된 바에 따라 상기 규정에 적합하게 적용해야 할 것으로 사료됨(서울시 주거정비과 2020.7.24).

② 임금은 당월 1일부터 말일까지로 계산하고 매월 00일 지급한다. 단, 지급일이 공휴일인 경우 그 전일에 지급한다.

강남구 ○○재건축추진위원회의 경우 임금 지급을 매월 24일 지급하는 것으로 규정하고 있으며, 서초구 신반포○차 재건축추진위원회는 매월 25일 지급하는 것으로 하였다.

③ 상여금은 월정급여액을 기준으로 지급하고 현재 근무 중인 자에 한하여 다음 각 호에 따라 지급한다.
  1. 3개월 이하 근무한 자는 지급하지 아니한다.
  2. 3개월 초과 1년 미만 근무한 자는 반액을 지급한다.
  3. 1년 이상 근무한 자는 전액을 지급한다.
④ 근무기간이 1개월 미만인 자의 보수는 일할계산한다.

Q 조합장의 최초선임이 있는 경우 조합장으로서의 지위를 갖는 임기개시일 및 추진위원장과의 급여정산일 기준은 언제인지?

A 도시정비법 시행령 제38조제2호에 따르면 임원의 임기 등에 관한 사항은 조합 정관으로 정하도록 규정하고 있고, 「서울시 정비조합등 표준 행정업무규정」[별표] 제19조제4항에 따르면 근무기간이 1개월 미만인 자의 보수는 일할 계산한다고 규정하고 있음.
추진위원장 및 조합장의 급여 정산 및 임기 만료/개시 기준일은 당해 조합 정관이 정한 바에 따라 조합설립등기일을 기준으로 함이 타당할 것으로 사료됨(서울시 주거정비과 2023.6.19)

⑤ 임금은 제1항에 정한 금액에서 각종공과금을 원천징수하고 무통장입금 또는 계좌이체로 지급한다.
⑦ 상근임원(위원), 직원의 임금은 구역여건 및 필요에 따라 연1회에 한하여 인상할 수 있다.
⑥ 임금은 지급할 때마다 별지 제2호 서식의 임금대장을 작성하고 서식은 조합 등이 변경하여 사용할 수있다.
⑧ 조합등은 조합 임원 또는 추진위원회 위원에게 임금 및 상여금 외에 별도의 성과급을 지급하지 않는 것을 원칙으로 한다.

제19조의1(휴면조합(추진위원회)의 보수지급 제한 등) ① 조합등은 제3조 10호의 휴면조합(추진위원회)에 해당하는 경우 조합장등은 이사회 또는 추진위원회에 보고 또는 서면 통지하고 클린업시스템(조합등 홈페이지)에 휴면조합(추진위원회)임을 공지(사유, 개시일, 임원보수 제한 내용 등) 하여야 한다.
② 정당한 사유없이 제1항에 의한 휴면조합(추진위원회)의 개시가 되지 않는 경

우에는 정관 또는 운영규정이 정하는 절차에 따라 대의원등 1/3 이상 또는 조합원(추진위원회는 토지등소유자를 말한다) 1/10 이상이 청구로 소집한 대의원회등에서 대의원등 과반수 출석, 출석 대의원등의 과반수 찬성 의결로 개시된다.

③ 제1항 또는 제2항의 휴면개시일이 속한 달의 다음 달부터 3개월간은 상근임원(위원)에게 보수의 1/2을 지급하고, 그 다음 달부터 제5항의 휴면조합 종료 의결이 있는 날까지 보수를 지급하지 아니 한다.

④ 휴면조합(추진위원회) 기간 중 지급 제한된 상근임원(위원) 보수는 소급하여 지급할 수 없다.

⑤ 휴면조합(추진위원회)의 종료는 조합장등이 필요하다고 인정하는 때에 대의원회등을 소집하여 의결하고 클린업시스템(조합등 홈페이지)에 휴면조합(추진위원회) 종료를 공지(사유 및 사업추진계획 등)하여야 한다. 이때 조합장등은 사업 정상화 또는 재개가 되었다는 객관적 증빙 자료 및 계획서등을 사전에 대의원등에게 통지하여야 한다.

제20조(회의 수당 등) ① 조합등의 운영을 위한 제반회의(이사회의, 대의원회의, 추진위원회의 등) 참석 수당은 매년 총회에서 예산(안)의 의결을 거쳐 지급한다. 다만, 상근임원(위원)은 지급하지 아니 한다.

cf 부산광역시

제16조(업무추진비 및 회의 수당) ② 조합의 운영을 위한 이사회 및 대의원회의 참석수당은 다음의 각호의 금액에 대하여, 매년 총회에서 예산(안)의 의결을 거쳐 지급할 수 있다. 다만, 상근임원은 지급하지 아니한다.

1. 이사: ○만원
2. 대의원: ○만원

② 회의 참석수당의 지급요건은 회의개시 때부터 회의종료 때까지의 참석인원에 한하며 회의수당은 무통장입금 또는 계좌이체를 통해 지급하는 것을 원칙으로 한다.

신반포○차 재건축추진위원회에서는 서면결의자에 대한 회의참석수당 조문을 두고 있다.

회의 참석수당의 지급요건은 "회의 참석인원(운영규정 제○조제○항에 따라 서면결의서를 제출한 경우 포함)에 한하며 회의수당은 무통장입금 또는 계좌이체를 통해 지급하는 것을 원칙으로 한다.

③ 감사의 감사업무 수당은 감사가 조합등 업무와 관련하여 감사를 시행할 때 매년 총회에서 예산(안)의 의결을 거쳐 확정된 감사수당을 무통장입금 및 계좌이체를 통해지급한다.

④ 조합등의 요청에 따라 정비사업 관련 자문, 회의 등에 참석하는 외부 전문가(변호사등)는 회의수당에 준하여 수당을 지급할 수 있다. 다만 회의참석이 용역 계약 등에 따른 업무에 해당하는 경우는 지급하지 아니한다.

⑤ 선거관리위원회 위원 등 수당은 선거관리규정 등 별도 규정이 있는 경우 그에 따른다.

⑥ 총회 개최 시 현장에 직접 참석한 조합원 또는 토지등소유자에게 총회 예산 범위내에서 참석수당을 지급할 수도 있다. 단 상근임원(위원)은 지급하지 아니한다.

제21조(실비변상 등) ① 상근임원(위원)·직원 외의 자가 조합등의 업무처리와 관련하여 사전에 조합장등의 결재를 득한 내용의 회의참석, 자료수집 및 조사분석, 기타조합관련 업무 수행에서 발생한 비용에 대하여서는 이사회(사무국)의 결정에 따라 일정한 금액의 실비 또는 업무 추진비를 지급할 수 있고, 이 경우 추후 대의원회등에 보고 하여야 한다.

② 실비변상은 적격증빙영수증을 첨부하여 지급 및 정산하는 것을 원칙으로 한다.

제22조(퇴직금의 지급) ① 상근임원(위원), 직원이 1년 이상 계속 근무하고 퇴직하는경우에 퇴직금을 지급한다.

② 퇴직금은 계속 근무연수 1년에 대하여 30일분 이상의 평균임금을 퇴직금으로 하며, 기타 지급방법 등은 근로자퇴직급여 보장법 등 관련 법령을 준용할 수 있다.

제23조(유예조치) 조합설립 창립총회에서 수립·의결된 조합예산은 조합설립인가 후부터 적용한다.

제24조(업무상 재해보상) 상근임원(위원), 직원이 업무와 관련한 사망 또는 부상으로 치료를 요청하는 경우에는 근로기준법 등 관련 법령의 보상 기준에 준하여 보상할 수 있다.

제25조(손해배상) 상근임원(위원)직원이 업무상 고의 또는 중대한 과실로 인하여 조합등에 손해를 끼쳤을 때에는 손해배상청구 및 구상권 행사를 할 수 있다.

제4장 업무관리규정
제26조(목적) 이 규정은 조합등의 사무를 합리적으로 관리하게 함으로써 효율적인 업무수행을 규정하는데 목적이 있다.

제27조(상근임원(위원)직원의 업무분장) ① 조합장등은 조합등을 대표하고 관련 업무 전반에 관한 사항을 총괄한다. 또한 상근임원(위원)·직원에 대한 업무를 적절하게 분담시켜 업무를 수행토록 하고 별지 제3호서식의 업무분장을 작성한다.
② 조합장등, 상근임원(위원), 직원의 업무분장 시 업무대행자를 지정해야 한다.
③ 상근임원(위원)은 조합장 등을 보필하고 직무에 따라 직원을 관장하고 업무를 수행하되 세부 업무내용은 다음 각 호와 같다.
 1. 조합장 등의 지시 전달
 2. 사업전반의 관리 및 추진의 행정업무
 3. 물품관리 및 사무실 임대와 자산관리 업무
 4. 문서작성 및 보존관리에 관한 업무
 5. 각종 회의 시 회의록 기록관리 업무
 6. 조합장 등 인장 관리업무
 7. 업무일지 작성, 복무 관리 업무
 8. 회계, 재정, 계약 등 관리 업무
 9. 정보공개, 클린업시스템 관리 업무

10. 조합 등의 민·형사사건 등 소송, 민원문제
11. 기타 정비사업 추진에 관련된 모든 업무 등
④ 직원의 직무는 다음 각 호와 같다.
1. 서무 및 경리업무
2. 문서 및 비품대장 정리 업무
3. 정보공개 및 보존문서 기록물 대장 정리업무
4. 조합장 등 상근임원(위원)의 지시 업무 수행
5. 기타 부여된 업무

cf 부산광역시

제25조(상근임직원의 업무분장) ① 조합장 및 상근임직원에 대한 업무를 적절하게 분담하여야 한다.

② 조합장은 상근임직원의 업무를 개별 경력 및 능력 등을 고려하여 분장하며, 분장 시 업무수행자를 지정하여야 하며, 별지 제3호 서식의 업무분장표로 작성한다.

③ 상근임직원은 업무상 문제가 발생했을 때에는 즉시 조합장에게 보고하고 그에 대한 지시를 받아야 한다.

※ 참고사항

상근임원	직원
- 조합장 등의 지시 전달 - 사업전반의 관리 및 추진의 행정업무 - 물품관리 및 사무실 임대와 자산관리 업무 - 문서작성 및 보존·관리에 관한 업무 - 각종회의 시 회의록 기록관리 업무 - 조합장 등 인장 관리업무 - 업무일지 작성, 복무 관리 업무 - 회계, 재정, 계약 등 관리 업무 - 정보공개, 통합홈페이지, 예산·회계프로그램, e-조합시스템 관리 업무 - 조합의 민·형사사건 등 소송, 민원문제	- 서무 및 경리업무 - 문서 및 비품대장 정리업무 - 정보공개 및 보존문서 기록물 대장 정리 업무 - 조합장 등 상근임원의 지시 업무 수행

제28조(업무일지 작성 및 공개) ① 조합등은 상근임원(위원)직원이 매주 추진한 업무 등에 대해 별지 제4호서식의 업무일지를 작성하여야 한다.

② 매 분기 업무추진 실적을 작성하여 도시정비법 제81조제2항에 따라 조합원

또는 토지등소유자에게 서면으로 통지하여야 한다.

제29조(물품관리 등) ① 사무실 운영에 필요한 물품을 구입한 경우 취득일자, 규격, 가액 등의 내용을 별지 제5호서식의 물품관리대장에 기록하여야 한다.
② 물품의 망실 및 훼손 등으로 인해 불용처리를 하는 경우 내부결재를 받아 처리하고 별지 제6호 서식의 손망실처리기록부에 기록하여야 한다. 다만 취득금액 100만 원 이상의 사용가능한 물품에 대하여 불용결정을 하는 경우에는 이사회 또는 추진위원회에 보고하여야 한다.
③ 모든 물품의 검사, 검수 시 감사 1인과 상근임원(위원) 1인이 별지 제7호 서식의 검수조서를 작성한다.

cf 부산광역시
제26조(물품관리 등) ③ 물품의 검사·검수시 감사 1인과 상근임원 1인이 별지 제6호 서식의 검수조서를 작성한다. 단, ○○만원 미만의 물품의 경우에는 제외한다.

제5장 문서관리규정
제30조(목적) 이 규정은 문서의 작성, 처리, 통제, 시행, 보관 및 보존에 관한 사항을 정하여 문서처리업무의 정확성과 능률성을 확보함을 목적으로 한다.

제31조(문서처리의 원칙) ① 조합등은 업무와 관련한 사항의 지시, 문의, 전달, 보고, 회답 등에 대하여 문서로 하는 것을 원칙으로 하며, 모든 문서의 처리는 정확, 신속히 하고 책임의 소재를 명확히 하여야 한다.
② 긴급한 사항으로써 구두 또는 전화 등으로 처리한 사항도 문서로서 기록하여야 한다.

제32조(문서담당) 문서의 접수, 배포, 발송 및 관리는 직무가 정하는 바에 의하여 처리 한다.

제33조(문서의 효력발생) ① 문서의 효력은 조합장등의 결재로서 효력이 발생한다.

② 대외문서는 상대방에 도달함으로써 효력이 발생하는 것을 원칙으로 하되, 조합원또는 토지등소유자 총회 소집통보, 대의원회의 소집통보 등 민법의 규정이 발신주의를 원칙으로 하는 경우는 그러하지 아니 한다.

제34조(사유금지) 원본이 되는 문서 및 기타기록물은 어떠한 경우에도 개인이 소유, 사용해서는 안 된다.

제35조(문서의 서식 등) ① 문서는 작성 년, 월, 일, 발신 장소를 표시하는 기호, 문서 발신번호, 발신자 및 수신자를 명기하고 관계자 날인을 한다.
② 문서는 발송 또는 접수순서에 따라 발송과 수신에 관한 문서를 별지 제8호 서식에 의한 문서등록대장에 등록하여야 한다.
③ 공문서는 클린업시스템에 모두 공개하여야 한다.

제36조(기명날인) ① 문서는 반드시 결재권자가 날인하며 결재권자 부재 시에는 직무권한 규정이 정하는 바에 따라 대리자가 날인하고 기 결재권자의 복귀 즉시 후결을 받아야 한다.
② 대외문서의 경우 즉, 계약서, 위임장, 각종 인허가신청서, 신고서, 공고 기타 중요한 문서는 조합등의 명의로 한다. 다만, 조합등으로부터 위임된 사항은 수임자(위임받은 사람) 명의로 할 수있다.

제37조(문서의 처리) ① 상근임원(위원)은 소관문서를 심사하여 조회, 회답, 기타 필요한 처리를 한다.
② 중요한 또는 이례적인 사항은 조합장 등에게 신속히 회람, 문의하여 지시 또는 결재를 받는다.

제38조(문서의 발송) 우편발송을 필요로 하는 문서는 별지 제9호 서식의 문서발송대장에 등재하고 우편을 이용하여 발송함을 원칙으로 한다. 다만, 업무의 성격 기타 특별한 사정이 있는 경우에는 인편·모사전송·전신통신·전화 등의 방법으로 발신할 수 있다.

제39조(보존관리 등) ①각 문서는 매건마다 그 발생 및 완결에 관계된 일체의 문서를 합철하고 소정의 보관철을 사용하여 연도별로 보존·관리한다.

② 제1항의 문서철은 완결일자 순으로 최근 문서가 상부에 오도록 철하고 다음과 같이 색인목록을 붙인다.

페이지	완결일자	건 명	비고

③ 제2항의 보존문서철과 기타기록물은 별지 서식 제10호에 의한 보유기록물대장에 기재하여야 한다.

④ 도시정비법에 따라 사업시행과 관련된 문서의 보존기간은 사업완료 후 해당 구청장에게 이관 전까지로 한다.

⑤ 모든 문서는 금고 또는 잠금장치가 되어있는 장소에 보관하여야 한다. 컴퓨터에 내장되는 경우에는 그 보안이 유지되도록 조치하여야 한다. 단, 금고의 열쇠는 상근임원(위원)이 관리한다.

제40조(인계인수) ① 추진위원회가 조합에 관련 문서 및 기타기록물을 인계하거나 조합장등 임원(위원)변경이 있는 경우에는 별지 제11호 서식의 문서 인계인수서를 작성하고 조합장등과 임원(위원) 중 1명이 입회인으로 날인하여야 한다.

② 문서 인계인수서는 3부(해당조합 보관용 1부, 인계자용 1부, 인수자용 1부)를 작성한다.

③ 조합장등은 제1항에 따라 인계인수를 받는 경우에 서면 또는 총회에 보고하여야 한다.

④ 조합장등은 관련 문서 및 기타기록물을 인계하지 않는 임원(위원) 등이 있는 경우에는 관련 문서의 인계를 촉구하여야 하며, 관련 문서를 인계하지 않은 사실을 총회에 보고하고 고발 등의 필요한 조치를 하여야 한다.

제41조(관련자료의 공개 방법 등) ① 정비사업 시행 관련 서류, 자료 및 기타 기록

물등을 조합원, 토지등소유자 또는 세입자가 공개 및 열람복사등을 요청하는 경우 별지 제12호 서식의 정보공개처리대장을 작성하고 도시정비법 제81조제6항에서 정한 기한 내에 공개하여야 한다.

② 관련자료 복사에 필요한 비용은 실비의 범위에서 청구인이 부담한다. 다만 실비의범위는 「공공기관의 정보공개에 관한 법률 시행규칙」 제7조 별표에서 정한 수수료금액 기준을 준용할 수 있다.

③ 개인정보 유출 시 그 유출 해당자가 민형사상의 책임을 진다.

강남구 ○○아파트재건축추진위원회는 다음과 같은 별도의 조문을 두고 있다.

제○○조(관련자료의 공개 방법 등) ④ 추진위원, 사무국 직원, 토지등소유자, 세입자, 변호사, 시공자, 관련 용역업체 등은 토지등소유자의 권익보호를 위해 개인정보보호법의 명시규정을 준수하여야 하며, 이 경우 추진위원장 또는 추진위원회의 승인을 받지 않은 토지등소유자의 개인정보를 재건축 목적 또는 목적 외로 사용할 수 없다.

⑤ 제4항을 위반한 자는 추진위원회 또는 사무국에서 정보유출자에게 제3항에 의한 민형사상 책임을 물을 경우 이의를 제기할 수 없다.

제6장 복무규정

제42조(목적) 이 규정은 조합등 상근임원(위원), 직원의 복무에 관한 기준을 정하여 근무기강을 확립하고 성실히 직무를 수행함을 목적으로 한다.

제43조(준수의무) ① 상근임원(위원), 직원은 업무규정의 기본이 되는 법령, 정관 또는 운영규정 및 관련 규정을 준수하고 조합장등의 정당한 직무상 명령에 따르며, 담당한 직무를 신속, 정확, 공정하게 처리한다.

② 임원(위원), 직원 및 대의원등은 조합등 업무추진 과정상 취득한 사항을 이용하여 사익을 추구할 수 없으며 이에 반하는 행위를 하였을 경우에는 대의원회등의 의결에따른 징계를 받는다.

제44조(겸업금지) ① 상근임원(위원)직원은 같은 목적의 사업을 시행하는 다른

조합등 또는 당해 사업과 관련한 시공자, 설계자, 정비사업전문관리업자 등 관련업체 및 단체의 임원, 위원 또는 직원을 겸할 수 없다.
② 제1항의 경우는 휴직기간에도 해당한다.

제45조(보증행위 등 금지) 임원(위원), 직원은 다음 각 호의 어느 하나에 해당하는 행위를 하여서는 아니 된다. 다만, 총회 또는 대의원회등에서 결의된 사항 및 계약은 그러하지 아니 한다.
 1. 조합등으로부터 금전부동산, 그 밖의 재산의 보관예탁신탁을 받는행위
 2. 조합등 또는 정비사업과 관련된 업체로부터 금전, 부동산, 그 밖의 재산을 대차하 는 행위
 3. 조합등의 채무에 관하여 보증하는 행위. 단, 조합장등은 제외

제46조(금품 등을 받는 행위의 제한) 상근임원(위원)직원은 직무와 관련하여 금전, 선물 또는 향응(이하 "금품등")을 받아서는 아니 된다.

제47조(보안) 상근임원(위원), 직원은 부재중 및 업무종료 후 퇴근 시에는 금고, 책상, 캐비닛, 화기 등의 안전 및 보안여부를 확인하여야 하며, 보안근무 의무를 진다.

제48조(근무시간 등) ① 상근임원(위원)직원의 근무시간은 조합등이 정하여 운영한다.
② 상근임원(위원)직원의 출근 기록을 위해 별지 제13호 서식의 출근부를 작성하되 조합등은 서식을 변경하여 사용할 수 있으며, 출근부에 상근임원(위원)의 날인을 받는다.
③ 조합장등은 업무의 특수성을 감안하여 필요하다고 인정할 때 근무시간의 변경 또는 연장을 명할 수 있다.

cf 부산광역시
제19조(근무시간) ① 근무시간은 휴게시간을 제외한 8시간을 기본으로 한다.

제49조(조퇴 및 외출 등) 상근임원(위원)직원이 결근, 지참, 조퇴, 외출, 휴일근무, 휴가 및 출장을 하고자 할 때에는 별지 제14호 서식의 근무상황부를 작성하여 조합장등에게 보고하고 사전에 결재를 얻어야 하며, 불가피한 경우는 유선으로 신고하여야 한다.

cf 부산광역시

제20조(지각·조퇴 및 외출) ① 상근임직원은 질병 그 밖의 부득이한 사유로 지각하게 되는 경우에는 사전에 조합장에게 알려야 하며, 부득이한 사정으로 사전에 알릴 수 없는 경우에는 유선으로 신고하여야 한다.

② 상근임직원은 근무시간 중에는 사적인 용무를 이유로 근무 장소를 이탈할 수 없다. 다만, 질병이나 그 밖의 부득이한 사유가 있는 경우에는 조합장의 승인을 받아 조퇴 또는 외출할 수 있다.

③ 사적인 용무로 지각, 조퇴 또는 외출한 시간은 무급으로 처리함을 원칙으로 한다.

제50조(휴일 및 휴가) ① 다음 각 호의 1에 해당하는 날은 휴일로 한다. 단, 특별휴가, 경조사 및 업무수행 중 발생한 질병등으로 인한 병가는 휴가로 한다.
1. 토요일, 일요일
2. 근로기준법 등 관련법령에서 정한 법정 공휴일
② 상근임원(위원), 직원의 휴가일수는 다음 각 호와 같다.
1. 본인 결혼: ○일
2. 자녀 또는 형제·자매의 결혼: ○일
3. 부모 또는 배우자의 사망: ○일

부산광역시 제21조(휴일 및 휴가)도 이와 같다.

강남구 ○○아파트재건축추진위원회는 다음과 같은 규정을 두었다.
1. 본인 결혼: 7일
2. 자녀 또는 형제·자매의 결혼: 3일

3. 부모 또는 배우자의 사망: 7일

서초구 신반포○차 재건축추진위원회의 경우도 위와 같다.

③ 조합등의 업무수행 상 휴가를 사용하지 못한 상근임원(위원), 직원에 대하여는 이사회의 결의를 받아 대의원회등 의결을 거쳐 통상의 임금을 별도의 수당으로 지급할 수 있다.

제51조(출장 및 출장비의 지급) ① 출장은 시내 및 시외출장으로 구분하여 사전승인을 얻어야 한다.
② 승인된 출장의 경우 출장비를 지급하며, 출장비는 실비정산을 원칙으로 한다.
③ 대중교통 요금을 제외한 모든 비용은 영수증을 첨부하여야 지급이 가능하며, 교통비 외 추가비용이 발생할 경우 영수증을 제출하여 지급받을 수 있다.

제52조(비상근무) 상근임원(위원)직원은 퇴근 후 또는 휴일일지라도 조합등에 긴급을 요하는업무, 재해, 천재지변, 기타 사고가 있을 때에는 비상근무를 하여야 한다.

제53조(4대 사회보험 가입 등) 상근임원(위원)·직원은 사회보장 관련 법령 등이 정하는 4대 사회보험의 혜택을 받도록 한다.

강남구 ○○아파트재건축추진위원회에서는 재개정 절차 등에 관한 별도의 조문을 두었다.

제54조(재·개정 절차 등) 이 규정을 재·개정하고자 하는 경우 추진위원회 의결을 거쳐 재·개정하고, 주민총회에서 의결된 날부터 시행한다. 단 서울시 표준행정업무규정의 변경으로 개정하는 경우에는 추진위원회 의결을 거쳐 시행하고, 주민총회에 보고하여야 한다.

부칙 <2014.7.24>

1. (시행일) 이 규정은 고시한 날부터 시행한다.
2. (경과조치) 이 기준 시행일 이전에 인가·승인된 추진위원회의 업무규정 등이 이 규정에 위배되는 사항에 대하여는 이 기준 시행일로부터 1년 이내에 총회를 거쳐 제정 또는 개정하여야 한다.

부 칙(2015.6.18)
이 행정업무규정은 추진위원회 운영규정 또는 조합정관이 정하는 절차와 방법에 의해 총회 등에서 의결한 날로부터 시행한다

다음은 강남구 ○○아파트 재건축추진위원회의 부칙 사례이다.

부칙<○○○○. ○○.○○>
제1조(시행일) 이 규정은 주민총회에서 의결한 날부터 시행한다.
제2조(경과조치) ① 이 규정 시행 당시 종전의 추진위원회 업무규칙에 의한 처분, 절차 그밖의 행위는 이 규정에 의해 행하여진 것으로 본다.
② 종전의 ○○ 아파트재건축추진위원회 업무규칙은 이 규정 시행일에 폐지한다.

서울시고시 제2017-45호

도시정비법에 따라 시행하는 정비사업의 공정하고 합리적인 추진을 위하여 추진위원회·조합의 총회등 의사진행 시 적용할 수 있는 「서울시 정비사업 의사진행 표준운영규정」을 마련하고 다음과 같이 제정·고시합니다.

2017년 2월 16일
서울특별시장

서울시 정비사업 의사진행 표준운영규정

[의사진행 표준운영규정의 성격과 목적]
본 규정은 도시정비법에 따라 시행하는 정비사업의 추진위원회·조합이 사업 추진 시 이를 참고하여 공정하고 합리적인 의사진행을 할 수 있도록 모범적인 의사진행 방법을 제시하는 것을 목적으로 한다.

[의사진행 표준운영규정의 활용방법]
본 규정은 하나의 예시로 법적 구속력은 없으며, 조합의 특징과 여건에 따라 관련 조항을 추가·삭제·수정하여 달리 규정할 수 있다. 다만, 도시정비법령 및 관련규정에 위반되게 해서는 안 되며 의사진행의 일반적인 규칙을 따르는 것을 원칙으로 한다.

Q 정비사업 의사진행 표준운영규정을 이행하도록 관리 감독해 줄 수 있는지?
A 「서울시 정비사업 의사진행 표준운영규정」은 정비사업의 추진위원회 또는 조합이 사업 추진 시 이를 참고하여 합리적인 의사진행을 할 수 있도록 의사진행 방법을 제시하는 것을 목적으로 하며, 본 규정은 하나의 예시로 법적 구속력은 없으며, 조합의 특징과 여건에 따라 관련 조항을 추가, 삭제, 수정하여 달리 규정할 수 있고, 다만 도시정비법령 및 관련규정에 위반되게 해서는 안 되며 의사진행의 일반적인 규칙을 따르는 것을 원칙으로 하고 있음.
이에 따라 당해 조합의 의사진행 운영규정은 상기 표준운영규정을 참고 작성하여 정관 등에서 정하는 절차와 방법에 따라 대의원회등에서 의결한 날로부터 시행하는 것이며 해당 조합에 적용되는 자체 내규임(서울시 주거정비과 2024.10.15.).

제1장 총 칙

제1조(목적) 이 규정은 도시정비법에 따라 시행하는 정비사업에서 조합설립추진위원회(이하 "추진위원회") 또는 조합의 의사진행에 관하여 필요한 사항을 규정하여 의사결정 과정의 공정성 및 투명성을 확보하는 것을 목적으로 한다.

서울시 정비사업 의사진행 표준운영규정은 2017.2.16 제정, 시행된 규정으로 정비사업 초기에 공정하고 합리적인 추진을 위하여 추진위원회·조합의 총회등 의사진행 시 적용할 수 있도록 한 규정이다.

기타 시도에서는 서울시 규정을 사용하고 있다.

Q 정비사업 의사진행 표준운영규정의 제정 목적은?
A 「서울특별시 정비사업 의사진행 표준운영규정」은 정비사업의 추진위원회 또는 조합이 사업추진 시 이를 참고하여 합리적인 의사진행을 할 수 있도록 의사진행 방법을 제시하는 것을 목적으로 하며,
본 규정은 하나의 예시로 법적 구속력은 없으며, 조합의 특징과 여건에 따라 관련 조항을 추가, 삭제, 수정하여 달리 규정할 수 있고, 다만 도시정비법령 및 관련 규정에 위반되게 해서는 안 되며 의사진행의 일반적인 규칙을 따르는 것을 원칙으로 하고 있음. 이에 따라 당해 조합의 의사진행 운영규정은 상기 표준운영규정을 참고 작성하여 정관등에서 정하는 절차와 방법에 따라 대의원회등에서 의결한 날로부터 시행하는 것이며 해당 조합에 적용되는 자체 내규임(서울시 주거정비과 2024.3.19)

Q 의사진행 표준운영규정이 강제규정인지?
A 의사진행 표준운영규정은 도시정비법에 따라 시행하는 정비사업의 추진위원회·조합이 사업추진 시 이를 참고하여 공정하고 합리적인 의사진행을 할 수 있도록 "모범적인 의사진행 방법을 제시하는 것을 목적"으로 마련한 규정으로,
우리 시에서는 추진위원회·조합이 사업추진 시 본 규정을 참고하도록 권고하고 있고, 추진위원회·조합은 여건에 따라 관련 조항을 추가·삭제·수정하여 달리 규정할 수도 있음 다만, 법적구속력이 없어 반드시 따라야만 하는 것은 아님(서울시 주거정비과 2019.12.6).

제2조(용어의 정의) 이 규정에서 사용하는 용어 외에는 도시정비법, 같은 법 시행령, 시행규칙(이하 "도시정비법령"), 정관 및 운영규정에서 정하는 용어와 같다.

1. "조합등"이란 추진위원회와 조합을 말한다.
2. "조합장등"이란 추진위원장과 조합장을 말한다.
3. "조합원등"이란 토지등소유자 및 조합원을 말한다.
4. "대의원회등"이란 추진위원회와 대의원회를 말한다.
5. "대의원등"이란 추진위원과 대의원을 말한다.
6. "정관등"이란 조합정관 및 추진위원회 운영규정을 말한다.
7. "회의"란 조합등에서 개최하는 추진위원회, 대의원회, 주민총회, 조합총회를 말한다.
8. "총회"란 주민총회 및 조합총회를 말한다.
9. "의장"이란 회의를 주재하는 자를 말한다.
10. "회의진행보조자"란 회의질서를 유지하기 위하여 의장을 도와 회의 진행을 보조하는 사람을 말한다.
11. "회의자료"란 회의의 목적, 안건, 일시 및 장소 등 의결에 필요한 세부적이고 구체적인 자료를 말한다.
12. "의결권자"란 조합원등으로서 참석자명부에 기재된 자를 말한다.
13. "의사정족수"란 도시정비법령 및 정관등에서 규정한 회의를 개최하는데 필요한 조합원등 수를 말한다.
14. "의결정족수"란 도시정비법령 및 정관등에서 규정한 회의에 상정된 안건을 결정하는데 필요한 조합원등 수를 말한다.
15. "신분증명서"란 주민등록증 등 공직선거법 제157조제1항에 준하는 신분증을 말한다.
16. "방청인"이란 당해 조합원등으로서 회의참석을 요청하여 제13조에 따른 방청허가권을 교부받은 자를 말한다.
17. "투표감독관"이란 투·개표절차의 모든 절차를 감시·감독하는 자를 말한다.
18. "투·개표참관인"이란 회의개최 당일 투·개표상황을 참관하는 자를 말한다.

제2조에서 추진위원회와 조합이 겸용해서 사용할 수 있는 것으로, 조합은 추진위원회, 조합장은 추진위원장, 조합원은 토지등소유자, 대의원은 추진위원회, 정관은 추진위원회 운영규정 등으로 대입해 사용할 수 있다.

제3조(적용범위) ① 조합등의 회의 진행방법에 관하여 도시정비법령 및 정관등에서 특별히 정한 경우를 제외하고는 이 규정이 정하는 바에 따른다.

② 이 규정에서 정하지 아니한 사항이나, 이 규정 시행을 위해 필요한 세부적인 사항에 대해서는 도시정비법령 및 정관등에 위배되지 아니하는 범위 안에서 필요한 사항을 대의원회 등에서 따로 정할 수 있다.

제4조(의결권 등) ① 의결권은 당해 사업시행구역의 조합원등으로서 참석자명부에 등재된 자에게 있다.

② 제1항에도 불구하고 미성년자는 의결권을 위임하는 경우를 제외하고는 의결권을 직접 행사할 수 없다.

③ 제1항 또는 제2항에 따른 참석자가 법 제19조제1항 각 호 및 영 제28조제1항제1호 및 제2호에 해당할 경우에는 그 대표자 1인에게 의결권이 있다. 이 경우 참석자명부 열람기간 내 대표소유자 또는 대표조합 선임동의서를 작성하여 제출하여야 하며, 조합등은 참석자명부에 추가 또는 수정하여야 한다.

④ 제1항부터 제3항까지에도 불구하고 다음 각 호에 해당하는 자는 참석자명부 열람기간 내에 위임장·대리인 지정서(별지 제6호 서식)를 제출하여야 한다. 이 경우 조합등은 이를 참석자명부에 반영하여야 한다.

1. 조합원등이 권한을 행사할 수 없어 배우자·직계존·비속·형제자매 중에서 성년자를 대리인으로 지정하여 위임장을 제출하는 경우
2. 해외거주자가 대리인을 지정하는 경우
3. 법인인 조합원 또는 토지등소유자가 대리인을 지정하는 경우

제2장 운영위원회 구성등

제5조(운영위원회 구성 등) ① 조합등은 이 규정에 따라 조합장등이 제안한 최초 안건(안건명, 제안설명, 관련근거 및 첨부자료(별지 4-1호, 4-2호 서식))에 대한 검토 및 자문을 받기 위하여 운영위원회를 구성하여 운영할 수 있으며, 일반적인 업무집행을 위한 회의의 경우에는 제외한다.

② 운영위원회는 조합장등, 이사, 대의원등을 반드시 포함하여 5인 이내로 대의원등 의결을 통해 선임 및 구성하고, 그 선임방법은 대의원회등에서 별도로 정할 수 있다.

③ 운영위원회는 운영위원 과반수 출석으로 개회하고 회의안건을 검토하여 검토보고서를 이사회에 제출한다.

④ 감사는 운영위원회에 참석하여 의견을 개진할 수 있다.

⑤ 조합장등은 회의안건의 내용 등을 고려하여 다음 각 호에 해당하는 자를 회의에 참석하도록 하여 설명 또는 자문하게 할 수 있다.

1. 조합등 직원
2. 정비사업전문관리업자, 시공자 또는 설계자 등 조합등과 계약을 체결한 협력업체
3. 외부전문가
4. 그 밖에 조합장등이 회의 운영을 위하여 필요하다고 인정하는 자

제6조(운영위원회의 업무 등) 조합장등은 도시정비법령, 정관등 및 이 규정에서 정한 이사회 또는 추진위원회 회의소집통지 전까지 제5조제1항에 따른 운영위원회를 소집하여 회의안건을 검토하고 검토보고서(별지 제1호 서식)를 이사회, 추진위원회에 제출한다.

제7조(운영위원회의 운영방법 등) ① 조합장등은 운영위원회의 의장이 된다.

② 운영위원은 서면 또는 대리인을 통한 출석을 할 수 없다.

제3장 참석자명부등

제8조(참석자명부의 작성) ① 조합등은 총회개최를 위하여 참석자명부(별지 제8호 서식)를 작성해야 한다.

② 참석자명부는 다음 각 호에 따라 작성하여야 하며 해당 구역의 총회 이외의 목적으로 사용할 수 없다.

1. 참석자명부에는 의결권자의 성명, 물건지 주소, 생년월일, 투표용지 수령란 등 필요한 사항을 기재한다.
2. 참석자명부는 총회소집 공고일까지 작성해야 한다.
3. 참석자명부는 총회의 열람, 회의당일 투표용으로 작성하되 예비용으로 2부를 작성한다.

제9조(참석자명부 열람 및 정정) ① 조합등은 참석자명부가 작성된 경우에는 조합원등이 3일 이상 열람할 수 있도록 하고, 이 경우 다음 각 호의 사항을 조합등 게시판 및 클린업시스템에 공고하고, 해당 조합원등에게 개별통보해야 한다.
  1. 열람기간
  2. 열람장소
  3. 열람방법
  4. 열람내용
  5. 이의신청방법
  6. 그 밖에 조합등에서 따로 정하는사항
② 조합원등이 참석자명부를 열람할 경우에는 자신의 정보에 한하여 열람할 수 있다.
③ 조합원등은 참석자명부의 기재사항에 누락, 오기 또는 명의이전 등 변경사항이 있을 경우에는 열람기간 내 증빙자료를 첨부하여 이의신청(별지 제9호 서식)할 수 있다.
④ 제3항에 의한 이의신청이 있는 경우 조합등은 이를 확인하여 즉시 참석자명부를 정정하여야 한다.
⑤ 제4항에도 불구하고 조합원등은 소유물이 양도·양수 및 증여에 따라 명의변경된 경우에는 등기부등본 등 권리변동 증빙서류를 지참하고 총회 당일 투표종료 전까지 조합등에 제출하여야 한다.

제4장 회의소집 절차등
제10조(회의소집 절차 등) 조합등의 회의소집 절차는 도시정비법령 및 정관등에서 특별히 정한 경우를 제외하고는 다음 각 호에 따른다.
  1. 조합이 이사회를 소집하는 경우에는 회의개최 7일 전에 회의목적·안건·일시·장소등을 기재한 공고문(별지 제2호 서식)을 조합 게시판 및 클린업시스템에 게시하고 각 이사에게 등기우편으로 기재한 통지서(별지 제3호 서식)와 회의자료(별지 제4-1호, 제4-2호 서식)를 발송·통지할 수 있다. 다만, 사업 추진 상 시급히 이사회심의를 요하는 사안이 발생하는 경우에는 회의개최 2일 전에 유선 등으로 통지할 수 있다.
  2. 조합등이 대의원회등을 소집하는 경우에는 회의개최 7일 전에 회의목적·안건·일시및 장소 등을 기재한 공고문(별지 제2호 서식)을 조합등 게시판 및 클린업시스템에 게시하고 각 대의원등에게는 등기우편으로 기재한 통지서(별지 제3호 서식)

와 회의자료(별지 제4-1호, 제4-2호 서식)를 발송·통지하여야 한다. 다만, 사업 추진상 시급히 대의원회등 의결을 요하는 사안이 발생하는 경우에는 회의개최 3일 전에 통지하고 대의원회에서 안건상정여부를 묻고 의결할 수 있다.

3. 조합등이 총회를 소집하는 경우 회의개최 14일 전에 회의목적·안건·일시 및 장소 등을 기재한 공고문(별지 제2호 서식), 총회 세부자료 등을 조합등 게시판 및 클린업 시스템에 게시하여야 하고 각 조합원등에게는 회의개최 7일 전(추진위원회의 경우 회의개최 10일전)에 등기우편으로 기재한 통지서(별지 제3호 서식)와 회의자료(별지 제4-1호, 제4-2호 서식)를 발송·통지하여야 한다.

제5장 참석대상자자격확인

제11조(조합원등 본인 출석) 총회에 출석하려는 조합원등은 접수처에서 본인을 증명하는 신분증명서를 제시하여 참석자명부와 대조·확인을 받아야 한다.

제12조(대리인 출석) ① 조합원등이 총회에 대리인을 통하여 의결권을 행사하려는 경우에는 위임장·대리인 지정서(별지 제6호 서식)를 작성하여 총회당일 투표종료 전까지 조합등에 제출하여야 한다.
② 대리인의 본인 확인방법은 제11조를 준용한다.

제13조(방청인 출석) ① 조합원등 또는 대리인이 대의원회등을 방청하고자 하는 경우회의개최 3일 전까지 방청요청권(별지 제14호 서식)을 작성하여 조합등에 신청할 수 있으며, 방청허가권(별지 제14호 서식)을 교부받아야 한다. 단, 방청인의 수는 5인 이내의 범위에서 조합장등이 정할 수 있다.

Q 정비사업 의사진행 표준운영규정에 따라 조합원이 대의원회등에 방청을 신청하면 조합에서 방청권을 허가해야 하는지?

A 「서울시 정비사업 의사진행 표준운영규정」 제13조제1항에서 '조합원등 또는 대리인이 대의원회등 방청하고자 하는 경우 회의개최 3일 전까지 방청요청권을 작성하여 조합등에 신청할 수 있으며, 방청허가권을 교부받아야 한다. 단 방청인의 수는 5인 이내의 범위에서 조합장등이 정할 수 있다'고 규정하고 있으며,

같은 규정 제3조제2항에서 '이 규정에서 정하지 아니한 사항이나, 이 규정 시행을 위해 필요한 세부적인 사항에 대해서는 도시정비법령 및 정관등에 위배되지 아니하는 범위 안에서 필요한 사항을 대의원회등에서 따로 정할 수 있다'고 규정하고 있는바, 질의하신 사항은 상기 규정 및 조합정관등을 검토하여 판단할 사항임(서울시 주거정비과 2021.5.14).

Q 일반조합원이 대의원회에 참석할 수 있는지?
A 「서울시 정비사업 의사진행 표준운영규정」 제13조제1항에 조합원등 또는 대리인이 대의원회등을 방청하고자 하는 경우 회의개최 3일 전까지 방청요청권(별지 제14호 서식)을 작성하여 조합등에 신청할 수 있으며, 방청허가권(별지 제14호 서식)을 교부받아야 한다. 단, 방청인의 수는 5인 이내의 범위에서 조합장등이 정할 수 있다고 규정하고 있고,

같은 조 제2항에 방청인에게는 발언권을 부여하지 않으며, 고의로 의사진행을 방해하는 발언·행동 등으로 회의질서를 문란하게 하는 경우 즉시 퇴장을 명할 수 있다고 규정하고 있음

다만, 표준운영규정은 도시정비법에 따라 시행하는 정비사업의 추진위원회·조합이 사업 추진 시 이를 참고하여 공정하고 합리적인 의사진행을 할 수 있도록 모범적인 의사진행 방법을 제시하는 것을 목적으로 하고 있고,

하나의 예시로서 법적 구속력은 없으며, 조합의 특징과 여건에 따라 관련 조항을 추가·삭제·수정하여 달리 규정할 수 있음(서울시 주거정비과 2019.10.28).

서울시 정비사업 의사진행 표준운영규정의 회의 참관인 제한 규정을 폐지할 수 없는지(서울시 주거정비과 2019.3.21)

Q 「서울시 정비사업 의사진행 표준운영규정」의 회의 참관인 제한 규정을 폐지할 수 없는지?
A 「서울시 정비사업 의사진행 표준운영규정」제13조제1항에 따르면 조합원등 또는 대리인이 대의원회등을 방청하고자 하는 경우 회의개최 3일 전까지 방청요청권을 작성하여 조합등에 신청할 수 있으며, 방청허가권을 교부받아야 함. 다만 방청인 수는 5인 이내의 범위에서 조합장등이 정할 수 있음

해당 규정은 정비사업 추진과정에서 공정하고 투명한 의사진행을 돕기 위한 것으로 법적 구속력이 없고 모범적인 의사진행 방법을 제시하는 권고사항으로, 추진위원회 또는 조합은 이 규정을 참고하여 각 구역별 상황에 따라 개정하여 추진위원회 또는 대의원회 의결 후 시행할 수 있음.

② 방청인에게는 발언권을 부여하지 않으며, 고의로 의사진행을 방해하는 발언·행동 등으로 회의질서를 문란하게 하는 경우 즉시 퇴장을 명할 수 있다.

Q 도시정비법(이하 '법') 제45조제5항에 따라, 조합원은 서면으로 의결권을 행사할 수 있으며 서면으로 의결권을 행사하는 경우에는 정족수를 산정할 때에 출석한 것으로 보도록 하고 있고,
법 제45조제6항에 따라, 총회의 의결은 조합원의 10/100 이상이 직접 출석하도록 하고, 다만, 창립총회, 사업시행계획서의 작성 및 변경, 관리처분계획의 수립 및 변경을 의결하는 총회 등 대통령령으로 정하는 총회의 경우에는 조합원의 20/100 이상이 직접 출석하여야 한다고 규정하고 있는바,
사전에 서면결의서를 제출한 후 총회에 참석한 조합원을 법 제45조제6항에 따라 총회에 직접 출석한 것으로 볼 수 있는지?

A 도시정비법 제45조제6항에 따르면 총회의 의결은 조합원의 10/100 이상이 직접 출석하도록 하고, 다만, 창립총회, 사업시행계획서의 작성 및 변경, 관리처분계획의 수립 및 변경을 의결하는 총회 등 대통령령으로 정하는 총회의 경우에는 조합원의 20/100 이상이 직접 출석하여야 한다고 규정하고 있으며,
질의와 같이 서면결의서를 제출하고 현장에 참석한 자의 경우에도 동 규정에 따른 직접출석으로 볼 수 있을 것으로 판단됨(국토부 주택정비과 2018.12.5)

제6장 회의운영 일반기준

제14조(의장의 의무 및 권한) ① 회의의 의장은 조합장등으로 하며, 다만 관련 법령 및 정관등에서 특별히 정한 경우에는 그에 따른다.
② 의장은 전반적인 회의진행을 총괄하여야 한다.
③ 의장은 안건의 내용등을 고려하여 조합원등이 아닌 다음 각 호에 해당하는 자 등을 회의에 참석하여 발언하도록 할 수 있다.
1. 조합등 직원
2. 정비사업전문관리업자, 시공자 또는 설계자 등 조합등과 계약을 체결한 협력업체
3. 그 밖에 의장이 회의진행을 위하여 필요하다고 인정하는 자

제15조(퇴장조치) 의장은 회의장의 질서를 유지하고 정리하기 위하여 다음 각 호에 해당하는 자에게 퇴장을 명할 수 있다. 다만, 제2호에 해당하는 경우 1회 경고 후

에도 불구하고 지속적으로 회의진행을 방해할 경우 퇴장조치 할 수 있다.
  1. 조합원등 또는 대리인 자격이 없는 자가출석한 경우
  2. 고의로 의사진행을 방해하는 발언·행동을 2회 이상 하여 회의질서를 문란하게 하는 경우

  제7장 개회등
  제16조(개회) ① 예정된 개회시각이 되면 의장은 개회를 선언한다. 다만, 개회시각에 도시정비법령 및 정관등에 따른 의사정족수 및 직접참석자 수에 미달한 때에는 참석한 조합원등의 동의를 구하고 개회시각을 늦출 수 있다.
  ② 제1항에도 불구하고 상당한 시간이 흘렀음에도 의사정족수 및 직접참석자 수에 미달한 때에는 참석한 조합원등에게 그 사유를 알리고 회의의 불성립을 선언하여야 한다.
  ③ 회의가 불성립된 경우에는 재소집하여야 하며, 그 절차 등에 관한 사항은 정관등을 준용한다.

  제17조(성원보고) ①의장은 개회를 선언하고 회의에 출석한 조합원등에게 최초 성원보고를 하여야 한다.
  ② 의장은 안건심의 후 투표종료를 선언하기 전에 회의에 출석한 조합원등에게 최종 성원보고를 하여야 한다.

  제8장 회의 진행방법 등
  제18조(회의 진행방법 설명) ① 의장은 회의소집 통지서에 기재된 순서에 따라 안건을 개별상정하고 질의응답 및 토론을 거쳐 개별심의하는 것을 원칙으로 하며, 의결(표결)방법은 무기명 투표로 진행한다. 다만 다음 각 호의 어느 하나에 해당하는 경우 출석한 조합원등의 과반수 동의를 얻어 회의 진행방법을 변경할 수 있으며, 이 경우 동의방법은 거수 또는 기립으로 한다.
  1. 의장 또는 출석한 조합원등이 복수의 안건을 일괄상정할 것을 제안한 경우
  2. 의장 또는 출석한 조합원등이 표결(의결)을 거수 또는 기립의 방법으로 할 것을제안한 경우

3. 의장이 서면결의서 개표시기를 정하여 제안한 경우

4. 의장 또는 출석한 조합원등이 회의종료 전 먼저 귀가 요청으로 인해 선투표를 제안한 경우

5. 회의진행 보조자 등 의장 외의 사람이 회의를 진행하고자 하는 경우

6. 기타 회의진행 방법에 대하여 의장이 제안한 경우

② 회의에 출석한 조합원등은 제1항에 따라 결정된 회의 진행방법에 따라 회의에 참여하고 협조하여야 한다.

제19조(경과보고 및 제안설명 등) ① 의장은 안건심의에 앞서 조합등의 업무추진과 관련한 경과보고 사항 등을 설명한다.

② 의장은 상정된 안건에 대하여 조합원등이 충분히 이해할 수 있도록 구체적으로 설명하여야 한다.

③ 의장은 제1항 및 제2항에도 불구하고 전문적·기술적 지식이 필요할 경우 제14조제3항에 해당하는 자에게 설명하게 할 수 있다.

제20조(질의응답) ① 의장은 안건심의를 위한 질의응답을 하는 경우 다음 각 호에 따라 진행한다.

1. 조합원등은 발언권을 요청하여 의장의 허가를 얻은 후 발언하여야 하며, 그 순서는 의장이 결정할 수 있다.

2. 조합원등은 먼저 물건지 주소와 성명(또는 상호)을 밝히고 발언하여야 한다.

3. 조합원등으로부터 질의를 받은 경우 의장이 설명한다. 다만, 전문적·기술적 지식이 필요할 경우 제14조제3항에 해당하는 자에게 설명하게 할 수있다.

② 의장은 조합원등의 발언을 제한할 수 없다. 다만, 원활한 회의 진행을 위하여 다음 각 호의 기준에 따라 진행할 수 있다.

1. 조합원등은 해당 안건에 대해서만 간단명료하게 발언하되, 발언 시간은 의장이 10분 이내에서 결정한다.

2. 조합원등은 동일 안건에 대하여 중복하여 발언할 수 없다.

3. 조합원등이 안건과 관련 없는 발언을 할 경우에는 의장은 즉시 중지를 명할 수 있다.

4. 제1호부터 제3호까지의 경우와 그 밖에 의사진행을 방해하는 발언·행동을 하는 경우 제15조를 준용한다.

③ 의장은 조합원등의 질의가 다음에 해당하는 경우에는 설명을 거절할 수 있다.

1. 조합원등의 질의사항이 회의의 목적에 현저히 반한 경우
2. 질의가 중복되는 경우

제9장 의사결정

제1절 서면결의서

제21조(서면결의서에 의한 투표) ① 조합등은 정관등에서 정하는 바에 따라 회의 등에 직접참석 할 수 없는 조합원등의 의결권 보장을 위해 서면에 의한 방식으로 투표하게 할 수 있으며, 회의소집 공고 및 통지시 서면결의서 제출 및 철회등의 방법을 고지하여야 한다.

② 조합원등이 제1항에 따라 서면에 의한 방식으로 투표하고자 할 경우 조합등에서 송부 받은 서면결의서(별지 제5호 서식)를 작성한 후 밀봉하여 제출하여야 하며, 이 경우 회의개최 전일 18시까지 조합등에 도착하도록 하여야 한다.

서면결의서 작성방법, 신분증 사본 제출 시 주민등록번호 뒷자리를 지우고 제출 가능한지(서울시 주거정비과 2022.4.28)

Q 재건축조합에서 서면결의서를 받으러 다니는 홍보요원이 조합원의 주민등록증을 사진 찍어가는 것의 위법 여부 및 서면결의서 작성방법, 신분증 사본 제출 시 주민등록번호 뒷자리를 지우고 제출이 가능한지?

A 총회 관련 질의①(일반안건에 대한 서면결의서) 및 질의②(선거관리 등) 사항으로 이해됨. 도시정비법 제40조제1항제10호에 총회의 소집 절차·시기 및 의결방법에 대한 사항은 조합정관에서 정하도록 규정하고 있으므로, 질의에 따른 서면결의서 위법 여부는 조합정관 및 필요에 따라 법률전문가의 의견을 참고하여 판단하여야 할 것으로 사료됨.

아울러, 우리 시에서 정비사업 추진과정에서 공정하고 투명한 의사진행을 돕기 위해 마련·고시한 「정비사업 의사진행 표준운영규정」 별지 제5호 서식에는 서면결의서(예시)를 정하고 있음(본 규정은 하나의 예시로 법적 구속력은 없으며, 도시정비법령을 위반하지 않은 범위에서 조합의 특징과 여건에 따라 관련 조항은 추가·삭제·수정하여 대의원회 등에서 의결 후 시행할 수 있음).

③ 서면결의서를 제출한 조합원등은 참석자명부에 서면결의 투표자로 표시한다.
④ 조합등은 제2항에 의하여 제출된 서면결의서를 훼손하지 아니하고 즉시 투표함에 넣어 보관하여야 한다.

Q 재건축조합에서 서면결의서를 받으러 다니는 홍보요원이 조합원의 주민등록증을 사진 찍어가는 것의 위법여부 및 서면결의서 작성방법, 신분증 사본 제출 시 주민등록번호 뒷자리를 지우고 제출이 가능한지?

A 총회 관련 질의①(일반안건에 대한 서면결의서) 및 질의②(선거관리 등) 사항으로 이해됨. 도시정비법 제40조제1항제10호에 총회의 소집 절차·시기 및 의결방법에 대한 사항은 조합정관에서 정하도록 규정하고 있으므로, 질의에 따른 서면결의서 위법 여부는 조합정관 및 필요에 따라 법률전문가의 의견을 참고하여 판단하여야 할 것으로 사료됨.
아울러, 우리 시에서 정비사업 추진과정에서 공정하고 투명한 의사진행을 돕기 위해 마련·고시한 「정비사업 의사진행 표준운영규정」 별지 제5호 서식에는 서면결의서(예시)를 정하고 있음(본 규정은 하나의 예시로 법적 구속력은 없으며, 도시정비법령을 위반하지 않은 범위에서 조합의 특징과 여건에 따라 관련 조항은 추가·삭제·수정하여 대의원회 등에서 의결 후 시행할 수 있음)(서울시 주거정비과 2022.4.28)

Q 「서울시 정비사업 의사진행 표준운영규정」에 따른 서면결의서 작성방법에 따른 투표에 대한 효력이 있는지?

A 우리 시에서는 정비사업 추진과정에서 공정하고 투명한 의사진행을 돕기 위해 「서울시 정비사업 의사진행 표준운영규정」을 마련하여 2017.2.16 고시하였으며, 이 규정은 법적 구속력이 없고 모범적인 의사진행 방법을 제시하는 권고사항임.
추진위원회 또는 조합은 이 규정을 참고하여 각 구역별 상황에 따라 개정하여 정관 등에서 정하는 절차와 방법에 따라 대의원회 등에서 의결 후 시행할 수 있으며, 서면결의서 양식은 각 조합마다 다를 수 있음(서울시 재생협력과 2018.11.23).

Q 서면결의서 제출 시 인감도장 날인 및 인감증명서가 첨부되어야 하는지?

A 우리 시에서는 정비사업 추진과정에서 공정하고 투명한 의사진행을 돕기 위해 「정비사업 의사진행 표준운영규정」을 마련하여 2017.2.16 고시하였으며, 이 규정은 법적 구속력은 없으며 조합의 특징과 여건에 따라 관련 조항은 추가·삭제·수정하여 달리 규정할 수 있고,

다만, 도시정비법령 및 관련 규정에 위반되게 해서는 안 되며 의사진행의 일반적인 규칙을 따르는 것을 원칙으로 하고 있음

이 규정의 [별지 제5호서식] "서면결의서"의 경우 '의사표시'란에 본인 자필 서명 또는 지장날인토록 하였으며, '서면결의자'란에 자필로 이름을 써넣고 지장날인토록 하였음(서울시 재생협력과-14638, 2018.10.8)

제22조(서면결의서 투표함의 봉인) ① 서면결의서 투표함은 조합등이 제작한 투표함으로 하되, 투·개표 감독관(이하 "감독관")이 확인한 후 시건·봉인한다. 감독관 선임방법은 대의원회등에서 따로 정할 수 있다.
② 서면결의서 투표함의 보관장소는 조합등 사무실로 한다.
③ 서면결의서 투표함을 보관장소에 보관, 반출 또는 투표소에 설치할 경우에는 제1항에 따른 감독관이 입회하여야 한다.
④ 서면결의서 투표함은 투표 개시 전 투·개표 장소로 감독관이 이송한다.

제23조(서면결의서 철회 등) ① 서면결의서를 제출한 조합원등이 총회 당일 참석이 가능하여 의결권을 투표로서 행하고자 할 경우, 서면결의서 철회 확인증(별지 제10호 서식)을 작성하고 서면결의서를 철회하여야 한다. 단, 철회는 총회 당일 안건상정 전까지 가능하다.
② 서면결의서를 제출한 조합원등이 의사표시 재작성 또는 오기 등으로 서면결의서를 재작성하고자 할 경우, 기존에 제출한 서면결의서를 철회하고 서면결의서 철회 확인증(별지 제10호 서식)을 작성하여야 한다. 이 경우 제출방법 및 시기는 제21조제2항을 준용한다.
③ 제2항에 의해 서면결의서를 철회 또는 재작성하는 경우 조합등은 이를 확인하여 서면결의서 철회대장(별지 제11호 서식) 및 서면결의서 교체대장(별지 제12호 서식)을 작성하고 즉시 참석자명부를 정정하여야 한다.
④ 서면결의서 제출 후 철회를 하지않고 회의당일 참석하는 조합원등은 직접참석자 수에 포함하되, 의결권은 서면결의서로 갈음한다.

Q 임시총회 관련 이미 제출한 서면결의서를 다시 제출할 수 있는지?

🅐 도시정비법 제40조제1항제10호에 총회 소집 절차・시기 및 의결방법에 대한 사항은 조합정관에서 정하도록 규정하고 있으므로, 질의에 따른 서면결의서 재제출 가능 여부는 조합정관을 검토하여 판단하여야 할 것으로 사료됨.

다만, 우리 시에서 정비사업 추진과정에서 공정하고 투명한 의사진행을 돕기 위해 마련・고시한 「정비사업 의사진행 표준운영규정」 제23조에 서면결의서를 제출한 조합원등이 의사표시 재작성 또는 오기 등으로 서면결의서를 재작성하고자 할 경우 절차 등을 명시(본 규정은 하나의 예시로 법적 구속력은 없으며,

도시정비법령을 위반하지 않은 범위에서 조합의 특징과 여건에 따라 관련 조항은 추가・삭제・수정하여 대의원회 등에서 의결 후 시행할 수 있음)하고 있음(서울시 주거정비과 2021.8.25)

🅠 총회 서면결의서의 유·무효 판단?
(서면결의서 작성 시 날짜 누락, 성명은 기재하였으나 서명란에 서명하지 않은 경우, 법인명만 기재하고 법인대표 이름을 누락한 경우 등)

🅐 도시정비법 제40조제1항제10호에 총회의 소집 절차・시기 및 의결방법에 대한 사항은 조합정관에서 정하도록 규정하고 있으므로, 질의에 따른 서면결의서 유·무효 여부는 조합정관 및 필요에 따라 법률전문가의 의견을 참고하여 판단하여야 할 것으로 사료됨.

아울러, 우리 시에서 정비사업 추진과정에서 공정하고 투명한 의사진행을 돕기 위해 마련・고시한 「정비사업 의사진행 표준운영규정」 제23조에 서면결의서를 제출한 조합원등이 의사표시 재작성 또는 오기 등으로 서면결의서를 재작성하고자 할 경우 절차 등을 명시하고 있음(본 규정은 하나의 예시로 법적 구속력은 없으며, 도시정비법령을 위반하지 않은 범위에서 조합의 특징과 여건에 따라 관련 조항은 추가・삭제・수정하여 대의원회 등에서 의결 후 시행할 수 있음).(서울시 주거정비과 2020.6.4)

제24조(서면결의서 개봉시기) 서면결의서 투표함은 회의당일 투표가 종료되고 개표가 개시된 이후 개봉하는 것을 원칙으로 한다. 다만, 회의당일 출석한 조합원등의 과반수동의를 얻은 경우에는 제18조제1항에 따라 개봉시기를 조정할 수 있다.

제2절 투·개표 등
제25조(투표방법) ① 투표는 투표용지(별지 제13호 서식)를 이용한 기표방법으로

하며, 무기명 비밀투표를 원칙으로 한다. 다만, 의장 또는 출석한 조합원등의 제안이 있을 경우 제18조를 준용한다.

② 참석자명부에 기재된 조합원등 또는 대리인 1인이 1표로 직접 투표한다.

③ 투표소 투표관리를 위해 감독관을 둘 수 있다.

④ 조합등 회의의 의결방법은 도시정비법 및 정관등에 따른다.

제26조(투·개표 참관인) ① 조합등은 투·개표참관인(이하 "참관인")으로 하여금 투표용지의 교부상황과 투표상황을 참관하게 하여야 하며, 참관인 선임방법은 대의원회등에서 정할 수 있다.

② 의장은 투명한 개표 진행을 위해 적정 인원을 고려하여 회의 출석자를 개표에 참관하게 할 수 있으며, 감사가 회의에 참석한 경우 감사는 개표를 참관하여야 한다.

③ 참관인은 투·개표에 영향을 미치는 행위를 할 수 없다.

제27조(투표) ① 투표소는 회의장 내 적정한 장소에 비밀투표가 보장되도록 설치한다.

② 투표는 감독관이 감독하며, 투표소의 질서유지를 위하여 관할경찰서에 경찰공무원의 배치를 요청할 수 있다.

③ 투표소에는 투표를 위한 의결권자, 감독관, 투표사무원, 참관인을 제외하고는 누구도 출입할 수 없다. 단, 공공지원자 및 공증변호사 등 조합등이 인정하는 자는 제외한다.

④ 투표는 회의당일 안건심의를 종료하고 의장의 투표 개시선언 후 진행한다. 다만, 의장 또는 출석한 조합원등의 제안이 있을 경우 제18조를 준용한다.

제28조(개표) ① 개표소는 투표소와 같은 장소로 한다. 단, 장소협소 등 동일 장소에서 개표하기가 어려울 경우 인접한 장소에 별도로 설치할 수 있다.

② 개표는 감독관이 감독하며, 개표소의 질서유지를 위하여 관할 경찰서에 경찰공무원의 배치를 요청할 수 있다.

③ 개표소에는 감독관, 개표사무원, 참관인, 조합등으로부터 허가를 받은 자를

제외하고는 누구도 출입할 수 없다. 단, 공공지원자 및 공증변호사 등 조합등이 인정하는 자는 제외한다.

④ 개표는 의장의 개표 개시선언 후 진행하며, 투표종료 후 즉시 실시하는 것을 원칙으로 한다.

⑤ 개표는 안건별로 구분하여 집계하며, 집계가 완료되는 즉시 의장이 공표한다.

제29조(무효투표) 다음 각 호의 투표는 무효로 한다.
1. 투표감독관의 서명(날인)이 없거나 조합등이 정한 소정의 투표용지가 아닌 경우
2. 기표가 되지 않은 경우
3. 기표가 불확실한 경우
4. 서면결의서가 제출기한을 경과하여 조합등에 도착한 경우
5. 서면결의서가 밀봉되지 않은 경우
6. 기타 감독관, 개표사무원, 참관인, 조합등이 인정하는 경우

Q 1. 추진위원회 서면결의서의 상정안건 찬반표기란에 '서명 또는 지장'으로 표시하도록 되어 있는데, 이 중 하나만 표시해도 유효한지?

Q 2. 서면결의서 제출 시 '서명 및 지장날인'을 하도록 되어 있는 경우, 지장날인과 자필서명을 모두 해야 하는지, 둘 중 하나만 할 경우는 무효인지?

A 일반적으로 '서명 또는 지장'이라고 표기된 경우 서명이나 지장날인 중 하나를 하는 것을 의미하며 '서명 및 지장날인'이라고 표기된 경우 자필서명과 지장날인을 모두 해야 하는 것으로 판단되나,

해당 추진위원회에서 작성한 서면결의서의 유·무효여부에 대하여는 관련규정 등을 고려하여 해당 추진위원회에서 검토하여야 할 것으로 사료됨(서울시 재생협력과 2017.12.13).

제30조(별도 규정) 위 운영규정에서 별도로 정하지 않은 투·개표 관련 규정은 서울시 고시 제2015-120호 표준선거관리규정을 준용할 수 있다.

제10장 폐 회
제31조(폐회) 의장은 의사일정을 모두 마친 다음 회의의 폐회를 선언한다.

제11장 의사록 작성등

제32조(의사록의 작성 및 관리) 조합등은 회의등의 의사록(별지 제15호 서식)을 작성하여 청산 시까지 보관하여야 하며, 그 작성기준 및 관리 등은 다음 각 호와 같다.

다만, 속기사의 속기록일 경우에는 제1호를 적용하지 아니한다.

1. 의사록에는 의사의 경과, 주요논의내용 및 결과를 기재하고 의장 및 출석한 이사와 감사가 기명날인하여야 한다.
2. 의사록은 조합등 사무소에 비치하여 조합원등이 항시 열람할 수 있도록 하여야 한다.
3. 그 밖에 의사록의 작성 및 관리는 도시정비법령 및 정관등에 따른다.

제12장 보 칙

제33조(타법의 준용) 본 운영규정과 관련하여 도시정비법령 및 정관등에서 특별히 정한 경우를 제외하고는 이 규정에 따르며, 의사진행에 관하여 이 규정에서 정하고 있지 아니한 사항은 의사진행의 일반원칙과 관례에 따른다.

제34조(이사회의 준용) 본 운영규정은 대리인·서면결의서에 관한 사항을 제외하고 이사회에 준용할 수 있다.

부 칙

이 의사진행 표준운영규정은 정관등에서 정하는 절차와 방법에 따라 대의원회등에서 의결한 날로부터 시행한다.

서울시 조합설립 지원을 위한 업무기준

서울시고시 제2016-354호

공공지원에 의하여 추진위원회를 구성하지 않고 조합을 설립하는 경우 도시정비법 제13조제6항, 같은 법 시행령 제22조의2제6항 및 서울시 도시정비조례 제50조의3에 따른 서울시「조합설립 지원을 위한 업무기준」을 다음과 같이 고시합니다.

2016년 11월 10일
서 울 특 별 시 장

「부산광역시 공공지원 조합설립기준(2017.1.18)」과 비교하였다.

제1장 총 칙

제1조(목적) 이 기준은 도시정비법 제13조 및 서울시 도시정비조례 제50조의3에 따른 공공지원에 의한 추진위원회 구성을 생략하고 조합을 설립하는 방법 및 절차 등에 관한 필요한 사항을 규정함을 목적으로 한다.

도시정비법 제13조제6항→제31조제4항, 동법 시행령 제22조의2제6항→제27조제6항, 서울특별시 도시정비조례 제50조의3(공공관리에 의한 조합설립 방법 및 절차 등)→제82조로 바뀌었다.

부산광역시는 도시정비법 제31조제4항 및 도시정비조례 제62조를 그 근거로 하고 있다.

◉ 서울시 도시정비조례 제82조(공공지원에 의한 조합설립 방법 및 절차 등) 관련

서울시는 정비계획 입안동의서 양식에 '조합 직접설립 여부'를 묻는 의견조사란을 두어 표기하게 하고 있음. 또한, 공공지원 조합직접설립 안내자료 및 주민설명회 등을 통해서 주민의견조사 결과 찬성 75%를 예산지원 기준으로 제시하고 있음.

1) 정비계획 입안동의서의 '조합직접설립'에 토지등소유자의 과반수~75% 미만이 찬성한 경우에는 공공의 예산지원 없이 조합직접설립 업무에 착수한다는 것인지, 추진위원회를 먼저 구성한 후 조합설립을 해야 하는지?

2) 위 Q1 중 공공의 예산지원을 받지 못한 상태에서 조합설립 지원 정비사업전문관리업자 선정 등의 절차 및 지원은 어떤 식으로 가능한지?

3) 위 Q1 중 공공지원에 의한 추진위원회 구성 예산편성과 정비업체 선정 등의 절차로 전환되는지, 추진위 구성에 대한 공공지원 여부를 구청의 재량권으로 결정하게 되는지?

🅐 서울시 도시정비조례 제82조에는 따르면, 정비계획 입안 시 토지등소유자의 과반수가 추진위원회 구성단계 생략을 원하는 경우, 조합직접설립을 추진할 수 있으며, 3/4 이상의 찬성이 있는 경우 서울시의 공공지원에 의한 조합설립지원이 가능함.

다만, 조합직접설립에 대한 찬성이 토지등소유자의 과반수이상 3/4 이하인 경우 당해 사업지의 현황, 사업 추진여부 등을 종합적으로 검토하여 자치구청장이 조례에 의한 공공지원 가능 여부를 결정할 수 있음

서울시 도시정비조례 제82조에는 따르면, 정비계획 입안 시 토지등소유자의 과반수가 추진위원회 구성 단계 생략을 원하는 경우, 조합직접설립을 추진할 수 있으며, 3/4 이상의 찬성이 있는 경우 서울시의 공공지원에 의한 조합설립지원이 가능함.

다만, 조합직접설립에 대한 찬성이 토지등소유자의 과반수이상 3/4 이하인 경우 당해 사업지의 현황, 사업 추진여부 등을 종합적으로 검토하여 자치구청장이 조례에 의한 공공지원 가능 여부를 결정할 수 있음(서울시 주거정비과 2023.8.4)

※ 서울시 도시정비조례[시행 2025.1.3] [조례 제9487호, 2025.1.3, 타법개정]

제82조(공공지원에 의한 조합설립 방법 및 절차 등) ① 시장은 법 제31조제4항 및 영 제27조제6항에 따라 추진위원회를 구성하지 아니하는 경우에 조합설립 방법 및 절차 등에 필요한 사항을 다음 각 호의 내용을 포함하여 고시하여야 한다.

1. 토지등소유자의 대표자 등 주민협의체 구성을 위한 선출방법
2. 참여주체별 역할
3. 조합설립 단계별 업무처리 기준
4. 그 밖에 조합설립 업무지원을 위하여 필요한 사항

② 구청장은 제7조제12호에 따라 토지등소유자의 과반수가 추진위원회 구성 단계 생략을 원하는 경우 제1항에 따른 방법과 절차 등에 따라 조합을 설립하여야 한다.

🅠 조합직접설립제도 관련 추진위원회 생략 의견조사 동의율 등 지원기준은?

🅐 도시정비법 제118조에는 "구청장은 정비사업의 투명성 강화 및 효율성 제고를 위해 시 조

례로 정하는 정비사업에 대하여 사업시행 과정을 지원할 수 있으며, 공공지원에 필요한 비용은 구청장이 부담하되, 서울시장은 관할구역의 구청장에게 시 조례로 정하는 바에 따라 그 비용의 일부를 지원할 수 있다."고 규정하고 있음.

조합직접설립 지원기준 관련, 공공지원자인 자치구청장은 정비계획입안 동의서 징구 시 추진위원회 구성을 생략하고 조합직접설립 추진에 대하여 토지등소유자 1/2 이상이 동의할 경우, 조합직접설립을 위한 정비업자 선정 등을 공공지원할 수 있으며, 서울시 조합직접설립 보조금 지원기준인 75% 이상 동의가 있는 경우에는 서울시 도시정비조례 제84조의 비용지원 등에서 정하는 범위에서 시 보조금을 지원받을 수 있음.

참고로, 우리 시는 조합직접설립제도를 홍보하고 정비사업에 대한 토지등소유자의 궁금증을 해소하고자 「찾아가는 현장상담소 제도」를 운영하고 있으며, 자치구에서 요청 시 코디네이터 등 현장지원단을 파견하여 주민설명회 등을 추진하고 있음(서울시 주거정비과 2023.9.21)

제2조(용어의 정의) 이 기준에서 사용하는 용어의 정의는 다음과 같다.
　1. "조합설립주민협의체"란 정비구역 고시 후 조합설립을 위하여 토지등소유자, 공공지원자, 변호사 등으로 구성되어 주민의견 수렴 등 창립총회 개최 준비업무를 지원하는 조직을 말한다.

cf 부산광역시

제2조(용어의 정의) 이 기준에서 사용하는 용어의 뜻은 다음과 같다.
　1. "조합설립 주민협의체"란 정비구역 고시 후 조합설립을 위하여 주민협의체 위원장·부위원장, 주민협의체 위원, 공공지원자, 변호사, 감정평가사 등으로 구성되어 주민의견 수렴 등 조합설립을 위한 창립총회 개최 준비업무를 지원하는 조직을 말한다.
　2. "주민대표"란 「부산광역시 도시정비조례」(이하 "조례") 제47조제1항에 따라 추진위원회를 구성하지 아니하고 조합설립 업무를 추진하기 위하여 공공지원자에게 지원을 요청하는 자를 말한다.

　부산광역시는 추진위원회를 구성하지 아니하고 조합설립 업무를 추진하기 위하여 공공지원자에게 지원을 요청하는 자를 대표자로 정의하고, 제7조에서 토지등소유자 과반수 동의를 받아 공공지원자에게 공공지원 가능여부를 협의하게 된다.

Q 추진위원회 구성·승인 이전에는 도시정비법 제21조(정비구역등의 직권해제)에 따라 토지등소유자 30% 이상의 동의로 정비구역의 해제를 요청할 수 있음. 이와 관련, 조합(직접)설립 추진구역은 추진위원회 구성을 생략하지만 주민협의체를 구성하는바,
주민협의체를 추진위원회와 동일하게 볼 수 있는지, 상기 규정을 적용할 수 없는지?

A 도시정비법 제21조제1항제3호에 따르면 토지등소유자의 30/100 이상이 정비구역등(추진위원회가 구성되지 아니한 구역으로 한정함)의 해제를 요청하는 경우 지방도시계획위원회의 심의를 거쳐 정비구역등을 해제할 수 있다고 규정하고 있음
한편, 공공지원에 의하여 추진위원회를 구성하지 않고 조합을 설립하는 경우 도시정비법 제31조제4항, 시행령 제27조제6항 및 서울시 도시정비조례 제82조에 따른 서울시 「조합설립 지원을 위한 업무기준」에 따라 주민협의체를 구성토록 규정하고 있음
추진위원회는 도시정비법 제31조(추진위원회 구성·승인)제1항 내지 제3항을 근거로 하고 있고, 주민협의체는 도시정비법 제31조제4항에 따른 추진위원회를 구성하지 아니할 경우 조합설립 방법 및 절차에 따라 구성하는바, 주민협의체를 추진위원회로 동일하게 볼 수 없음.
또한, 추진위원회가 구성되지 아니한 구역은 도시정비법 제21조제1항제3호를 적용할 수 있음(서울시 주거정비과 2022.11.24)

2. "위원장"이란 조합설립 주민협의체 위원장으로 토지등소유자가 아닌 공공지원자, 변호사·건축사·도시계획기술사·공무원(현직 제외)등의 전문가(정비사업에 3년 이상 유경험자)를 말한다.
3. "부위원장"이란 조합설립주민협의체 부위원장으로 토지등소유자가 선출한 주민대표를 말한다.

Q 1. 조합설립주민협의체 위원장을 주민이 투표하여 직접 선출할 수 있는지?
Q 2. 조합설립주민협의체 부위원장의 조합장 출마자격이 제한될 수 있는지?

A 조합설립주민협의체 위원장은 토지등소유자가 아닌 변호사 등 전문가 중에서 공공지원자인 자치구청장이 위촉한다고 정하고 있고, 그 방법 및 절차에 대하여는 별도로 규정하고 있은데, 주민투표로 직접 선출 가능여부에 대하여는 관할 자치구청장에 문의바람.
조합장은 조합을 대표하는 자로, 도시정비법 제41조 및 제43조에는 조합임원의 자격요건 및 결격사유를 정하고 있으며, 「서울시 정비사업 표준선거관리규정」 별표 제6조에는 임원 및 대

의원선거에 입후보자에 대한 피선거권을 정하고 있음 따라서, 주민협의체 부위원장이 도시정비법상의 조합임원 자격요건을 갖추고 선거관리규정에서 정하는 피선거권이 있는 경우에는 조합장 출마가 가능할 것으로 사료됨(서울시 주거정비과 2023.10.5)

4. "위원"이란 조합설립주민협의체 구성을 위하여 공공지원자가 선임한 자를 말한다.

제3조(법령준수의무) 이 기준에 따른 업무수행 주체인 조합설립주민협의체(이하 "주민협의체")와 공공지원자 등은 도시정비법(이하 "법"), 「도시재정비 촉진을 위한 특별법」, 그 밖의 정비사업에 관하여 규정된 법령을 준수하여야 한다.

제4조(토지등소유자의 권리) 토지등소유자는 제3조에 의한 법령이 정하는 범위에서 주민협의체의 의사결정과 관련하여 의견을 제출할 수 있다.

제2장 공공지원자

제5조(조합설립계획 수립 및 공고 등) ① 공공지원자는 당해 구역의 조합을 설립하고자 하는 경우 조합설립계획을 수립하여 서울시 클린업시스템(이하 "홈페이지")에 공고하여야 한다.

부산광역시는 제4조에서 서울특별시와 달리 "운영계획 수립 등"이란 제명으로 하였다.

② 제1항에 따른 공고에는 다음의 사항이 포함되어야 한다.
1. 구역의 명칭, 면적, 토지등소유자 수 등 사업개요
2. 조합설립 일정(기간)
3. 조합설립주민협의체 구성 및 운영 등
4. 소요예산
5. 그 밖에 필요한 사항

부산광역시 제5조제2항에는 서울특별시와 달리, "주민설명회 일정, 그 밖에 조

합설립에 관하여 필요한 사항"이 추가되어 있다.

창신동 23일대 주택정비형 재개발구역 조합설립계획 공고
정비구역 지정 및 정비계획 결정 고시(서울시고시 제2024-623호, 2024.12.19)된 우리 구 창신동 23-2번지 일대 "창신동 23일대 주택정비형 재개발구역"에 대하여 「서울시 도시정비조례」 제82조 및 「조합설립 지원을 위한 업무기준」(서울시고시 제2016-354호, 2016.11.10) 제5조에 따라 다음과 같이 공공지원 조합설립계획을 공고합니다.

2025년 1월 23일
서울특별시 종로구청장

1. 사업개요
가. 구역명: 창신동 23일대 주택정비형 재개발구역
나. 면적: 64,822.4㎡
다. 토지등소유자 수: 342명
2. 조합설립기간: 2024.12. ~ 2025.10.
※ 조합설립동의서 징구 진행 상황 등에 따라 변동될 수 있음
3. 조합설립주민협의체 구성 및 운영
가. 위원장(외부전문가): 1명(공공지원자가 위촉)
나. 부위원장(주민대표): 1명(토지등소유자가 선거를 통해 선임)
다. 위 원: 토지등소유자 1/20 이상(공공지원자가 선임)
라. 업무 및 운영: 「조합설립 지원을 위한 업무기준」 제13조제1항 각 호의 업무를 수행하며 같은 업무기준 제14조 등에 따라 운영
4. 소요예산: 금209,900,000원
5. 그 밖에 필요한 사항: 붙임 '조합설립계획' 참조
※ 기타 자세한 사항은 종로구청 도시개발과로 문의바랍니다.
붙임 조합설립계획 1부. 끝.

cf 부산광역시
서울특별시와 달리 제5조(비용 부담)이란 규정을 두었다.

제5조(비용 부담) ① 공공지원자는 조합설립에 필요한 다음 각 호의 비용에 대하여 예산의 범위에서 부담할 수 있다.

1. 제7조에 따른 조합설립 주민협의체 및 제15조에 따른 선거관리위원회 운영경비 등
2. 제10조제1호에 따른 개략적 추정분담금 산정 비용
3. 법69조제1항제4호에 따른 정비사업전문관리업자 위탁비용
4. 제15조제7항에 따른 조합의 임원·대의원 등 선출에 대한 선거관리비용
5. 제16조에 따른 창립총회 개최 비용

② 시장은 제1항에 따른 공공지원자의 비용 부담에 대한 기준을 별도로 정할 수 있다.

제6조(정비사업전문관리업자의 선정 등) ① 공공지원자는 조합설립 지원을 정비사업전문관리업자에게 대행토록 할 수 있다. 이 경우 대행업무는 용역수행 과업내용서에따른다.

② 공공지원자가 정비사업전문관리업자를 선정할 경우에는 「서울시 공공관리(지원) 정비사업전문관리업자 선정기준」에 따른다.

③ 정비사업전문관리업자는 공공지원 조합설립 업무를 대행함에 있어 특정인 또는 특정집단에 유리하게 하거나 금전·물품·향응 기타 재산상의 이익을 제공하거나 제공의사를 표시하거나 제공을 약속하는 행위를 하여서는 아니 된다.

제7조(위원의 해촉 등) ① 공공지원자는 위원장이 직무유기 및 태만 또는 관계 법령 위반 등 해당 직무를 수행할 수 없다고 판단될 경우, 즉시 해촉을 명할 수 있다.

② 부위원장 및 위원(이하 "위원 등")이 다음 각 호의 해당하는 경우에는 그 직위를 해촉한다.

1. 질병이나 해외여행 등으로 3개월 이상 임무를 수행하기 어려운 경우
2. 자진사퇴를 원하는 경우
3. 사전선거운동 또는 특정인이나 집단을 추대·구성 등의 행위와 이를 자처하는 행위등 주민협의체 구성 취지나, 목적 등에 반하는 행위를 하였을 경우
4. 기타 회의 시 진행방해 등으로 그 직무를 수행하기 어렵다고 판단되는 경우

③ 위원 등이 궐위된 경우에는 제8조제2항 내지 제4항에 따라 공공지원자가 즉시 선임한다.

서울특별시 제7조(위원의 해촉 등) 제명 대신, 부산광역시는 제9조(위원의 권리 등)이란 제명을 두었다.

cf 부산광역시

제9조(위원의 권리 등) ① 위원은 서로 평등하며 조합설립 주민협의체 회의 시 의사표현은 자유로우나 조합설립 준비와 관련된 내용이어야 한다.
② 조합설립 주민협의체 운영 기간 중 다음 각 호에 해당하는 경우에는 위원장은 조합설립 주민협의체 의결을 거쳐 해당 위원을 해촉한다.
  1. 질병이나 해외여행 등으로 2개월 이상 임무 수행이 어려운 경우
  2. 위원 스스로가 사퇴를 원하는 경우
  3. 사전 선거운동 또는 특정인이나 집단을 추대·구성 등의 행위와 이를 자처하는 행위 등 조합설립 주민협의체의 구성 취지·목적 등에 반하는 행위를 하였을 경우
  4. 그 밖에 회의 시 진행 방해 등으로 조합설립 주민협의체의 기능 수행에 장애가 되어 그 직무를 수행하기 어렵다고 판단되는 경우
③ 위원이 궐위된 경우에는 위원장이 즉시 후임 위원을 선정한다. 이 경우 제7조제2항제3호를 고려하되 미리 공공지원자와 협의하여야 한다.

제3장 조합설립주민협의체

제8조(주민협의체 구성 등) ① 조합설립추진위원회를 생략하고 조합설립 업무를 추진하고자 하는 경우 주민협의체를 둔다. 당해 주민협의체의 명칭은 "○○정비구역 조합설립주민협의체"라 한다.

부산광역시 도시정비조례 제62조제1항제3호에 따라 추진위원회를 구성하지 아니하고 조합설립 업무를 추진하기 위하여 공공지원자에게 지원을 요청하는 자인 주민대표로 정의하고, 제7조에서 토지등소유자 과반수 동의를 받아 공공지원자에게 공공지원 가능여부를 협의하도록 하였다.

cf 부산광역시

제7조(조합설립 주민협의체 구성 등) ① 추진위원회를 구성하지 아니하고 조합설립 업무를 추진하고자 하는 <u>주민대표는 토지등소유자의 과반수의 동의를 받아 공공지원자에게 공공지원 가능 여부를 다음 각 호의 서류를 첨부하여 협의</u>하여야 하며 공공지원자는 협의일부터 30일 이내에 공공지원 여부를 결정하여 주민대표에게 회신하여야 한다.

1. 별지 제1호서식에 따른 추진위원회 구성없이 조합설립에 관한 동의서
2. 별지 제3호서식에 따른 동의 총괄표

② 주민협의체 위원장은 제2조제2호에 따른 전문가 중에서 정비구역 내의 토지등소유자가 아닌 자로 공공지원자가 위촉한다.

서울특별시는 주민협의체 위원장을 위촉하는 규정을 두지 않고 있다.

반면, 부산광역시는 공공지원자인 자치구청장에게 주민대표의 주민협의체 구성(안)이 제출된 때에는 주민협의체를 구성하도록 하였다.

cf 부산광역시

제7조(조합설립 주민협의체 구성 등) ② 주민대표는 제1항에 따라 공공지원이 결정되었을 경우 다음 각 호의 서류를 첨부하여 공공지원자에게 조합설립 주민협의체 구성을 요청하여야 한다. 이 경우 조합설립 주민협의체 구성 명칭은 "○○정비사업 조합설립 주민협의체(안)"으로 한다.

1. 별지 제2호서식에 따른 정비사업 조합설립 주민협의체 구성 동의서(동의서는 지장을 날인하고 자필로 서명하는 서면동의의 방법에 따르며 주민등록증, 여권 등 신원을 확인할 수 있는 신분증명서 사본 첨부)
2. 별지 제3호서식에 따른 동의 총괄표
3. 조합설립 주민협의체 위원장, 부위원장 및 위원 명부(위원장과 부위원장 각 1명을 포함하여 9명 이상 17명 이하의 위원으로 구성하되, 주거 유형 및 동별, 통·반별, 가구별 세대수 및 시설의 종류, 토지면적등을 고려하여 구역 내 의견을 대표할 수 있는 자를 선정)
4. 제1항에 따른 공공지원 가능 여부 협의 공문 사본

③ 공공지원자는 조합설립 주민협의체 구성(안)이 제출된 때에는 조합설립 주민협의체를 구성하고 주민대표에게 통보하여야 한다. 이 경우 조합설립 주민협의체의 명칭은 "○○정비사업 조합설립 협의체"라 한다.

④ 공공지원자는 다음 각 호의 위원으로 조합설립 주민협의체를 구성하여야 한다.
 1. 주민대표가 구성한 위원장, 부위원장, 위원
 2. 공공지원자는 변호사, 감정평가사, 정비사업 전문가 등의 외부위원을 5명 이내로 선정한다. 이 경우 필요한 경우 주민대표와 협의하여 위원을 선정할 수 있다.
 3. 제2호에 따른 외부위원을 선임할 때에는 도시정비법 시행령 제33조의2제1항을 준용하여 선정할 수 있다.

⑤ 위원장 부재 또는 궐위 시에는 부위원장, 외부위원을 제외한 위원 중 연장자 순으로 그 직무를 대행한다.

⑥ 공공지원자는 조합설립 주민협의체가 구성되는 날부터 7일 이내에 해당 구·군 홈페이지 및 시장이 구축한 정비사업 통합홈페이지 등에 공고하여야 한다.

⑦ 공공지원자는 위원장과 위원 등의 회의 참석 수당 등을 지급할 수 있다.

⑧ 부위원장은 당해 구역 토지등소유자가 선거를 통하여 당선된 주민대표자로 선임한다. 이 경우 서면 및 현장투표의 방법을 통해 후보자 중 다득표자를 주민대표로 선출(단일후보자인 경우 찬반투표)하며, 전체 토지등소유자의 과반수가 참여하여야 한다.

서울시 마포구 공고 제2025-118호
공덕7 주택정비형 재개발구역 조합설립주민협의체 부위원장 선거 선거인명부 열람공고(정정)

우리 구 공덕동 115-97번지 일대『공덕7 주택정비형 재개발구역』에 대하여 서울시 도시정비조례 제82조 및 '조합설립 지원을 위한 업무기준'(서울시고시 제2016-354호, 2016.11.10) 제8조제3항에 따른 조합설립주민협의체 구성을 위한 부위원장 선거를 위해 선거인명부 열람에 관한 사항을 [서울시 마포구공고 제2024-1884호(2024.12.27)] 공고하였으나, 열람 기간 변경사항이 있어 다음과 같이 정정

공고합니다.

2025년 1월 20일
마 포 구 청 장

1. 열람기간: 생략
2. 열람장소: 생략
3. 열람내용: 생략

④ 위원은 당연직인 주민협의체 부위원장을 포함하여 토지등소유자의 1/20 이상으로 하되 토지등소유자가 1/20이 50인을 넘는 경우에는 토지등소유자의 1/20 범위 안에서 50인 이상으로 구성할 수 있으며, 최소인원은 10명 이상으로 하며 주거유형 및 동별, 통·반별, 가구별 세대수 및 시설의 종류, 토지면적 등을 고려하여 구역 내 의견을 대표할 수 있는 자로 공공지원자가 선임한다. 다만, 모집인원 초과 시 공고문에 따라 연장자순 또는 공개추첨을 통해 선정할 수 있다.

⑤ 공공지원자는 주민협의체 회의 안건에 따라 변호사·감정평가사·설계업자·정비사업전문관리업자 등의 외부전문가를 회의에 참여하도록 할 수 있으며, 이 경우 외부전문가에게 의결권은 부여되지 아니 한다.

서울시 관악구공고 제2025-245호

[신림7구역 주택정비형 재개발사업] 조합직접설립 주민협의체 위원장(외부전문가) 모집 공고

신림7구역 주택정비형 재개발사업 조합직접설립 주민협의체 구성을 위해 서울시 도시정비조례 제82조 및 '조합설립 지원을 위한 업무기준(서울시고시 제2016-354호)' 제8조에 따라 위원장(외부전문가) 선정을 위하여 공개 모집하오니 성실하고 유능한 분들의 많은 참여 바랍니다.

2025년 2월 3일
서울특별시 관악구청장

1. 모집 기간

2025.2.3(월) ~ 2.7(금) 10:00 ~ 17:00

※ 단, 점심시간(12:00~13:00)은 접수 불가

2. 접수 장소

  가. 서울시 관악구 관악로 145, 본관 6층 주택과

  나. 이메일(psangwoo@ga.go.kr)

  ※ 우편등기(등록마감일 도착분까지) 및 현장 방문, 이메일 접수

3. 선정 개요

  가. 선정분야: 신림7구역 주택정비형 재개발사업 주민협의체 위원장

  나. 선정인원: 1명

  다. 근무기간: 선정일부터 조합설립인가 시까지

  라. 선정방법: 서류심사 및 선정위원회 면접

⑥ 위원장 부재 또는 궐위 시 공공지원자는 지체 없이 외부전문가를 임시위원장으로 선임하여야 한다.

⑦ 주민협의체 회의의 개최 및 운영 등에 대하여 공공지원자가 선정한 정비사업전문관리업자의 지원을 받을 수 있다.

⑧ 공공지원자는 위원장과 위원 등의 참석수당을 지급할 수 있으며, 회의 참석수당의지급 요건은 회의 개시때부터 회의 종료때까지의 참석인원에 한한다.

⑨ 제5항 및 제11조제2항에 따라 회의에 참석하는 외부전문가는 회의수당에 준하여수당을 지급할 수 있다. 다만, 회의참석이 용역 등에 따른 업무에 해당하는 경우는 지급하지 아니 한다.

Q 「조합설립 지원을 위한 업무기준」 제8조에 따른 '조합설립주민협의체'를 도시정비법 제31조제1항의 '추진위원회' 또는 제47조제3항의 '주민대표회의'와 같은 승인받은 추진단체로 볼 수 있는지?

A 도시정비법 제25~제27조에서는 재개발·재건축의 사업방식에 따른 사업시행자에 대한 사항을 정하고 있고, 공공지원의 대상사업은 법 제25조와 서울시 도시정비조례 제73조에 따라 '조합이 시행하거나 조합이 건설업자 또는 등록사업자와 공동으로 시행하는 정비사업으로, 법 제16조에 따라 정비구역의 지정·고시가 있은 날 당시 토지등소유자의 수가 100명 미만이고, 주거용 건축물의 건설비율이 50% 미만인 도시정비형 재개발사업은 제외한다.'고 규정하고 있음.

「조합설립 지원을 위한 업무기준」은 서울시 조례 제31조제4항, 같은 법 시행령 제24조제6항 및 조례 제82조의3에 근거하여 공공지원에 의한 조합설립추진위원회 구성을 생략하고 조합을 직접 설립하는 방법 및 절차 등에 관한 필요한 사항을 규정하고 있고, 업무기준 제8조제1항에는 추진위원회를 생략하고 조합설립 업무를 추진하고자 하는 경우 '조합설립주민협의체'를 구성하여야 하며, 공공지원자는 제5조에 따라 조합설립주민협의체 구성 및 운영 등에 관한 사항을 포함하여 조합설립계획 수립 및 공고하여야 한다고 규정하고 있음.

「조합설립 지원을 위한 업무기준」의 '조합설립주민협의체'는 도시정비법 제31조제4항에 근거하여 공공지원자이자 조합설립인가권자인 구청장이 추진위원회 구성을 생략하고 조합직접설립을 위해 구성하는 협의체를 말하며, 도시정비법 제31조제1항의 '추진위원회'는 추진위원회 구성을 생략하지 않는 경우에 구청장의 승인으로 구성되는 위원회를 말함. 또한, 법 제47조제3항의 '주민대표회의'는 조합을 설립하지 않고 구청장이나 토지주택공사 등의 사업시행을 원하는 경우에 구청장의 승인을 받아야 하는 주민대표기구를 말함(서울시 주거정비과 2024.1.10).

Q 신속통합기획 취지 및 신속통합기획은 조합직접설립 제도로만 진행해야 하는지?

A 신속통합기획은 정비계획 수립단계에서 서울시가 공공성과 사업성의 균형을 이룬 가이드라인을 제시함으로써 정비계획 수립기간을 단축하여 신속한 사업추진을 지원하는 공공지원 계획을 말하며, 조합직접설립 제도는 공공지원자인 구청장이 정비계획 입안단계 및 구역지정 이후 추진위원회 단계 생략 의견조사를 통하여 직접 조합설립을 지원함으로써 신속한 정비사업으로 비용절감 및 사업기간 단축이 가능하도록 하는 제도임.

조합직접설립은 토지등소유자 과반수가 추진위원회 구성생략을 원하는 경우에 추진하는 사항으로, 신속통합기획이라고 해서 반드시 조합직접설립으로 진행해야만 하는 사항은 아님(서울시 주거정비과 2023.12.21)

Q 신탁방식과 조합직접설립방식 정비사업 추진은?

A 도시정비법 제27조제1항제3호에는 구청장은 재개발사업이 제35조에 따른 정비사업의 조합설립을 위한 동의요건 이상에 해당하는 자가 신탁업자를 사업시행자로 지정하는 것에 동의하는 때에는 신탁업자를 사업시행자로 지정하여 정비사업을 시행하게 할 수 있다고 규정하고 있음.

아울러, 제31조제4항에는 정비사업에 대하여 제118조에 따른 공공지원을 하려는 경우에는 추진위원회를 구성하지 아니할 수 있다고 규정하고 있고, 서울시 도시정비조례 제82조제2항에는 구청장은 토지등소유자의 과반수가 추진위원회 구성 단계 생략을 원하는 경우 제1항에 따른 방법과 절차 등에 따라 조합을 설립하여야 한다고 규정하고 있음.

토지등소유자 과반수가 조합직접설립을 원하는 경우에는 공공지원자인 구청장은 조합설립을 하여야 하며, 이를 위해 정비업자 선정용역 등 공공지원을 하여야 함. 다만, 토지등소유자 75%가 동의하는 경우에는 공공지원자는 자치구 재정여건에 따라 70% 이내에서 서울시 보조금을 교부받을 수 있음.

따라서, 동일한 정비구역 내에서 신탁방식으로 추진할지, 조합방식으로 추진할지에 대하여는 주민의견조사 및 공공지원 여부 등을 종합적으로 고려하여 조합설립인가권자이자 공공지원자인 구청장이 판단할 사항임(서울시 주거정비과 2023.11.8).

제9조(표준안 공고 등) 주민협의체는 조합설립을 위한 창립총회 안건으로 다음 각 호의 사항이 포함된○○조합업무규정(안) 등을 서울시 표준(안)으로 홈페이지 등에 공고하여야 한다.

　1. 행정업무규정
　2. 예산·회계규정
　3. 선거관리규정
　4. 그 밖에 필요한 규정

제10조(결격사유 등) ① 다음 각 호의 하나에 해당하는 자는 위원 등이 될 수 없다.
　1. 미성년자·금치산자·한정치산자
　2. 파산자로서 복권되지 아니한 자
　3. 금고 이상의 실형의 선고를 받고 그 집행이 종료(종료된 것으로 보는 경우를 포함한다)되거나 집행이 면제된 날부터 2년이 경과되지 아니한 자
　4. 금고 이상의 형의 집행유예를 받고 그 유예기간 중에 있는 자
　5. 이 법을 위반하여 벌금 100만 원 이상의 형을 확정판결 받은 날로부터 5년이 지나지 아니한 자

제5호인 '5년이 지나지 아니한 자"는 2019.4.23 법 개정으로 "10년이 지나지 아니한 자"로 바뀌었으며, 제6호는 2023.7.18 법 개정으로 추가되었다.

도시정비법

제43조(조합임원 등의 결격사유 및 해임) ① 다음 각 호의 어느 하나에 해당하는 자는 조합임원 또는 전문조합관리인이 될 수 없다. <개정 2019.4.23, 2020.6.9, 2023.7.18>

1. 미성년자·피성년후견인 또는 피한정후견인
2. 파산선고를 받고 복권되지 아니한 자
3. 금고 이상의 실형을 선고받고 그 집행이 종료(종료된 것으로 보는 경우를 포함한다)되거나 집행이 면제된 날부터 2년이 지나지 아니한 자
4. 금고 이상의 형의 집행유예를 받고 그 유예기간 중에 있는 자
5. 이 법을 위반하여 벌금 100만원 이상의 형을 선고받고 10년이 지나지 아니한 자
6. 제35조에 따른 조합설립 인가권자에 해당하는 지방자치단체의 장, 지방의회 의원 또는 그 배우자·직계존속·직계비속

② 위원 등이 제1항 각 호의 하나에 해당하게 되거나 선임 당시 그에 해당하는 자이었음이 판명된 경우 당연퇴임한다.
③ 제2항에 의하여 퇴직한 위원 등이 퇴직 전에 관여한 행위는 그 효력을 잃지 아니한다.

제11조(위원장의 직무) ① 위원장은 주민협의체를 대표하고, 주민협의체의 업무를 총괄한다.
② 위원장은 필요할 경우 설계업자·정비사업전문관리업자·감정평가사 등 정비사업 분야별 외부 전문가를 주민협의체 회의에 참석시켜 의견을 들을 수 있으며, 이 경우, 사전에 공공지원자에게 알리어 회의 시 참여하도록 하여야 한다.

부산광역시와 달리, 서울특별시는 제11조제2항에서 후단인 "사전에 공공지원

자에게 알리어 회의 시 참여하도록 하여야 한다."는 규정을 두고 있다.

cf 부산광역시

제8조(위원장의 직무) ② 위원장은 필요할 경우 정비사업 분야별 전문가를 조합설립 주민협의체 회의에 참석시켜 의견을 들을 수 있다.

③ 위원장은 주민협의체 운영과 회의개최 등 직무수행에 대하여 공공지원자가 선정한정비사업전문관리업자의 지원을 받을 수 있다.

제12조(주민협의체 위원의 직무 등) ① 위원 등은 위원장을 보좌하고, 회의에 부의된사항을 심의·의결한다.

② 위원 등은 동일한 목적의 정비사업을 시행하는 다른 조합·추진위원회 또는 정비사업전문관리업자 등 관련 단체의 임원·위원 또는 직원을 겸할 수 없다.

제13조(주민협의체의 업무) ① 주민협의체는 다음 각 호의 업무를 수행한다.
1. 개략적 추정분담금 산정
2. 조합정관(안) 작성
3. 조합의 행정업무, 예산·회계, 선거관리규정(안) 등의 작성
4. 조합설립동의서 징구
5. 선거관리위원회 구성
6. 그 밖에 필요한 사항
② 제1항제2호, 제3호 등은 창립총회 처리안건으로 확정하고 결의한다.

서울특별시와 달리, 부산광역시 제10조(조합설립 주민협의체의 기능)에서는 "조합의 행정업무, 예산·회계, 선거관리규정(안) 등의 작성"을 업무 대상으로 하지 않았다.

제14조(회의소집 및 의결) ① 위원장 또는 공공지원자는 주민협의체 활동 등에 필요하다고 인정하는 때에는 주민협의체 회의를 개최하되, 7일 전에 위원 등에게

장소, 시간, 안건 등을 통보한다.

② 주민협의체는 재적위원 과반수 출석으로 개의하고, 출석위원 과반수 찬성으로 의결한다. 다만, 재적·출석위원은 토지등소유자에 한한다.

cf 부산광역시

제11조(회의 소집 및 의결) ① 위원장은 조합설립 주민협의체 활동 등에 필요하다고 인정하는 때에는 조합설립 주민협의체 회의를 개최하되, 7일 전에 위원들에게 장소, 시간, 안건 등을 <u>서면으로 통보</u>하여야 한다.

② 조합설립 주민협의체는 재적위원 과반수 출석으로 개의(위원장, 부위원장을 포함한다)하고, 출석위원 과반수 찬성으로 의결한다. <u>다만, 제9조제2항제3호 및 제4호의 위원에 대한 해촉의 경우에는 재적위원 2/3 이상의 찬성으로 의결한다.</u>

제15조(주민설명회 등) ① 위원장은 주민협의체 의사 결정사항에 대하여 홈페이지에 공고하고 14일 이상 주민들의 의견을 수렴해야 한다.

② 주민협의체는 제13조제1호부터 제3호까지의 개략적인 추정부담금 산정 등이 결정되면 주민설명회 등을 통해 이를 안내하고, <u>조합설립에 필요한 동의를 받기 전에 법 시행령 제27조의2 각 호에서 정하는 정보를 토지등소유자에게 제공하여야 한다.</u>

cf 부산광역시

제12조(주민설명회 등) ② 제10조제1호 및 제2호의 협의안이 결정되면 조합설립 주민협의체는 주민설명회 등을 통하여 토지등소유자에게 그 내용을 안내하여야 한다.

도시정비법 시행령 제27조의2→제32조(추정분담금 등 정보의 제공)으로 바뀌었다.

영 제32조(추정분담금 등 정보의 제공) 법 제35조제10항에서 "추정분담금 등 대통령령으로 정하는 정보"란 다음 각 호의 정보를 말한다. <개정 2022.12.9>

1. 토지등소유자별 분담금 추산액 및 산출근거

2. 그 밖에 추정 분담금의 산출 등과 관련하여 시·도조례[34]로 정하는 정보

제16조(관련 정보공개 등) ① 위원장 또는 공공지원자는 주민협의체 관련 자료가 작성되거나 변경된 후 15일 이내에 이를 토지등소유자가 알 수 있도록 홈페이지에 공개하여야 한다.
② 주민협의체 관련 자료를 토지등소유자가 열람·복사 요청을 한 경우 위원장 또는 공공지원자는 주민등록번호를 제외하고, 15일 이내에 그 요청에 따라야 한다. 이 경우 복사에 필요한 비용은 실비의 범위에서 청구인에게 부담시킬 수 있다.
③ 제2항에 따른 청구인은 제공받은 서류와 자료를 사용목적 외의 용도로 이용·활용하여서는 아니 된다.

제17조(조합 설립동의서 징구) ① 주민협의체는 법 제16조에 따라 토지등소유자들에게 조합설립동의서를 받아야 한다.

법 제16조→제35조(조합설립인가 등)로 바뀌었다.

② 주민협의체는 조합 설립동의서의 내용 및 징구 방법, 홍보 등에 대하여 공공지원자가 선정한 정비사업전문관리업자의 지원을 받을 수 있다.
③ 토지등소유자의 조합 설립동의 및 철회는 이 법에 따른다.

서울특별시와는 달리, 부산광역시는 창립총회를 위한 주민협의체에서의 선거관리

---

[34] 서울시 도시정비조례
제80조(조합설립 등의 업무지원) ① 추진위원장 또는 조합임원은 조합설립 동의 시부터 최초로 관리처분계획을 수립하는 때까지 사업비에 관한 주민 동의를 받고자 하는 경우에는 분담금 추정 프로그램에 정비계획 등 필요한 사항을 입력하고, 토지등소유자가 개략적인 분담금 등을 확인할 수 있도록 하여야 하며, 토지등소유자에게 개별 통보하여야 한다.
② 추진위원장 또는 조합임원은 토지등소유자에게 동의를 받고자 하는 사업비의 내용과 부합하게 자료를 입력하여야 한다.
③ 법 제27조제3항제2호에서 "그 밖에 추정분담금의 산출 등과 관련하여 시·도조례로 정하는 사항"과 영 제32조제2호에서 "그 밖에 추정 분담금의 산출 등과 관련하여 시·도조례로 정하는 정보"란 제2항에 따라 산출된 정보를 말한다.

위원회 구성 및 운영규정을 두고 있다.

cf 부산광역시

제15조(선거관리위원회 구성 및 운영) ① 조합설립 주민협의체는 제14조에 따른 조합설립동의서 징구가 완료되면 예비조합의 임원을 선출하기 위하여 6명 이상 10명 이하의 선거관리위원(이하 "선관위원")으로 구성된 선거관리위원회(이하 "선관위")를 둔다.

② 조합설립 주민협의체는 해당 정비사업 조합설립에 동의한 자 중에서 후보자를 등록받아 조합설립 주민협의체 의결을 통하여 선관위원을 선정 및 구성한다.

③ 선관위원의 임기는 창립총회에서 임원·대의원 선출과 관련하여 당선자 공고 후 10일까지로 한다. 다만, 임기일까지 이의 신청이 있는 경우 공공지원자가 인정하는 날을 임기 종료일로 한다.

④ 선관위 위원장은 선관위원 중에서 호선하여 선정한다.

⑤ 선관위 위원장은 선관위를 대표하고 선거와 관련하여 선관위를 소집할 수 있다.

⑥ 선관위는 재적 선관위원 과반수 출석으로 개의하고, 출석 선관위원 과반수 찬성으로 의결한다.

⑦ 선관위는 조합의 임원·대의원 등의 선출에 대하여 시장이 고시한 「부산광역시 정비사업 표준선거관리규정」에 따른다.

⑧ 선관위 위원장과 선관위원으로 선정된 자는 조합의 임원 및 대의원에 출마할 수 없다.

⑨ 공공지원자는 선관위위원장과 선관위원 등에게 회의 참석수당을 지급할 수 있다.

제4장 창립총회

제18조(창립총회의 소집 등) ① 주민대표자인 주민협의체 부위원장(이하 "주민대표")은 공공지원 창립총회의 소집권한을 갖는다.

② 주민대표는 공공지원 창립총회의 의장이 된다.

③ 주민대표가 다음 각 호에 해당하는 경우에는 선거관리위원장 또는 주민협의체에서 선임된 위원이 위의사무를 대신할 수 있다

1. 자진사퇴 또는 사망하였을 경우

2. 질병이나 해외여행 등으로 1개월 이상 임무를 수행하기 어려운 경우
3. 제7조에 의거 해촉된 경우

제19조(창립총회의 의결사항) 다음 각 호의 사항은 창립총회의 의결을 거쳐 결정한다.
1. 조합정관의 확정
2. 조합의 행정업무규정의 확정
3. 조합의 예산·회계규정의 확정
4. 조합선거관리규정의 확정
5. 조합임원의 선임
6. 대의원의 선임
7. 그 밖에 필요한 사항으로서 주민협의체 의결을 거친 사항

제20조(조합설립인가 신청) 조합설립인가의 신청은 법 제16조에서 정한 절차 및 방법에 따르며, 정관 등을 첨부하여 구청장에게 조합설립인가 신청서를 제출하여야 한다.

부 칙
이 기준은 고시한 날부터 시행한다.

서울시 공공관리(지원) 추진위원회 구성 선거관리기준

서울시고시 제2011-120호(제정 2011.5.6)
서울시고시 제2011-140호(개정 2011.6.2)

제1장 총 칙

제1조(목적) 이 기준은 도시정비법 제77조의4 및 서울시 도시정비조례 제47조35에 따라 구청장이 공공관리대상 정비사업의 추진위원회 구성 지원을 위하여 실시하는 추진위원장 및 감사 선거에 관한 선거관리기준을 규정함을 목적으로 한다.

도시정비법 제77조의4→제118조, 서울시 도시정비조례 제47조→제76조로 바뀌었다. 이 선거관리기준은 예비추진위원장, 예비감사를 선거하여, 이들이 추진위원회를 구성하려는데 그 목적이 있다.
「부산광역시 공공지원 추진위원회 구성 선거관리기준」(2017.4.5 개정고시)과 비교하였다.

Q 공공지원 정비사업 대상이나 정비구역 지정 이후, 「공공관리 추진위원회 구성 선거관리기준」에 의한 예비추진위원장 및 예비감사 선임 등의 절차를 이행하지 않고, 직접 동의서를 징구하여 추진위원회 설립 승인을 받을 수 있는지?
A 정비사업 공공지원제도는 서울시와 자치구가 정비사업 시행과정 전반에 걸쳐 투명하고 공정하게 정비사업을 추진하도록 행정·재정적으로 지원하는 제도를 말함.

---

35 서울시 도시정비조례[시행 2011.5.26.] [조례 제5102호, 2011.5.26 일부개정]
제47조(선거관리의 방법 등) 시장은 추진위원회 위원 또는 조합임원의 선거에 관하여 다음 각 호의 내용을 포함한
선거관리기준을 정할 수 있다. (신설 2010.7.15)
1. 선거관리위원회의 업무위탁에 관한 사항 (신설 2010.7.15)
2. 주민설명회 개최에 관한 사항 (신설 2010.7.15)
3. 입·후보자 등록공고 및 등록에 관한 사항 (신설 2010.7.15)
4. 합동연설회 개최에 관한 사항 (신설 2010.7.15)
5. 주민선거 실시에 관한 사항 (신설 2010.7.15)
6. 그 밖에 선거관리를 위하여 필요한 사항 (신설 2010.7.15)

도시정비법 제118조에는 "구청장은 정비사업의 투명성 강화 및 효율성 제고를 위하여 시 조례로 정하는 정비사업에 대하여 사업시행 과정을 지원하거나, 토지주택공사 등에 공공지원을 위탁할 수 있다."고 규정하고 있고,

서울시 조례 제73조의 공공지원 대상사업으로는 조합이 시행하는 정비사업(단, 토지등소유자의 수 100명 미만으로서 주거용건축물의 건설비율이 50% 미만인 도시정비형 재개발사업은 제외)을 말한다고 규정하고 있음.

질의하신 사항 관련, 「공공관리 추진위원회 구성 선거관리기준」은 구청장이 공공지원대상 정비사업의 추진위원회 구성지원을 위하여 실시하는 예비추진위원장, 예비감사의 선거 관한 선거관리기준을 규정한 사항으로, 공공지원대상 정비사업은 이 기준을 준수하여 추진위원회 구성 절차를 이행하여야 함(서울시 주거정비과 2024.1.5)

Q 신속통합기획 적용 재개발사업에서 후보지를 신청한 단체만 추진위원회를 구성할 수 있는지?

A 도시정비법 제118조에 따르면 자치구청장은 정비사업의 투명성 강화 및 효율성 제고를 목적으로 같은 조 제2항제1호(추진위원회 구성), 제6호(추진위원회 구성을 위한 위원 선출업무의 선거관리위원회 위탁)의 업무를 수행하며, 같은 조 제6항에서는 공공지원의 시행을 위한 방법과 절차, 기준 등에 필요한 사항은 시·도 조례로 정하도록 하고 있음.

그리고, 서울시 도시정비조례 제76조에 따라 추진위원회 위원 등 선출을 위해 선거관리기준을 정할 수 있어, '공공관리 추진위원회 구성 선거관리기준'을 고시하여 운용하고 있음. 따라서, 질의하신 사항은 상기 규정에 따라야 할 것으로 사료됨(서울시 주거정비과 2022.10.20)

Q 추진위원회 구성을 위한 예비추진위원(추진위원장, 감사) 선거를 동작구청에서는 7월에 '현장투표'로 실시하고자 하는데, 「공공관리 추진위원회 구성 선거관리기준」에 따라 다른 방법으로 실시할 수 없는지?

A 공공지원대상 정비사업의 추진위원회 구성방법은 도시정비법 제118조 및 서울시 도시정비조례 제75조에 의거 공공지원자인 구청장의 지원으로 공정하고 투명한 절차와 방법에 따라 구성되어야 하며,

이와 관련하여 우리 시에서는 정비사업의 투명성 강화와 효율성 제고, 선거의 공정성 확보 등을 위해 공공지원자(구청장)가 추진위원회 구성을 지원하기 위하여 실시하는 추진위원장 및 감사 선거에 관하여 「공공관리 추진위원회 구성 선거관리기준」을 고시한 바 있음

추진위원회 구성을 위한 예비추진위원장 및 예비감사 선거는 상기 규정에 적합하여야 함(서울시 주거정비과 2020.5.27)

Q 예비추진위원장의 추진위원회 구성 동의서 징구 관련 절차적 하자가 있는지?
A 「공공지원 추진위원회 구성 선거관리기준」 제1조에 따르면 이 기준은 구청장이 공공지원 대상 정비사업의 추진위원회 구성 지원을 위하여 실시하는 추진위원장 및 감사 선거에 관한 선거관리기준을 규정함을 목적으로 하고 있으며,
추진위원회 구성동의서 징구의 절차 및 방법에 관한 사항은 별도로 규정하고 있지 않음(서울시 재생협력과 2018.11.13).

제2조(용어의 정의) 이 기준에서 사용하는 용어의 정의는 다음과 같다.
  1. "선거"란 정비사업 추진위원회의 구성을 위한 예비추진위원장, 예비감사의 선거를 말한다.
  2. "관할 위원회"란 선거관리위원회법 제3조에 따라 정비구역 소재지를 관할하는 구 선거관리위원회를 말한다.
  3. "예비추진위원장"이란 구청장(이하 "공공관리자")이 추진위원회 구성을 지원하기 위한 추진위원장 선거에서 당선된 자를 말한다.

Q 예비추진위원장 피선거권은?
A 「공공관리 추진위원회 구성 선거관리기준」 제2조제3호에 "예비추진위원장"이란 구청장이 추진위원회 구성을 지원하기 위한 추진위원장 선거에서 당선된 자를 말하며,
같은 선거관리기준 제10조에 추진위원회설립에 동의한 자로 후보자등록일 기준으로 다음 각 호의 기준에 적합한 토지등소유자는 피선거권이 있다고 정하고 있음
1. 운영규정안 제15조제2항에 적합한 자
2. 추진위원회 운영규정 제2조제3항, 운영규정안 제16조제1항에 해당하지 않는 자(서울시 주거정비과 2024.4.22).

  4. "예비감사"란 공공관리자가 추진위원회 구성을 지원하기 위한 감사선거에서 당선된 자를 말한다.

5. "예비추진위원"이란 예비추진위원장이 추진위원회 구성을 위해 추진위원으로 추천한 자를 말한다.

예비추진위원은 선거로 뽑지 않고, 선정된 예비추진위원장이 향후 추진위원회 구성을 위해 추진위원으로 추천한 자이다.

6. "예비추진위원회"란 예비추진위원장, 예비감사 및 예비추진위원으로 구성된 추진위원회를 말한다.
7. "공직선거등"이란 「공직선거법」에 따른 공직선거, 「지방교육 자치에 관한 법률」에 따른 교육감선거, 「국민투표법」에 따른 국민투표, 「주민투표법」에 따른 주민투표, 「주민소환에 관한 법률」에 따른 주민소환투표를 말한다.

제3조(적용범위) 이 기준은 공공관리자가 추진위원회 구성을 지원하기 위한 선거에 적용한다. 추진위원회와 조합은 위원 또는 임원의 선거에 이 기준을 준용할 수 있다.

추진위원이나 조합임원의 선거기준으로 준용할 수 있도록 규정하고 있으나, 그 이후 서울시는 2015.5.7 서울시 정비사업 표준선거관리규정을 제정해 시행일로부터 1년 이내에 총회를 거쳐 이 규정에 적합하게 선거관리규정을 제·개정하도록 규정하였다.
서울시는 추진위원회 위원, 조합임원의 선출을 위하여 선거관리규정을 정할 수 있다는 조문을 근거로, ○○정비사업조합설립추진위원회 선거관리규정(예시)을 두었다.

제4조(선거인) ① 이 기준에서 "선거인"이란 선거가 실시되는 정비사업구역(이하 "당해구역") 내 토지등소유자를 말한다.

정비구역 지정·고시 이후에 예비추진위원장, 예비감사를 선정하게 되므로, 선거인은 정비구역 내 토지등소유자이다.

🆑 **부산광역시**

제4조(선거인) ① 이 기준에서 선거인은 선거가 실시되는 정비구역(이하 "해당구역")내 토지등소유자로서 선거인명부에 등재되어 있는 자를 말한다.

제1호인 재개발사업, 제2호인 재건축사업의 경우의 토지등소유자 수(토지면적도 이와 같다)의 산정 규정만 따르도록 하고, 철회 등 그 밖의 조문은 제외하고 있다.

② 토지등소유자 수 산정에 관한 사항은 도시정비법 시행령(이하 "영") 제28조제1항1호 및 제2호의 규정에 따른다.

구 도시정비법 시행령 제28조(토지등소유자의 동의자수 산정방법등) 제1호 및 제2호는 재개발사업(주택정비형, 도시정비형), 재건축사업의 동의자 수 선정방법을 말한다.
이 규정은 2018.2.9 도시정비법 전부개정 시행으로 현재 제33조로 변경되었다.

도시정비법 시행령[대통령령 제35083호, 2024.12.17 일부개정]
제33조(토지등소유자의 동의자 수 산정 방법 등) ① 법 제12조제2항, 제28조제1항, 제36조제1항, 이 영 제12조, 제14조제2항 및 제27조에 따른 토지등소유자(토지면적에 관한 동의자 수를 산정하는 경우에는 토지소유자를 말한다. 이하 이 조에서 같다)의 동의는 다음 각 호의 기준에 따라 산정한다. <개정 2023.12.5., 2024.3.19, 2024.12.17>
 1. 주거환경개선사업, 재개발사업의 경우에는 다음 각 목의 기준에 의할 것
 가. 1필지의 토지 또는 하나의 건축물을 여럿이서 공유하는 경우에는 해당 토지 또는 건축물의 토지등소유자의 3/4 이상의 동의를 받아 이를 대표하는 1인을 토지등소유자로 산정할 것
 나. 토지에 지상권이 설정되어 있는 경우 토지의 소유자와 해당 토지의 지상권자를 대표하는 1인을 토지등소유자로 산정할 것
 다. 1인이 다수 필지의 토지 또는 다수의 건축물을 소유하고 있는 경우에는 필지나 건축물의 수에 관계없이 토지등소유자를 1인으로 산정할 것. 다만, 재개발사업으로서 법 제25조제1항제2호에 따라 토지등소유자가 재개발사업을 시행하는 경우 토지등소유자가 정비구역 지정 후에 정비사업을 목적으로 취득한 토지 또는 건축물에

대해서는 정비구역 지정 당시의 토지 또는 건축물의 소유자를 토지등소유자의 수에 포함하여 산정하되, 이 경우 동의 여부는 이를 취득한 토지등소유자에 따른다.

　라. 둘 이상의 토지 또는 건축물을 소유한 공유자가 동일한 경우에는 그 공유자 여럿을 대표하는 1인을 토지등소유자로 산정할 것

　2. 재건축사업의 경우에는 다음 각 목의 기준에 따를 것

　가. 소유권 또는 구분소유권을 여럿이서 공유하는 경우에는 그 여럿을 대표하는 1인을 토지등소유자로 산정할 것

　나. 1인이 둘 이상의 소유권 또는 구분소유권을 소유하고 있는 경우에는 소유권 또는 구분소유권의 수에 관계없이 토지등소유자를 1인으로 산정할 것

　다. 둘 이상의 소유권 또는 구분소유권을 소유한 공유자가 동일한 경우에는 그 공유자 여럿을 대표하는 1인을 토지등소유자로 할 것

제5조(공공관리자의 업무) ① 공공관리자는 추진위원회가 구성되지 아니한 당해 구역에서 다음 각 호의 선거사무를 수행한다. 다만, 도시정비법(이하 "법")에 따라 해당 관할위원회에 선거를 위탁할 경우 제6호부터 제11호까지의 사항은 상호 협의하여 위탁할 수 있다.

　1. 후보자등록 및 자격심사,　　　2. 선거인명부의 작성 및 확정
　3. 선거공보원고의 심사 및 홍보,　4. 선거인자격 이의신청에 대한 판정
　5. 선거관련 분쟁의 조정,　　　　6. 선거홍보 및 계도에 관한 사항
　7. 위반행위 단속·조사 및 조치에 관한 사항
　8. 선거관리, 투표관리 및 개표관리에 관한 사항
　9. 투표소와 개표소의 설치 및 질서유지에 관한 사항
　10. 투표의 유·무효의 판정,　　　11. 당선인의 확정

「서울시 공공지원(종전: 공공관리)추진위원회 구성 선거관리기준」(이하 "추진위원회 구성 선거기준")과 관련하여 문의함.

Ⓠ **1.** 「추진위원회 구성 선거기준」의 적용시점은?
Ⓠ **2.** 「추진위원회 구성 선거기준」 제5조제1항제8호, 제9호에 의거 공정한 선거를 위해 CCTV 설치 요구를 공공지원자가 거부할 수 있는지?

Q 3. 「추진위원회 구성 선거기준」 제33조는 제2항을 제외한 조항은 추진위 구성과 관련 없는 규정인지?

Q 4. OS(외주용역) 요원이 추진위원회 구성을 위한 동의서 징구를 할 수 있는지?

Q 5. 토지등소유자가 공유자의 대표자 선임동의서를 위조하여 추진위원회 구성 동의서를 제출한 경우 행정조치 및 동의서의 효력?

A 1. 「추진위원회 구성 선거기준」 부칙에 따르면, 이 기준은 이 고시(2011.5.6) 이후 최초로 추진위원회 구성 지원을 위한 추진위원장·감사 선거 후보자 등록공고하는 정비사업부터 적용함.

A 2. 「추진위원회 구성 선거기준」에서 CCTV설치등 투표소 관리에 대하여 별도로 규정한 사항은 없으나, 제5조제1항제9호에 따르면 추진위원회가 구성되지 아니한 당해 구역에서 투표소와 개표소의 설치 및 질서유지에 관한 사항의 선거사무 수행은 공공지원자의 업무로서 투표소 현장여건 등을 종합적으로 고려하여 공공지원자인 구청장이 판단할 사항임.

A 3. 「추진위원회 구성 선거기준」 제33조제1항 내지 제5항은 추진위원회 구성을 위한 예비추진위원장 등의 역할을 규정하고 있음. 이와 관련하여, 예비추진위원장은 예비추진위원 추천 및 예비감사, 예비추진위원과 함께 운영규정 작성 및 공공지원자로부터 연번이 부여된 추진위원회 구성동의서를 제공받아 토지등소유자 과반수로부터 동의 받아 추진위원회 승인신청을 함.

A 4. 「추진위원회 구성 선거기준」은 구청장이 공공지원 대상 정비사업의 추진위원회 구성 지원을 위하여 실시하는 추진위원장 및 감사 선거에 관한 선거관리기준을 규정함을 목적으로 하고 있으며, 추진위원회 구성동의서 징구의 절차 및 방법에 관하여는 별도로 규정하지 않음.

A 5. 추진위원회 승인 신청서류의 적정 여부 및 부적정에 따른 후속조치에 대하여는 추진위원회 승인권자인 관할 자치구청장이 해당 서류 및 도시정비법 제31조 등 관련규정을 종합적으로 검토하여 조치할 사항임(서울시 재생협력과 2018.11.14).

② 공공관리자는 선거종사원을 위촉하여 선거사무에 종사하게 할 수 있다.
③ 공공관리자는 시장이 고시한 정비사업전문관리업자(이하 "정비업체") 선정기준에 따라 용역업체를 선정하여 추진위원회의 구성지원 업무를 수행하도록 할 수 있다.

임의규정이므로 자치구마다 정비업체를 선정해 추진위원회의 구성지원 업무를 수행하거나, 송파구의 경우에는 정비업체를 선정하지 않고 직접 하기도 한다.

제6조(후보자 등의 공정경쟁의무) 당해 구역 선거의 후보자 및 선거운동을 하는 자는 이 기준을 준수하고 공정하게 경쟁하여야 하며, 후보자의 정견을 지지·선전하거나 이를 비판·반대함에 있어 선량한 풍속 기타 사회질서를 해하는 행위를 하여서는 아니 된다.

제7조(주민설명회) ① 공공관리자는 추진위원회 구성을 위한 선거의 주민설명회를 후보자 등록공고 및 선거인명부 열람공고 전에 개최하여야 한다.
② 공공관리자가 제1항에 따른 주민설명회를 개최하는 경우에는 토지등소유자에게 일시, 장소, 설명 내용 등을 주민설명회 7일 전까지 통지하고 클린업시스템에 게시하여야 한다.

제8조(선거의 위탁 등) ① 공공관리자가 추진위원회 구성 지원을 위한 선거를 관할위원회에 위탁할 경우에는 중앙선거관리위원회의 공공단체 위탁선거 관리규칙(이하 "위탁선거 관리규칙")에 따라야 한다.
② 공공관리자는 선거를 위탁한 경우 관할위원회와 협약서(별지 제1호 서식)를 작성할 수 있다.

cf 부산광역시
제8조(선거의 위탁 등) ② 공공지원자는 제1항에 따라 선거를 위탁하여 관리하는 경우에는 <u>그 선거사무의 위탁범위는 제5조에 따른 공공지원자의 직무의 범위에서 관할위원회와 협의하여 정할 수 있으며, 선거의 위탁관리 업무범위에 관하여 관할위원회와 협약서(별지 제1호서식)를 작성할 수 있다.</u>

③ 공직선거등으로 선거실시 제한 기간에 해당하여 관할위원회가 선거를 수탁할 수 없는 경우에는 공공관리자가 직접 선거를 주관하여 실시할 수 있다.

부산광역시는 제3항을 삭제한 것으로 보인다.

제2장 선거권 및 피선거권

제9조(선거권 등) ① 선거권은 선거인명부 확정일 기준 당해 구역 토지등소유자로서 선거인명부에 등재된 자에게 있다.

부산광역시는 미성년자는 직접 선거권을 행사할 수 없도록 하되, 선거권을 위임하는 경우 예외로 하는 규정을 두고 있다.

cf 부산광역시
제9조(선거권 등) ② 제1항에도 불구하고 미성년자는 직접 선거권을 행사할 수 없다. 다만, 선거권을 위임하는 경우에는 그러하지 아니하다.

② 제1항에 따른 토지등소유자의 선거권이 영 제28조제1항제1호 및 제2호에 해당할 경우에는 대표소유자 1인에게 선거권이 있다. 이 경우 선거인명부 열람기간 내 대표자 선임동의서(별지 제2호 서식)를 작성하여 제출하여야 하며, 공공관리자는 선거인명부에 기재하여야 한다.
③ 제1항에 불구하고 다음 각 호에 해당하는 자는 선거인명부 열람기간 내에 위임장 또는 지정서(별지 제3호 서식)를 제출하여야 한다. 이 경우 공공관리자는 선거인명부에 기재하여야 한다.
 1. 토지등소유자가 권한을 행사할 수 없어 배우자·직계존·비속·형제자매 중에서 성년자를 대리인으로 정하여 위임장을 제출하는 경우
 2. 해외거주자가 대리인을 지정하는 경우
 3. 법인인 토지등소유자가 대리인을 지정한 경우(법인의 대표자는 선거권이 있으므로 선거인명부에 기재하여야 한다)
④ 선거인명부 열람기간 내 명의변경 등 기재사항의 누락·오기 등 잘못된 사항에 대하여 이의신청하지 아니한 토지등소유자는 선거권이 없다.

제10조(피선거권 등) 추진위원회설립에 동의한 자로 후보자등록일 기준으로 다음 각 호의 기준에 적합한 토지등소유자는 피선거권이 있다.
 1. 운영규정안 제15조제2항에 적합한 자

ⓠ 재건축구역에서 10년 전 매입한 부인 명의의 아파트에 주민등록 등재 후 거주하고 있으며, 약 3개월 전 해당 아파트를 부인과 각각 1/2씩 공유로 소유하게 된 경우 추진위원장 선출에 출마할 수 있는지?

ⓐ 국토부고시 제2016-187호, 2016.4.8 별표 운영규정 제15조제2항에 따르면 추진위원회 위원은 추진위원회 설립에 동의한 자 중에서 선출하되, 위원장·부위원장 및 감사는 피선출일 현재 사업시행구역 안에서 3년 이내에 1년 이상 거주하고 있는 자(제1호) 또는 피선출일 현재 사업시행구역 안에서 5년 이상 토지 또는 건축물(주택재건축사업의 경우 토지 및 건축물을 말함)을 소유한 자(제2호) 중 어느 하나에 해당하는 자로 규정하고 있으며,

공공관리 추진위원회 구성 선거관리기준(서울시고시 제2011-140호, 2011.6.2) 제10조제1호에 따라 추진위원장은 추진위원회 설립에 동의한 자로 운영규정안 제15조제2항에 적합한 자이어야 하며, 제16조에 따라 추진위원장 후보자가 되고자 하는 자는 선거권자의 추천을 받도록 규정하고 있는바,

상기 규정에 적합하게 피선출일 현재 사업시행구역 안에서 거주하고 있다면, 추진위원회 운영규정 별표 제15조제2항제1호에 해당하므로 추진위원회 설립 동의 및 선거권자의 추천 기준을 충족하는 경우 추진위원장 선출에 출마할 수 있을 것으로 판단됨(서울시 재생협력과 2017.12.15)

2. 추진위원회 운영규정(이하 "운영규정") 제2조제3항, 운영규정안 제16조제1항에 해당하지 않는 자

추진위원회 운영규정 제15조제2항 관련, 추진위원장, 부위원장, 감사 및 추진위원이 되려는 자는 추진위원회 구성에 동의한 자이어야 하며, 추진위원장, 부위원장 및 감사 후보자는 추진위원회 구성에 동의한 자 중에서 피선출일 현재 사업시행구역 내에서 3년 이내에 1년 이상을 거주하고 있어야 한다.

이를 충족하기 위해서 피선출일 당일까지 주민등록상 거주하고 있어야 한다. 상가 등을 소유한 자는 거주가 아닌 영업행위 등을 하고 있는 자는 거주로 보며 3년 이내에 1년 이상 영업행위를 하여야 한다.

추진위원회 운영규정 제16조(위원의 결격사유 및 자격상실 등)제1항의 경우도 고칠 수 없는 조문이다.

Q 추진위원회 구성을 위한 예비추진위원장 자격과 관련하여, 운영규정안 제15조제2항의 "피선출일 현재 사업시행구역 안에서 3년 이내에 1년 이상 거주하고 있는 자"의 의미가 주민등록등본 등재 뿐 아니라 실제 거주를 의미하는지?

A 「공공관리 추진위원회 구성 선거관리규정」 제10조에 따르면, 추진위원회 설립에 동의한 자로 후보자 등록일 기준으로 운영규정안 제15조제2항에 적합한 토지등소유자에게 피선거권이 있으며,

이와 관련하여, 동 조항 제1호에 따른 "피선출일 현재 사업시행구역 안에서 3년 이내에 1년 이상 거주하고 있는 자"의 의미에 대하여 "사업시행구역 안에서 3년 이내에 거주한 기간의 합이 1년 이상으로서 피선출일 현재 사업시행구역 안에서 거주하고 있어야 한다"는 국토부 유권해석(2017.10 발간 「질의회신 사례집」 3-7-1 문항 참조)이 있음.

한편, 주민등록등본 등재는 주민등록법 제6조에 따라 "해당 주소지에 거주"를 전제로 하고 있음(서울시 재생협력과 2018.5.9)

제3장 선거기간, 선거일, 선거인명부

제11조(선거일) ① 공공관리자는 후보자확정공고일 다음 날부터 10일 이상 14일 이내로 선거일을 정하여 클린업시스템에 공고한다.

② 제1항에 따른 선거일은 가급적 휴일을 정하여 토지등소유자의 선거참여를 유도하여야 한다.

제12조(선거인명부) ① 공공관리자는 당해 구역 토지등소유자로서 제9조에 따른 선거권이 있는 자에 대하여 선거인명부(별표 제4호 서식)를 작성하여야 한다. 이 경우 선거인명부의 작성은 전산조직에 의할 수 있다.

자치구가 직접 시행하는 경우에는 해당 과에서 부동산등기부등본을 발급받아 토지등소유자 명부를 작성하게 되며, 정비업체를 선정한 경우에는 이들이 선거인명부를 작성하는 것이 보통이다.

② 선거인명부는 다음 각 호에 따라 작성하여야 하며 당해구역 선거 이외의 목적으로 사용할 수 없다.

1. 선거인명부에는 등재번호, 선거권자의 성명, 주소, 성별, 생년월일, 토지 및 건물 소유현황 등 필요한 사항을 기재한다.
2. 선거인명부는 선거인명부 열람공고 전일까지 작성해야 한다.
3. 선거인명부는 당해 구역별로 선거위탁 및 열람 장소의 다소 등을 고려하여 적정한 부수를 작성한다.
③ 공공관리자가 제8조제1항에 따른 위탁선거를 실시하는 경우 선거인명부를 작성하고 즉시 관할위원회에 제출한다. 단, 공공관리자가 직접 선거를 실시하는 경우에는 제외한다.

제13조(선거인명부 열람) ① 공공관리자는 선거인명부를 작성하고 선거인명부 확정공고 14일 전까지 열람 공고하여야 한다. 이 경우 토지등소유자 또는 선거인명부에 기재된 자는 자신의 정보에 한하여 열람할 수 있다.

cf 부산광역시

제13조(선거인명부 열람 및 정정) ① 공공지원자는 선거인명부를 작성하고 선거인명부 확정공고 14일 전까지 3일 이상 열람공고하고, 다음 각 호의 사항을 구·군 홈페이지 및 시
장이 구축한 정비사업 통합홈페이지에 게시하여야 한다.
1. 열람기간
2. 열람장소
3. 열람방법
4. 열람내용
5. 이의신청방법
6. 제9조에 따른 선거권에 관한 사항
7. 그 밖에 공공지원자가 따로 정하는 사항
③ 토지등소유자가 제1항에 따라 선거인명부를 열람할 경우에는 자신의 정보에 한하여 열람할 수 있다.

② 공공관리자는 선거인명부 열람 사실을 등기우편의 방법으로 통지하여야 하

며, 등기우편이 반송된 경우에는 1회에 한하여 일반우편에 의한 방법으로 재발송하여야 한다.

③ 선거인명부 열람공고에는 열람 장소, 기간, 방법 등과 제9조에 의한 선거권에 대한 사항을 기재하여야 하며 클린업시스템에 게시하여야 한다.

④ 토지등소유자는 선거인명부의 기재사항에 누락, 오기 또는 명의이전 등 변경사항이 있을 경우에는 열람 기간 내 증빙자료를 첨부하여 이의를 신청하여야 한다.

⑤ 제4항의 의한 이의신청이 있을 경우 공공관리자는 확인하고 선거인명부를 수정하여야 하며 모든 이의신청 사실을 관리하여야 한다.

제14조(선거인명부 확정) ① 공공관리자는 선거인명부를 선거일 10일부터 14일 전까지 확정하여야 하며, 클린업시스템에 선거인명부 확정사실을 공고한다.

부산광역시는 선거일 7일 전까지 확정하도록 하고 있다(제14조제1항)

② 공공관리자가 확정공고한 선거인명부는 당해 구역의 선거에 한하여 효력을 가진다.

서울시 서초구공고 제2024-2473호

반포미도○차아파트 재건축조합설립추진위원회 예비임원선거 선거인명부 확정공고 서울시 도시정비조례 제76조 및 「공공관리 추진위원회 구성 선거관리기준」 제14조에 따라 2024.12.7. 실시하는 반포미도1차아파트 재건축정비사업 조합설립추진위원회 예비추진위원장 선거를 위한 선거인명부를 확정하고 다음과 같이 공고합니다.

2024년 11월 22일
서초구청장

1. 구역명: 반포미도○차아파트 재건축정비구역
2. 선거인명부 확정일: 2024.11.22
2. 선거인명부 확정내용

토지등 소유자 수	선거권이 없는자 수 (대표자 미선임 등)	확정된 선거권자 수	토지등소유자 수 대비 선거인 수 비율(%)	비고 78.8%
1,315	279	1,036	78.8%	

cf 부산광역시

제14조(선거인명부 확정) ③ 공공지원자는 확정된 선거인명부를 선거의 후보자에게 제공할 수 있으며, 선거인명부를 교부받은 후보자는 타인에게 양도·대여하거나 선거 이외의 목적에 사용할 수 없다.

서울특별시와 달리, 부산광역시는 아래 제14조제3항을 추가하고 있으며, 제15조(선거인명부의 송부)도 삭제하였다.

제15조(선거인명부의 송부) ① 공공관리자가 선거인명부를 작성하거나 확정한 경우에는 즉시 선거인명부 등본(전산자료 복사본을 포함하고 선거권자가 3,000명 이상인 경우에는 분철하여 작성된 것을 말한다)을 위탁선거관리규칙이 정하는 바에 따라 관할위원회에 송부하여야 한다.

② 공공관리자는 관할위원회에 선거인명부를 송부한 후 선거인명부확정 전에 선거인명부에 오기 또는 선거권이 없는 자나 사망자가 있는 것을 발견하거나 정당한 선거권자의 누락을 발견한 때에는 지체 없이 위탁선거 관리규칙이 정하는 바에 따라 관할위원회에 그 사실을 통보하여야 한다.

③ 공공관리자는 확정된 선거인명부에 오기가 있는 때 또는 선거권이 없는 자나 사망자가 있는 때에는 선거일 전일까지 위탁선거 관리규칙이 정하는 바에 따라 관할위원회에 그 사실을 통보하여야 하며, 관할위원회는 확정된 선거인명부등본의 비고란에 그 사실을 기재하여야 한다.

제4장 후보자

제16조(후보자추천) ① 후보자가 되고자 하는 자는 후보자 추천서(별지 제5호 서식)에 의거 선거권자의 추천을 받아야 한다. 이 경우 공공관리자(선거관리담당자)가 후보자등록공고 이후 날인하여 발급한 추천서에 의한다.

부산광역시도 서울특별시와 같이 제16조를 똑같이 규정하고 있다.

Q 공공관리 추진위원회 구성 선거관리기준 제16조에 따라 예비추진위원장, 예비감사 후보자 추천 시 중복 추천이 가능한지?

A 『공공관리 추진위원회 구성 선거관리기준』 제16조제1항에 따르면, 예비추진위원장 및 예비감사 후보자가 되고자 하는 자는 공공지원자(선거관리담당자)가 날인하여 발급한 추천서에 의거하여 제2항에서 정한 추천인 수 이상의 선거권자(정비구역 내 토지등소유자) 추천을 받아야 함.
이 경우, 선거관리담당자로서 제5조제1항에 따른 선거사무를 수행하는 공공지원자(구청장)가 토지등소유자 수 등 해당 구역 여건을 감안하여 선거권자 1인의 후보자 중복 추천 허용 여부를 결정할 수 있을 것으로 사료됨(서울시 재생협력과 2018.4.24).

② 예비추진위원장, 예비감사 후보의 추천인 수는 다음 각 호에 따른다.
   1. 당해 구역 토지등소유자가 1,000인 이상인 경우에는 50인 이상의 추천
   2. 당해 구역 토지등소유자가 1,000인 미만인 경우에는 30인 이상의 추천

Q 개포우성○차아파트 추진위원회 구성 선거관리기준 관련「공공관리 추진위원회 구성 선거관리기준」제16조제2항제2호에 따르면 예비추진위원장, 예비감사 후보의 추천인 수는?

A 공공관리 추진위원회 구성 선거관리기준 제16조제2항제2호에 따르면 예비추진위원장, 예비감사 후보의 추천인 수는 당해구역 토지등소유자가 1,000인 미만인 경우에는 30인 이상의 추천(추천서)이 필요하다고 규정하고 있으며, 추천을 받는 방법에 대해서는 선거관리기준에 따로 정하고 있지 않음
개포우성○차아파트는 802세대로 30인 이상의 추천이 필요한바, 귀 구에서 구역실정 및 관련 법령 등을 검토하여 적의 처리바람(서울시 주거정비과 2022.7.21).

3. 당해 구역 토지등소유자가 300인 미만인 경우에는 토지등소유자 수의 1/10 이상의 추천
   ③ 당해 구역 모든 토지등소유자는 제2항에 의한 추천인이 될 수 있다.

제17조(후보자등록) ① 공공관리자는 예비추진위원장 및 예비감사의 후보자를

등록받고자 하는 경우에는 클린업시스템에 후보자 등록공고를 하여야 한다.

서울시 서초구 공고 제2024-2299호

반포미도1차아파트 조합설립추진위원회 구성을 위한 예비임원(추진위원장, 감사) 후보자 등록 공고

서울시 도시정비조례 제76조 및 「공공관리 추진위원회 구성 선거관리기준」 제17조에 따라 2024.12.7 실시 예정인 반포미도1차아파트 재건축정비사업 조합설립추진위원회 구성을 위한 예비임원(추진위원장, 감사) 선거의 후보자 등록 및 기타 안내사항을 다음과 같이 공고합니다.

2024년 11월 5일
서 초 구 청 장

1. 후보자 등록사항

가. 등록기간: 2024.11.14(목)~11.15(금) 09:00~18:00 (2일간)

나. 등록장소: 서초구청 8층 재건축사업과(서초구 남부순환로 2584)

다. 등록대상: 예비추진위원장, 예비감사

라. 등록 시 제출서류

1) 후보등록 신청서(위원장, 감사) 1부.(서식 1)

2) 후보자 추천서 1부.(서식 2)

3) 제출서류 확인조사 및 공개용 동의서 1부.(서식 3)

4) 이행각서 1부.(서식 4)

5) 후보자 정견서 1부.(서식 5)

6) 선거공보 작성안(원본 및 PDF파일) 1부.(서식 6)

7) 신분증 사본(주민등록증, 여권, 자동차면허증 등) 1부

8) 후보자 적격을 증명하는 서류(주민등록초본, 사업자등록증, 등기부등본 등)

9) 학력 및 경력을 증명하는 서류

10) 기타서류[대표소유자 선임동의서, 겸직동의공문서(입후보 동의서) 등]

마. 등록요건

1) 구역 내 토지등소유자 중 50인 이상의 추천(중복추천 불가)을 받은 토지등소

유자(예시: 복수의 후보자가 등록한 경우 A가 B후보자와 C후보자를 중복하여 추천할 수 없음)

2) 자격

가) 추진위원회 설립에 동의하는 자(토지등소유자) 중 적격자

나) 결격사유(도시정비법 제43조, 추진위원회 운영규정 제2조, 운영규정안 제16조)

(1) 미성년자·피성년후견인·피한정후견인

(2) 파산선고를 받고 복권되지 아니한 자

(3) 금고 이상의 실형의 선고를 받고 그 집행이 종료(종료된 것으로 보는 경우를 포함한다)되거나 집행이 면제된 날부터 2년이 경과되지 아니한 자

(4) 금고 이상의 형의 집행유예를 받고 그 유예기간 중에 있는 자

(5) 도시정비법을 위반하여 벌금 100만 원 이상의 형을 선고받고 10년이 지나지 아니한 자

(6) 도시정비법 또는 관련 법률에 의한 징계에 의하여 면직의 처분을 받은 날부터 2년이 경과되지 아니한 자

다) 적격요건(운영규정안 제15조)

(1) 피 선출일 현재 사업시행구역 안에서 토지 및 건축물을 소유한 자중 3년 이내에 1년 이상 거주하고 있는 자(다만, 거주의 목적이 아닌 상가 등의 건축물에서 영업 등을 하고 있는 경우 영업 등은 거주로 본다) 이거나

(2) 피 선출일 현재 사업시행구역 안에서 5년 이상 토지 및 건축물을 소유한 자

2. 후보자 자격심사

가. 심사기간: 2024.11.18(월)~11.20(수)

나. 심사내용

1) 결격사유 신원조회, 적격요건 확인, 등록요건 충족여부 심사 등

2) 겸임여부 조회(운영규정안 제17조제8항)

3. 공고방법: 정비사업 정보몽땅 및 서초구 홈페이지에 게시

4. 기타 사항

② 공공관리자는 후보자등록 공고일 이후 7일이 경과한 날부터 기산하여 2일 이상의 후보자 등록기간을 정하여야 한다.

③ 제10조에 의한 피선거권이 있는 자는 다음 각 호의 서류를 갖추어 후보자등록 신청서(별지 제6호 서식)를 공공관리자에게 제출하여야 한다.
   1. 운영규정 제2조제3항의 각 호 사항에 해당 없음을 증명하는 서류(경찰서의 범죄사실 확인서 포함)
   2. 제출된 서류의 공개와 확인을 위한 동의서(별지 제7호 서식)
   3. 제16조의 후보자의 추천서

Q 추진위원회 구성 선거관리기준 관련, 후보자등록 신청 서류 등은?

A 「공공관리 추진위원회 구성 선거관리규정」 제17조제3항에 따르면 예비추진위원장 및 예비감사의 후보자는 각 호[5. 공무원으로 인정되는 자는 직장대표자의 겸직동의 공문서(입후보 동의서)]의 서류를 갖추어 후보자등록 신청서를 공공관리자에게 제출하여야 한다고 규정하고 있으며,

지방공무원법 제56조에는 공무원은 소속기관의 장의 허가 없이 다른 직무를 겸할 수 없다고 규정하면서, 국가공무원 복무·징계 관련 예규 제9장(영리업무 금지 및 겸직허가) 겸직허가 심사시 참고사례에는 '재건축조합 임원 등'이 법령에 따라 선출되어 겸직 업무를 수행하게 되는 경우 입후보 전 겸직허가를 받는 것이 바람직하다고 규정하고 있음(서울시 주거정비과 2022.7.27)

Q 공공지원으로 추진위원회 구성을 위한 예비임원(위원장·감사) 선거를 추진하는 과정에서,
1) 예비임원 후보자 추천 관련, 대표소유자 선임 동의서의 보완기한은?
2) 후보자등록 마감 이후 후보자 등록 기준에 미비 사항이 있을 경우, 후보자 확정공고 전까지 보완이 가능한지?

A 『공공관리 추진위원회 구성 선거관리기준』 제17조제3항제3호에 따르면, 예비임원 후보자 등록 시 제16조에서 정한 토지등소유자 수 이상의 추천서를 제출토록 규정되어 있으며, 토지등소유자 수 산정에 관한 사항은 제4조제2항에 따라 도시정비법 시행령 제28조제1항제1호 및 제2호(2018.2.9 전면개정에 따라 제33조제1항제1호 및 제2호로 변경)의 규정을 따름.

또한, 『선거관리기준』 제9조에 따르면, 선거권은 선거인명부 확정일 기준 해당 구역 선거인명부에 등재된 대표소유자 1인에게 있으며, 선거인명부 열람기간 내 "대표자선임동의서"를

작성하여 제출토록 규정됨.

따라서, 예비임원 후보자 추천자 수 산정을 위한 "대표자선임동의서" 보완 시기 및 예비임원 후보자 등록기준 미비에 따른 보완 방법 및 절차 등에 대하여는 당해 선거업무를 수행하는 귀 구에서 판단할 사항임.(서울시 재생협력과 2018.6.5)

  4. 공명선거 및 추진위원회 설립동의, 낙선 시 추진위원 선임 등에 관한 이행각서(별지 제8호서식)
  5. 공무원으로 인정되는 자는 직장대표자의 겸직동의 공문서(입후보 동의서)
  ④ 후보자등록을 한 자는 선거공보 작성안(별지 제9호 서식)과 후보자 정견서(별지 제10호 서식)에 따라 후보자 선거공보 홍보문을 확정공고 일까지 제출하여야 한다.
  ⑤ 공공관리자는 입후보자의 자격을 확인하여야 한다.
  ⑥ 공공관리자는 추첨에 의한 방법으로 후보자 기호를 배정하여야 한다.

cf 부산광역시
제17조(후보자등록) ⑥ 공공지원자는 추첨에 의한 방법으로 후보자 기호를 배정하여야 하며, 추첨방식은 순번을 위한 추첨과 기호배정을 위한 추첨방식으로 실시한다.

제18조(후보자 확정) ① 공공관리자는 후보자의 자격을 확인 후 즉시 후보자를 확정하고 후보자등록명부(별지 제11호 서식)에 작성하여야 하며 클린업시스템에 확정 공고해야 한다.
  ② 공공관리자는 후보자등록명부가 작성되면 관할위원회에 제출해야 한다.

cf 부산광역시
제18조(후보자 확정) ② 공공지원자는 제1항에 따라 후보자등록명부가 작성되면 관할위원회에 제출하여야 한다. 다만, 공공지원자가 직접 선거를 실시하는 경우에는 그러하지 아니하다.

제19조(후보자등록 무효) ① 공공관리자는 후보자등록 후에 후보자의 피선거권이 없는 것이 발견된 때에는 후보자등록을 무효로 하고, 당해 후보자에게 그 사유

를 지체 없이 통보한다.

② 후보자확정 공고 후에 후보자가 사퇴하고자 하는 경우에는 후보자 사퇴서(별지 제12호 서식)를 제출하여야 한다.

③ 후보자가 사퇴 또는 사망하거나 등록이 무효로 된 경우에 공공관리자는 이를 지체 없이 공고한다.

cf 부산광역시

제19조(후보자등록 무효) ③ 공공지원자는 후보자가 사퇴 또는 사망하거나 등록이 무효로 된 경우에는 이를 지체 없이 해당 구·군 홈페이지와 시장이 구축한 정비사업 통합홈페이지에 공고하고, 제8조에 의한 위탁선거인 경우에는 이를 지체없이 관할위원회에 통보하여야 한다.

제5장 선거운동

제20조(정의) ① 선거운동이란 당선되거나 되게 하거나 되지 못하게 하기 위한 행위를 말한다. 다만, 다음 각 호의 1에 해당하는 행위는 선거운동으로 보지 아니한다.

1. 선거에 관한 단순한 의견개진 및 의사표시
2. 입후보와 선거운동을 위한 준비행위
3. 후보자 추천에 관한 단순한 지지·반대의 의견개진 및 의사표시

② 선거운동은 후보자, 후보자의 배우자, 후보자 및 배우자의 직계존·비속에 한하여 후보자 확정공고일의 다음 날부터 선거일 전일까지 할 수 있다

③ 후보자, 후보자의 배우자, 후보자 및 배우자의 직계존·비속은(후보자의 배우자와 후보자 및 배우자 직계존·비속의 경우 5호 내지 7호에 한함) 선거운동기간 중 다음 각 호의 사항 중 선거관리위원회(선거를 위탁받은 경우)나 공공관리자가 정한 방법 외의 방법으로 선거운동을 할 수 없다.

1. 선거벽보,   2. 선거공보,   3. 합동연설회,   4. 현수막,   5. 어깨띠
6. 명함,   7. 전화(문자메세지 포함)·컴퓨터통신(전자우편 포함)을 이용한 지지 호소

④ 제3항에 따른 선거운동방법의 세부내용과 절차 그 밖의 선거관리에 관하여 필

요한 사항은 선거관리위원회(선거를 위탁받은 경우)나 공공관리자가 정할 수 있다.

제21조(합동연설회) ① 공공관리자는 입후보자 홍보를 위하여 선거운동기간 내에 합동연설회를 개최할 수 있다.

cf 부산광역시
제21조(합동연설회) ① 공공지원자는 입후보자의 홍보를 위하여 선거운동 기간 내 합동연설회를 2회 이내로 개최할 수 있다.

② 입후보자는 특별 사유가 없는 한, 합동연설회에서 홍보를 위한 연설을 해야 한다.
③ 입후보자 연설순서는 추진위원장, 감사 순이며, 배정된 기호순으로 한다.

제22조(선거홍보 등) ① 공공관리자가 선거통지를 하는 경우에는 선거일시, 투표시간, 투표장소, 약도, 유의사항 등이 기재된 투표안내문과 후보자의 사진, 성명, 기호, 경력·학력 및 정견 등 후보자별 선거공보를 포함하여 통지하여야 한다. 단, 후보자확정
공고일까지 선거공보를 제출하지 않은 후보자는 그러하지 아니하다.
② 공공관리자는 제1항에 의한 선거통지를 등기우편의 방법으로 하여야 하며, 등기우편이 반송된 경우에는 1회에 한하여 일반우편에 의한 방법으로 재발송하여야 한다.
③ 공공관리자는 토지등소유자의 선거참여를 유도하기 위하여 홍보현수막을 2개 이상 게첨하여야 한다.
④ 공공관리자는 후보자가 제출한 선거공보를 인쇄하여 당해 구역 2곳 이상에 선거벽보(선거공보를 확대하여 인쇄한 것을 말함)를 붙여야 한다.
단, 토지등소유자 수가 500인 이상일 경우에는 4곳 이상에 붙여야 한다.

제6장 제한·금지 및 위반행위에 대한 조사·조치
제23조(제한·금지) ① 누구든지 추진위원회 위원 또는 조합의 선출직 임원으로 당선되거나 되게 하거나 되지 못하게 하기 위하여 금전·물품·향응·재산상의 이익

을 제공하거나 제공의 의사를 표시하거나 그 제공을 약속할 수 없다.

cf 부산광역시

제23조(제한·금지) 누구든지 예비추진위원장 또는 예비감사의 선거와 관련하여 다음 각 호의 행위를 할 수 없다.
　1. 금품, 향응 또는 그 밖의 재산상 이익을 제공하거나 제공의사를 표시하거나 제공을 약속하는 행위
　2. 금품, 향응 또는 그 밖의 재산상 이익을 제공받거나 제공의사 표시를 승낙하는 행위
　3. 제3자를 통하여 제1호 또는 제2호에 해당하는 행위를 하는 행위
　4. 선거와 관련하여 허위의 사실을 적시하여 공표하거나 공표하게 하는 행위
　5. 후보자, 후보자의 배우자 또는 직계존비속 이나 형제자매와 관련하여 특정 지역·지역인 또는 성별을 공연히 비하·모욕하는 행위

② 누구든지 제1항에 규정된 이익을 제공받거나 그 제공을 권유·알선·요구할 수 없다.

도시정비법

제132조(조합임원 등의 선임·선정 및 계약 체결 시 행위제한 등) ① 누구든지 추진위원, 조합임원의 선임 또는 제29조에 따른 계약 체결과 관련하여 다음 각 호의 행위를 하여서는 아니 된다. <개정 2017.8.9, 2022.6.10>
　1. 금품·향응 또는 그 밖의 재산상 이익을 제공하거나 제공의사를 표시하거나 제공을 약속하는 행위
　2. 금품·향응 또는 그밖의 재산상 이익을 제공받거나 제공의사 표시를 승낙하는 행위
　3. 제3자를 통하여 제1호 또는 제2호에 해당하는 행위를 하는 행위

이를 위반한 경우에는 법 제135조제2호에 의해 형사처벌을 받게 된다.
법 제135조(벌칙) 다음 각 호의 어느 하나에 해당하는 자는 5년 이하의 징역 또는 5천만원 이하의 벌금에 처한다. <개정 2022.6.10, 2024.12.3>

2. 제132조제1항 각 호의 어느 하나를 위반하여 금품·향응 또는 그 밖의 재산상 이익을 제공하거나 제공의사를 표시하거나 제공을 약속하는 행위를 하거나 제공을 받거나 제공의사 표시를 승낙한 자

③ 누구든지 선거와 관련하여 연설·벽보·홍보물 그 밖의 방법으로 허위의 사실을 적시하여 공표하거나 공표하게 할 수 없다.

제24조(위반행위에 대한 단속·조사) ① 각급 선거관리위원회 직원(공공관리자가 직접 선거를 주관하는 경우 공공관리자를 말한다. 이하 이 장에서 같다)은 선거관리기준을 위반한 혐의가 있다고 인정되거나, 공공관리자 등이 그 위반혐의에 관한 소명자료를 첨부하여 서면으로 제기한 소명이 이유 있다고 인정되는 경우 또는 그 위반행위의 신고를 받은 경우에는 후보자와 선거인 및 그 밖에 선거와 관련된 자(이하 "관계인")의 동의를 얻어 질문·조사하거나 동행·출석요구를 할 수 있으며, 관련서류 그 밖의 조사에 필요한 자료의 제출을 요구할 수 있다.

② 각급선거관리위원회 직원은 조사업무 수행 중 필요하다고 인정되는 때에는 법령에 위반되지 않는 범위 내에서 질문답변 내용의 기록, 녹음·녹화, 사진 촬영, 위반행위와 관련 있는 서류의 복사 또는 수집 그 밖에 필요한 조치를 취할 수 있다.

③ 각급 선거관리위원회 직원이 제1항의 질문·조사를 하거나, 동행·출석요구 및 자료의 제출을 요구하는 경우에는 관계인에게 그 신분을 표시하는 증표를 제시하고 소속과 성명을 밝히며 그 목적과 이유를 설명하여야 한다.

④ 공공관리자는 관할 위원회와 협의하여 선거인에게 다음 각 호의 사항을 고지하는 안내문을 작성하여 통지할 수 있다.

1. 관할위원회가 다음 각 목의 활동을 하는 사실
  가. 제1항 및 제2항에 규정된 위반행위에 대한 단속, 조사 및 조치
  나. 위반행위 방지를 위한 예방 활동
  다. 단속사무소 설치(필요한 경우에 한하여 설치)에 관한 사항
2. 관할위원회의 예방·단속활동에 대한 적극적인 협조 및 신고
  가. 위반행위 단속·조사 활동에 대한 협조 당부
  나. 위반행위 발견·인지 시 적극적인 신고요청

제25조(위반행위에 대한 조치 등) ① 선거에 관한 규정 위반행위에 대한 조치의 종류는 다음 각 호와 같이 한다.
  1. 중지
  2. 경고
  3. 시정명령
  4. 고발 또는 수사의뢰(범죄가 있다고 판단되는 때를 말한다)
  ② 관할위원회는 선거에 관한 규정 위반행위에 대한 조치결과(수사의뢰 제외)를 선거인이 알 수 있도록 투표안내문 동봉, 선거일 투표소 첩부, 인터넷 홈페이지 게시, 그 밖의 방법으로 공개할 수 있다.
  ③ 관할위원회는 누구든지 선거에 관한 규정 위반사실이 특히 중하다고 인정되거나 관할위원회의 관리 및 단속업무를 방해할 경우 업무방해죄 등으로 고발할 수 있다.

제7장 선거 및 투·개표
제26조(선거) ① 선거는 기표방법으로 투표한다. 다만, 관할위원회(공공관리자가 직접 선거를 주관하는 경우 공공관리자를 말한다. 이하 이 장에서 같다)에서 전자투표의 방법으로 결정한 경우에는 그에 따른다.

2025.12.4 도시정비법 개정시행으로 정비사업 과정에서 필요한 동의서 제출과 총회의 의결권 행사시 전자적 방법을 활용할 수 있도록 하였다.

도시정비법
제36조(토지등소유자의 동의방법 등) ① 다음 각 호에 대한 동의(동의한 사항의 철회 또는 제26조제1항제8호 단서, 제31조제3항 단서 및 제47조제4항 단서에 따른 반대의 의사표시를 포함한다)는 서면동의서 또는 <u>전자서명동의서(「전자문서 및 전자거래 기본법」 제2조제1호에 따른 전자문서에 「전자서명법」 제2조제2호에 따른 전자서명을 한 동의서를 말한다. 이하 같다)를 제출하는 방법으로 한다.</u> 이 경우 서면동의서는 토지등소유자가 성명을 적고 지장(指章)을 날인하는 방법으로 하며, 주민등록증, 여권 등 신원을 확인할 수 있는 신분증명서의 사본을 첨부하여야 한다. <개정 2021.3.16., 2024.12.3>

1~5: 생략

6. 조합설립을 위한 추진위원회를 구성하는 경우

7. 추진위원회의 업무가 토지등소유자의 비용부담을 수반하거나 권리·의무에 변동을 가져오는 경우

8. 제35조제2항부터 제5항까지의 규정에 따라 조합을 설립하는 경우

② 제1항에도 불구하고 토지등소유자가 해외에 장기체류하거나 법인인 경우 등 불가피한 사유가 있다고 시장·군수등이 인정하는 경우에는 토지등소유자의 인감도장을 찍은 서면동의서에 해당 인감증명서를 첨부하는 방법으로 할 수 있다.

③ 제1항 및 제2항에 따라 서면동의서 또는 전자서명동의서(이하 이 항에서 "동의서"라 한다)를 작성하는 경우 제31조제1항 및 제35조제2항부터 제4항까지의 규정에 해당하는 때에는 시장·군수등이 대통령령으로 정하는 방법에 따라 검인(檢印) 또는 확인한 동의서를 사용하여야 하며, 검인 또는 확인을 받지 아니한 동의서는 그 효력이 발생하지 아니한다. <개정 2024.12.3>

④ 제1항, 제2항 및 제12조에 따른 토지등소유자의 동의자 수 산정 방법·절차 및 제1항에 따른 전자서명동의서의 본인확인 방법 등에 필요한 사항은 대통령령으로 정한다. <개정 2024.12.3>

[시행일: 2025.12.4.] 제36조

② 선거인명부에 기재된 토지등소유자 1인이 1표로 직접 선거한다.

③ 투표소 투표관리를 위해 투표관리관을 둘 수 있다.

④ 예비추진위원장, 예비감사는 선거에서 다수의 유효투표를 얻은 자를 선임한다. 단, 투표결과 유효투표가 동수일 경우에는 연장자를 당선자로 한다.

⑤ 단독입후보자는 예비추진위원장, 예비감사에 당선된 것으로 본다.

⑥ 공공관리자는 투·개표사무를 보조할 투표종사원을 둘 수 있으며, 수당과 실비를 지급해야 한다.

제27조(투표) ① 투표소는 선거인 수를 고려하여 당해 구역 내 일정한 장소나 인접지역의 적당한 장소에 비밀투표가 보장되도록 설치한다.

② 투표는 관할위원회가 감독하며, 투표소의 질서유지를 위하여 경찰공무원을

요청할 수 있다.

③ 투표소에는 투표를 위한 선거권자, 투표관리관, 투표종사원, 참관인을 제외하고는 누구도 출입할 수 없다. 단, 관할위원회가 인정하는 자는 제외한다.

④ 투표시간은 선거일 오전 9시부터 오후 6시까지로 한다.

⑤ 투표를 하고자 하는 선거권자는 본인을 증명하는 신분증을 제시하여 선거인명부와 대조·확인을 받아야 한다. 이 경우 신분증의 종류는 공직선거법을 준용한다.

제28조(투·개표 참관인) ① 공공관리자는 투·개표참관인(이하 "참관인")으로 하여금 투표용지의 교부상황과 투표상황, 개표상황을 참관하게 하여야 한다.

② 후보자는 2인 이내의 참관인을 선정하여 선거일 5일 전까지 공공관리자에 참관인 등록신청서(별지 제13호 서식)를 제출하여야 한다.

③ 참관인은 당해 구역 토지등소유자에 한하며, 참관인에게는 수당 등을 지급할 수 있다.

④ 참관인은 투·개표에 영향을 미치는 행위를 하여서는 아니 된다.

제29조(개표) ① 개표는 관할위원회가 감독하며, 개표소의 질서유지를 위하여 경찰공무원을 요청할 수 있다.

② 개표소는 투표소와 같은 장소로 한다. 단, 장소협소 등 동일 장소에서 개표하기가 어려울 경우 인접한 장소에 별도 설치할 수 있다.

③ 개표소에는 공공관리자(지원용역업체를 포함한다), 개표종사원, 참관인을 제외하고는 누구도 출입할 수 없다. 단, 관할위원회가 인정하는 자는 제외한다.

④ 개표는 투표 종료 후 즉시 실시하는 것을 원칙으로 한다.

⑤ 개표는 예비추진위원장, 예비감사를 구분하여 집계하며 후보자별 득표수는 관할위원회에서 발표한다. 단, 공공관리자가 직접 선거를 주관하는 경우에는 그러하지 아니하다.

제30조(무효투표) 다음 각 호의 투표는 무효로 한다.

1. 공공관리자의 날인이 없거나(투표관리관의 사인을 포함한다) 소정의 투표용지가 아닌 경우

2. 기표가 안 된 경우
3. 기표가 불확실한 경우
4. 소정의 기표용구 이외의 것으로 기표한 경우

cf 부산광역시

제30조(무효투표) 다음 각 호의 투표는 무효로 한다.
1. 소정의 투표용지가 아닌 경우
2. 어느 란에도 기표가 안 된 경우
3. 2란에 걸쳐 기표를 하거나 2란 이상의 란에 기표를 한 것
4. 소정의 기표용구 이외의 것으로 기표한 경우
5. 어느 란에 표를 한 것인지 식별할 수 없는 것
6. 기표를 하고 문자 또는 물형을 기입한 것
7. 기표를 하지 않고 문자 또는 물형을 기입한 것

제31조(당선자) ① 공공관리자는 선거일로부터 3일 이내에 선거결과 및 당선자를 공고한다.
② 당선자는 당선자공고로서 그 지위를 득한다.
③ 당선자는 추진위원회승인 전까지 예비추진위원장 또는 예비감사의 지위를 갖는다.
④ 추진위원장, 감사의 임기는 추진위원회 승인을 받는 날부터 개시한다.

Q 정비계획 입안 요청서를 정비계획 입안권자에게 제출한 신청인 대표가 추진위원회 추진위원장이 될 수 있는지?

A 도시정비법 제118조제1항에 따라 정비사업의 투명성 강화 및 효율성 제고를 위하여 서울시 도시정비조례 제73조에서 규정하는 조합이 시행하는 정비사업을 공공지원하고 있음
공공지원을 받는 정비사업의 추진위원회 구성 및 감사 선거는 공공관리 추진위원회 구성 선거관리기준을 따라야 하며, 질의하신 추진위원장은 선거관리기준에 따라 선출 된 경우 추진위원장이 될 수 있을 것으로 판단됨(서울시 주거정비과 2025.1.24)

부산광역시는 전자투표에 대한 규정을 별도로 두고 있다.

cf 부산광역시

제32조(전자투표) ① 공공지원자(제8조에 의한 위탁선거일 경우에는 관할위원회를 말한다)는 전자적 방법(전자정보처리조직을 사용하거나 그 밖에 정보통신기술을 이용하는 방법을 말한다.)에 의한 방식으로 투표(이하 '전자투표'라 한다)하게 할 수 있으며, 전자투표의 세부적인 절차나 방법 등을 따로 정할 수 있다.

② 제1항에 따른 전자투표에 의한 방식은 다음 각 호의 방법을 말한다.

1. 「전자서명법」 제2조제3호에 따른 공인전자서명 또는 같은 조 제8호에 따른 공인인증서를 통하여 본인 확인을 거쳐 의결권을 행사하는 방법

2. 공공지원자는 「전자서명법」 제2조제1호에 따른 전자문서를 제출하는 방법 등 본인 확인절차를 완화한 방법으로 의결권을 행사할 수 있도록 제1호와 달리 정하고 있는 경우에는 그에 따른 방법

3. 관할선관위의 지원에 따른 온라인투표시스템 혹은 터치스크린 투표시스템을 이용한 방법

③ 제2항에 따른 전자투표 방식으로 선거권을 행사할 수 있도록 하는 경우에는 선거공고에 다음 각 호의 사항을 구체적으로 밝혀야 한다.

1. 전자투표를 할 인터넷 주소
2. 전자투표를 할 기간
3. 그 밖에 전자투표에 필요한 기술적인 사항

제8장 보 칙

제32조(선거관계서류의 보관) 공공관리자 또는 관할위원회는 선거관리가 종료된 후 모든 선거관계서류 일체를 예비추진위원장, 예비감사의 임기동안 보관하여야 한다.

제33조(추진위원회 구성 기준) ① 예비추진위원장, 예비감사 및 예비추진위원은 공공관리자의 지원을 받아 운영규정 작성 등 추진위원회 구성 및 동의서 징구를 위하여 적극 노력해야 한다.

② 예비추진위원의 추천은 예비추진위원장 당선자가 통별, 가구 수, 세대수 및 시설의 종류와 운영규정 제2조제3항을 고려하여 110% 이상 추천해야 한다. 이

경우 선거의 낙선자는 당연직 예비추진위원으로 추천하여야 한다. 단, 낙선자가 거부할 경우에는 그러하지 아니하다.

③ 공공관리자는 예비추진위원을 추천받아 도시정비법 시행규칙(이하 '시행규칙') 제6조제2항에 의한 추진위원회 설립동의서(이하 "동의서")에 연번을 부여하여 제공하여야 한다.

④ 제2항에 따라 예비추진위원을 추천하는 경우에는 승낙서(별지 제14호 서식)를 받아야 하며 제3항에 따른 동의서가 작성된 이후에 예비추진위원을 사퇴할 경우 그 수리는 추진위원회 승인 이후에 해야 한다.

⑤ 예비추진위원장은 토지등소유자 과반수의 동의를 얻어 승인을 신청한다.

제34조(조합임원 선거등의 위탁) ① 법 제21조제3항에 의거 추진위원회 또는 조합은 총회의 의결을 거쳐 추진위원회 위원 또는 조합임원 선출에 관한 선거관리를 관할위원회에 위탁할 수 있다. 이 경우 공공관리자에게 그 사실을 통지해야 한다.

② 공공관리자는 제1항에 의한 선거관리 위탁이 있을 경우 다음 각 호의 사항을 지원할 수 있다.

1. 선거관리위탁서 작성
2. 선거인명부 및 후보자등록·명부 작성
3. 위탁선거 관리규칙에 따라 관할위원회의 협조 요청이 있을 경우 인력, 시설, 장비 등의 지원

부산광역시는 선거관리 경비와 기타사항에 대한 규정을 별도로 두고 있다.

cf 부산광역시

제35조(선거관리 경비) 제8조에 의하여 관할위원회에 선거를 위탁하는 경우에는 선거에 필요한 일체의 경비는 공공지원자가 부담하며, 공공지원자는 사전에 예산으로 반영하여야 한다.

제36조(기타사항) 이 기준이 제시하지 아니한 사항은 공직선거법 등 관련 규정을 준용한다.

부 칙

(시행일) 이 기준은 이 고시 이후 최초로 추진위원회 구성 지원을 위한 추진위원장·감사 선거 후보자등록 공고하는 정비사업부터 적용한다.

부 칙(2011.6.2)

(시행일) 이 고시는 발령한 날부터 시행한다.

참고문헌

2025.3 재건축·재개발조합 정관, 이렇게 작성하라(전연규 저)

2024. 재건축·재개발 실무사전(전연규 외 1 공편저)

2024 노후계획도시와 재건축사업(전연규 저)

2024 선도지구 지정과 재건축사업(전연규 저)

2023 모아타운의 모든 것(전연규 외2 저)